孟子文獻集成

孟子文獻集成編纂委員會　編纂

山東人民出版社

圖書在版編目（CIP）數據

孟子文獻集成. 第一三八卷 /《孟子文獻集成》編纂委員會編. --濟南：山東人民出版社, 2020.1

ISBN 978-7-209-12349-5

Ⅰ. ①孟… Ⅱ. ①孟… Ⅲ. ①儒家 ②《孟子》－研究資料－匯編 Ⅳ. ①B222.55

中國版本圖書館CIP數據核字(2019)第227508號

項目統籌: 胡長青
責任編輯: 張艷艷
裝幀設計: 武　斌
項目完成: 文化藝術編輯室

孟子文獻集成（第一三八卷）
《孟子文獻集成》編纂委員會 編

主管單位　山東出版傳媒股份有限公司
出版發行　山東人民出版社
社　　址　濟南市英雄山路165號
郵　　編　250002
電　　話　總編室（0531）82098914
　　　　　市場部（0531）82098027
網　　址　http://www.sd-book.com.cn
印　　裝　山東新華印務有限責任公司
經　　銷　新華書店

規　　格　16開（210mm×285mm）
印　　張　61.5
字　　數　490千字
版　　次　2020年1月第1版
印　　次　2020年1月第1次
印　　數　1-200
ISBN 978-7-209-12349-5
定　　價　900.00圓

《孟子文獻集成》編纂委員會

學術顧問　杜維明　張豈之　李學勤　牟鍾鑒

學術委員會

主　　任　陳　來

副 主 任　郭齊勇　李存山

委　　員　王　傑　王中江　王志民　王其俊　王鈞林　王漢東　孔德立　杜澤遜　李存山　李景林　吴　婧　袁汝旭　徐洪興　高兆波　郭齊勇　陳　來　孫明霞　梁　樞　梁　濤　董洪利　曾振宇　楊海文　楊朝明　趙　勇　鄭傑文　劉瑾輝　顔世安　顔炳罡　龔鵬程

（按姓氏筆畫排序）

編纂委員會

主　　編　王志民

副 主 編　杜澤遜　梁　濤　胡長青　李梅訓

委　　員　王　路　王恒柱　李西寧　李振聚　李國慶　黄顯功　張　勇　張志清　趙永和　趙紅彦　劉　晨

（按姓氏筆畫排序）

編　　务　劉　晨　楊雲雲　孫　姣　李　濤　劉嬌嬌　張艷艷
趙　菲　吕士遠

組織實施
中國孟子研究院
山東人民出版社

序

《孟子文獻集成》是在孟子故里鄒城市委市政府鼎力支持下，由中國孟子研究院、山東人民出版社協同合作，共同致力完成的一項大型儒家文獻的搜集、整理、出版學術工程。

一

孟子是中國歷史上偉大的思想家、政治家、教育家，是僅次於孔子的儒家學派重要代表人物。戰國時期，戰爭頻仍，『角戰英雄，六經泥蟠，百家飆駭』（《文心雕龍·時序》），孔學既黜，儒道中衰。孟子遵夫子之道，批邪説，正人心，發揚光大孔子學説，復興儒學，成爲孔子之後最重要的儒家傳人和先秦原始儒學理論體系的主要奠基人。韓愈論儒家道統由堯、舜、禹、湯、文、武、周公代代相傳，言及『文、武、周公傳之孔子，孔子傳之孟軻。軻之死，不得其傳焉』（《原道》），又説『自孔子没，群弟子莫不有書，獨孟軻氏之傳得其宗』（《送王塤秀才序》）。可見，後世尊孟子爲『亞聖』，稱儒學爲『孔孟之道』，實爲孟子歷史地位使然！

《孟子》一書，是孟子及其弟子編著的全面反映孟子思想的儒家經典著作。漢文帝時，即曾設立《孟子》學博士，全國推闡。六朝時期，玄學、佛學興盛，儒學式微，《孟子》亦受冷落，但唐宋以後，隨着孟子地位的大幅提昇，《孟子》一書越來越受到統治者和學者文人的廣泛重視。唐代大儒韓愈倡論中國文化道統，其《原道》之説，影響甚大，已掀『孟子熱』；北宋時期，《孟子》與《論語》俱列入『十三經』之數；南宋朱熹作《四書章句集注》，將《孟子》列『四書』之中。南宋統治者更將其正式列入官方之學，設爲科舉考試科目，欽定爲必讀經典，學孟子、讀《孟子》，蔚然而成社會風氣。此後，孟子地位進一步提昇：元文宗封孟子爲『亞聖公』，尊其爲『百世之師』；明清兩朝更大推『四書』，地位儼然超越『五經』。《孟子》與《論語》並行，上自帝王，下至百姓，家有之，户誦之，『所研究者惟「四書」，所辨訂者亦惟「四書」』（《四庫全書總目·四書大全提要》語）。孟子思想，深入人心；《孟子》之學，遍佈各地；《孟子》

文獻，汗牛充棟。

根據我們的初步調查，歷代《孟子》文獻有兩千種之多。這些文獻，依孟子學史的發展，大致形成了以下幾点較鮮明的時代特徵：宋元文獻多義理闡發，以朱熹《孟子章句集注》爲代表；明代以王夫之《讀四書大全説》爲代表，多從心性之學挖掘孟子豐富的思想内涵；清代孟子學最盛，不僅産生了以乾嘉學者戴震《孟子字義疏證》、崔述《孟子事實録》爲代表的大量考據、辨僞著作，還出現了集前人研究成果之大成的焦循《孟子正義》。大致可以説，以東漢趙岐《孟子章句》爲發端，歷代學者多所闡釋研究。尤其宋元以來，孟學實爲千年『顯學』。《孟子》文獻内容所涉注釋訓詁、義理闡發、思想挖掘、考證辨僞等所有方面，其對孟子及《孟子》文本的研究廣度、深度可謂前無古人，後難爲繼。尤爲重要的是，歷代學者秉持儒家人生理念，一生所繫，立德立言，以『爲往聖繼絶學』爲生命追求之本，往往傾一生之力終注一經。孟子文獻不僅真實地展示了孟學及儒學發展的歷史，也留下了代代學者治學的心路，實在是應該认真进行挖掘整理的傳統文化瑰寶。

然而，毋庸諱言，孟子文獻的收集整理向未受到應有的重視。這固然與二十世紀以來，儒學命運多舛有關：批孔之時，孟子亦受其累；近數十年來，『孔子熱』不斷升温，孟子受冷落的現象却未有大的改觀，歷代孟子文獻迄未收集整理即是一例。據我們不完全統計，包括臺灣在内的中國圖書館，現存宋元至清代的刻本與鈔本計有一千二百餘種之多。由於各種原因，百分之九十餘未曾整理出版，而百分之七十以上仍處於人所罕见的塵封狀態。歷史的責任，現實的需要，未來的期盼，都在呼喚能有一套《孟子文獻集成》的編纂出版。

二

二〇一三年四月底，孟子研究院在孟子故里山東省鄒城市正式成立。時值一年一度的『孟母文化節』，同時進行的還有由鄒城市、《光明日報》國學版、山東師範大學山東省齊魯文化研究院共同策劃主辦的『孟子公開課』開講儀式。來自國内各著名高校的部分主講學者和與會專家對孟子研究院成立後的學術規劃提出了許多建設性意見，多位專家提出了編纂《孟子文獻集成》的建議。

同年十月二十九日至三十日，孟子研究院學術委員會第二次會議在主任陳來先生主持下於鄒城召開。會議就《集成》的立項和編纂事宜進行了認真深入地討論，參閱審查了初選孟子文獻書目，形成了以下四點共識：一是孟子文獻的搜集、整理向稱薄弱，絶大多數迄未面世，影響了孟學研究的深度和廣度。編纂《集成》，填補空白，意義重大。二是要在廣泛搜集、精心選編的基礎上，力求將《集成》做成收羅全、質量高、權威性强的精品學術工程。三是应制定具体工作規劃，選編文獻时代可由遠及近；文獻收集範圍，宜先國内後國外，分段完成，穩步推進，確保質量。四是在孟子研究院學術委員會基礎上，应增加部分孟子研究專家，充實到《集成》學術委員會；選聘孟學研究、版本目録、館藏出版等方面專家，組建高層次、有效率的編纂部和工作班子，扎實有效開展工作。

在經過編纂部四次召開籌備會議和系列籌備工作基礎上，二〇一四年五月，在濟南召開了特邀專家選目審查論證會。來自北京大學、中國人民大學、山東大學等全國各地的十餘位孟子和孟學史專家就編纂部提供的《集成》選編總目（國内）進行了認真研析、讨论審查。這次會議的召開更堅定了大家对編纂《集成》的信心和認識，許多專家從長期孟學研究的切身感受中充分肯定編纂《集成》的重大意義，一致認爲：這是一項立足當前又澤被後世的重大學術工程；目前国内編成的經典文獻集成中唯獨没有孟子文獻集成，这不僅是文化建設的一种缺憾，也从多个方面影響了孟子研究的深入和拓展，从这个意義上説，該項目的实施确是一項填補空白、意義深遠的學術工程。專家們特别指出，這項重大學術工程，由山東，特别是孟子故里鄒城市支持，由孟子研究院、山東省齊魯文化研究院牽頭承擔，正是歷史責任與當前文化建設的最佳選擇。相信《集成》的出版，對於提昇孟學研究、促進孟子研究院發展、推动山東文化强省建設，贡献巨大，意義深遠。會議還就選目原則形成以下共識：一是《集成》應當是一套研究孟子文獻的集大成之作，所收以獨立成書的研究《孟子》專書爲主，兼顧其他，儘量收全。對孟子文獻的含義可以放得寬一些，對書名没有『孟子』的，例如以『四書』『諸子』爲書名的，也要注意在考察辨析基礎上做好，要高標準、高質量。二是《集成》應兼顧古籍的重要性與稀見性，做到常見書精選善本，重要文獻不遺漏。三是海外孟子文獻應作爲一個工作目標，與海外學者合作，广匯博收，規劃編纂。四是時代大致截止到清末，現代部分可作爲『附編』或單獨列編收集出版，部分難以收入文獻應附列存目。這次專家會議的意見，得到二〇一四年六月五日召開的孟子研究院第二次學術委員會的重視和確認。

在籌備、啓動《集成》的整個過程中，得到鄒城市主要領導及社會各界鼎力支持。山東人民出版社主動、積極地參與了各項工作。二〇一四年八月二十八日，在山東省第五届文博會上，省有關領導和衆多媒體記者見證了孟子研究院與山東人民出版社共同簽訂《〈孟子文獻集成〉編纂出版協議書》的过程。

經過編纂委員會及有關方面的共同努力和各相關圖書館的大力支持，宋元時期傳世文獻已基本全部收録，共四十八種，分裝十四冊，已於二〇一六年初首批出版發行。其中，收録宋元刻本十四種，海外善本四種，第一次影印的即有十六種，屬於披沙揀金的珍本，將爲孟子文獻及思想研究提供寶貴資料。

第二輯精選明代孟子文獻八十一種，分裝爲三十二冊影印，已經於二〇一七年三月出版。

第三輯爲明代文獻的第二批，共收入著作四十五種，分裝爲二十冊影印，其中五種來自日本，三種來自美國；其他部分也多爲稀見的珍本和善本，已經於二〇一八年三月出版。

第四輯，共收録著作六十二種。其中，明代著作四十八種，分裝爲二十四冊；清代著作十四種，分裝爲十冊。共出版三十四冊。底本皆爲精選珍本善本，其中，明代刻本四十種，清代刻本二十二種。又有二十三種來自日本，多爲國内未見，彌足珍貴。

本次出版爲《孟子文獻集成》第五輯，清代文獻之第二部分，也是《集成》編纂以來，收録文獻最多的一輯。共收入著作三百六十八種，分裝爲一百冊；至此，自康熙朝至清末絕大部分與《孟子》相關文獻已基本囊括。其中：來自日本的珍稀文獻八種；稿抄本二十六種；孤本二十二種，國内未出版者達三分之二以上。

編纂出版《孟子文獻集成》，既有利於深入挖掘孟子思想精髓，洞見《孟子》世代傳承的歷史場景，又有利於珍貴文獻的保護、傳承和共享、共用，是惠及當代、澤被後世的文化善舉。值此共出版二百冊之際，我們對國内外各有關圖書館和學界同仁的鼎力支持與真誠合作表達崇高的敬意和誠摯的感謝！

讓我們黽勉同心，共同努力，以期這一重大學術工程的圓滿完成。

王志民

二〇一五年四月十二日第一稿
二〇一八年三月八日修改第二稿
二〇一八年十二月十二日修改第三稿
二〇一九年十月六日修改第四稿

凡例

一、《孟子文獻集成》匯聚歷代關於《孟子》之著述，要其旨歸，不外經學之考證、義理之推闡、文章之批點，故舉凡注釋、析義、批點等書皆酌加收録，大致以著者時代先後爲次，俾經學之大，義理之善與夫文章之美，庶幾由此而知。

二、《孟子文獻集成》選用底本多未經整理，或孤傳海外，或秘庋深閣，學者既不能徧歷中外而窺其概貌，又不能盡探二酉而知其大略，不能無憾焉。今集爲一編，則學者循覽而知《孟子》一經之本末，歷代著述之昇沉。

三、各書或得自日本、美國，或攝自國家圖書館、天津圖書館、上海圖書館、浙江圖書館、山東大學圖書館等。底本皆經選擇，其存世孤秘，列爲首選，而後出佳槧，流佈稀少，亦資採摭。

四、諸書著録書名、卷數、著者時代、姓名、撰著方式及版本，覽者便焉。

五、著者真僞，學者所重，凡有歧異，均於著者前加『題』字，略示區别。

六、諸家解《孟》之作，或爲獨立成書者，或爲總集内别裁而出者，或以『四書』著述總題者，今所匯集，以能獨立析出者爲斷。其單篇零什，概所不收。

七、 裁出之書，凡原有題名者，概依原題，而於版本項注其從來；凡無獨立題名者，則仍用大題，而括注『孟子』二字；其不能析離者，則全書收録。

八、 是編博訪廣蒐，固難周徧，續有所得，擬輯《補編》，庶免遺珠之憾。伏望博雅君子，匡其不逮，補其未備，是所幸焉。

目録

序　一
凡例　一
四書考正譌二十六卷　一
清　吴鼎科輯
四書統宗會元孟子六卷　二九七
清　沈栻撰
孟子疏記一卷　九二一
清　陳鱣撰
四書古語録證一卷　九三九
清　孫國仁撰

四書考正譌二十六卷

清　吴鼎科輯

清乾隆三十九年邃經書塾刻本

四書鄉黨考目錄

鄉黨宗廟朝廷考

上大夫下大夫考

擯考

門位堂階考

執圭考

享禮考

私覿考

紺緅紅紫考

褻考

佩考

非帷裳考

元冠考

吉月考

朝服考

明衣寢衣考

食膾考

醬考

肉雖多酒無量考

酒脯考

瓜祭考
席考
鄉人飲酒考
儺考
君祭先飯考
負版考
綏考

四書考正譌　鄉黨宗廟朝廷考

元和　吳[illegible]　輯

按孔子生魯昌平鄉見史記世家闕里之名起於漢孔子時無闕里之名辨見閻伯詩四書釋地魯宗廟有太廟有世室有宮見春秋傳諸侯三朝外朝在庫門內治朝在雉門內燕朝在路門內鄭康成曰天子諸侯皆三朝見禮記玉藻註圖詳見後門位堂階考內

史記孔子世家孔子生魯昌平鄉陬邑其先宋人也。

孔安國曰陬孔子父叔梁紇所治邑

閻若璩四書釋地曰昌平本山鄉蓋以山得名括地志云在兖州泗水縣南六十里故鄒城在泗水縣東南六十里故闕里又在縣南五十里又曰孔子時無闕里之名闕里首僅見漢書梅福傳東漢後方盛稱之蓋緣魯恭王徙魯于孔子所居之里造宮室有雙闕焉人因名孔子居曰闕里顧氏肇域志於曲阜縣則引魯世家煬

公築茅闕門謂已有闕之名不知此自魯兩觀

魯象魏在雉門之旁者春秋所謂雉門及兩觀

災是也豈孔子士庶而敢居於外朝之地哉比

而同之誤矣

春秋公羊傳周公稱太廟魯公稱世室群公稱宮

春秋穀梁傳周公曰太廟伯禽曰太室群公曰宮

春秋左傳臨於周廟

按杜預註周廟文王廟也周公出自文王故

魯立其廟此係左氏之誣顧復初師嘗作論

辨之

顧復初師魯無文王廟論曰禮諸侯以始封之君爲太祖魯以伯禽爲始封而周公留相成王肇基功業魯人尊崇其制以周公廟爲太廟魯公廟爲世室並世世不毁若復有文王之廟則魯不毁之廟三世比天子而更上之矣周有后稷之廟未聞更有帝嚳廟也此其說之誣一也論語稱子入太廟註云孔子始仕時助祭於周公之廟若更有周廟論語何以不之及其說之誣二也且既有周廟決無虛而不祭之理而魯享祀之典莫備於閟宮之篇其詩曰白牡騂剛

但謂周公與魯公之牲不及文王也。其說之誣三也。春秋僖八年傳禘於太廟用致夫人，別無禘於周廟之文。禘爲祭祀大禮而行於太廟，未知虛設文王之廟將以何用。其誣四也。

禮記玉藻　朝服以日視朝於內朝。朝辨色始入，君日出而視之，退適路寢聽政。

鄭康成曰：此內朝，路寢門外之正朝。天子諸侯皆三朝。

禮記文王世子　其朝於公，內朝則東面北上，臣有貴者以齒。其在外朝，則以官，司士爲之。

鄭康成曰內朝路寢庭外朝路寢門之外庭
陳氏祥道曰周官太僕掌燕朝之服位宰夫掌
治朝之法司士掌朝儀之位朝士掌外朝之法
蓋天子庫門之外外朝也朝士掌之路門之外
治朝也宰夫司士掌之路寢燕朝也太僕掌之
諸侯亦有路寢有外朝文王世子所謂內朝玉
藻所謂路寢也文王世子其朝于公內朝則東面北上臣有貴者以齒玉藻退適路寢聽政是也玉藻所謂內朝文王世子所謂外朝
也玉藻朝服以日視於內朝文王世子其在外朝則以官是也玉藻於路寢
之外言內朝則更有外朝明矣諸侯正朝司士

掌之官與天子同燕朝庶子掌之與天子異曾
語曰天子及諸侯合民事於外朝合神事於內
朝自卿以下合官職於外朝合家事於內朝然
則卿大夫亦二朝也王燕朝之位不可詳考文
王世子言臣有貴者以齒諸侯然王亦宜然

四書考正譌上大夫下大夫考

元和　吳鼎科庭寶　輯

按天子有中大夫。下大夫。諸侯無中大夫。上大夫卽卿。下大夫五人。見王制及周禮天官。又按魯三卿。三家世守之。見春秋左傳。孔子爲魯司寇。小司寇也。卽下大夫。見禮記正義。禮記王制。王者之制祿爵。公侯伯子男五等。諸侯之上大夫卿。下大夫。上士。中士。下士。凡五等。天子三公九卿二十七大夫八十一元士大國三卿皆命於天子下大夫五人上士二十七人次國三卿二卿命於天子一卿命於其君下大夫五人上士二十七人小國二卿皆命於其君下大夫五人上士二十七人

按集註合此二節以爲上大夫下大夫之别故曰王制諸侯上大夫卿下大夫五人

周禮天官大宰之職乃施典於邦國而建其牧立其監設其參傅其伍陳其殷置其輔乃施則於都鄙而建其長立其兩設其五陳其殷置其輔

按設其參卽三卿傅其伍卽五大夫

春秋昭公四年左傳叔孫卒杜洩將以路葬季孫使杜洩舍路不可曰夫子受命於朝而聘於王王思舊勳而賜之路復命而致之君君不敢逆王命而復賜之使三官書之吾子爲司徒實書名夫子爲司馬與工正書服孟孫爲司空以書勳今死而弗以是棄君命也書在公府而弗以是廢三官也若命服生弗敢服死又不以將焉用之乃使以葬

按季孫爲司徒叔孫爲司馬孟孫爲司空皆上大夫也

禮記正義崔靈恩云諸侯三卿司徒兼冢宰司馬兼宗伯司空兼司寇三卿之下有五大夫五大夫者司徒之下立二人小宰小司徒司馬之下以其事省立一人爲小司馬兼宗伯之事司空之下立二人小司空小司寇今夫子爲司空者爲小司空也從小司空爲小司寇也崔所以知然者曾有孟叔季三卿又有臧氏爲司寇故知孔子爲小司寇

顧寧人云臧孫爲司寇亦小司寇也

或曰史記孔子世家由司空爲大司寇由大

司寇攝行相事則孔子亦上大夫也其說不可信歟曰此史記之誤也考春秋惟宋有大司寇成十五年傳向爲人爲大司寇昭二十二年傳樂輓爲大司寇哀二十六年傳樂朱鉏爲大司寇是也他國俱無卽大司空亦惟晉有之莊二十六年傳士蔿爲大司空是也據此則孔子由小司空爲小司寇崔說可信大全厚齋馮氏惑於史記無怪乎有夫子仕魯由下大夫爲上大夫之說也此不可從

陳見復師曰禮記玉藻云朝辨色始入君日出

而視之。周禮朝士禁慢朝錯立族談者。孟子禮
朝廷不歷位與言。不踰階相揖。而此得與上大
夫下大夫言者。通指相遇偕朝班行未就時也。

上大夫圖

上大夫卿

司徒兼冢宰

司馬兼宗伯

司空兼司寇

下大夫圖

下大夫五人

小冢宰

小司徒

小司馬兼小宗伯

小司寇

小司空

四書考正譌　擯考

元和　吳鼎科庭寶　輯

按。賓主各有副。賓副曰介。主副曰擯。擯用命數之半。見周禮。擯有旅擯。旅讀為鴻臚之臚。陳之也。有交擯。有郊勞交擯。有將幣交擯。積問皆旅擯。賓之介九人。使者七人。皆陳擯而不傳辭。故不名擯。郊勞交擯。主與賓各陳九介。使傳辭以其在道。俱不為主。故亦不名擯。至將幣交擯乃是行朝禮之時賓陳介主陳擯而傳命故謂之擯揖所與立正將幣交擯三辭時也詳見周禮司儀及薛氏禮圖大全載論語或問小註有誤詳見後辨趨進見玉藻趨進後儀節見司儀及孔子閒居賓不顧見儀禮

周禮大宗伯之職以九儀之命正邦國之位壹命受職再命受服三命受位四命受器五命賜則六命賜官七命賜國八命作牧九命作伯典命上公九命作伯

周禮大行人以九儀辨諸侯之命等諸臣之爵以同邦國之禮而待其賓客上公之禮執桓圭九寸

繅藉九寸冕服九章建常九斿樊纓九就貳車九乘介九人禮九牢其朝位賓主之間九十步立當車軹擯者五人廟中將幣三享王禮再祼而酢饗禮九獻食禮九舉出入五積三問三勞諸侯之禮執信圭七寸繅藉七寸冕服七章建常七斿樊纓七就貳車七乘介七人禮七牢朝位賓主之間七十步立當前疾擯者四人廟中將幣三享王禮壹祼而酢饗禮七獻食禮七舉出入四積再問再勞諸伯執躬圭其他皆如諸侯之禮諸子執穀璧五寸繅藉五寸冕服五章建常五斿樊纓五就貳車

五乘介五人禮五牢朝位賓主之間五十步立當車衡擯者三人廟中將幣三享王禮壹祼不酢饗禮五獻食禮五舉出入三積壹問壹勞諸男執蒲璧其他皆如諸子之禮

按集註擯用命數之半如上公九命則用五人蓋本諸此曾侯爵擯者四人可知

擯用命數之半圖

公九命	介九人	擯者五人	上擯一卿承擯一大夫末擯三士
侯七命	介七人	擯者四人	上擯一卿承擯一大夫末擯二士
伯七命	介七人	擯者四人	上擯一卿承擯一大夫末擯二士
子五命	介五人	擯者三人	上擯一卿承擯一大夫末擯一士
男五命	介五人	擯者三人	上擯一卿承擯一大夫末擯一士

按天子見諸侯。皆宗伯爲上擯。小行人爲承擯。嗇夫爲末擯。賈公彥云。若子男三擯。此則足矣。若侯伯四擯。別增一士。若上公五擯。別增二士。據此則擯者五人。一卿一大夫三士。擯者四人。一卿一大夫二士。擯者三人。一卿一大夫一士。可知也。孔子爲司寇。爲下大夫。其爲承擯無疑。但天子之擯。因諸侯之命數而待之。諸侯之擯。據巳國大小而用命數之半以爲擯數。此爲不同耳。

旅擯圖

闌

賓之介九人

介
介
介
介
介
介
介
介
介

上介出請

使者言對

使者
使者
使者
使者
使者
使者
使者

使者七人

鄭康成云旅讀爲鴻臚之臚臚陳之也賓之介九人使者七人皆陳擯位不傳辭也賓之上介出請使者則前對位皆當其末擯焉

賈公彥云賓之介九人者自從公介九人之禮使者七人者自從降二等之禮

按此以公之禮言舉以爲例侯伯子男差等俱可類推後倣此

郊勞交擯三辭圖

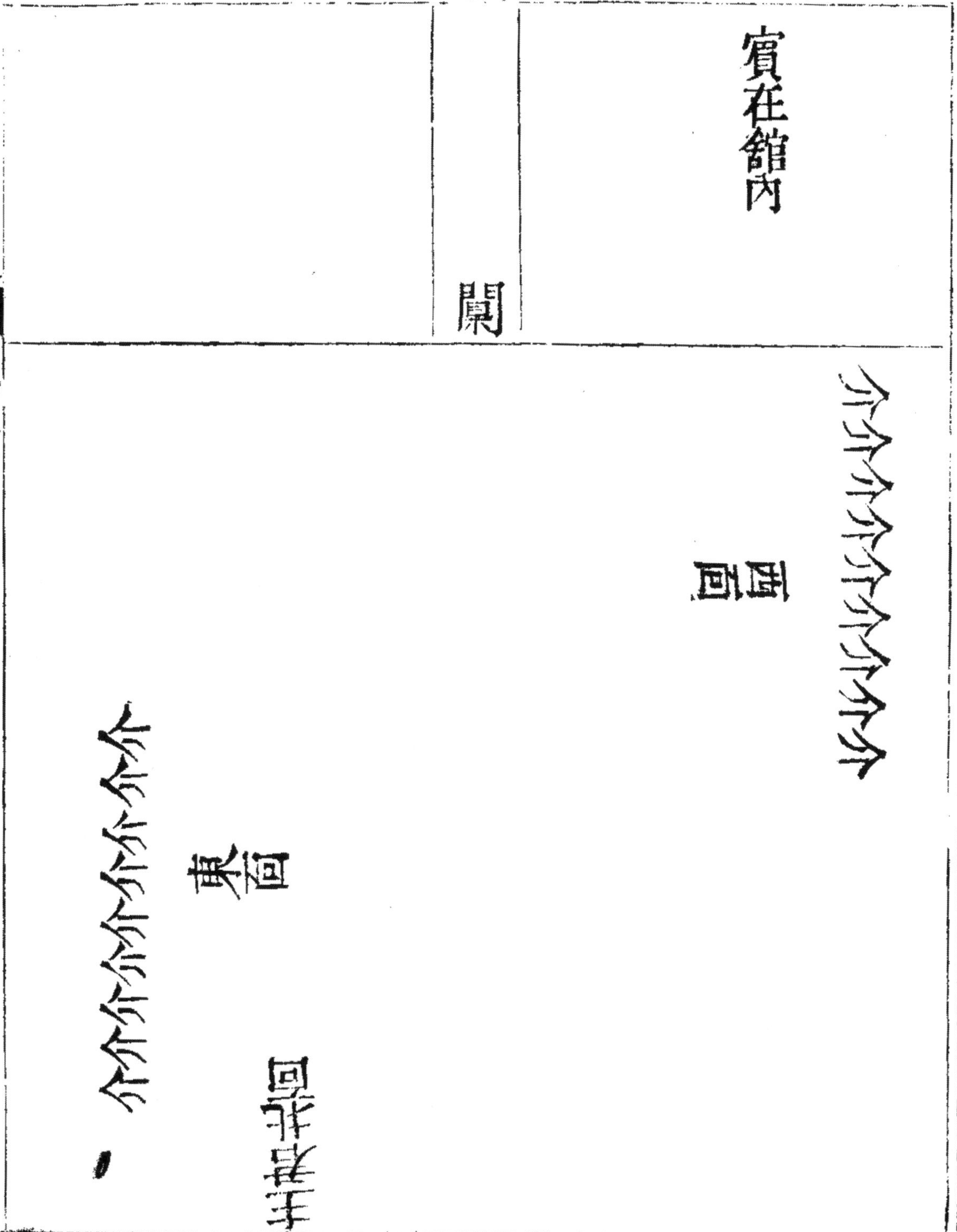

賈公彥云各陳九介者以其在道俱不爲主又非主君從賓之禮故無五擯之事而各陳九介其位主君至館大門外北面而陳此九介賓在大門內於門外之東亦陳九介西面

將幣交擯三辭圖

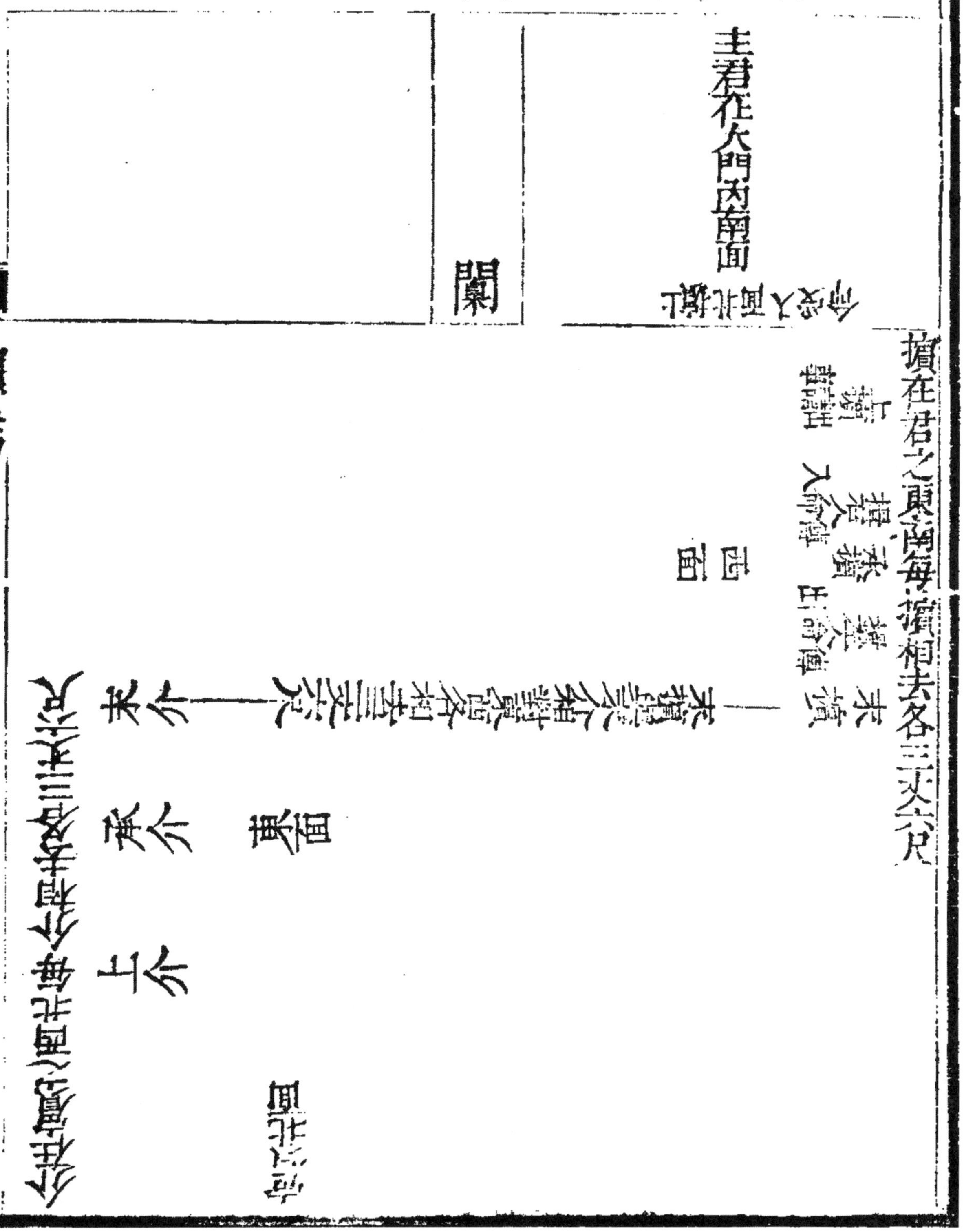

擯考

賈公彦云此並在主君大門外賓去門九十步而陳九介主君在大門外之東陳五擯上擯入受命出請事傳辭與承擯承擯傳與末擯末擯傳與末介末介傳與承介承介傳與上介上介傳與賓賓又傳與上介上介傳與承介承介傳與末介末介傳與末擯末擯傳與承擯承擯傳與上擯上擯入告君如是者三謂之交擯三辭

將幣交擯三辭車逆車進圖

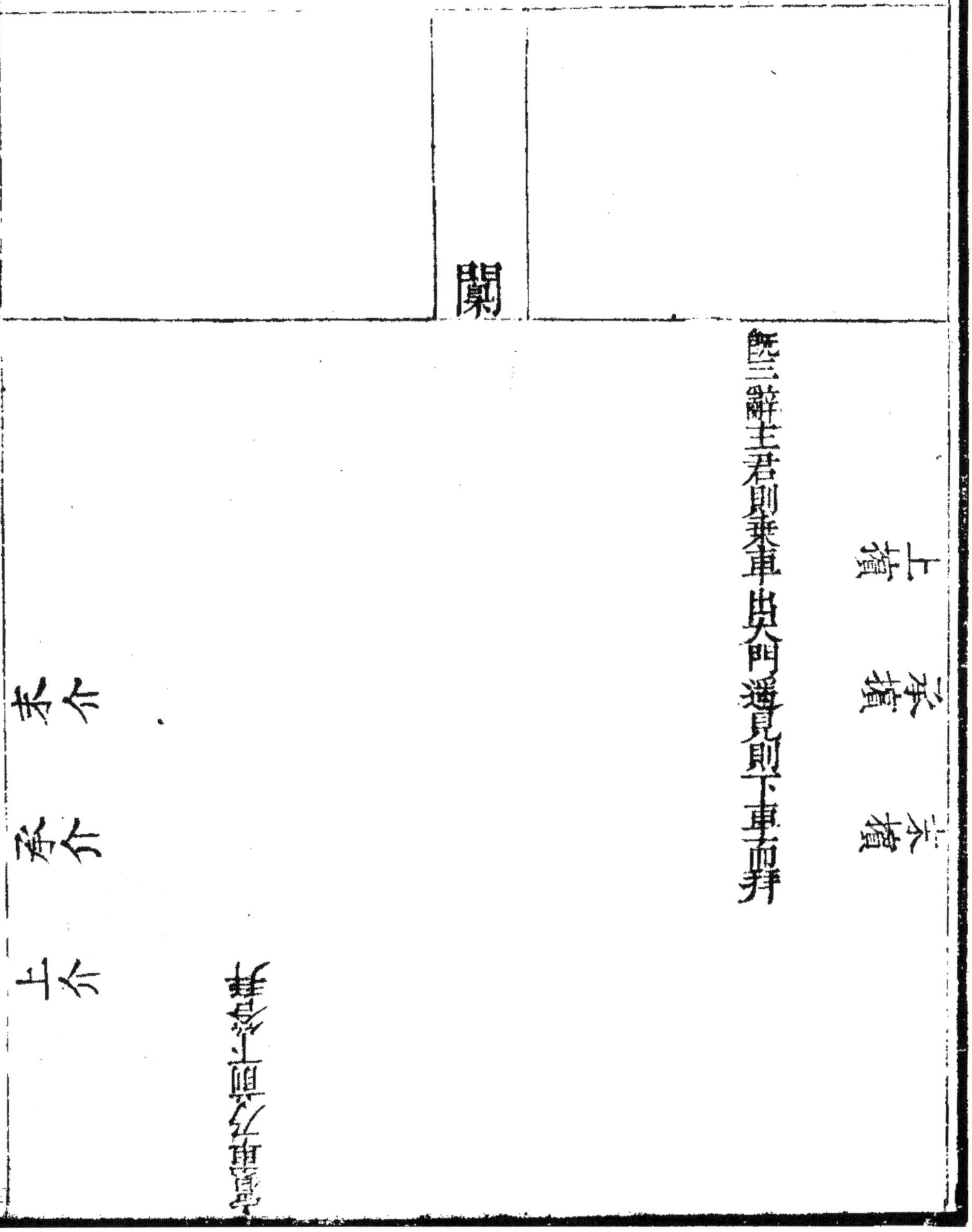

賈公彦云傳辭既訖主君乘車出大門至賓所下車拜賓屈辱來此也賓初升車進就主君主君下賓亦下車答主君拜主君遥揖賓使前北面三讓入大門

周禮大行人凡諸侯之邦歲相問也殷相聘也世相朝也

周禮司儀掌九儀之賓客擯相之禮以詔儀容辭令揖讓之節凡諸公相爲賓主國五積三問皆三辭拜受皆旅擯再勞三辭三揖登拜受拜送

鄭康成曰賓所停止則積問閒則問行道則勞其禮皆使卿大夫致之從來至去數如此也三辭辭其以禮來於外也積問不言登受之於庭也旅讀爲鴻臚之臚臚陳之也賓之介九人使者七人皆陳擯位不傳辭也賓之上介出請使

者則前對位皆當其末擯焉三揖謂庭中時也

拜送送使者

主君郊勞交擯三辭車逆拜辱三揖三辭拜受車送三還再拜

鄭康成曰主君郊勞備三勞而親之也交賓者各陳九介使傳辭也車逆拜辱者賓以主君親來乘車出舍門迎之若欲遠就然見之則下拜迎謝其自屈辱來也至去又出車若欲遠送然主君三還辭之乃再拜送之也車送迎之節各以其等則諸公九十步立當車軹也三辭重者

先辭辭其以禮來於外後辭辭升堂

致館亦如之

鄭康成曰館舍也使大夫授之君又以禮親[illegible]焉

致飧如致館之禮

鄭康成曰俱使大夫禮同也

及將幣交擯三辭車逆拜辱賓車進答拜三揖至讓每門止一相及廟惟上相入賓三揖三讓登再拜授幣賓拜送幣每事如初賓亦如之及出車送三請三進再拜賓三還三辭告辟授當作受賓當作儐

鄭康成曰既三辭主君則乘車出大門迎賓見之而下拜其辱賓車乃前下答拜也三揖者相去九十步揖之使前也至而三讓讓入門也相主君擯者及賓之介也謂之相者於外傳辭耳入門當以禮詔侑也介紹而傳命者君子於其所尊不敢質敬之至也每門止一相彌相親也君入門介拂闑大夫中棖與闑之間士介拂棖此爲介鴈行相隨也止之者絕行在後耳賓三揖三讓讓升也登再拜授幣授當爲受主人拜至且受玉也每事如初謂享及有言也賓當爲

儐。謂以鬱鬯禮賓也。上於下曰禮。敵者曰儐。禮器曰。諸侯相朝灌用鬱鬯無籩豆之薦。謂此朝禮畢。儐賓也。三請三進。請賓就車也。主君每一請。車一進。欲遠送之也。三還三辭。主君一請者。賓亦一還一辭。

致饔餼還圭饗食致贈郊送皆如將幣之儀

鄭康成曰此六禮者。惟饗食速賓耳。其餘主皆親往。親往者。賓爲主人。主人爲賓。君有故不親饗食。則使大夫以酬幣侑幣致之。聘以圭重禮也。享以璧琮財也。已聘而還圭璋。輕財而重禮贈送以財。既贈又送至於郊。

賓之拜禮。拜饔餼。拜饗食。賓繼主君。皆如主國之禮。

鄭康成曰。賓將去。就朝拜謝此三禮。三禮禮之重者也。賓既拜主君。乃至館贈之。去又送之于郊。繼主君者。儐主君也。儐之者。主君郊勞致館饔餼還玉還圭贈郊送之時也。如其禮者。謂玉帛皮馬也。有餼陳之。積者不如也。若饗食主君及燕。亦速焉。

諸侯諸伯諸子諸男之相爲賓也。各以其禮相待也。如諸公之儀。

鄭康成曰賓主相待之儀。與諸公同也。饔餼饗食之禮。則有降殺。

薛氏圖云諸侯相朝禮始至以所朝之竟謁關人關人報其君主君使士勞問於竟導以入凡入竟主國皆有委積以其賓賓公也則五積三問三勞侯伯則四積再問勞子男則三積一問勞三勞者一勞使士再勞使大夫郊勞主君自親之再勞者一勞使大夫郊勞亦主君自親之一勞者但主君親郊勞而已郊勞積問則拜於庭以輕故也勞則拜受於堂以重故也使卿大夫致者陳擯而不傳辭皆上介上擯親對而言也君郊勞乃交擯傳辭親而後受之也及國使

大夫授積備館君又以禮致之又使大夫致飧將朝之前一日賔使人受次於主人太祖之廟門外明旦冕服釋幣於行至然後服弁以至於主君之大門相去之數若公則九十步侯伯則七十步子男則五十步下車公則當軹侯伯則當前疾子男則當車衡公則陳九介子男則陳五介皆卿爲上介大夫爲次介士爲衆介主君出而迎賔各乘其車建之旂車至大門內卿爲上擯大夫爲承擯士爲紹擯主君若公則擯者五人侯伯則四人子男則三人擯之數不計賔

之尊卑者異於天子也然則主君公也傳子男則用五介主君子男也傳上公則用三介然天子傳諸侯之擯則依諸侯命數者命數是諸侯之尊卑非王者之品級宜約依之而爲王賓之數諸侯之命旣有三等故王立擯均三等以待之是以有五介四介三介之法也諸侯相傳之擯不得踰於天子故亦不踰五介但以自已之爵而爲擯介之數耳主君車上門內擯者出門外上擯北面受命而請賓所以來之意君雖知其來朝猶爲不必固請之說受命南面傳辭遞

相傳之傳訖然後主君進迎車出門遥見則下
車其立之所當亦依其爵如賔所當車之處也
拜賔之辱賔進答拜三揖三讓陳擯介爲相而
入主君及賔皆由棖闑之中擯介皆鴈行於後
主君先入君入大門之儀也至中門則止一相
者謂絶行在後爾不遂留之但併行也令末介
升於次介之行紹擯升於承擯之行及至廟門
又止一相次介升於上介之行承擯升於上擯
之行故云及廟唯上相入升堂授玉旣享則行
夫人之禮享玉之法五等諸侯侯伯以上用璧

琮子男用琥璜皆以束帛然後加玉於上而致庭實隨國所有分為三享既受享主人以鬱鬯禮賓然後還館賓既還館主人致饔餼各依其命數公則九牢侯伯則七牢子男則五牢大夫亦致牢禮然後主君設享公則三享三食三燕侯伯則再享再食再燕子男則一享一食一燕皆君親速賓而行之饗則有酬幣食則有侑幣而將其厚意主君若不親饗食則及各以其幣致之饗食則賓不償主君之使以其意徒食之故也還圭致贈郊送等皆君親致於館時主君

爲賔賔爲主人其陳介傳命之儀皆如受幣之時賔所拜謝者拜饔餼拜饗食皆偕主君之朝而拜謝之君還館主君致贈郊送皆親之使大夫送出於竟

論語或問小註周禮秋官司寇大行人上公九介侯伯七介子男五介各隨其命數賔次於大門之外主人使擯者出而請事卿爲上擯大夫爲承擯士爲紹擯主國之君公則擯者五人侯伯四人子男三人各用其命數之强半下於賔以示謙也若其傳命之制賔立於庫門之外直闑西北面介者以次立於西北東面每介相去三丈六尺主君出接立於庫門之外直闑西南面擯者以次立於君之東南西面每擯相去亦三丈六尺末擯與末介相對東西亦相去三丈

六尺。主君命上擯請問來故。葢雖知其來朝，不敢自許其朝，已恐其或爲他事而來，所以示謙也。上擯受君命而傳之承擯。遞遷傳至末擯，末擯傳至末介。末介以次繼傳上介，至於賓，賓命上介復命。復以次傳之擯而達於主君，然後主君進而迎賓以入。

按主君出接立於庫門之外。直闑西南面。闑西當作闑東。先儒嘗辨正之。立於庫門之外，外字疑誤，當作立於庫門之內。揖所與立，是交擯時主君尚在大門內，及傳辭訖，然後主

君出接立於庫門之外周禮大行人所謂立當車軹立當前疾立當車衡是也若未傳辭主君先立於大門之外則賓主已相見又何必交擯三辭耶

或曰子何所據而知其誤耶曰周禮司儀主君郊勞交擯三辭賈疏云交擯者主君在郊郊有館舍賓在內主君至大門外北面而陳九介去門九十步東面賓在大門內於門外之東亦陳九介西面以其在道俱不爲主故無五擯之事交擯者上擯傳辭與承擯承擯

傳與末擯末擯傳與末介末介傳與承介承介傳與上介上介傳與賓賓又傳與上介上介傳與承介承介傳與末介末介傳與末擯末擯傳與承擯承擯傳與上擯上擯入告謂之交擯又按將幣交擯三辭賈公彥云此交擯賓陳九介主君陳五擯而傳命鄭氏康成曰既三辭主君則乘車出大門外而迎賓見之而下拜其辱據此則將幣交擯時主君在大門內其儀節與郊勞交擯時賓在大門內同斷無先立於大門外之理

或曰主君在大門內固也子又何所據而云立於大門之內耶曰按周禮大行人其朝位賓主之間九十步立當車軹擯者五人鄭氏康成曰朝位謂大門外賓下車及主車出迎所立處也王始立大門內交擯三辭乃乘車而迎據此則諸侯兩君相見其儀節亦同

趨進圖

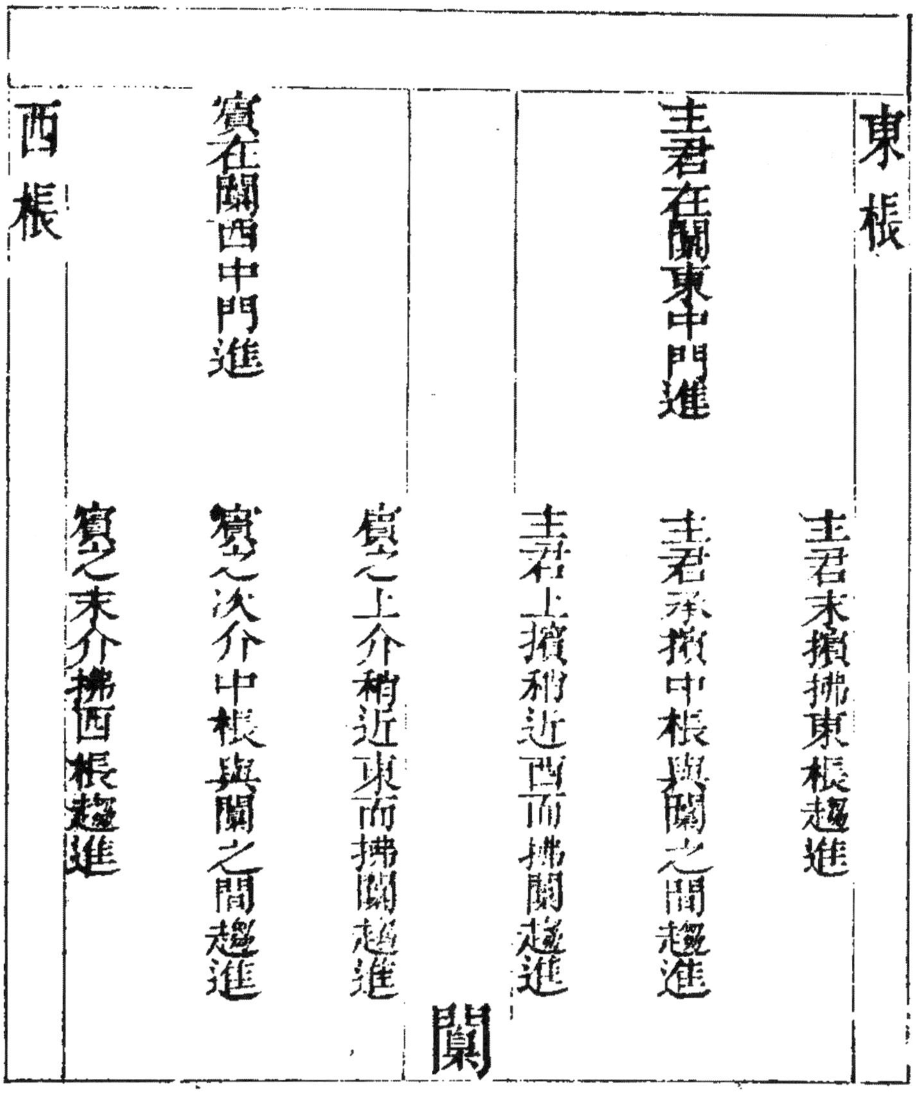
東棖
主君在闑東中門進
主君末擯拂東棖趨進
主君承擯中棖與闑之間趨進
主君上擯稍近西而拂闑趨進
闑
賓之上介稍近東而拂闑趨進
賓在闑西中門進
賓之次介中棖與闑之間趨進
賓之末介拂西棖趨進
西棖

禮記玉藻君入門介拂闑大夫中棖與闑之間

鄭氏康成曰君入門謂兩君相見也棖門楔也君入必中門上介夾闑大夫士介鴈行於後君若迎聘客擯者亦然

按兩君相見時主君在闑東賓在闑西主君上擯在君後稍近西而拂闑賓之上介在賓後稍近東而拂闑大夫之爲擯爲介者各當君後而在棖闑二者之中士之爲擯爲介者則各拂東西之棖也

禮記孔子閒居兩君相見揖讓而入門入門而縣興揖讓而升堂升堂而樂闋升歌清廟下管象武夏籥序興陳其薦俎序其禮樂備其百官如此而后君子知仁焉行中規還中矩和鸞中采齊客出以雍徹以振羽是故君子無物而不在禮矣

按此趨進後事餘詳見前周禮司儀

儀禮聘禮賓出公再拜送賓不顧

鄭康成曰公既拜客趨避君命上擯送賓出反告賓不顧矣於此君可以反路寢矣論語說孔子之行曰君召使擯色勃如也足躩如也賓退

必復命曰賓不顧矣。

賈公彥曰擯送賓用上擯孔子爲下大夫而得爲上擯者君使攝也。

四書考正譌　門位堂階考

元和　吳鼎科庭賓　輯

按天子有五門三朝自外入一曰皋門二曰庫門三曰雉門四曰應門五曰路門至於路門而門畢亦曰畢門顧命所謂畢門是也諸侯亦有三門一曰庫門二曰雉門三曰路門皆謂之公門而無皋門應門魯亦三門而以庫門擬皋門以雉門擬應門故明堂位曰庫

門天子皐門雉門天子應門然但擬其制而巳未嘗僭稱皐應之名也蔡虛齋四書圖史合攷陳明卿四書人物備攷皆云此孔子入朝處蓋應門也非是應門當作庫門諸侯三朝外朝在庫門內治朝在雉門內燕朝在路門內過位是庫門內之外朝林氏次崖云此是外朝人君聽治之所故又爲治朝入則爲內朝矣下文攝齊升堂則內朝也按升堂爲治朝可稱內朝亦可稱外朝見玉藻文王世子若庫門之外朝乃最外之外朝斷不可混

稱治朝。大全載雙峯饒氏謂爲治朝。非是。入庫門之內。過外朝。自此當入雉門。不書。省文也。升堂是雉門內之治朝。侯國堂高七尺。階七等。見禮器聘禮賈疏。復其位。卽堂下之位。非復其外朝之班位。見聘禮文王世子註疏。各詳後圖。自治朝更進。則爲路門內之燕朝。君適路寢聽政。公族朝焉。異姓不得入。故亦不書。

或曰。鄭司農云。王有五門。外曰皐門。二曰雉門。三曰庫門。四曰應門。五曰路門。則皐雉庫應路。乃天子五門之制。子何所據而云皐庫雉應路。賈公彥疏聘禮云。諸侯三門。皐應路。則皐應路乃諸侯三門之制。子又何所據而云庫雉路耶。曰。此鄭康成之說也。按周禮秋官朝士注。康成謂明堂位說魯公宮曰庫門天子皐門。雉門天子應門。言魯用天子之禮。所名曰庫門者。如天子皐門。所名曰雉門者。如天子應門。此名制二兼四。則魯無皐門應門矣。檀弓曰。魯莊公之喪。既葬而絰不入庫門。言其除喪而反由外來。是庫門在雉門外必矣。如是王五門。雉門爲中門。雉門設兩觀與今之宮門同。閽人幾出入者。窮民蓋不得入也。郊特牲識繹於庫門內。言遠當於廟門。廟在庫門之內。見於此矣。小宗伯職曰建國之神位。右社稷左宗廟。然則外朝在庫門之外。皐門之內。與周天子諸侯皆有三朝。外朝一。內朝二。內朝之在路門內者。或謂之燕朝。據此則與先鄭賈疏不同。故其註明堂位亦曰天子五門。皐庫雉應路。魯有庫雉路。則諸侯三門。與其說確不可易。

公門圖

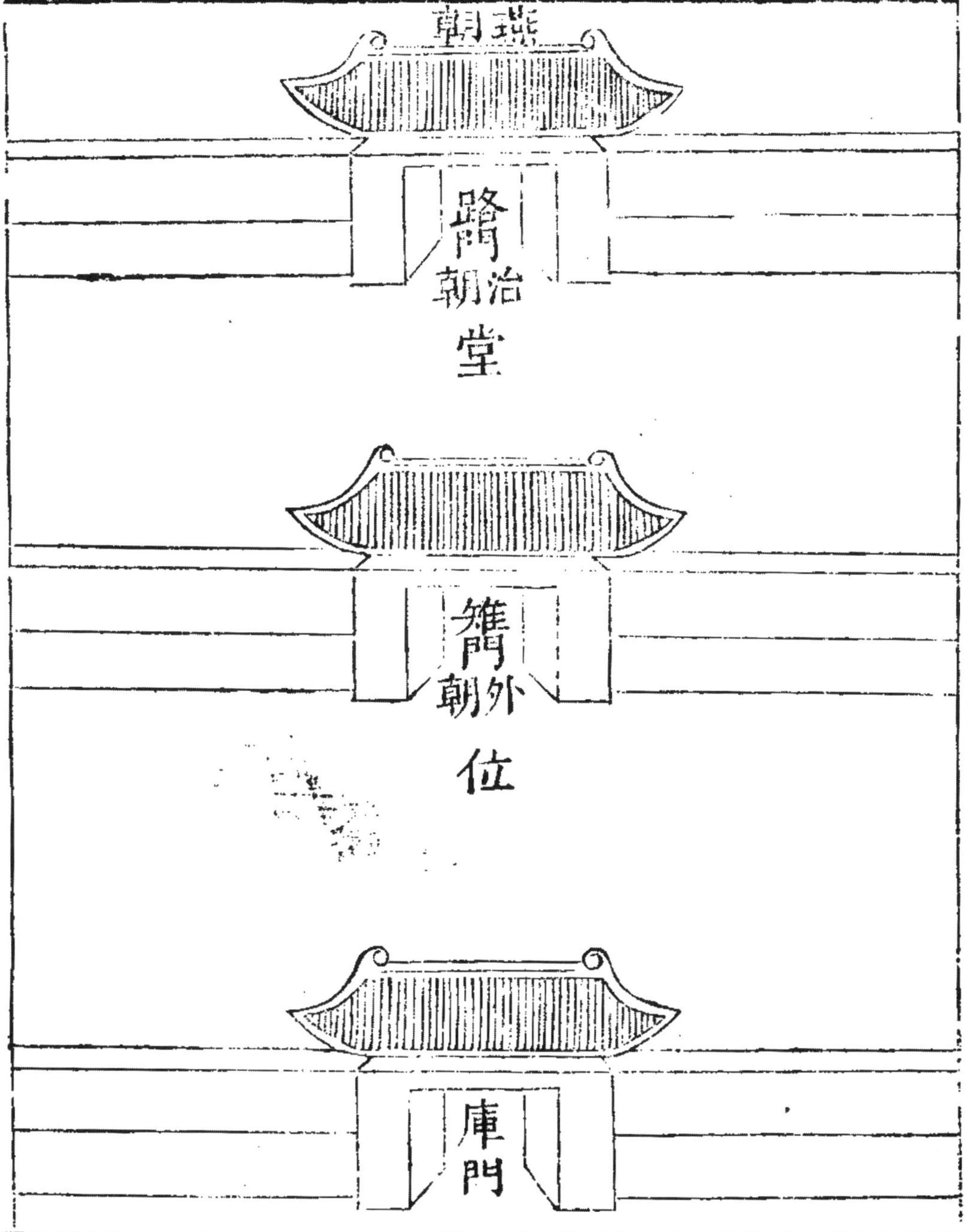

禮記明堂位庫門天子臯門雉門天子應門

鄭氏康成曰天子五門臯庫雉應路魯有庫雉路則諸侯三門歟

孔氏穎達曰魯之庫門制似天子臯門魯之雉門制似天子應門

方氏曰自外入臯門近庫門故庫門比臯門之制自内出應門近雉門故雉門比應門之制

周禮考工記廟門容大扃七个大扃長三尺七个二丈一尺闈門容小扃參个廟中之門曰闈小扃長二尺參个六尺路門不容乘車之五个乘車廣六尺六寸五个三丈三尺言不容者兩門乃容之則此門半之丈六尺

五寸。應門二徹參个正門謂之應門謂朝門也二徹之內八尺三个二丈四尺

按此天子之制。許白雲曰。諸侯之禮有降殺。門或狹於此。然聘禮記侯國之禮。而疏引二徹參个爲證。則門之制或同歟。

鄭注聘禮。擯介相去三丈六尺。此三丈六尺者。門容二徹參个。旁加各一步也。賈疏。門容二徹參个者。冬官匠人云。天子五門。匠人直計應門。直舉應門。則臯庫雉亦同。云二徹參个者。徹廣八尺。參个三八二十四。門容二丈四尺。云旁加各一步者。人之進退周旋。不過再舉足。一步故

門旁各空一步丈二添二丈四尺爲三丈六尺

禮記玉藻將適公所宿齊戒居外寢沐浴史進象笏書思對命既服習容觀玉聲乃出揖私朝煇如也登車則有光矣　朝辨色始入

棖闑閾圖

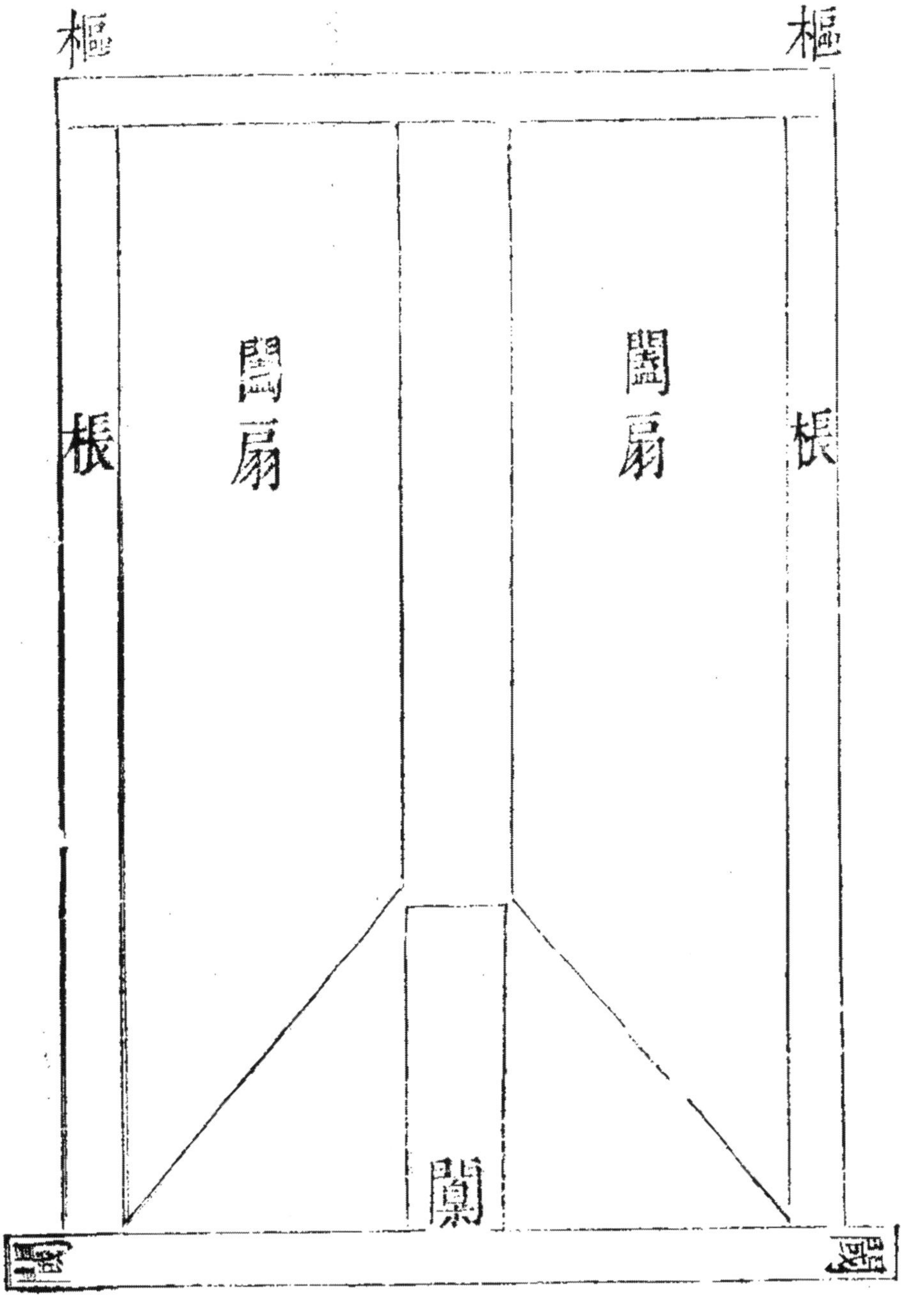

朱子語類棖如今衮頭相似闑當中礙門者今城門有之。古人常掩左扉人君多出在門外見人所以當棖闑之間謂君位。

按門有二扉中豎一短木謂之闑又名橛兩旁有長木謂之棖又名楔棖有二闑止於一也。或疑聘禮賈疏云謂兩闑之間似門有二闑。不知主君於東闑之內賓於西闑之內並行而入所謂東闑西闑者卽闑東闑西也。闑何嘗有二耶。

爾雅柣謂之閾。

邢昺云經傳諸註皆以閾爲限謂門下橫木爲
內外之限也

立不中門圖

朱子說

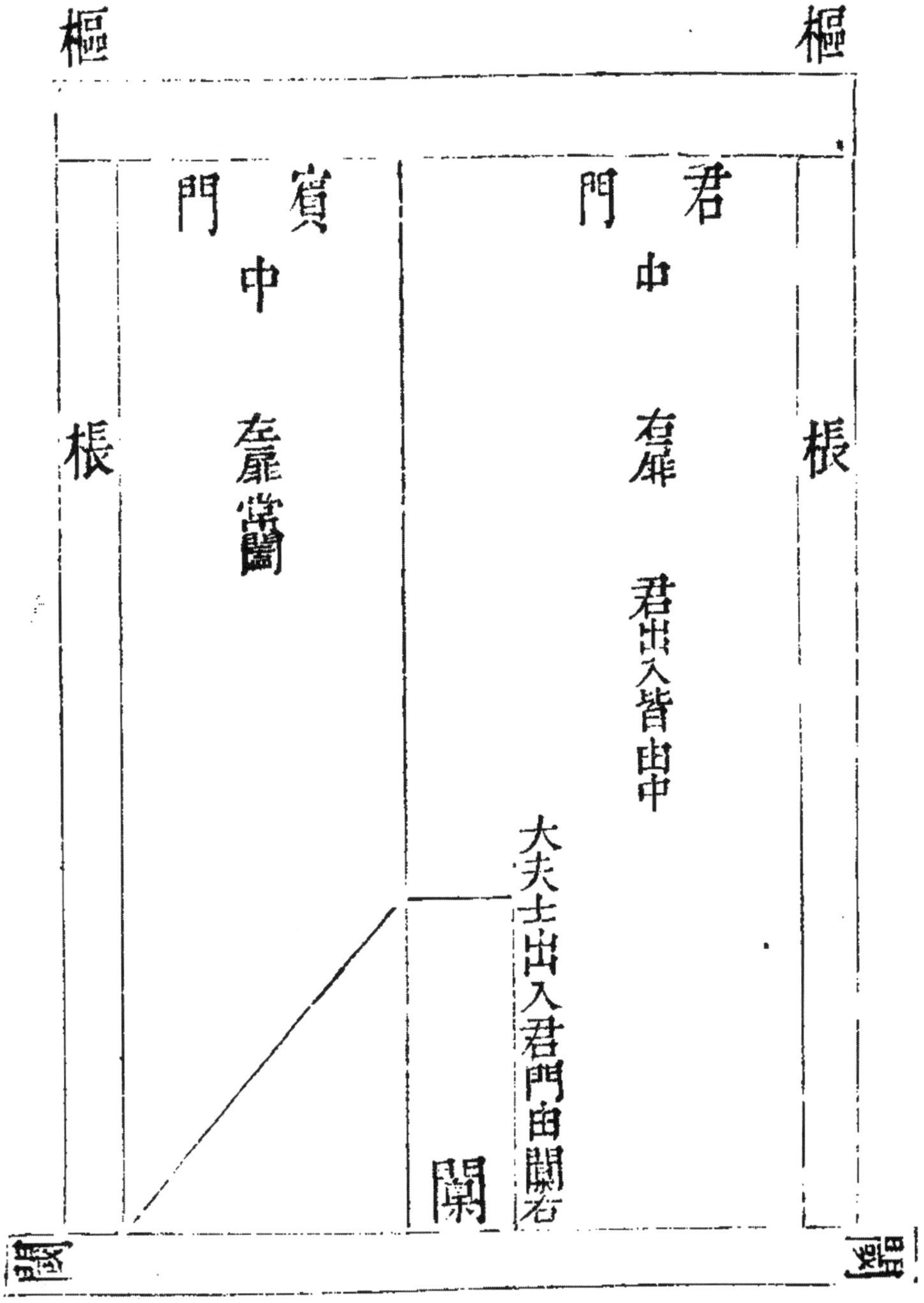

立不中門圖

饒雙峯說

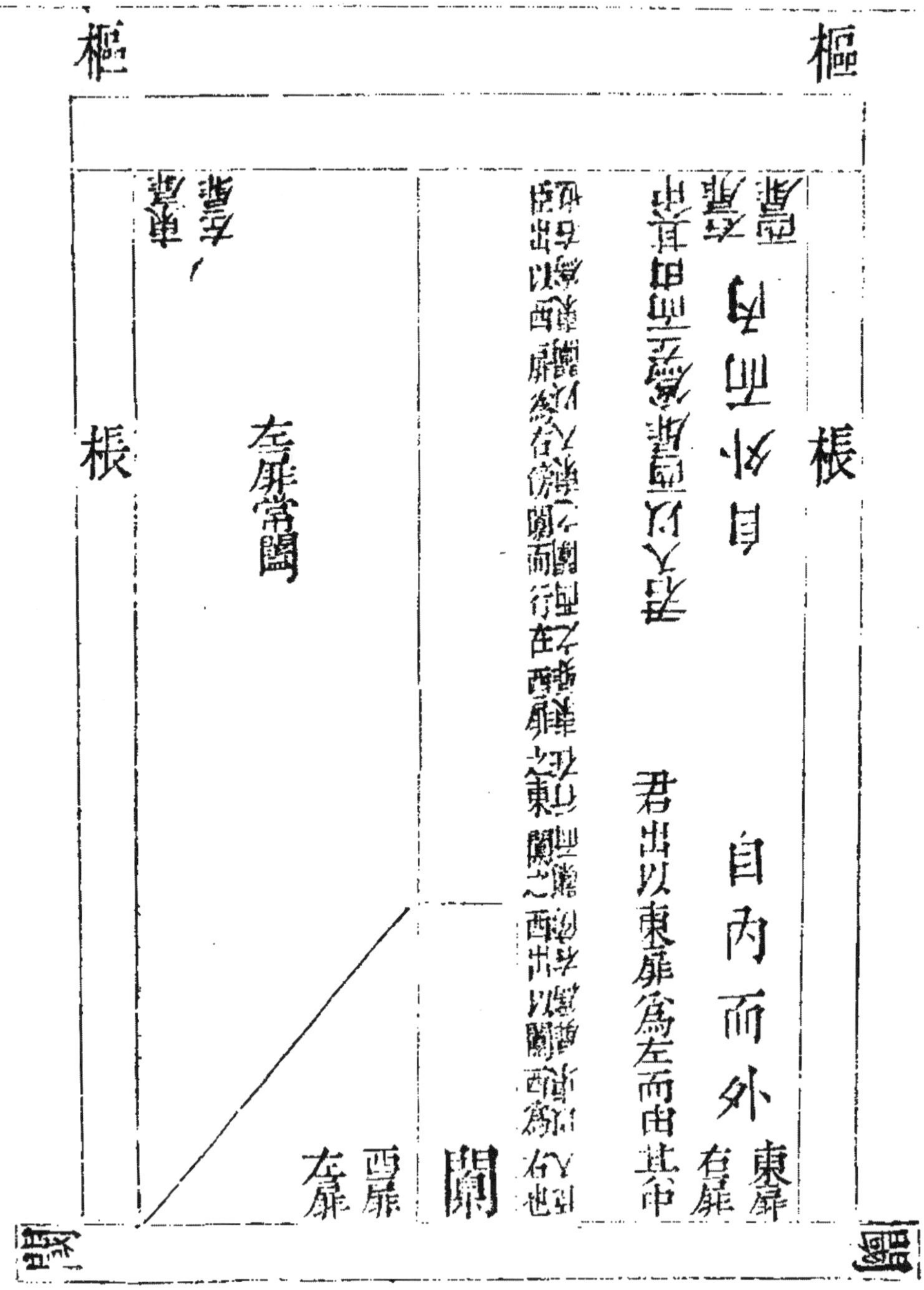

樞
樞
棖
棖
自外而內
西扉右扉
君入以西扉爲右而由其中
自內而外
東扉右扉
君出以東扉爲左而由其中
左扉常闔
闑
西扉左扉
閾
閾

禮記曲禮大夫士出入君門由闑右不踐閾。

儀禮燕禮卿大夫皆入門右

鄭康成曰凡入門而右由闑東左則由闑西。

儀禮大射之儀諸公卿大夫皆入門右。以上臣入君門之常儀。

禮記玉藻賓入不中門不履閾公事自闑西私事自闑東。此聘賓入門之儀入不中門左扉之中也

孔穎達曰賓入者謂聘賓也不中門謂不當闑西棖闑之中央不履閾足不履踐門限之上也聘享是奉君命而行故謂之公事自闑西用賓

禮也。私覿私面非行君命。故謂之私事。臣闑東。從臣禮也

禮記玉藻君入門。介拂闑。大夫中棖與闑之間。士介拂棖。此兩君相見擯介入門之儀。

按大夫中棖與闑之間。則行當中門。然從君行則可。常行則不可。行不中門。即所謂出入君門由闑右也。夫子所以異於人者。尤在立不中門耳。

禮記曲禮爲人子者。居不主奧。坐不中席。行不中道。立不中門。此人子事親之禮。人臣事君之禮同

朱子語類問立不中門或問謂門之左右扉各有中其制可考否曰門之中有闑扉之兩旁有棖棖闑之間即中古人常闔左扉所謂中門者謂右扉之中也此以自外向内言左扉即西扉右扉即東扉也饒氏雙峯曰中間有闑兩旁有棖是大門兩旁之木如今壁尺相似闑是中間兩扉相合之處又有一木常設而不動東西兩扉各有中君出入則皆由左出則以東扉為左此以自内向外言入則以西扉為左此以自外向内言士大夫出入君門則皆由右出以闑西為右入以闑東為右然雖由

右亦不敢當棖闑之中但挨闑旁而行蓋避君出入處也

王罕皆曰饒說與語類異

按饒說未嘗與語類異陳氏曰自外向内則以入爲左右而右常在東自内向外則以出爲左右而右常在西蓋君出入皆由右出以東扉爲左而由其中自内向外言也入以西扉爲左而由其中自外向内言也臣出入皆由右出以西扉爲右傍闑而行在西扉之東所謂出以闑西爲右也入以東扉爲右傍闑而行在東扉之

西闑之東。所謂入以闑東爲右也。此闑東闑西，皆指右扉之闑右言，非以兩扉言也。顧麟士說約誤認饒說以兩扉分左右，遂謂不當君出時闑左開右，君入時闑右開左，臣又反是，皆因自外向內自內向外，未嘗細爲分別耳。且引玉藻介拂闑，士拂棖爲不中門之証，亦未確。蓋彼是兩君相見擯介隨入，與平時大夫士出入君門由闑右之禮不同。況大夫中棖與闑之間，明明入亦中門，但從君後則可耳。

過位圖

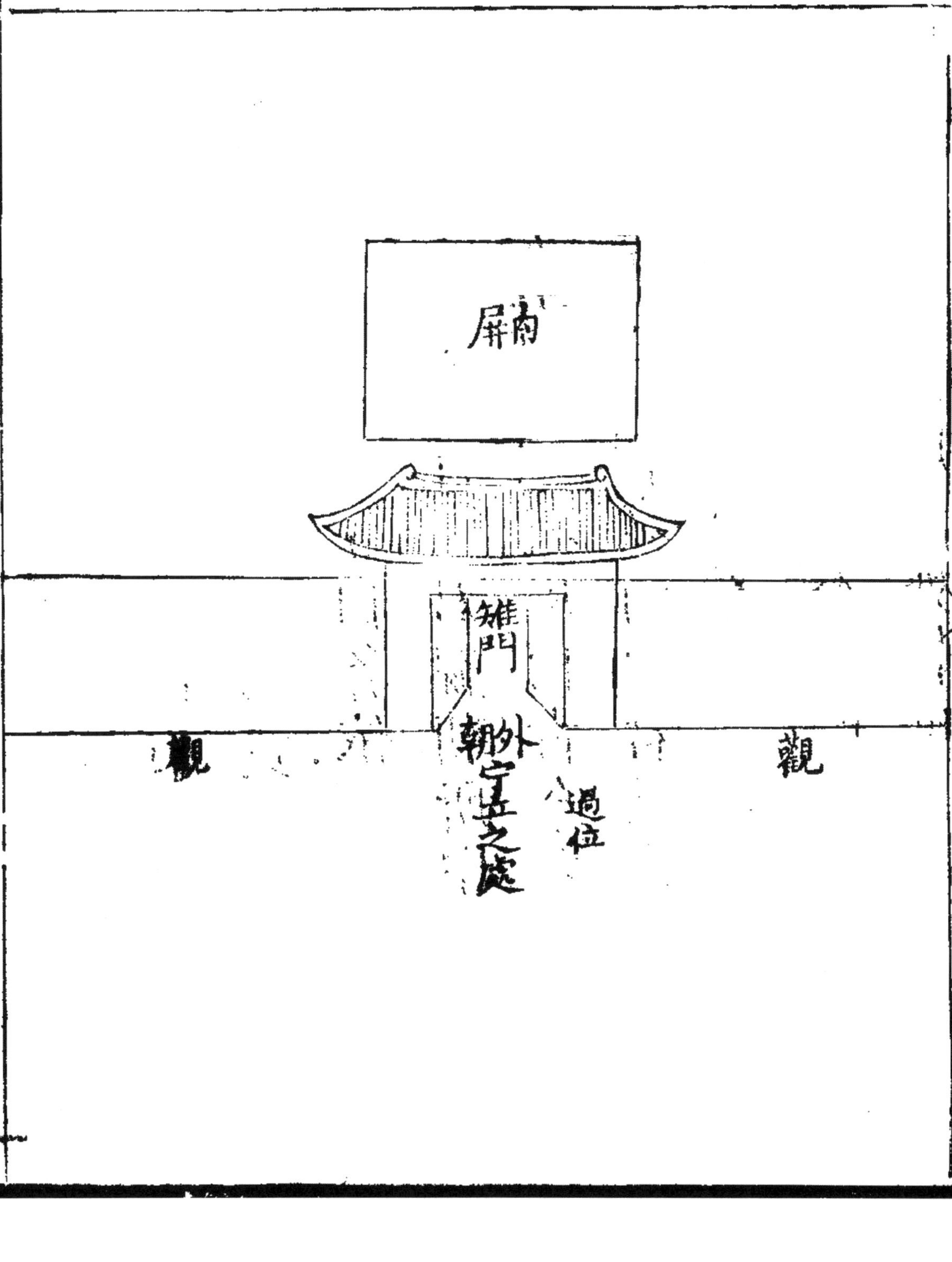

禮記曲禮天子當依而立諸侯北面而見天子曰覲天子當宁而立諸公東面諸侯西面曰朝

孔穎達曰依狀如屏風以絳爲質高八尺東西當戸牖之間繡爲斧文亦曰斧依宁者爾雅云門屏之間謂之宁郭注人君視朝所宁立處

朱子語類問人君宁立之處曰古今之制不同今之朝儀用秦制也古者朝會君臣皆立故史記謂秦王一旦指賓客而不立朝君立於門屏之間屏者乃屏間蕭墻也今殿門亦設之

又曰門屏之間周禮所謂外朝也

陳氏祥道曰古者門皆有屏天子設之於外諸侯設之於內

按天子外屏屏在門外天子負之而立屏近而門稍遠諸侯內屏屏在門內諸侯在門外遥負之而立門近而屏稍遠曰門屏之間謂之宁者猶言門屏相近之處未可執二者之中間以求之也若混於二者之間內屏者宁在門之內則不便於揖羣臣外屏者宁在門之內不幾於面墻乎又按賈公彥云天子以屏風設於扆諸侯無屏風爲異則當依而立

惟天子為然

升堂降階復位圖

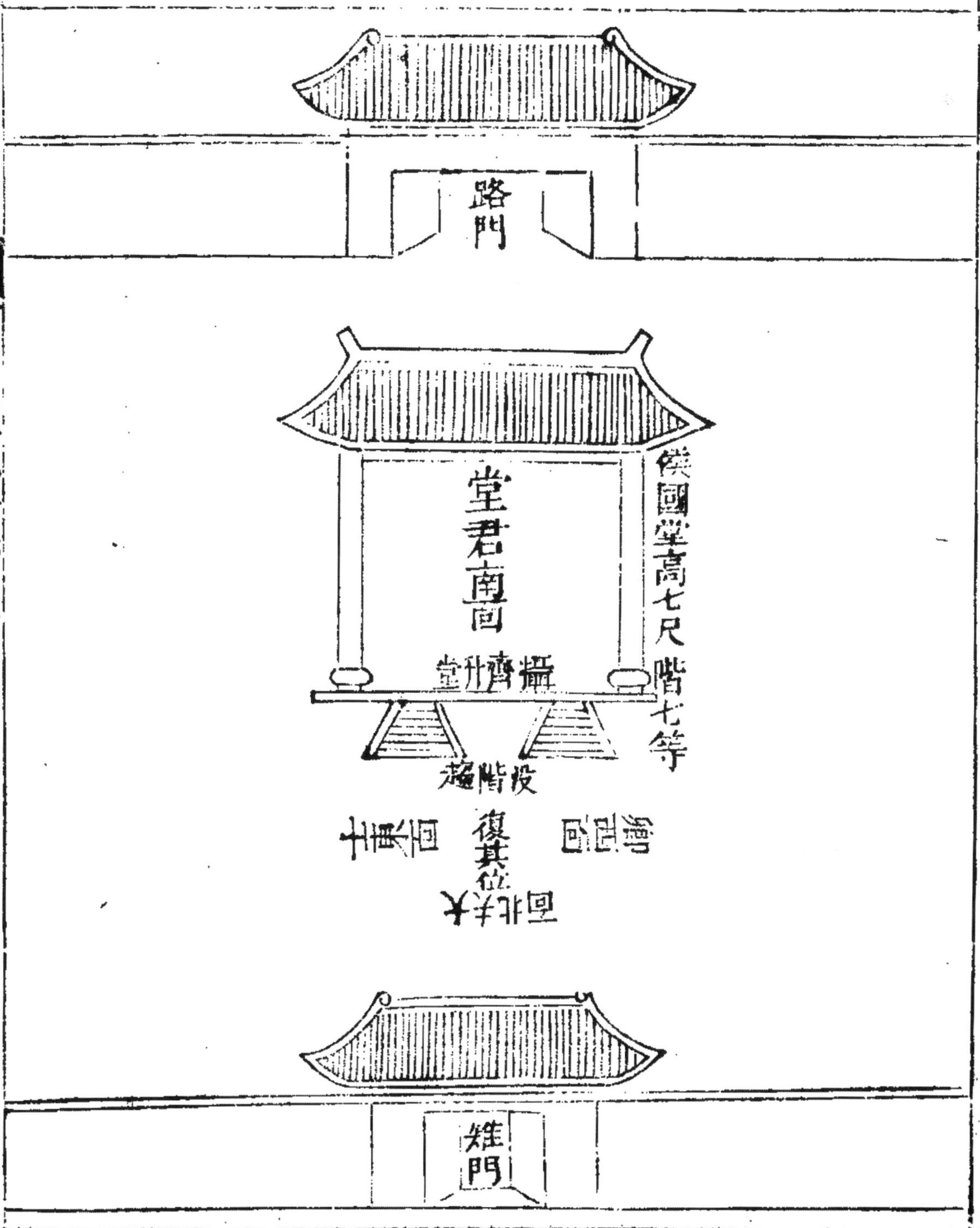

禮記禮器天子之堂九尺諸侯七尺大夫五尺士三尺

禮記文王世子其在外朝則以官司士爲之

鄭氏康成曰此路寢門外之正朝

禮記玉藻朝服以日視朝於內朝

孔氏穎達曰此路門外之朝

按諸侯三朝治朝在雉門內路門外攝齊升堂所謂治朝也以其對路門內之燕朝而言則亦曰外朝文王世子所云是也以其對庫門內之外朝而言則亦曰內朝玉藻所云是

也

朱子曰攝齊者是畏謹恐上階時踏著裳有顛仆之患○問升堂攝齊則手無所執與曰古者君臣所執五玉三帛二生一死皆以爲贄而已笏則搢之插於腰間用以記事而已不執以爲儀也宇文周欲復古乃不修贄而執笏於是攝齊鞠躬之禮廢升堂而蹴齊者多矣

顧麟士曰邢疏曲禮云兩手摳衣去齊尺鄭注齊裳下緝也然則衣謂裳也對衣則上曰衣下曰裳散則可通故注云摳衣摳提挈也謂提挈

裳前使去地一尺也

許氏白雲曰階一尺爲二級故上堂摳衣必去地尺

王氏步青本義滙叅曰從雉門入則爲治朝侯國堂高七尺階七等君日御此以嚮明聽治卿大夫士亦日以此奏復逆焉君咸咫尺於是將爲堂下之拜君辭之乃兩手摳衣去齊尺歷階而升鞠躬如不勝衣此亦升堂之常儀

拔子曰事君盡禮人以爲諂也又曰拜下禮也今拜乎上泰也雖違衆吾從下則拜下之

禮久廢。惟夫子獨行之。臣拜於堂下。君辭之。乃升成拜。詳見前拜下考。

儀禮聘禮三揖至於階。公升二等。

賈公彥曰。諸侯階有七等。公升二等。在上仍有五等。

儀禮聘禮君與卿圖事。

鄭康成曰。圖。謀也。謀聘故及可使者。謀事者必因朝。其位君南面。卿西面。大夫北面。士東面。

賈公彥曰。諸侯三朝。燕朝。燕禮是也。又射朝。大射是也。不見路門外正朝。正朝當與二朝面位

同案燕禮大射皆云卿西面大夫北面士東面公降階南面揖之是以知正朝面位然也

文王世子其在外朝則以官

孔氏穎達曰天子之朝三公北面東上孤東面北上卿大夫西面北上士門西東面北上若諸侯之朝卿西面北上大夫北面東上士門西東面北上與天子不同

按復其位即堂下之位儀禮聘禮禮記文王世子註疏皆云卿西面大夫北面士東面是也或云復其外朝之班位據周禮朝士掌建

邦外朝之法左九棘孤卿大夫位焉羣士在其後右九棘公侯伯子男在焉羣吏在其後面三槐三公位焉州長衆庶在其後不知此乃外朝非治朝何屺瞻駁之云魯有庫門雉門路門外朝在雉門之外治朝在路門之外燕朝在路門之內所謂堂者治朝也卿大夫外朝之位有雉門爲隔限安得云自堂下之位而攝齊以升又從其位仰瞻堂上乎所駁良是但據周禮匠人內有九室九嬪居之外有九室九卿朝焉注云外路門之表也九室

如今朝堂治事處則九室列在治朝之堂下復位其指此乎尙是想當然語不若從聘禮文王世子註疏爲確又司士云王入內朝皆退註云王入入路門也王入路門內朝朝者皆退反其官府治處也則反其官府治處當在退朝之後不應於升堂降階後卽反其官府治處也況司士正朝儀之位宰夫掌治朝之法治朝之下固有位在文王世子其在外朝（路寢門外之朝）則以官司士掌之其職掌當與夏官司士同但卿西面大夫北面士東面與天

子之朝三公北面孤東面卿西面位各不同耳

天子五門三朝圖

鄭康成說

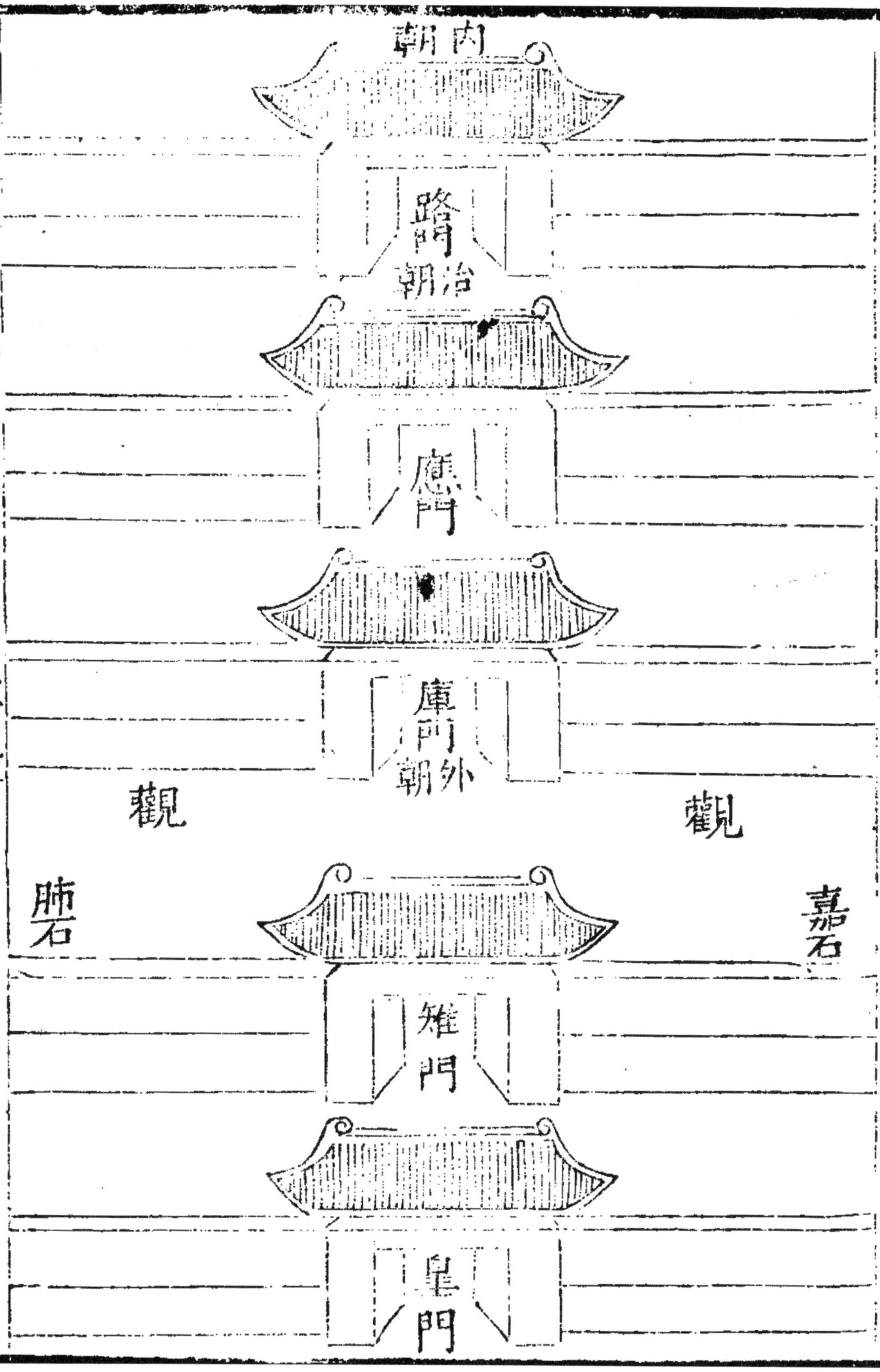

天子五門三朝圖

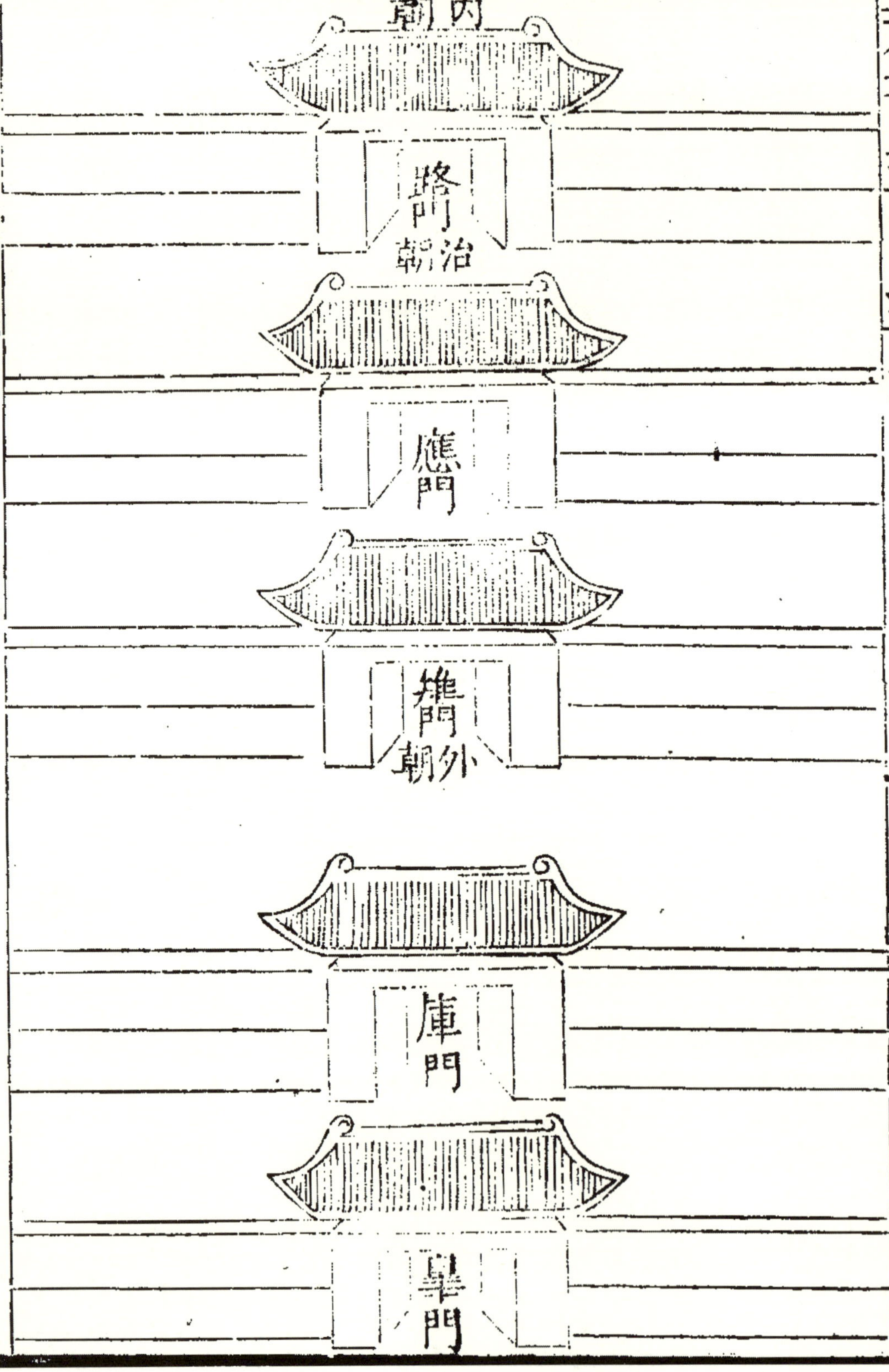

鄭司農說

天子五門三朝圖說

鄭康成云天子五門三朝一曰皐門二曰庫門三曰雉門四曰應門五曰路門鄭司農云一曰皐門二曰雉門三曰庫門四曰應門五曰路門朱子曰在雉門之外曰外朝在路門之外曰治朝路寢之廷曰內朝蓋遵鄭康成說也然康成於小司寇註則曰外朝在雉門之外於朝士註則又曰外朝在庫門之外皐門之內豈以雉門有宗廟社稷故疑不得置外朝歟又按杜佑通典云周制天子有四朝一曰外朝秋官朝士掌之二曰中門夏官司士

正其位。朝夕聽政。三曰內朝。亦謂路寢之朝。正朝視事畢。退適路寢聽政。四曰詢事之朝。小司寇掌其政。以致萬人而詢焉。豈以秋官朝士所掌在庫門之外。小司寇所掌在雉門之外。故分爲四朝歟。不知外朝治朝內朝。其實則三朝也。今按三禮義疏曰。外朝爲致民三詢之地。雉門爲人民觀法之區。則外朝當在雉門之外。据此則鄭康成前注及朱子說爲是。

附天子外朝圖

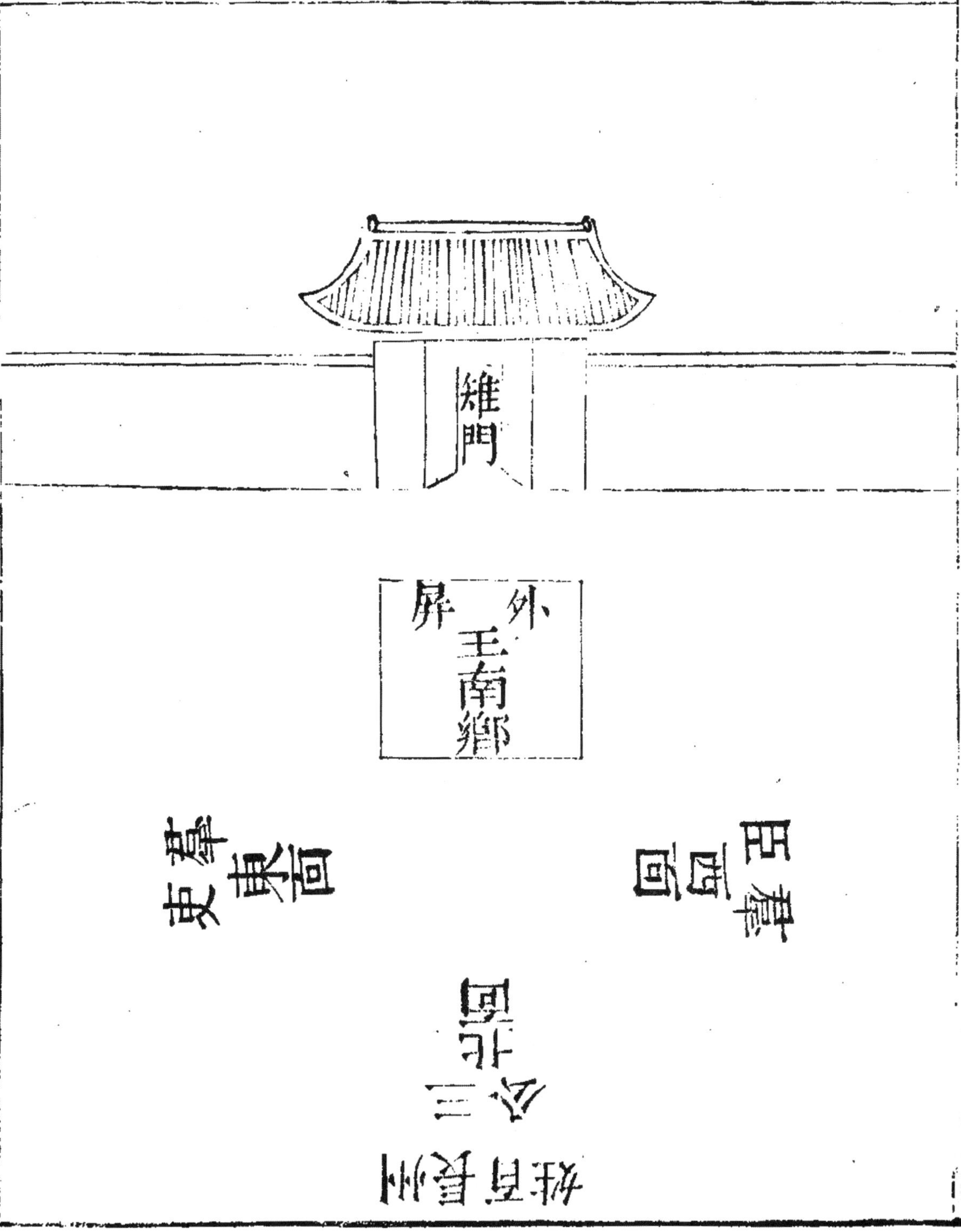

天子外朝圖

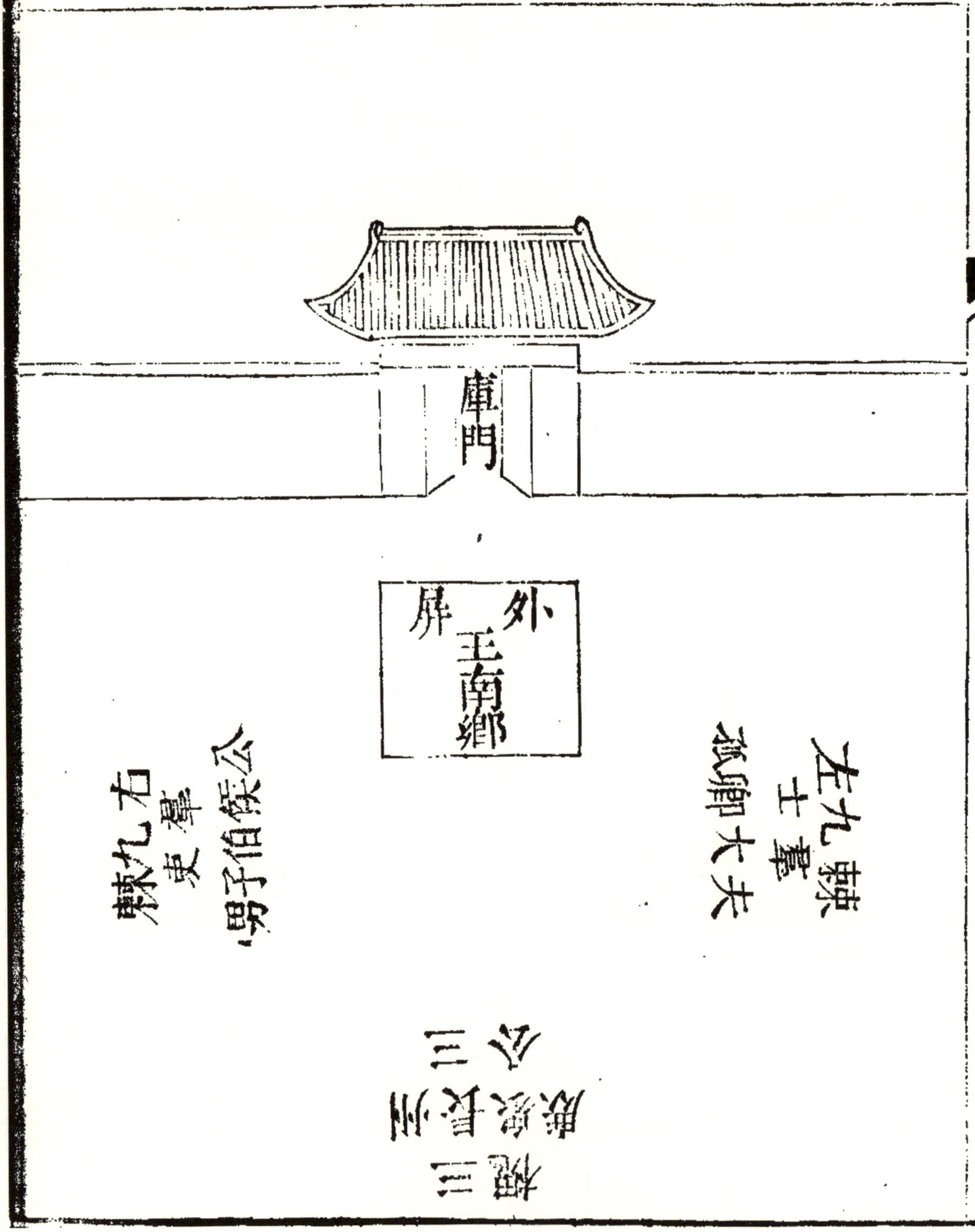

周禮小司寇之職掌外朝之政。以致萬民而詢焉。一曰詢國危。二曰詢國遷。三曰詢立君。其位王南鄉。三公及州長百姓北面。羣臣西面。羣吏東面。小司寇擯。以敘進而問焉。以衆輔志而弊謀。

鄭注外朝在雉門之外。

朝士掌建邦外朝之灋。左九棘。孤卿大夫位焉。羣士在其後。右九棘。公侯伯子男位焉。羣吏在其後。面三槐。三公位焉。州長衆庶在其後。左嘉石。平罷民。右肺石。達窮民焉。帥其屬而以鞭呼趨且辟。禁慢朝錯立族談者。

鄭注。外朝在庫門之外。臯門之内。

附　治朝圖

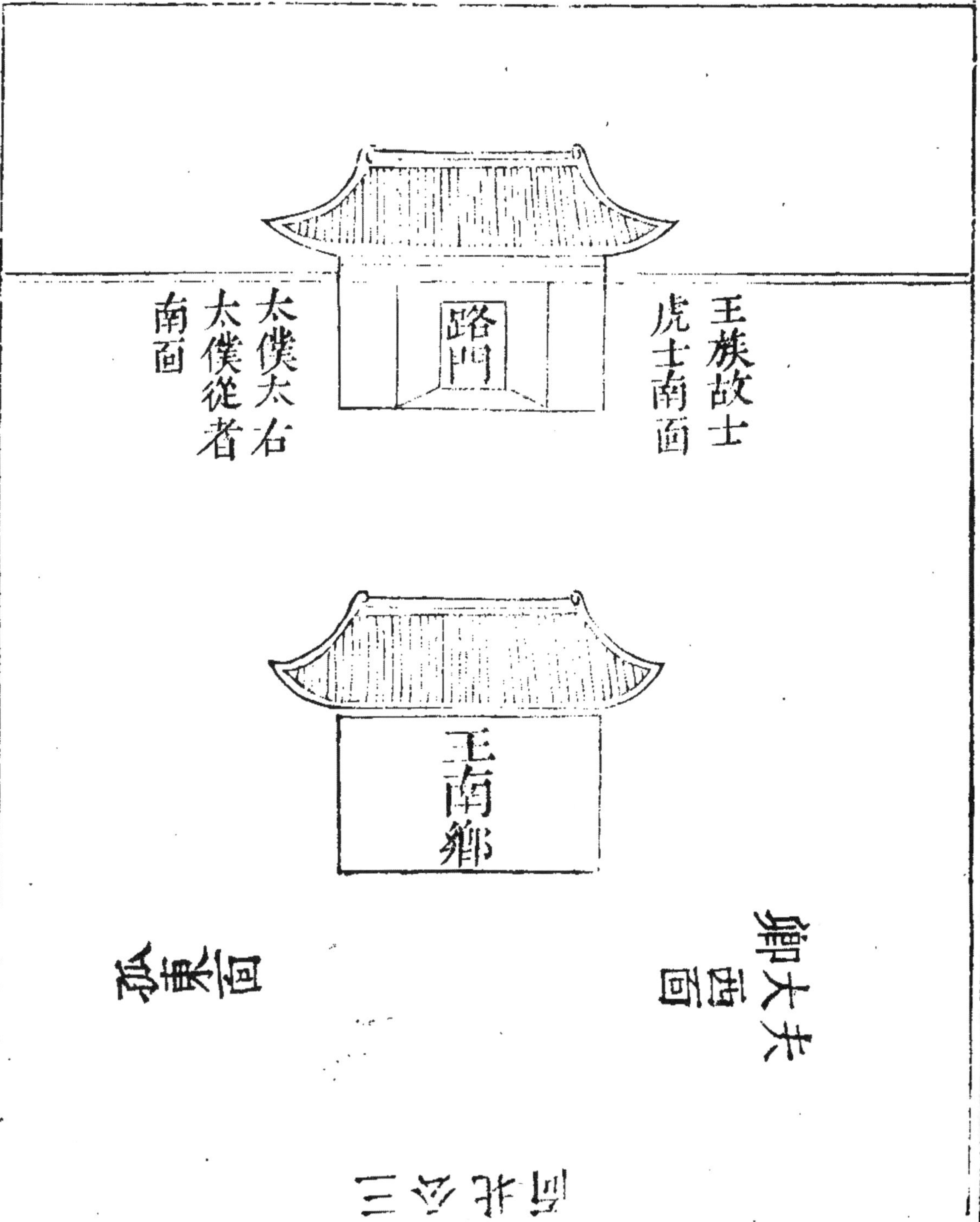

周禮宰夫之職掌治朝之灋以正王及三公六卿
大夫羣吏之位掌其禁令敘羣吏之治以待賓客
之令諸臣之復萬民之逆

周禮夏官司士正朝儀之位辨其貴賤之等王南
鄉三公北面東上孤東面北上卿大夫西面北上
王族故士虎士在路門之右南面東上大僕大右
大僕從者在路門之左南面西上司士擯孤卿特
揖大夫以其等旅揖士旁三揖王還揖門左揖門
右大僕前王入內朝皆退

四書考正譌　執圭考

元和　吳鼎科庭寶　輯

按封圭與聘圭有別，封圭者公執桓圭，侯執信圭，伯執躬圭，子執穀璧，男執蒲璧是也。諸侯朝天子，本君親自朝，則執之。聘圭者，典瑞玉人所謂瑑圭是也。無桓圭、信躬、穀蒲之文，直瑑之而已，皆降其君一等。諸侯之臣聘天子及聘諸侯，則執之繅藉，寸數各有等差。蔡德晉曰瑑圭雖下於封圭一等然皆制自玉人掌自典瑞錫於天子藏於諸侯故均謂之命圭如此則朱子註圭諸侯命圭並非謂封圭也封圭聘圭不得相混又按桓信躬穀蒲分而言之則爲圭爲璧總而言之則皆可謂之圭覲禮乘墨車龍旂弧韣乃朝以瑞玉有繅註云玉謂公桓圭侯信圭伯躬圭子穀璧男蒲璧下文云侯氏入門右坐奠圭再拜稽首則知五玉統名圭也禮記曲禮凡摯諸侯圭亦然汪氏武曹四書大全載辨志堂訂正

說約據雜記贊大行曰圭公九寸侯伯七寸子男五寸。鰲稱博引必謂子男執圭不執璧，其説亦太拘泥矣。

周禮大宗伯之職公執桓圭。侯執信圭。伯執躬圭。子執穀璧。男執蒲璧。

周禮典瑞公執桓圭。侯執信圭。伯執躬圭。繅皆三采三就。子執穀璧。男執蒲璧。繅皆二采再就。以朝覲宗遇會同於王。諸侯相見亦如之。三采朱白蒼。二采朱綠也。一采謂之就。就成也。

周禮大行人上公執桓圭九寸。繅籍九寸。諸侯執信圭七寸。繅籍七寸。諸伯執躬圭。如諸侯之禮。諸子穀璧五寸。繅籍五寸。諸男執蒲璧。如諸子之禮。

周禮小行人公用桓圭。侯用信圭。伯用躬圭。子用

穀璧男用蒲璧

周禮考工記玉人之事命圭九寸謂之桓圭公守之命圭七寸謂之信圭侯守之命圭七寸謂之躬圭伯守之命圭者王所命之圭也朝覲執焉居則守之子守穀璧男守蒲璧不言之者闕耳

禮記雜記贊大行曰圭公九寸侯伯七寸子男五寸博三寸厚半寸剡上左右各寸半玉也藻三采六等贊大行者書說大行人之禮者名也子男執璧作此禮者失之矣

聘禮記所以朝天子圭與繅皆九寸剡上寸半厚半寸博三寸繅三采六等朱白蒼九寸公之圭也亦舉以見例耳

覲禮侯氏入門右坐奠圭再拜稽首兼桓信躬穀蒲圭璧而言

禮記曲禮凡摯天子鬯諸侯圭

右封圭

桓圭

信圭

躬圭

穀璧

蒲璧

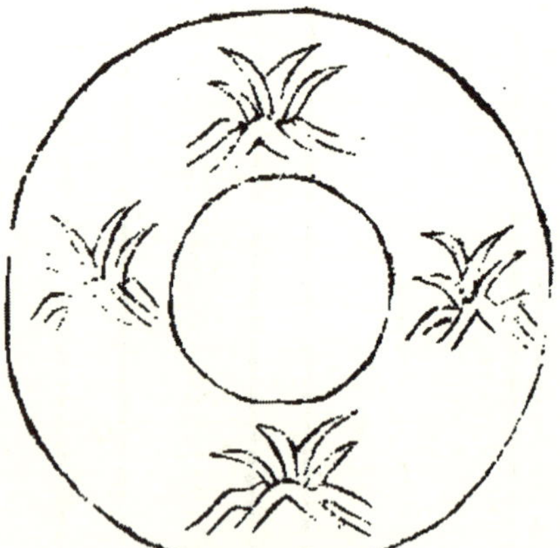

周禮典瑞瑑圭璋璧琮繅皆二釆一就以頫聘

鄭司農云瑑有圻鄂瑑起

賈公彦曰此遣臣行聘問之所執者本君親自朝所執者桓圭以下是也若遣臣聘不得執君之圭璧無桓信躬蒲穀之文直瑑之而已

考工記玉人瑑圭璋八寸璧琮八寸以頫聘

賈公彦曰瑑文飾者凡諸侯之臣頫聘並不得執君之桓圭信圭等直瑑爲文飾耳

按此謂上公之臣執以頫聘桓圭九寸降其瑞一等故八寸若侯伯之臣則宜六寸子男

之臣則宜四寸

聘禮記問諸侯朱綠繅八寸。

按此言上公聘玉之繅。侯國聘玉之繅當六寸。子男當四寸。

禮記郊特牲大夫執圭而使。所以申信也

右聘圭

儀禮聘于夫人用璋。

按言圭不及璋者。陽統陰也。

瑑圭

瑑璋

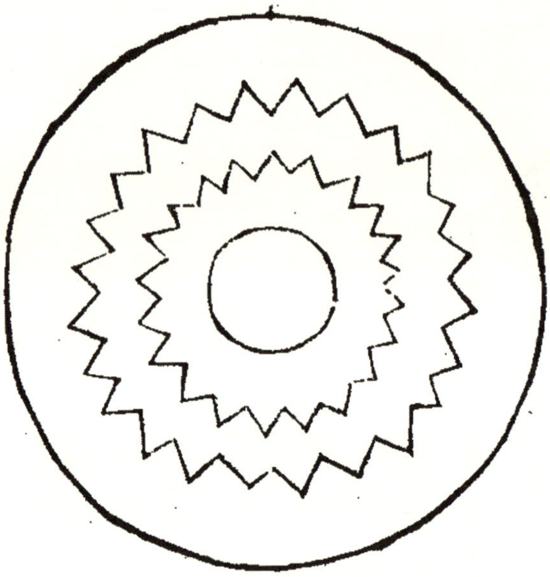

瑑璧

瑑琮

儀禮聘禮厥明訝賓于館賓皮弁聘至于朝賓入于次乃陳幣卿爲上擯大夫爲承擯士爲紹擯擯者出請事公皮弁迎賓于大門內大夫納賓賓入門左公再拜賓辟不答拜公揖入每門每曲揖及廟門公揖入立于中庭賓立接西塾几筵既設擯者出請命賈人東面坐啓櫝取圭垂繅不起而授上介上介不襲執圭屈繅授賓賓襲執圭擯者入告出辭玉納賓賓入門左介皆入門左北面西上三揖至于階三讓公升二等賓升西楹西東面擯者退中庭賓致命公左還北鄉擯者進公當楣再

拜賓三退負序公側襲受玉于中堂與東楹之間擯者退負東塾而立賓降介逆出賓出公側授宰玉裼降立

按注疏訝迎也下大夫皮弁以君命迎賓賓服皮弁聘主相尊敬也次在大門外之西以帷爲之有司入于主國廟門外以布幕陳幣主璋賈人執櫝而俟擯爲主國之君所使出接賓者也於是時賓出次直闑西北面上介次介在賓西北東面主君在門內南面上擯在闑東閾外西面承擯在上擯東南西面各

自次序而下末擯末介東西相去各三丈六尺此旅擯耳不傳命上擯入向公前北面受命出門南面遥揖賓使前上擯漸南行賓至末介北東面上擯至末擯南西面東西亦相去三丈六尺二人立定揖而請所爲來之事賓對訖上擯入告公公皮弁迎賓不出大門降于待其君也乃命上大夫納賓即上擯也賓入門左公事自闑西入不中門與使君爲介時入門同拂闑也衆介隨入北面西上少退擯者亦入門而右北面東上上擯進相君

公南面再拜迎賓避位逡遁不敢當其禮故不荅拜公揖入主人至每門指閤門與廟門而言則揖而先入每曲揖者於曲處則揖而折行也諸侯三門庫雉路庫門爲大門雉門爲中門左宗廟右社稷入大門東行即至廟門其間得有每門者諸侯有五廟太祖之廟居中二昭居東二穆居西廟皆别門門外兩邊皆有南北隔墻中央通門若然則祖廟以西隔墻有三閤門亦有三東行經三門乃至太祖廟是以每門皆有曲凡君與賓入門賓必後君者

賓主不敵也上擯與上介並次擯與次介並末擯與末介並各自鴈行于後既入則東行賓介於左君擯於右相去亦三丈六尺及廟門公揖先入省內事也既則立于中庭以俟賓接猶近也門側之堂謂之塾立近塾者已與主君交禮將有出命故俟之於此介在幣南北面西上上擯隨公入門東東上賓至廟門司宫乃于依前設几筵席西上上擯待而出請賓所以來之命賈人授圭不起賤不與爲禮也不言裼襲者賤不裼也繅有組繫也

上介北面受圭進西面授賓不襲者以盛禮
不在于已也賓襲執圭盛禮而又盡飾充美
也上擯入告公以賓執圭將致其聘命辭之
所以致尊讓也賓對上擯復以入告出納賓
賓入門左介皆隨賓入門左北面西上介無
事止於此君於賓入門左而揖參分庭一在
南而揖又皆行至于參分庭一在北而揖三
揖至於階三讓升公先賓升二等賓升西楹
西東面與主君相嚮擯者退立于中庭以公
宜親受賓命也賓致其君之命公升受賓致

命時西鄉以左手觷外迴身北面乃拜擯者
進阼階西釋辭於賓相公拜公當楣再拜拜
貺也賓三逡遁負序不言避者以執圭將進
授之側猶獨也側襲尊賓也凡廟之室堂皆
五架棟南北皆有兩架棟北一架下有壁開
戶棟南一架謂之楣則楣北有二架楣南有
一架今於當楣北面拜訖乃更前北侵半架
於南北之中乃受玉故曰中堂東楹之間四
分楹間一在東也凡在堂上授受贄幣之禮
敵者則在兩楹之間聘君之命宜降于主君

一等故使者就主君于東楹之間而授玉也擯者退負東塾而立反其等位無事賓降介逆出由便也賓出聘事畢公側授宰玉使藏之授於序端裼者免上衣見裼衣凡當盛禮者以充美爲敬非盛禮者以見美爲敬禮尚相變也降立俟享也亦於中庭

聘禮記上介執圭如重授賓賓入門皇升堂讓將受志趨授如爭承下如送君還而后退下階發氣怡焉再三舉足又趨及門正焉執圭入門鞠躬焉如恐失之皇且行入門主敬升堂主愼記執玉異說

禮記曲禮下凡奉者當心提者當帶執天子之器則上衡國君則平衡大夫則綏之士則提之凡執主器執輕如不克執主器操幣圭璧則尚左手行不舉足車輪曳踵

禮記玉藻圈豚行不舉足齊如流執龜玉舉前曳踵蹜蹜如也

周禮司儀諸公之臣。相爲國客。及將幣。旅擯三辭。拜逆客辟。三揖每門止一相。及廟。惟君相入。三讓客登拜。客三辟。受幣。下出。每事如初之儀。

禮記聘義上公七介。侯伯五介。子男三介。所以明貴賤也。介紹而傳命。君子於其所尊弗敢質。敬之至也。三讓而后傳命。三讓而后入廟門。三揖而后至階。三讓而后升。所以致尊讓也。君使士迎於竟。大夫郊勞。君親拜迎於大門之內而廟受。北面拜貺。拜君命之辱。所以致敬也。敬讓也者。君子之所以相接也。故諸侯相接以敬讓。則不相侵陵。卿爲上擯大夫爲承擯士爲紹擯君親禮賓賓私面私覿致饔餼還圭璋賄贈饗食燕所以明賓客君臣之義也故天子制諸侯比年小聘三年大聘相厲以禮使者聘而誤主君弗親饗食也所以愧厲之也諸侯相厲以禮則外不相親內不相陵此天子之所以養諸侯兵不用而諸侯自爲正之具也以圭璋聘重禮也已聘而還圭璋此輕財而重禮之義也諸侯相厲以輕財重禮則民作讓矣主國待客出入三積餼客於舍五牢之具陳於內米三十車禾三十車芻薪倍禾皆陳於外乘禽日五雙羣

介皆有餼牢。壹食再饗。燕與時賜無數。所以厚重
禮也。

薛氏圖云諸侯相聘之法卿既受命將行之旦釋奠於禰告爲君使乃受命於朝介及衆介皆從之受聘圭受享束帛加璧受夫人聘璋享琮遂行君言既受不宿於家始至所聘之竟張旜示有事於此國也主君使士請事遂入歛旜君使下大夫請行反君使卿朝服用束帛勞夫人使下大夫用棗栗勞及國主人請受示不敢留賔賔請問示不迫主人卿致館使若上卿則館於下卿之廟上大夫館於下大夫之廟介館於士廟宰夫朝服致飧明日賔皮弁服至於大門

外西次皮弁服者與君相朝同也主君迎賓於大門內卿爲上擯大夫爲承擯士爲紹擯主君公也則擯者五人侯伯也則擯者四人子男則擯者三人時主君在大門內上擯在闑東門外西面北上承擯次南紹擯又次南皆西面擯出次當闑西北面上介次北衆介亦繼而北陳其位相去之數公之使七十步侯伯之使五十步子男之使三十步公使則七人侯伯之使則五人子男之使則三人君朝則使傳命聘使臣而已不傳命其上擯之請事揖賓俱前各至其末

擯末介相對言也。時公在大門內，亦皮弁服，請事訖，賓入大門內。公再拜，公揖入，遂入。賓既入，上介不襲，執圭屈繅授賓。不襲者，盛禮不在己也。賓襲而執圭，行盛禮，若盡飾爲其相蔽敬也。遂與主君揖讓，升，授主君。襲受時，介皆入在門內。

按儀禮聘禮，不能備載。觀薛氏圖說，亦可得其大概矣。

四書考正譌　享禮考

元和　吳鼎科庭寶　輯

按聘禮束帛加璧元纁束帛加琮君享用璧夫人用琮天地配合之義也公侯伯相享之玉皆然使卿大夫覜聘亦如之典瑞玉人所謂瑑璧琮是也享用圭璋惟二王之後享用琥璜惟子男之國周禮小行人合六幣所用各有區別不得混舉庭實有皮則以皮無皮

或以馬三牲魚腊籩豆之實龜金丹漆絲纊竹箭之屬皆是其餘無常貨惟國所有則庭實亦不專指皮馬言見覲禮注禮記禮器郊特牲

聘禮受享束帛加璧　元纁束帛加琮

周禮小行人合六幣圭以馬璋以皮璧以帛琮以錦琥以繡璜以黼此六物者以和諸侯之好故

按享天子用圭璋惟二王之後五等諸侯享天子用璧享后用琮其大各如其瑞考工記璧琮九寸諸侯享天子是也（此據上公言故云九寸侯伯宜）

七寸。子男宜五寸。諸侯相享，君用璧，夫人用琮，大小各降其瑞一等。考工記瑑琮八寸以享夫人是也。此亦據上公言，侯伯亦六寸。使卿大夫覜聘亦如之。公之臣瑑璧琮八寸，侯伯之臣六寸。子男於諸侯享用琥璜，以朝時用璧，宜退一等。子男之臣不得過君，亦用琥璜四寸。

儀禮聘禮庭實皮則攝之。皮，虎豹之皮。

覲禮奉束帛匹馬卓上，九馬隨之，中庭西上，再拜稽首。

聘禮記凡庭實隨入，左先皮馬相間可也。賓之幣

惟馬出其餘皆束

覲禮四享皆束帛加璧庭實惟國所有

按四享當爲三享大行人職曰諸侯廟中將幣皆三享是也初享或用馬或用虎豹之皮其次享三牲魚腊籩豆之實龜也金也丹漆絲纊竹箭也其餘無常貨此地物非一國所能有唯所有分爲三享皆以璧帛致之

禮記禮器三牲魚腊四海九州之美味也籩豆之薦四時之和氣也內金示和也束帛加璧尊德也龜爲前列先知也金次之見情也丹漆絲纊竹箭

與衆共之財也。其餘無常貨，各以其國之所有，則致遠物也。

郊特牲：禮幣無方，所以別土地之宜而節遠邇之期也。龜爲前列，先知也。以鍾次之，以和居之參之也。虎豹之皮，示服猛也。束帛加璧，往德也。

春秋宣十四年左傳：孟獻子言於公曰：臣聞小國之免於大國也，聘而獻物（玉帛皮幣），於是有庭實旅百

儀禮聘禮擯者出請賓裼奉束帛加璧享擯者入告出許庭實皮則攝之毛在內內攝之入設也賓入門左揖讓如初升致命張皮公再拜受幣士受皮者自後右客賓出當之坐攝之公側授宰幣皮如入右首而東

按注疏請卽所謂請命也璧降於圭故裼而奉之許之者已受其大則不必辭其細也皮虎豹之皮攝之者右手并執前足左手并執後足毛在內不欲文之豫見也內攝之兩手相鄉也入設亦參分庭一在南言則者有皮

則用皮無皮或以馬也賓入門左揖讓如初介亦如門左升致命張皮釋皮之外足見文也公再拜受幣儀亦如初受幣亦兼受璧而言自由也士從東方來由客後西居其左受皮執皮者旣授亦自前西而出上初受皮仍如前張之及賓出降至庭乃對賓坐而攝之當對也前張皮見文今攝之內文也公獨授宰幣皮如入左在前右首者變於生也

聘禮記及享發氣焉盈容

右享禮

圭以馬

璋以皮

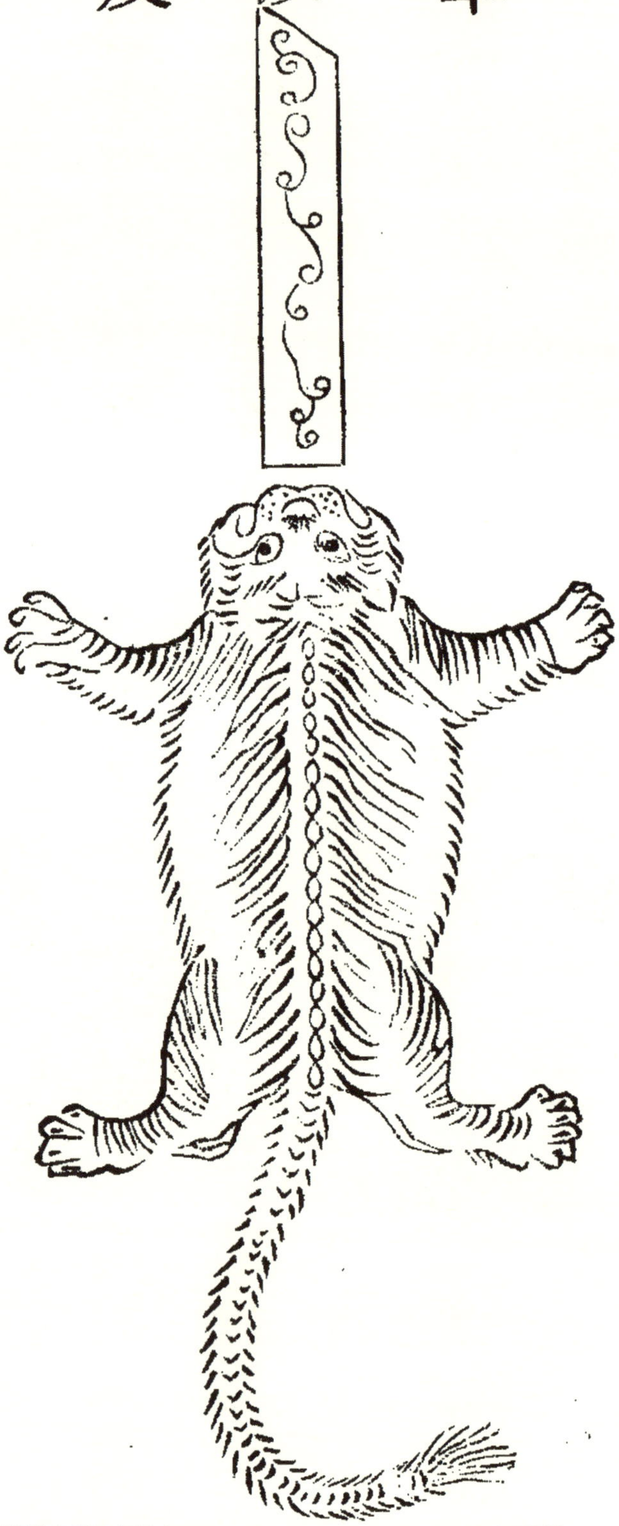

璧以帛

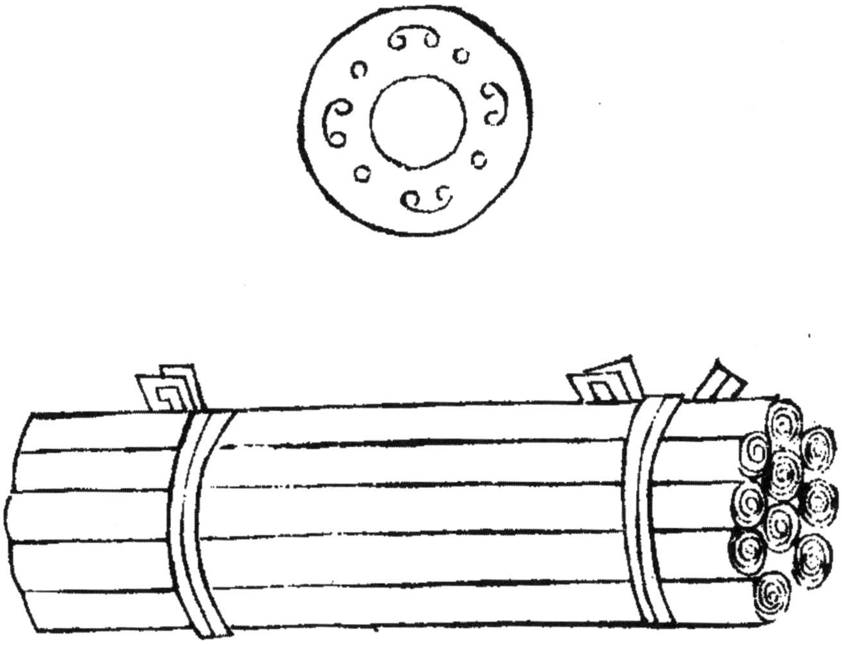

琮以錦

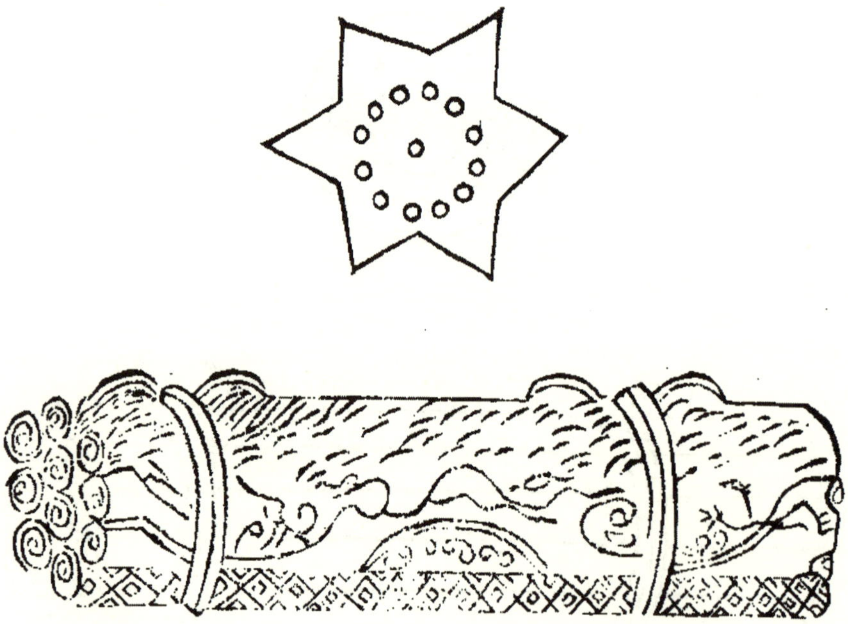

琥以繡

璜以黼

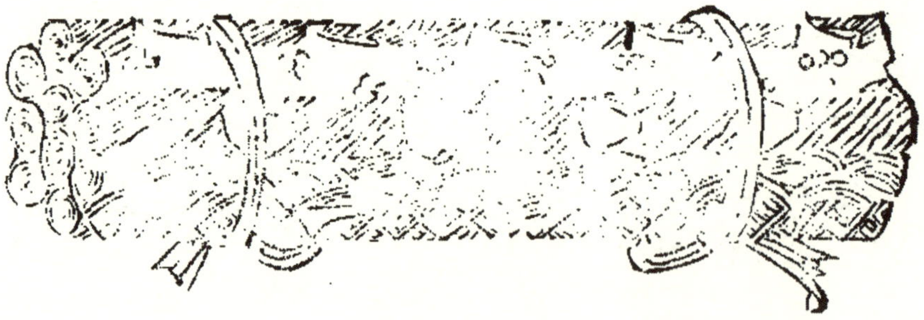

按享禮後有禮賓一節附載如左

擯者出請事賓告事畢賓奉束錦以請覿擯者入告出辭請禮賓賓禮辭聽命擯者入告宰夫徹几改筵公出迎賓以入揖讓如初公升側受几於序端宰夫內拂几三奉兩端以進公東南鄉外拂几三卒振袂中攝之進西鄉擯者告賓進訝受几於筵前東面俟公壹拜送賓以几辟北面設几不降階上答再拜稽首宰夫實觶以醴加柶於觶面枋公側受醴賓不降壹拜進筵前受醴復位公拜送醴宰夫薦籩豆脯醢賓升筵擯者退負東塾賓祭

脯醢以梱祭醴三庭實設降筵北面以梱兼諸觶尚擸坐啐醴公用束帛建梱北面奠於薦東擯者進相幣賓降辭幣公降一等辭栗階升聽命降拜公辭升再拜稽首受幣當東楹北面退東面俟公壹拜賓降也公再拜賓執左馬以出上介受賓幣從者訝受馬

右禮賓

薛氏圖云賓裼奉束帛加璧享皆裼受庭中所陳或皮馬隨國所有次有行夫人聘享亦如之皆君爲之受

四書考正譌 私覿考

元和　吳鼎科庭寶　輯

按人臣無私交從君朝覲則不敢私覿敬君也若奉使聘於隣國公事畢則奉束錦以請覿擯者辭請禮賓受几受醴受幣禮成賓出賓乃私覿始入門右以臣禮見終入門左以賓禮見也以臣禮見私覿之常以賓禮見以主君禮辭不得已也覿用束錦避享幣也主

君受馬幣賓出禮畢詳見儀禮

儀禮聘禮賓覿奉束錦總乘馬二人贊入門右北面奠幣再拜稽首擯者辭賓出擯者坐取幣出有司二人牽馬以從出門西面於東塾南擯者請受賓禮辭聽命牽馬右之入設賓奉幣入門左介皆入門左西上公揖讓如初升公北面再拜賓三退反還負序振幣進授當東楹北面士受馬者自前還牽者後適其右受牽馬者自前西乃出賓降階東拜送君辭拜也君降一等辭擯者曰寡君從子雖將拜起也栗階升公西鄉賓階上再拜稽首公

少退賓降出公側授宰幣馬出公降立

按注疏束錦十端也乘馬四匹也總者總八轡牽之二人贊者賈人之屬二人各居兩馬前各用左右手手扣一匹也入門右私事自闑東也奠幣不敢授也北面再拜稽首以臣禮見也擯者辭其臣賓出事畢擯者坐取幣出將還之也有司二人牽馬以從西面於東塾南向賓也擯者請以客禮受之賓受其幣贊者受馬姑受而再設也庭實先設客禮也於是牽馬者四人人牽一匹賓不總牽右之

欲人居馬左任右手便也賓奉幣以客禮入門左介皆入門左西上公揖讓如初升仍以賓禮見公先北面再拜以賓奠幣禮意隆也賓三退反還負序反西面而復東向不敢與授圭同振幣去塵而進授以示敬也當東楹北面禮愈恭也不言君受畧之也士受馬者從東方來由馬前各遶牽馬者之後在人東馬西而受之牽馬者自前西行而出賓降拜送幣於階東君辭辭而仍拜故君降一等再辭擯者猶恐賓未已拜也故爲君申意曰寡

君從子雖將拜起也賓栗階升公西鄉賓階上再拜稽首成拜公少退爲敬賓降出公側授宰幣藏之內府馬出就廄廟中宜清也公降立。

聘禮記私覿愉愉焉出如舒鴈

右私覿

按私覿之後有私獻又有私面私獻於君私面於卿大夫附載如左

聘禮記既覿賓若私獻奉獻將命擯者入告出禮辭賓東面坐奠獻再拜稽首擯者東面坐取獻舉

以入告出禮請受賓固辭公答再拜擯者立於閾外以相拜賓辟擯者授宰夫於中庭若兄弟之國則問夫人

周禮司儀諸公之臣相爲國客私面私獻再拜稽首君答拜

儀禮聘禮擯者出請事賓面如覿幣賓奉幣庭實從入門右大夫辭賓遂左庭實設揖讓如初大夫升一等賓從之大夫西面賓稱面大夫對北面當楣再拜受幣於楹閒南面退西面立賓當楣再拜送幣降出大夫降授老幣

薛氏圖曰既受享然後主君禮賓以醴酒薦脯醢禮以束帛乘馬賓即行私覿奉束錦乘馬以覿既覿而出君送至大門內問君問夫人賓對遂還館賓既還館主國卿皆就館勞皆用鴈主君使卿韋弁服歸饔賓亦以皮弁服受之使大夫奉束帛以致賓亦以束帛乘馬而擯使者夕夫人使下大夫韋弁歸禮大夫以束帛致之賓受如受君饔餼之禮擯之以乘馬束錦於賓一食再享燕無數者或有或無上介一食一享賓皆再拜於朝若不親享食則大夫各以其爵朝

服致之以侑幣如致饔無儐致饗以酬幣亦如之君使卿皮弁還圭璋賓亦皮弁襲而受於公館賓遂行舍於近郊公使卿贈如受牢禮無儐還竟而請反命乃先入至朝反命然後適家儻於廟

四書考正譌 紺緅紅紫考

元和　吳鼎科庭賓　輯

按紺深青揚赤色本說文緅絳色本邢疏紺齊服緅三年之喪以飾練服者飾領緣也本孔注紅紫閒色見禮玉藻詳論語或問

論語集解孔注曰一入曰緅飾者不以爲領袖緣也紺者齊服盛色以爲飾衣似衣齊服緅者三年練以緅飾衣爲其似衣喪服故皆不以爲

飾衣

論語邢昺疏曰紺元色緅淺絳色孔氏注一入曰緅考工記云三入爲纁五入爲緅七入爲緇註云染纁者三入而成又再染以黑則爲緅今禮俗文作爵亦如爵頭色也又復再染以黑乃成緇矣鄭司農說以論語曰君子不以紺緅飾又曰緇衣羔裘爾雅曰一染謂之縓再染謂之赬三染謂之纁詩云緇衣之宜兮元謂此同色耳染布帛者染人掌之凡元色者在緅緇之間其六入者歟今孔氏云一入爲緅者未知出何

書又曰緅者三年練以緅飾衣則似讀緅爲縓案檀弓云練練衣黃裏縓緣註云小祥練冠練中衣以黃爲裏縓爲飾故曰爲其似衣喪服故皆不以爲飾衣說文云紺帛深青揚赤色是紺爲青赤色也故爲齊服盛色若以爲緣飾則似衣齊服也

按爾雅所云一染謂之縓再染謂之赬三染謂之纁儀禮士冠禮注所云朱則四入皆染赤法也周禮考工記鍾氏所云三入爲纁五入爲緅七入爲緇儀禮士冠禮注所云元則

六入皆染黑法也賈公彥云論語有紺緅連文紺又在緅上則以纁入赤爲朱若以纁入黑則爲紺故淮南子云以涅染黑則黑於涅又以紺入黑汁則爲緅故紺緅連言也若然則孔注所云一入爲緅殆謂以紺一入黑汁爲緅歟儀禮士冠禮爵弁注其色赤而微黑然或謂之緅疏云七入爲緇若以纁入黑則爲紺以紺入黑則爲緅是三入赤再入黑故云其色赤而微黑也論語邢昺疏以紺爲元色許氏白雲因之其說非是當從說文但讀

緅爲纁。儀禮喪服記。禮記檀弓閒傳確有可
據。
儀禮喪服 公子爲其母練冠麻。麻衣縓緣。
鄭註。淺絳也。一入謂之縓。
禮記檀弓 練衣黃裏縓緣。
孔疏。縓淺絳色。緣謂中衣領乃褏之緣也。
禮記閒傳 期而小祥。練冠縓緣。
賈疏。以縓爲領緣也。
玉藻 衣正色。裳閒色。
論語或問 青赤黃白黑。五方之正色也。以木克土。則青黃合而成綠。以金克木。則白青合而成碧。以火克金。則赤白合而成紅。以水克火。則黑赤合而成紫。以土克水。則黃黑合而成騮。此五方之間色也。紅南方間色。紫北方間色。但言紅紫。則五方間色皆不用可知。

四書考正譌 裘考

元和　吳鼎科庭寶　輯

按大全厚齋馮氏羔裘作朝服麑裘作聘服其說未備羔裘爲朝服亦爲助祭之服麑裘爲聘服亦爲視朔之服狐裘作蜡祭服其說非是當作臘祭之服詳見詩禮箋註郊特牲

詩鄭風羔裘如濡

鄭箋羔裘大夫服也

詩唐風羔裘豹袪。

鄭箋君純羔大夫以豹飾也。

詩檜風羔裘逍遥。

鄭箋緇衣羔裘諸侯之朝服。

詩鄭風緇衣之宜兮。

鄭箋緇衣卿大夫居私朝之服。

禮記玉藻羔裘豹飾緇衣以裼之。

鄭註卿大夫助祭於君之服。

按羔裘爲朝服又爲祭服具載詩禮不得專主朝服言。

右緇衣羔裘

禮記玉藻麛裘青豻褎絞衣以裼之

鄭康成曰豻胡犬也絞蒼黄之色也孔子素衣

麑裘

按禮書云鹿之爲物善接其類而麛尤出於

天性故先王取焉聘禮曰麛裘皮弁然則皮

弁素積而麛裘素色以裼之則絞衣素衣也

袒而見示曰裼揜而充裘曰襲素衣麑裘則

麑裘之上素衣其正服也

儀禮聘禮公則授宰玉裼降立

鄭康成曰。裼者免上衣。見裼衣。玉藻曰。裘之裼也。見美也。又曰。麛裘青豻褎。絞衣以裼之。論語曰。素衣麑裘。皮弁時或素衣。其裘同。可知也。賈公彥曰。諸侯與其臣視朔。與行聘禮。皆服麑裘。但君則麛裘。還用麛褎。臣則不敢純如君麛裘。則青豻褎。裼衣。君臣亦有異時。在國視朔。君臣同素衣。爲裼。聘時主君則用素衣。爲裼。使臣則用絞衣爲裼也。

按邢氏昺論語疏曰。其素衣麑裘。則在國視朔之服也。卿大夫士亦皆然。其受聘享。亦素

衣麑裘如鄭此言則裼衣或綾或素不定也

熊氏云臣用綾君用素皇氏云素衣爲正記

者亂言綾耳

右素衣麑裘

禮記玉藻狐裘黄衣以裼之

鄭康成曰黄衣大蜡時臘先祖之服孔子黄衣

狐裘非諸侯則不以錦衣爲裼

禮記郊特牲天子大蜡八伊耆氏始爲蜡蜡也者

索也歲十有二月合聚萬物而索饗之也蜡之祭

也主先嗇而祭司嗇也祭百種以報嗇也饗農及

郵表畷禽獸仁之至義之盡也古之君子使之必報之迎貓爲其食田鼠也迎虎爲其食田豕也迎而祭之也祭坊與水庸事也曰土反其宅水歸其壑昆蟲毋作草木歸其澤皮弁素服而祭素服以送終也葛帶榛杖喪殺也蜡之祭仁之至義之盡也

陳氏詳道曰蜡以息老物故服送終之服黃衣黃冠而祭息田夫也野夫黃冠黃冠草服也

鄭氏康成曰黃衣黃冠而祭謂既蜡臘先祖五祀也於是勞農以休息之論語云黃衣狐裘黃

冠草服言祭以息民物象其時物之色季秋而草木黄落

陳氏祥道曰臘以息民故服田夫之服

按大蜡用皮弁素服息民用黄衣狐裘二者不同邢氏昺謂大蜡息民之祭服以其大蜡之後作息民之祭息民大蜡同月其事相次故連言之耳其實蜡祭與臘祭有別黄衣狐裘繇主臘先祖五祀之服

右黄衣狐裘

裼襲義

裼襲之說異同不一。裘上有裼衣，裼衣之上有襲衣，襲衣之上有正服，孔穎達之說也。冬有裘，襯身禪衫，有襦，襦上有裘，裘上有裼衣，裼衣之上又有皮弁祭服之等，賈公彥之說也。說文云：襲，左衽袍。萬斯大曰：古者禮服無衽，惟深衣有左右衽，且衣裳相連，全體深邃，服之以掩蓋裼衣，則美不外著。裘上有裼衣，不加深衣曰裼，加深衣曰襲。吳氏澄曰：裼裘者，裼衣外之上服，宜其領而露出裼衣也；襲裘者，裼衣外之上服，曲其領而掩蔽裼衣也。三禮義疏則曰。弁服祭服皆直領。領之內有左右衽各屈其衽於內。則露裼衣爲見美。衽左右交則不見裼衣爲克美。竊按玉篇曰襲。重衣也。或用皮弁祭服。或用深衣。諸儒所說。當分別觀之。不可混而爲一。若儀禮聘禮所謂。賓襲執圭公側襲受玉于中堂與東楹之間。公側授宰玉。裼降立。賓裼奉束帛加璧享。禮記曲禮所謂執玉其有藉者則裼。無藉者則襲。玉藻所謂裘之裼也。見美也。君在則裼盡飾也。服之襲也。克美也。是故尸襲執玉龜襲無事則裼。不敢克也。則有如賈氏所云。裼衣之上有皮弁祭服等。吳氏澄所云。袒其領而露出裼衣。曲其領而掩蔽裼衣。三禮義疏所云。屈其袒于內。露出裼衣爲見美。袒左右交。不見裼衣爲克美是也。若曲禮所謂弔則襲。檀弓子游裼裘而弔。曾子襲裘而弔。玉藻所謂表裘不入公門。襲裘不入公門。則有如萬氏所云。不加深衣曰裼。加深衣曰襲是也。至若孔穎達所云。裼衣之上有襲衣。襲衣之上有正服。三禮義疏駁之云。既襲矣。美何從見。必釋禮衣。去襲衣。而後美可見。若裼衣而來。亦必釋禮衣。加襲衣。而後美可克。當行禮時。不應若是煩擾疑只一領左右襟皆有小衽衽相掩則襲屈衽藏之即裼即孝子露肩臂即袒納肩臂於袖即襲也則裼上有襲止兩重不應作三重襲與裼之異只在第二重上分别耳

四書考正譌　佩考

元和　吳鼎科庭寶　輯

按佩有德佩所以比德有事佩所以備用德佩見玉藻事佩見內則

禮記玉藻古之君子必佩玉右徵角左宫羽趨以采齊行以肆夏周還中規折還中矩進則揖之退則揚之然後玉鏘鳴也故君子在車則聞鸞和之聲行則鳴佩玉是以非辟之心無自入也

陳氏澔曰。徵角宮羽。以玉聲所中言也。徵爲事角爲民。故在右。右爲動作之方也。宮爲君。羽爲物。君道宜靜。物道宜積。故在左。左乃無事之方也。不言商者。以西方肅殺之音。故遺之。歟路寢門外至應門。謂之趨。於此趨時。歌采齊之詩以爲節。路寢門內至堂。謂之行。於行之時。則歌肆夏之詩以爲節。

朱子曰。周還是直去却回來。其回轉處欲其圜如規也。折還是直去了復橫去。如曲尺相似。其橫轉欲其方如矩也。

陳氏澔曰進而前則其身畧俯如揖然退而後則其身微仰故曰揚之進退俯仰皆得其節故佩玉之鳴鏘然可聽也鸞和鈴也常所乘之車鸞在衡和在軾若田獵之車和在軾鸞在馬鑣也

方氏曰鸞以體言和以用言心內也而言入何哉蓋心雖在內有物採之而出及其久也則與物俱入矣故得以入言焉

凡帶必有佩玉唯喪否佩玉有衡牙君子無故玉不去身君子於玉比德焉

孔穎達曰凡佩玉必上繫於衡下垂三道穿以蠙珠下端前後以懸璜中央下端懸以衡牙動則衡牙前後觸璜而爲聲所觸之玉其形似牙故曰衡牙

禮記內則左右佩用左佩紛帨刀礪小觿金燧

陳氏澔曰所佩之物皆是備尊者使令之用紛以拭器帨以拭手皆巾也刀礪小刀與石礪也觿狀如錐象骨爲之小觿所以解小結者金燧用以取火於日中者

右佩玦捍管遰大觿木燧

陳氏澔曰。玦射者著於右手大指。所以鉤弦而開弓。體也。捍拾也。韜左臂而收拾衣袖以利弦也。管筆彄遰刀室也。大觿所以解大結。木燧鑽火之器。晴則用金燧以取火。陰則用木燧以鑽火也。

禮記玉藻。天子佩白玉而元組綬。公侯佩山元玉而朱組綬。大夫佩水蒼玉而純組綬。世子佩瑜玉而綦組綬。士佩瓀玟而緼組綬。孔子佩象環五寸而綦組綬。

陳見復師曰。孔子佩象環五寸。蓋謙不佩玉。故

燕居佩之非禮服之正也

君在不佩玉左結佩右設佩居則設佩朝則結佩

按世子在君所下佩玉非去之也但結蹙其

左佩之綬不使玉之有聲不敢表其有如玉

之德耳右設佩者設之於右示有服役以奉

事於上也居則設佩燕居則佩玉如常也朝

則結佩申上意

齊則綪結佩而爵韠

按綪屈也謂結其綬而又屈上之也陳見復

師曰臣於君所必設佩齋則綪結其佩唯喪

否。

陳氏祥道曰。上銜下璜。中有琚瑀以雜之。下有衝牙。貫之以組綬。納之以蠙珠。而其色有白蒼赤之辨。其聲有角徵宮羽之應。其象有仁智禮樂忠信道德之備。或結或垂。所以著屈伸之理。或設或否。所以適交質之儀。此所以純固之德不內遷。非僻之心無自入也。蓋銜以平其心。璜以中其德。琚欲其有所安。牙欲其有所制。右徵角。所以象事與民。左宮羽。所以象君與物。趨以采齊。行以肆夏。所以比於樂。周旋中規。折旋中矩。所以比於禮。則佩之爲物。奚適而非道也。

佩

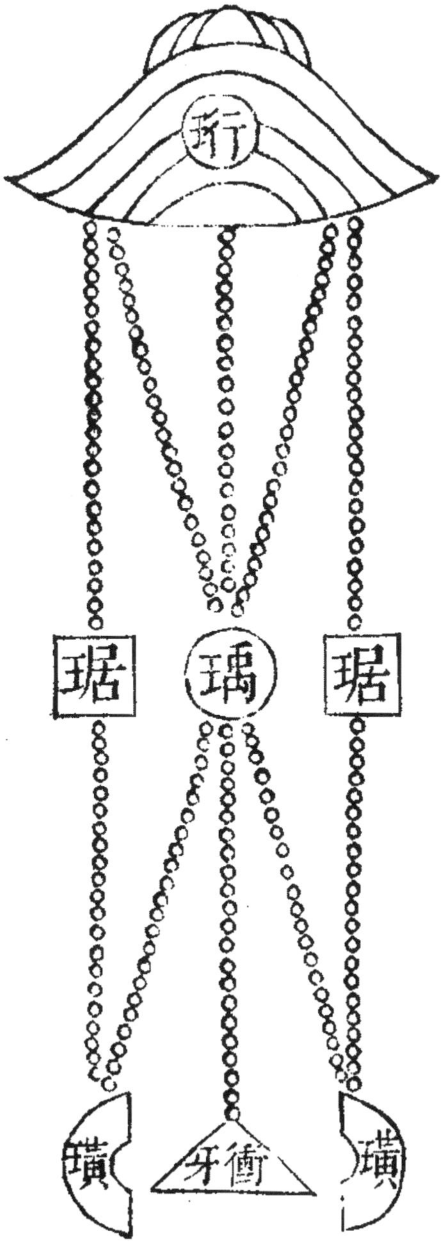

組綬

金燧

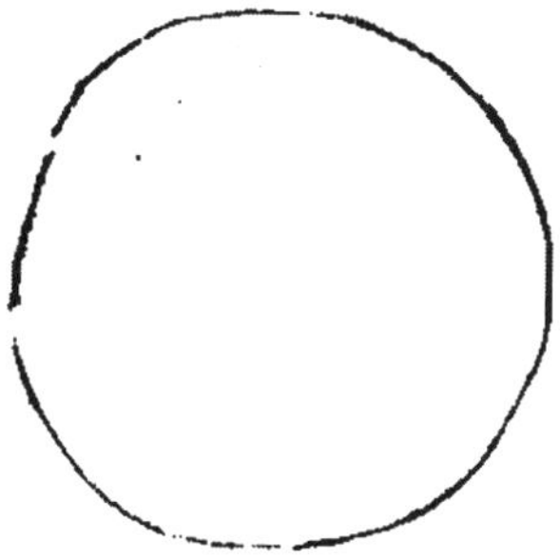

礪

觿

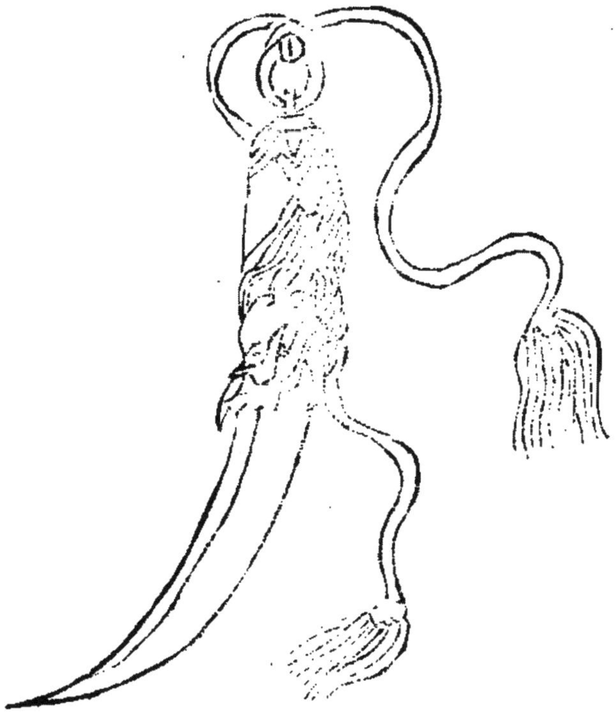

木燧

帨

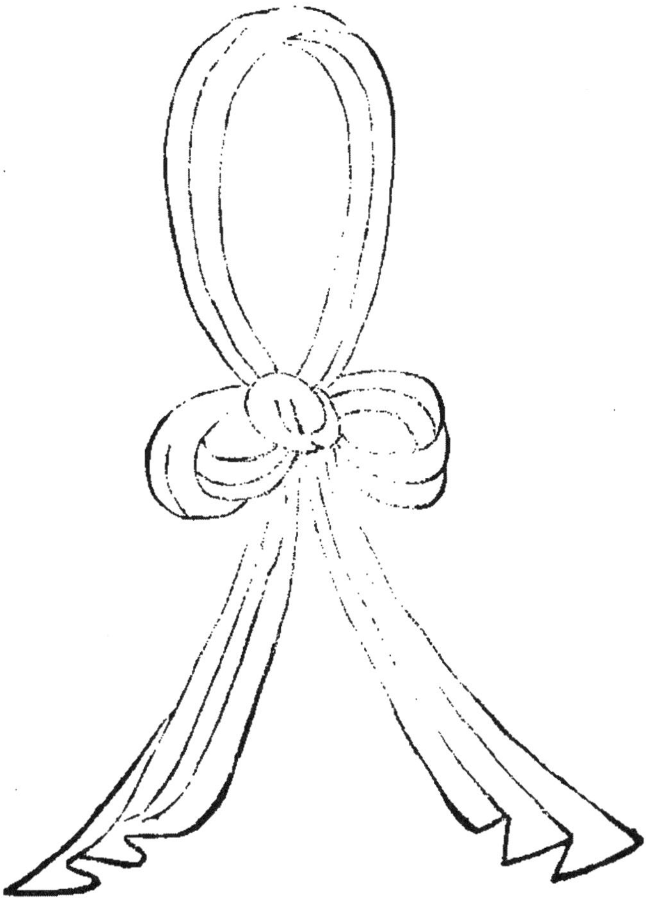

刀

抉

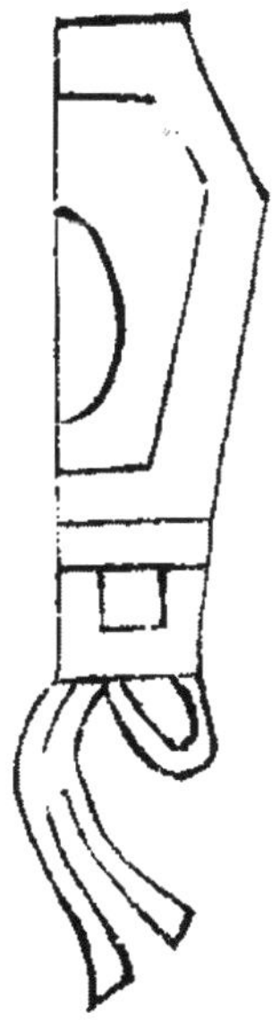

捍

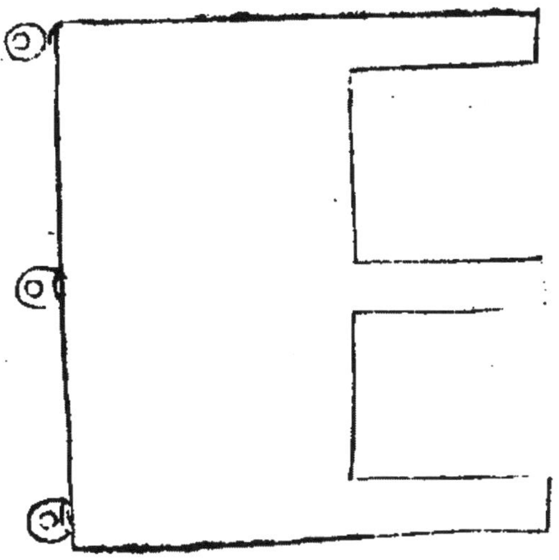

遂

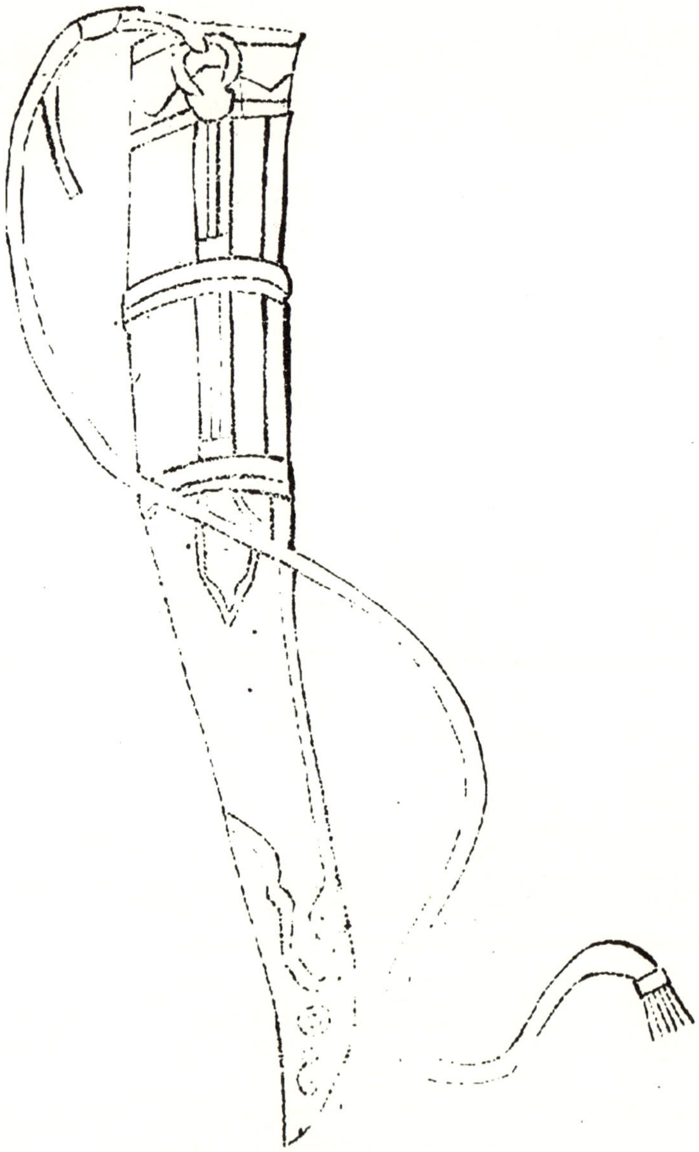

四書考正譌 非帷裳考

元和 吳鼎科庭寶 輯

按裳有素有纁有元有黃有雜朝服祭服辟積無數許氏曰襞是衣襵音摺積疊也謂之襵成疊即今日所謂襉音簡也集註其餘若深衣言非帷裳同深衣之制不是竟作深衣之裳解蓋凡服上衣下裳不連深衣之裳相連故不曰深衣而曰若深衣也要半下用深衣篇語

齊倍要用玉藻篇語言要之狹減半於下齊

齊之廣加倍於上要不過引以解必殺之義

非指深衣而言也

儀禮士冠禮主人元冠朝服緇帶素韠

鄭康成曰朝服者十五升布而素裳也

爵弁服純衣纁裳緇帶韎韐

鄭康成曰此與君祭之服纁裳淺絳裳

皮弁服素積緇帶素韠

鄭康成曰此與君視朔之服積猶辟也以素爲

裳辟蹙其要中

元端元裳黃裳雜裳可也緇帶爵韠

鄭康成曰此莫夕於朝之服上士元裳中士黃裳下士雜裳前元後黃

按賈公彥云天子諸侯朱裳大夫素裳上士元裳中士黃裳下士雜裳凡裳前三幅後四幅前爲陽後爲陰故前三後四各象陰陽也

書顧命王麻冕黼裳也祭服卿士邦君麻冕蟻裳元色入即位太保太史太宗皆麻冕彤裳纁色

詩九罭衮衣繡裳

爾雅裳削幅謂之纀

儀禮士喪禮凡衰外削幅裳內削幅幅三袧

鄭康成曰袧音鉤者謂辟兩側空中央也裳前三幅後四幅深衣裳前後十有二幅乃用布六幅斜裁之寬者居下狹者居上也

士喪記明衣有前後裳不辟長及轂

按儀禮義疏曰衰之裳三袧音鉤則吉裳不特三袧可知矣明衣裳之長及轂則凡裳不止及轂可知矣深衣裳十二幅則凡裳之幅皆前三後四可知矣深衣裳之衣裳連則凡裳之不與衣連可知矣婦人之衣裳色同則男子

之裳與衣殊色可知矣帷裳與非帷裳及深衣制度附載如左

禮記深衣古者深衣蓋有制度以應規矩繩權衡短毋見膚長毋被土續衽鉤邊要縫半下袼之高下可以運肘袂之長短反詘之及肘帶下毋厭髀上毋厭脅當無骨者制十有二幅以應十有二月袂圜以應規曲袷如矩以應方負繩及踝以應直下齊如權衡以應平故規者行舉手以爲容負繩抱方者以直其政方其義也故易曰坤六二之動直以方也下齊如權衡者以安志而平心也五法已施故聖人服之故規矩取其無私繩取其直權衡取其平故先王貴之故可以爲文可以爲武可

以擯相可以治軍旅完且弗費善衣之次也

陳氏曰朝服祭服喪服皆衣與裳殊惟深衣不殊則其被於體也深邃故名深衣

鄭氏曰續猶屬也衽在裳旁者也屬連之不殊裳前後也蓋凡裳前三幅後四幅既分前後則其旁兩幅分開而不相屬惟深衣裳十二幅交裂裁之皆名爲衽所謂續衽者謂屬連裳旁兩幅不殊裳之前後也又衣圖云旣合縫了又再覆縫方便於着以合縫者爲續衽覆縫者爲鈎邊

吳氏曰要者裳之上際裳要處也下即裳之下際有齊處布幅廣二尺二寸六幅裁之爲十二片狹頭廣八寸濶頭廣一尺四寸相合而縫兩旁各縫入一寸十二片狹頭當要者廣七尺二寸十二片濶頭在下者廣一丈四尺四寸要中之縫止下際之廣爲一半也

禮記玉藻朝玄端夕深衣深衣三袪縫齊倍要衽當旁袂可以回肘長中繼揜尺袷二寸袪尺二寸緣廣寸半衣正色裳間色

鄭氏曰三袪謂要中之數也袪尺二寸圍之爲

二尺四寸三之七尺二寸也。縫紩也。紩下齊倍要中齊丈四尺四寸。縫謂裳幅所交裂也。

深衣前圖

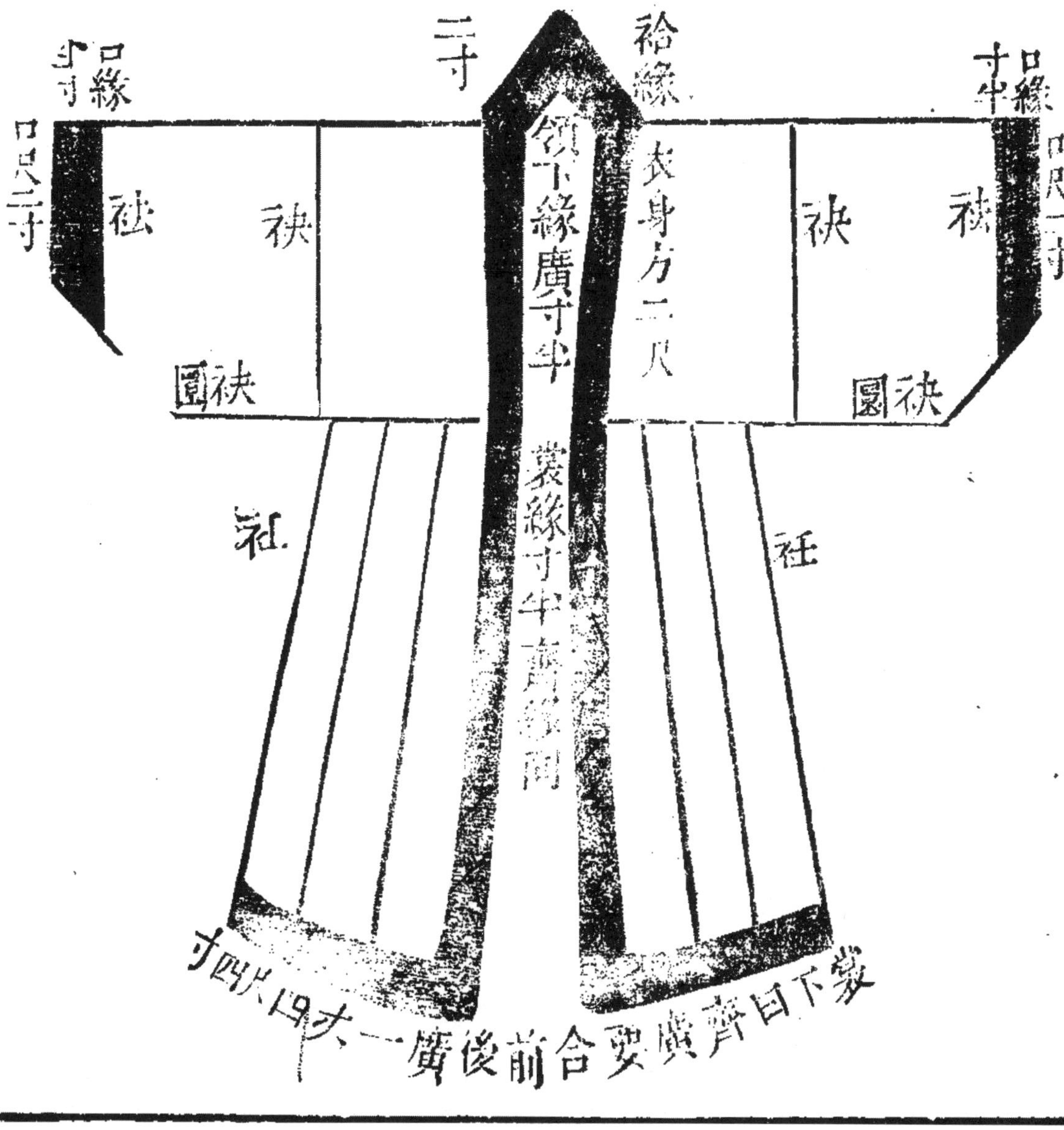
二寸
袷緣
口緣寸半
口緣寸半
口尺二寸
口尺二寸
領下緣廣寸半
衣身方二尺
袪
袂
袂
袪
圓袂
圓袂
衽
衽
裳緣寸半齊緣兩
裳下曰齊齊廣要合前後廣一丈四尺四寸

深衣後圖

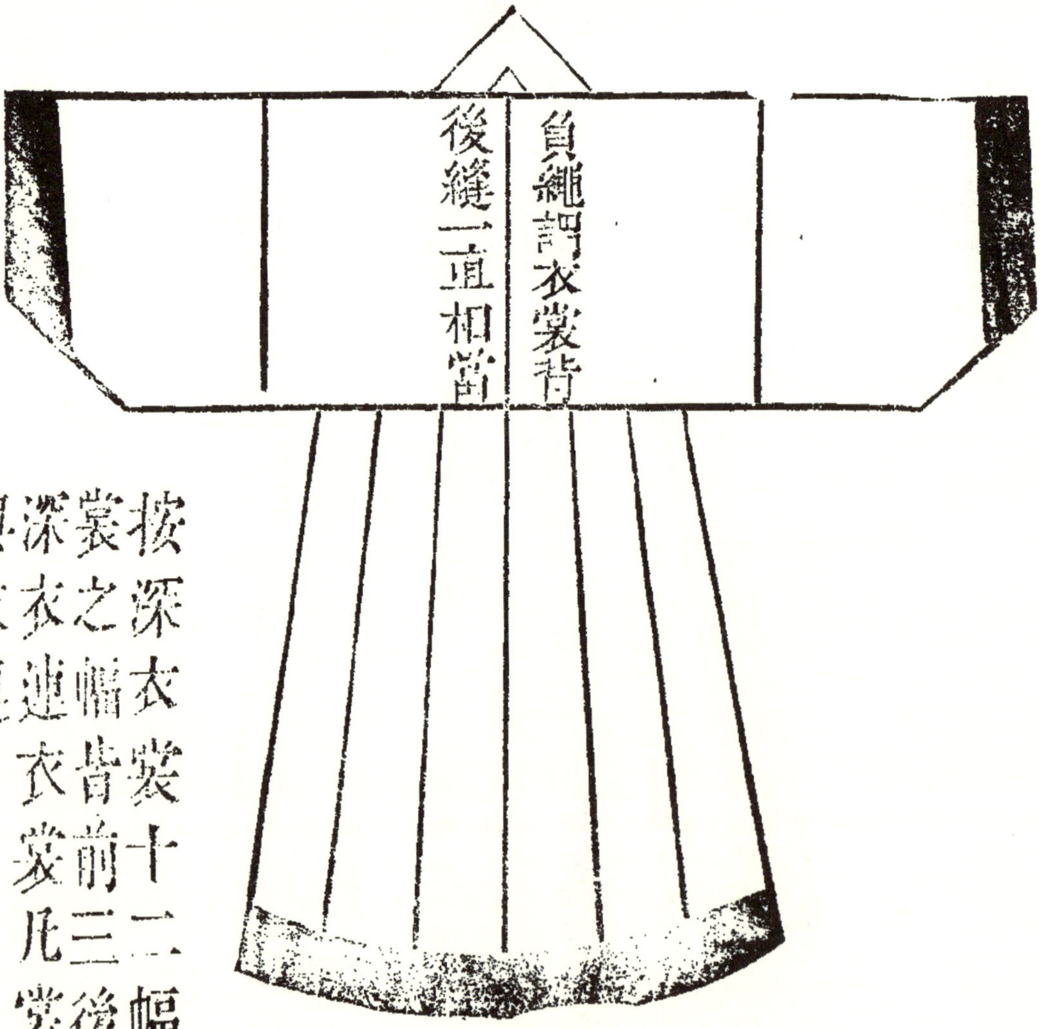

按深衣裳十二幅凡裳之幅皆前三後四深衣連衣裳凡裳不與衣連

深衣交領圖

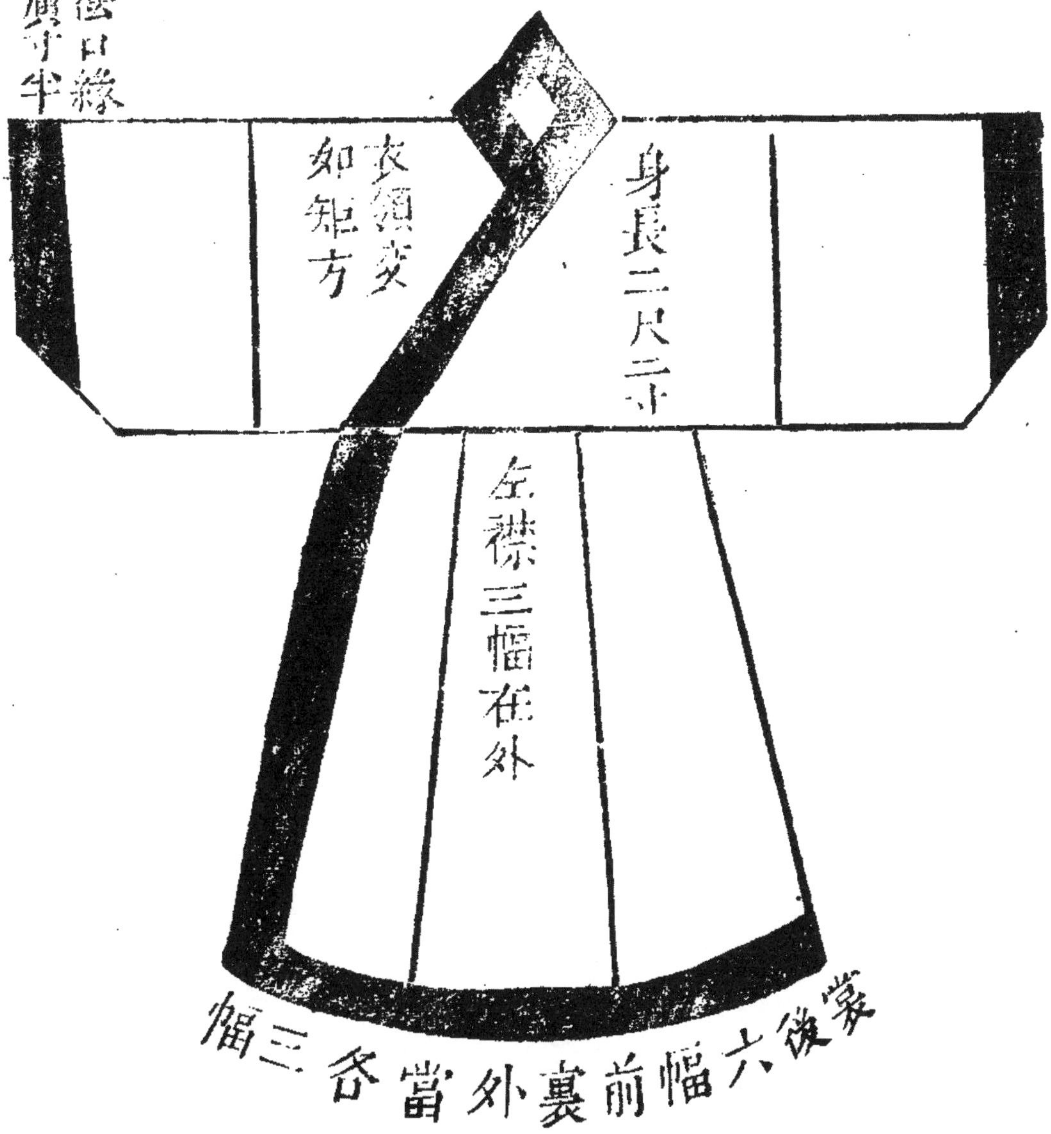

帷裳圖

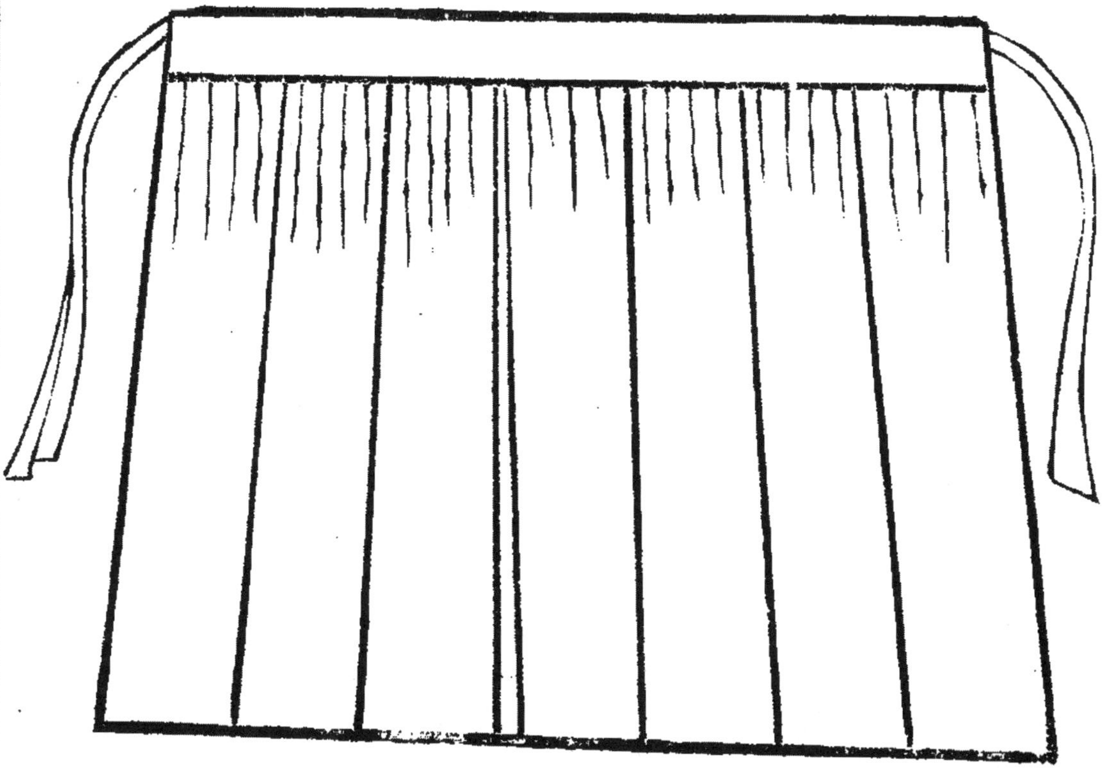

裳前三幅後四幅

非帷裳圖

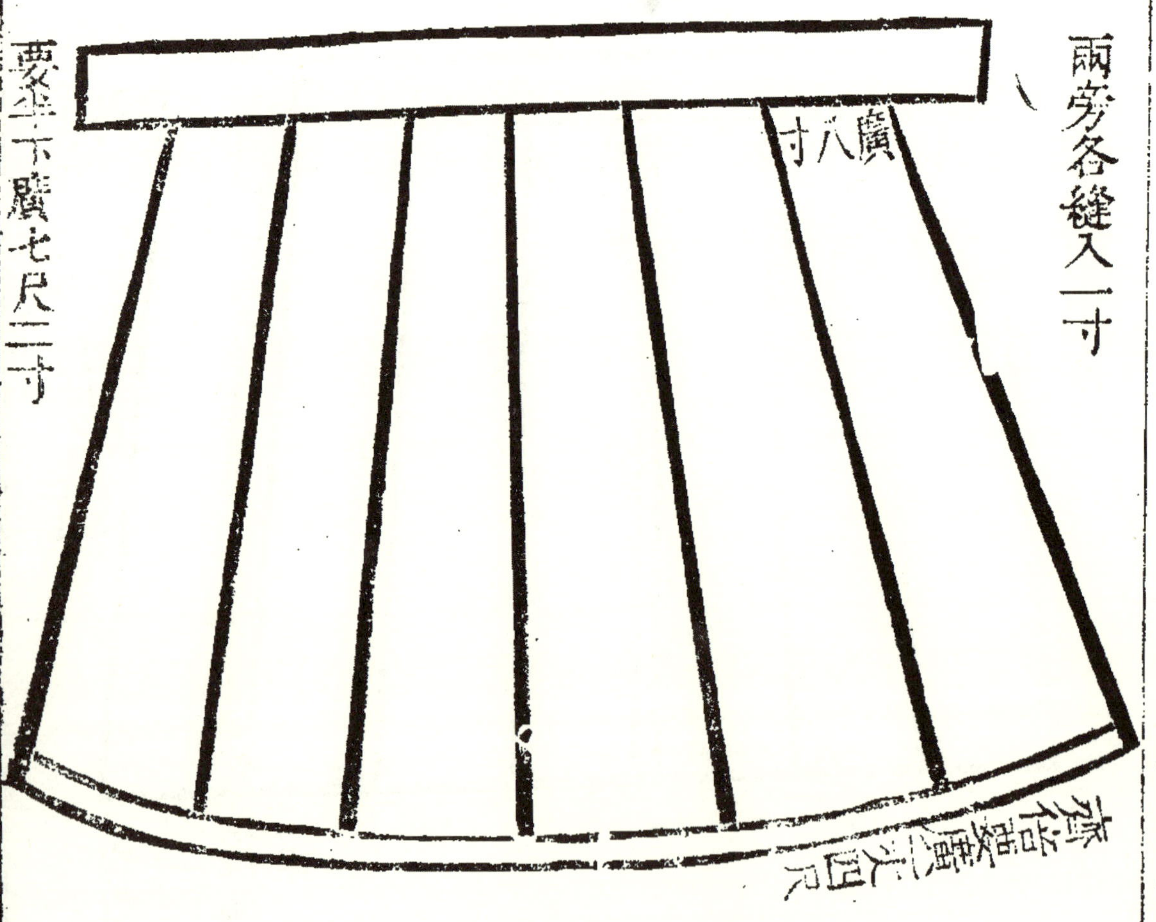

四書考正譌 元冠考

元和 吳鼎科庭寶 輯

儀禮士冠禮主人元冠朝服緇帶素鞸。

鄭康成曰。元冠委貌也。

禮記玉藻元冠朱組纓。天子之冠也。緇布冠繢緌。諸侯之冠也。元冠丹組纓。諸侯之齊冠也。元冠綦組纓。士之齊冠也。

鄭康成曰。元冠朱組纓。緇布冠繢緌。始冠之冠

也。諸侯緇布冠有緌。尊者飾也、繢或作繪。緌或作甤。言齊時所服也、

孔穎達曰。諸侯元冕祭。元冠齊。孤則爵弁祭。亦元冠齊。齊祭異冠。其三命以下大夫則朝服以祭。士元端以祭。齊祭同冠。天子之士與諸侯上大夫同。天子大夫。與諸侯孤同。

按鄭氏云。士弔服。疑衰素裳。當事亦弁絰。庶人弔。服素委貌、或曰。士弔服。素委貌加朝服鄭非之曰。羔裘元冠不以弔。何朝服之有。據此則羔裘元冠。爲朝服祭服齊服。不以弔也

元冠圖

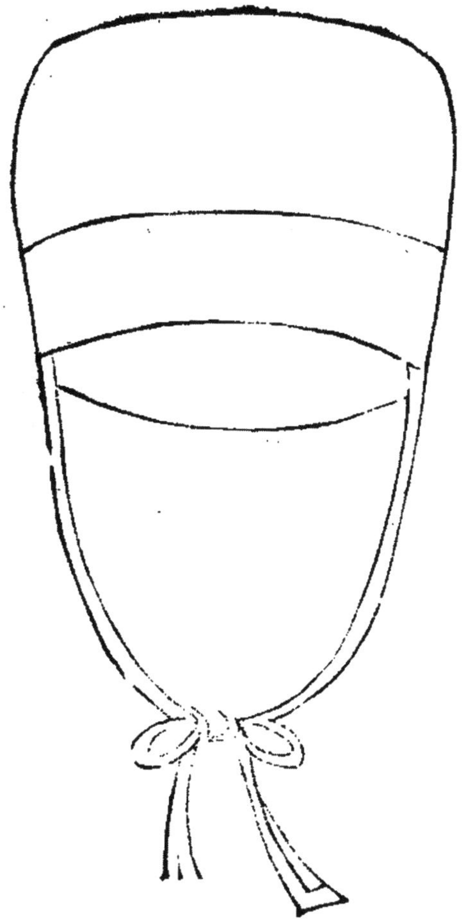

儀禮義疏曰士冠禮有元冠。鄭氏注云元冠委貌也。周官司服有冠弁服。注又云委貌也。聶氏崇義述舊圖。謂夏曰毋追。殷曰章甫。周曰委貌。後代轉以巧意改新而易其名耳。然則委貌也。章甫也。毋追也。冠弁也。並用緇布爲之。故皆以元冠名之。其制有梁。有武。有纓。有緌。有紕。有縮縫。有襞積。或五或七。

按吉冠元。喪冠素。故朱注云。喪主素。吉主元。又古之冠制。言禮者各自爲圖。今附舊圖於左。

太古冠一

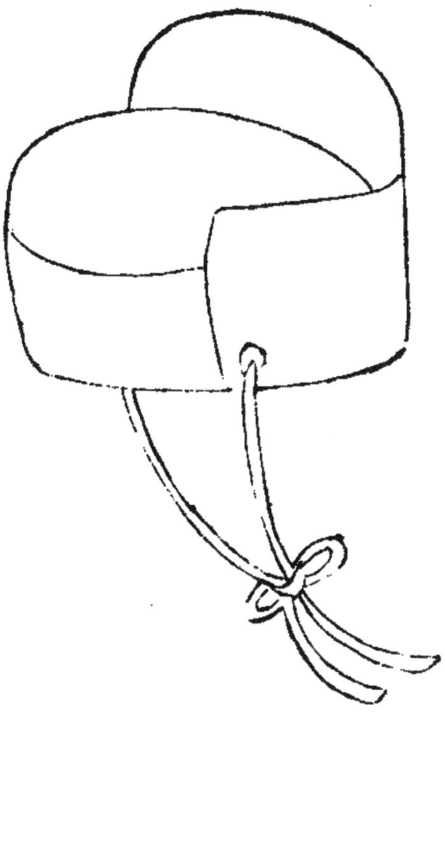

太古冠二

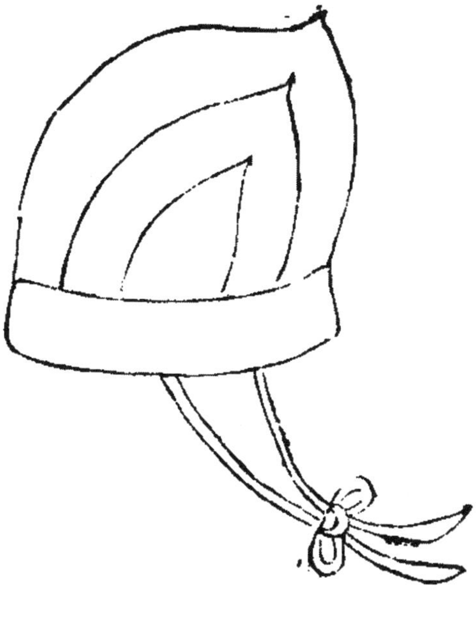

緇布冠

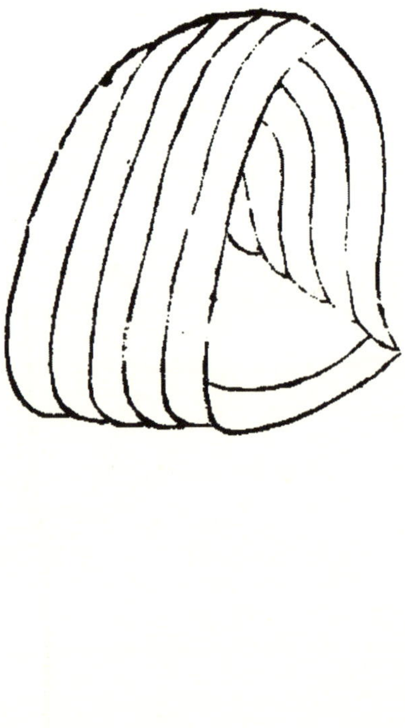

張鎰委貌

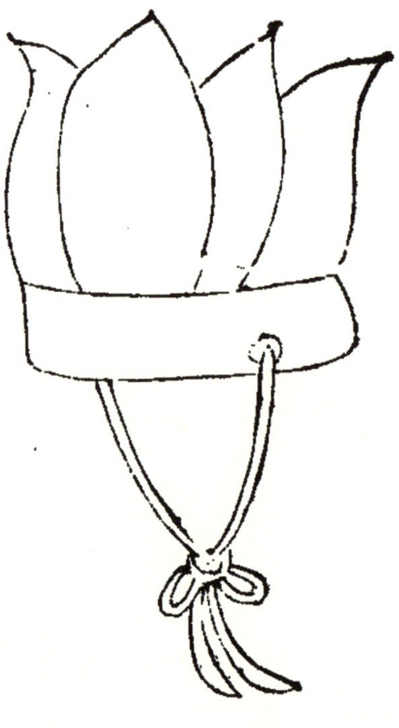

梁正委貌

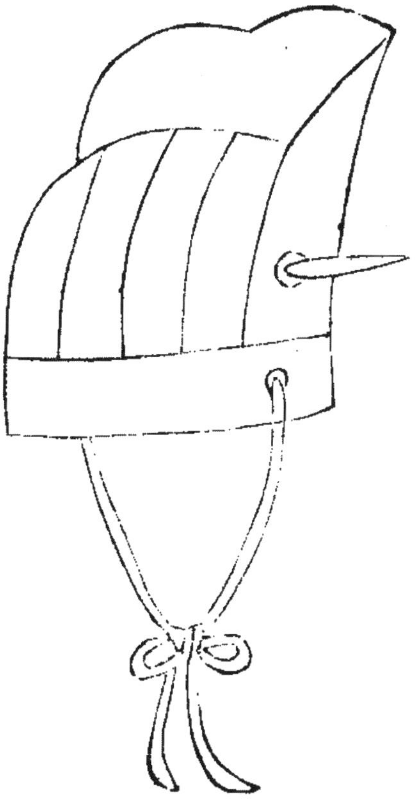

夏毋追

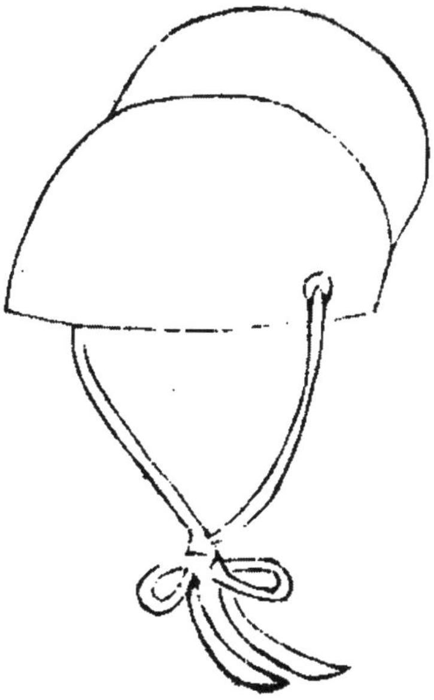

殷章甫

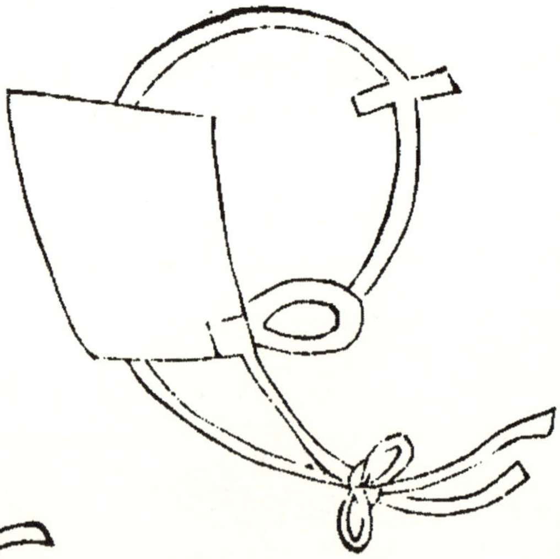

周弁

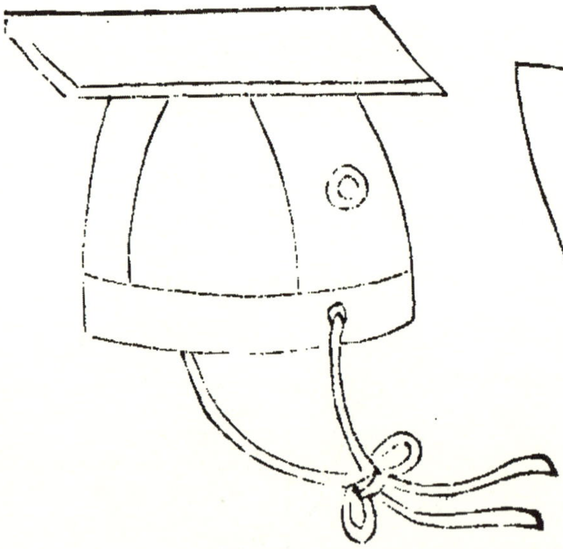

四書考正譌吉月考

元和　吳鼎科庭實　輯

按吉月月月之吉朔日也見周禮詩小雅

周禮天官冢宰大宰之職正月之吉始和布治於邦國都鄙

地官司徒大司徒之職正月之吉始和布教於邦國都鄙

鄉大夫之職正月之吉受教法於司徒退而頒之

於其鄉吏使各以教其所治

〔州長〕正月之吉各屬其州之民而讀法以考其德行道藝而勸之以糾其過惡而戒之

〔夏官司馬〕正月之吉始和布政於邦國都鄙

〔秋官司寇〕正月之吉始和布刑於邦國都鄙

右正月之吉

〔地官黨正〕各掌其黨之政令教治及四時之孟月吉日則屬民而讀邦法以教戒之

右孟月之吉

〔地官族師〕各掌其族之戒令政令月吉則屬民而

讀邦法。

右每月之吉

詩小雅小明篇二月初吉。

朱子曰二月亦以夏正數之建卯月也初吉朔日也。

按蔡虛齋曰吉月謂每月之吉不特正月之朔故歷引之如右

四書考正譌朝服考

元和　吳鼎科庭寶　輯

按朝服與元端有別。皮弁服亦爲朝服。邢氏毎主之。與吉月而朝有闕會。

儀禮士冠禮。主人朝服。緇帶素韠。即位於門東西面。

鄭康成曰。朝服者。十五升布衣而素裳。不言色者。衣與冠同也。

皮弁服。素積。緇帶。素韠。

鄭康成曰。此與君視朔之服也。皮弁者。以白鹿皮爲冠。象上古也。積猶辟也。以素爲裳。辟蹙其要中。皮弁之衣。用布亦十五升。其色象焉。

按玉藻云。諸侯皮弁以聽朔於大廟。鄭注論語。朝服。皮弁服。邢氏昺引士冠禮皮弁服證之。以其爲與君視朔之服。故又曰。魯自文公不行視朔之服。孔子恐其禮廢。故每於月朔必衣此視朔之服而朝於君。所謂我愛其禮也。

元端元裳黃裳雜裳可也緇帶爵韠

鄭注此莫夕於朝之服元端即朝服之衣易其裳耳

按玉藻朝元端夕深衣是大夫士私朝服賈公彥曰此服注云莫夕於君之服是士向莫之時夕君之服若卿大夫莫夕於君當亦朝服矣

又按邢氏昺端章甫註云此元端也若以素爲裳即是朝服若上士以元爲裳中士以黃爲裳下士以雜爲裳天子諸侯以朱爲裳則

皆謂之元端。不得謂之朝服也。此朝服與元
端之別。衣同而裳不同耳。

四書考正譌 明衣寢衣考

元和 吳鼎科庭寶 輯

按陳明卿四書考引禮書云明衣之袂屬幅而不削明衣之裳前三後四而不襞積衣之長也下膝與要廣者異矣裳之長也及足跗與無見膚者異矣此是士喪禮之明衣不得混用又按大全明衣布浴衣見玉藻註據陳澔集說云以布乾潔其體亦未確指明衣而

言寢衣古注云今之被也朱子以爲非被今

依朱註

儀禮士喪禮明衣裳用布

鄭注所以親身爲圭潔也

賈疏曰下記云明衣裳用幕布則此布用帷幕之布下浴訖先設明衣故知親身也云爲圭潔也者以其言明明者潔之義也

記明衣裳用幕布袂屬幅長下膝有前後裳不辟裳及觳

鄭注屬幅不削幅也長下膝又有裳于蔽下體

深也不辟質也𣪊足跗也

賈疏曰凡男子裳不連衣者皆前三幅後四幅襞積其要閒示文今此亦前三後四不襞積者以其一服不動不假上狹下廣也及𣪊及足跗是不被土

按士喪禮明衣裳布是爲死者而設故前後裳不辟而長及𣪊豈齊服而可服此乎惟鄭註所以親身爲圭潔也可借取其義耳程子曰齊必有明衣布欲其潔也明衣如今凉衫之類

顧麟士說約曰布以麻爲之

〈禮記玉藻〉浴用二巾上絺下綌出杅履蒯席連用湯履蒲席衣布晞身乃屨進飲連讀爲湅

陳澔集說杅木盤也履蒯席之上而以湯洗其足垢然後履於蒲席而以布乾潔其體乃著屨而進飲也

〈論語集解〉孔曰寢衣今之被也

新安陳氏曰齊寢不以衾致嚴也半以覆足可寢不可行專爲齊之寢衣而已

四書考正譌食膾考

元和　吴鼎科庭實　輯

禮記曲禮凡進食之禮。食居人之左。

禮記郊特牲凡食養陰氣也。

禮記內則凡食齊視春時。

按朱子註。食。飯也。精。鑿也。精鑿不必指定八斗九斗。陸稼書困勉錄辨大全及備考之說良是。

四書大全雲峯胡氏曰鑿通作𥻧糲米一斗舂米九斗

四書人物備考朱子謂精爲鑿𥻧與鑿同說文云糲米一斗舂九斗爲鑿釋名云糲一斛舂八斗精米也則精𥻧異矣

陸稼書四書困勉録曰本文精字與八斗爲精之精微別註鑿字與九斗爲𥻧之𥻧微別蓋曰精曰𥻧本有定指但本文精字與下文細字對則是活字包得精鑿不指定九斗八斗也註鑿字亦如此大全雲峯及備考之說太拘

〈禮記曲禮膾炙處外〉

〈禮記內則膳膷臐膮牛炙醢牛胾醢牛膾羊炙羊胾醢豕炙醢豕胾芥醬魚膾雉兔鶉鷃〉

孔頴達曰公食大夫禮二十豆者膷一牛臛也臐二羊臛也膮三豕臛也牛炙四炙牛肉也四物爲一行最在於北從西而始醢五肉醬也牛胾六謂切牛肉醢七牛膾八四物爲第二行陳之從東爲始羊炙九羊胾十醢十一豕炙十二四物爲第三行陳之從西爲始醢十三豕胾十四芥醬十五魚膾十六四物爲第四行陳之從

東爲始以上十六豆是下大夫禮雉十七兎十八鶉十九鷃二十此四物爲第五行陳之從西爲始是上大夫所加之豆

膾春用葱秋用芥

方氏慤曰葱以氣達於息於春物生爲宜芥以味辛爲介於秋物成爲宜

肉腥細者爲膾大者爲軒或曰麋鹿魚爲菹麕爲辟雞野豕爲軒兎爲宛脾切葱若薤實諸醯以柔之

鄭氏康成曰爲膾爲軒言大切細切異名也孔疏

凡大切若全物爲菹細切者爲虀膾者必先軒之所謂聶而切之此軒辟雞宛脾皆菹類也釀菜孔疏菜謂葱薤而柔之以醯殺腥肉及其氣菹軒聶而不切辟雞宛脾聶而切之

禮記少儀牛與羊魚之腥聶而切之爲膾麋鹿爲菹野豕爲軒皆聶而不切麕爲辟雞兎爲宛脾皆聶而切之切葱若薤實之醯以柔之

鄭氏康成曰聶之言牒也先藿葉切之孔疏牒爲大臠復報切之孔疏復細切之則成膾

孔氏穎達曰牛惟可細切爲膾不宜大切爲軒

四書考正譌 醬考

元和 吳鼎科庭寶 輯

按古之所謂醬者登於豆籩者也凡醯醢皆是非僅豆合麴而爲之醬也見周禮膳夫鄭註醬有烹時所加之醬有食時所用之醬見禮記內則

周禮膳夫凡王之饋食用六穀膳用六牲飲用六清羞用百二十品珍用八物醬用百有二十甕

鄭康成曰醬謂醯醢也

醢人王舉則供醢六十罋以五齊七醢七菹三臡實之賓客之禮共醢五十罋凡事共醢

鄭康成曰齊當爲齏五齏昌本脾析蜃豚拍深蒲也七醢醓蠃蠯蚳魚兎鴈醢七菹韭菁茆葵芹箈筍菹三臡麋鹿麇臡也

醯人掌共五齊七菹凡醯物以共祭祀之齊菹凡醯醬之物賓客亦如之王舉則共齊菹醯物六十罋共后及世子之醬齊菹賓客之禮共醯五十罋凡事共醯

鄭康成曰齊菹醬屬醯人者皆須醯成味

賈公彦曰醯人連言醬者并豆醬亦掌

王氏曰醯人有五齊七菹而此又共之者蓋齊

菹有須醬而成者有須醯而成者故醯人醯人

各有五齊七菹也凡醯物則凡以醯成之之物

凡醯醬之物則凡以醯成之之醬也

禮記內則濡豚包苦實蓼濡雞醢醬實蓼濡魚卵

醬實蓼濡鼈醢醬實蓼濡讀爲胹

孔穎達曰濡豚包苦實蓼者濡謂烹煑以其汁

調和言濡豚之時苞裹豚肉以苦菜殺其惡氣

又實之以蓼濡雞醢醬實蓼者言烹濡此雞加之以醢及醬又實之以蓼濡魚卵醬實蓼者卵謂魚子以魚子爲醬濡烹其魚又實之以蓼濡鼈醢醬實蓼者謂烹其鼈加醢及醬又實之以蓼

右烹時所加之醬

腶修蚳醢脯羹兎醢麋膚魚醢魚膾芥醬麋腥醢醬桃諸梅諸卵鹽

孔穎達曰腶修蚳醢者腶修謂腶脯也言食腶脯之時以蚳醢配之脯羹兎醢者脯羹即上析

脯爲羹以兎醢配之麋膚魚醢者麋脯謂麋肉外膚食之以魚醢配之麋腥醢醬者腥謂生肉言食麋生肉之時還以麋醢配之此云麋腥即上麋膚謂孰也桃諸梅諸卵鹽者言食桃諸梅諸之時以卵鹽和之

右食時所用之醬

吳荆山曰腶脩蚳醢以下相配而食然不云相制恐其閒或取味之相宜如桃諸梅諸和以卵鹽之類不專是取其相制也又如牛宜稌羊宜黍一條註云言其氣味相成可見凡食之相配

者不專取相制也又如春宜羔豚膳膏薌一條

註云爲其太盛煎以休廢之膏節其氣可見凡

疏調者亦未嘗無相制之法也

四書考正譌 肉雖多酒無量考

元和　吳㽠科庭寶　輯

按何義門曰。肉雖多。酒無量。都未有下落。按內則云羹食自諸侯以下至于庶人無等則此云多者。明非每食常食而爲饗食之禮也。又按樂記云。壹獻之禮。賓主百拜。終日飲酒而不得醉焉。此先王之所以備酒禍也。孔疏云壹獻之禮。士之饗禮。則此云無量者惟鄉

飲酒禮所謂無算爵者。可以釋之。鄭注云。賓
主燕飲。爵行無數。醉而止也。不及亂。卽鄉飲
酒義。所謂能安燕而不亂也。又儀禮鄉飲酒
鄉射。大射。燕禮。皆有無算爵。詩云不醉無歸。
故朱注云。但以醉爲節。而不及亂耳。

四書考正譌　酒脯考

元和　吳鼎科庭寶　輯

周禮天官酒正掌酒之政令以式灋授酒材凡爲公酒者亦如之辨五齊之名一曰泛齊二曰醴齊三曰盎齊四曰緹齊五曰沈齊辨三酒之名一曰事酒二曰昔酒三曰清酒辨四飲之物一曰清二曰醫三曰漿四曰酏

鄭氏康成曰式灋作酒之灋既作酒既有米麴

之數又有功沽之巧公酒謂鄉射飲酒以公事
作酒者亦以式灋及酒材授之使自釀之泛者
成而滓浮泛泛然如今宜成醪矣醴猶體也成
而滓汁相將如今恬酒矣盎猶翁也成而翁翁
然葱白色如今酇白矣緹者成而紅赤如今下
酒矣沈者成而滓沈如今造酒矣自醴以上尤
濁盎以下差清齊者每有祭祀以度量節作之
事酒今之醳酒也昔酒今之醳久白酒所謂舊
醳也清酒今中山冬釀接夏而成清謂醴之泲
者醫內則或以酏爲醴凡醴濁釀酏爲之則少

清矣漿今之截漿也酏今之粥內則黍酏酏飲粥稀者之清也

禮記內則酒清白

孔穎達曰清謂清酒白謂事酒昔酒二酒俱白故以一白標之配酒則爲三酒此無五齊者五齊是祭祀獻神所飲非人所常用故也

禮記月令仲冬之月乃命大酋秫稻必齊麴蘖必時湛熾必潔水泉必香陶器必良火齊必得兼用六物大酋監之毋有差貸

鄭氏康成曰酒熟曰酋大酋酒官之長於周爲

酒人必齊謂熟成也湛漬也熾炊也火齊生熟之調也物猶事也差貸謂失誤有善有惡也

禮記曲禮脯曰尹祭

鄭氏康成曰尹祭者裁截方正而用之一曰正謂自作之論語曰市脯不食言不正也

以脯脩置者左朐右末（朐其居反）

鄭氏康成曰脯訓作始始作即成脩訓治脩治之方成鄭注腊人云薄桂曰脯捶而施薑桂曰腶脩

禮記內則牛脯鹿脯田豕脯麋脯麕脯

鄭康成曰。脯皆折乾其肉也。
大夫燕食有膾無脯。有脯無膾。
黄氏曰。膾脯是食之珍。而位至大夫。燕居常食。不得兼之。

四書考正譌　瓜祭考

元和　吳鼎科庭寶　輯

按瓜字本齊論魯論瓜作必新安陳氏曰瓜即菜意重作必爲是祭祭先見曲禮

禮記曲禮主人延客祭祭食祭所先進殽之序徧祭之

鄭氏康成曰延道也祭祭先也君子有事不忘本也客不降等則先祭殽之序徧祭之謂胾炙

四書考正譌　瓜祭考　一　[illegible]

膾也以其本出於牲體也。
孔穎達曰。延客祭者君子得食。則種種出少許
置在豆閒之地。以報先代造食之人。
朱子曰。古人祭酒於地。祭食於豆閒。有板盛之。
卒食徹去。
陳祥道曰。古者於爨。則祭先炊。於樂。則祭樂祖。
將射。則祭侯。用火。則祭司爟。用龜。則祭先卜。養
老。則祭先老。於馬。則祭馬祖馬社。於田。則祭先
嗇司嗇。於學。則祭先聖先師。凡此不忘本也。又
況飲食之閒哉。

四書考正譌　席考

元和　吳鼎科庭寶　輯

按席有飲食之席。講說之席。尋常主客會集之席。有同席。有異席。皆不可以不正。詳見禮記曲禮註疏。

禮記曲禮。羣居五人。則長者必異席。

孔穎達曰。古者地敷橫席。席容四人。則推長者居席端。若有五人。應推一人別席。因推長者一人異席也。
按賓主禮席皆無同坐法此羣居兼飲食講
說而言之也。
奉席如橋衡。
陳櫟曰少爲長者横奉其卷席左昂右低如桔
槔之横也。
按古無橋名史記秦昭王初作河橋橋之名
自秦始故不作橋梁解橋井上桔槔本鄭康
成說
請席何鄉請衽何趾

鄭康成曰。坐問鄉。臥問趾。因於陰陽。

孔穎達曰。席坐。席衽。臥席。

席南鄉北鄉。以西方爲上。東鄉西鄉。以南方爲上。

鄭康成曰。布席無常。此其順之也。上謂席端。坐在陽。則上左。坐在陰。則上右。

孔穎達曰。此據平常布席如此。若禮席則不然。按鄉飲酒禮。賓席牖前南面。主人席阼階上西面。介席西階上東面。與此不同。

呂大臨曰。南鄉東鄉。皆坐在陰。南鄉以西爲右。東鄉以南爲右。北鄉西鄉。皆坐在陽。北鄉以西爲左西鄉以南爲左。

若非飲食之客則布席席間函丈。

鄭康成曰非飲食謂講問之席也函猶容也講問宜相對容丈足以指畫也

孔穎達曰布席中間相去使容一丈之地

主人跪正席客跪撫席而辭客徹重席主人固辭客踐席乃坐

鄭康成曰主人跪正席者雖來講問猶以客禮待之異於弟子客跪撫席者答主人之親正徹去也去重席謙也再辭曰固客踐席乃坐客安

主人乃敢安也。講問宜坐。

主人不問，客不先舉。將即席，容毋怍。兩手摳衣去齊尺。衣毋撥，足毋蹶。

孔穎達曰：舉亦問也。即，就也。弟子講問，初來就席，顏色宜莊，不得變動。摳，提挈也。衣謂裳也。將就席時，以兩手當裳前提挈，使起令裳下緝去地一尺，恐衣長轉足躡履之。

先生書策琴瑟在前，坐而遷之，戒勿越。

虛坐盡後，食坐盡前。

孔穎達曰：凡坐各有法。虛，空也。謂非飲食坐也。

盡後而不近前玉藻云徒坐不盡席尺是也食坐謂飲食坐也古者地舖席而俎豆皆陳於席前之地若坐近後則濺汙席玉藻云食齊豆去席尺是也

邵氏淵曰始奉席次請席三布席四就席奉席則欲順席之理次請席問其欲坐卧之地三布席則平常之席講問之席各有其儀至就席又有就席之儀賓主之間安得不敬乎

有憂者側席而坐有喪者專席而坐

鄭康成曰側猶特也憂不在接人不布他面席

也。尊、猶單也。

按禮記義疏云側之訓特。如北階止一階而謂之側階也。蓋設席必相對。故有東向西向南向北向之席。今以有憂無暇與人相接。故席止在一面。若謂必斜其席。則古人死且必以正。豈有憂卽改其度乎。席必兩而後爲一重。居喪則單席不重也。若謂不與人同坐。則喪各有位次。其尊卑同疏戚同者。安能不與之同坐。外人無服者。又豈有來此席而同坐者乎。

葉氏少藴曰。席南鄉北鄉。以西方爲上。此以方爲正者也。有憂者側席而坐。有喪者專席而坐。此以事爲正者也。

蔡氏清曰。只是必正席之意。泛說爲穩。不必依葉氏註。葉氏以方爲正。以事爲正。此蓋是外意。然亦聖人之所謹也。

按聖人無時無處不以正。此等皆所不苟。但不可拘定耳。

郊特牲天子之席五重。諸侯三重。大夫再重。

席

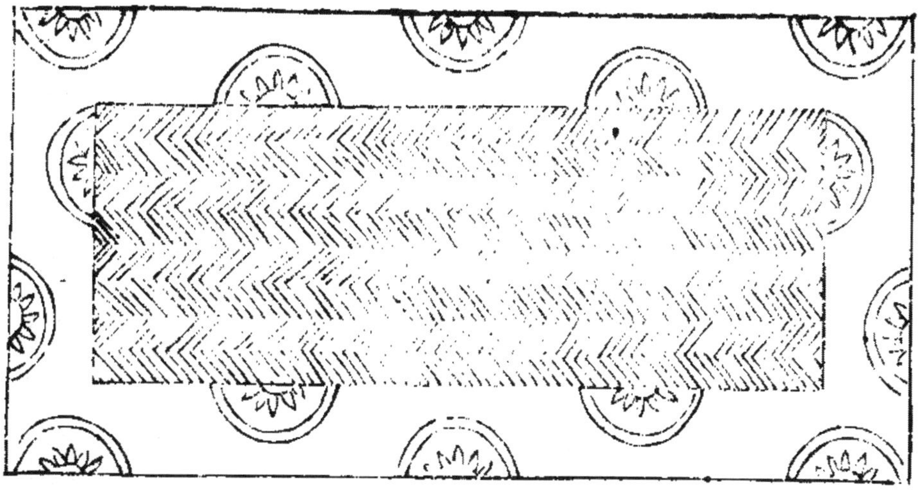

賈公彦曰初在地一重謂之筵重在上者謂之席故諸經加席爲席也然士冠禮單席亦曰就筵是對文則筵席別散文則通也

四書考正譌鄉人飲酒考

元和　吳鼎科庭寶　輯

按鄉飲酒有三年一飲者賔興之飲以三年而行於鄉庠是也有一年再飲者習射之飲以春秋而行於州序是也有一年一飲者正齒位之飲以蜡祭而行於黨庠是也論語鄉人飲酒不過偶時聚飲不可指定鄉飲酒之禮如歲時伏臘祭脯皆是然杖者出斯出矣

子亦猶行鄉飲酒之意也。

賈公彦曰。鄉飲酒之禮有四。賓賢能。一也。鄉飲酒義云。六十者坐。五十者立侍。是黨正飲酒。亦謂之鄉飲酒。二也。州長春秋習射於州序。先行鄉飲酒。鄉飲酒義。又有鄉大夫飲國中賢者。四也。王制云。習射尚功。習鄉尚齒。還是州長黨正飲酒法。

又曰。鄉則三年一飲。鄉大夫爲主人。州則一年再飲。春秋習射。從而飲之。黨則一年一飲。歲十二月因大蜡。於學飲酒。

朱氏載堉曰。禮之所紀。冠昏喪祭。皆士以上。乃得行之。而鄉飲酒之禮。達於庶民。因其聚會之時。與之揖讓升降。使知尚齒尊賢。而興敬讓之道焉。考之經傳。其說有四。一曰鄉大夫獻賢能以禮賓之。鄉飲酒禮是也。二曰州長習射。先行鄉飲鄉射禮是也。二者經文具存。三曰黨正以禮屬民飲酒。以正齒位。其禮每年蜡祭一行。惟略見於周官。及禮記鄉飲酒義。四曰鄉人飲酒。略見於鄉黨篇。蓋用鄉飲酒禮。不拘何時。亦不拘幾次也。

呂氏大臨曰。鄉人凡有會聚。皆當行此禮。論語鄉人飲酒。亦指鄉人而言之。

何氏焯曰。匏葉詩云。君子有酒。鄭箋。此君子。謂庶民之有賢行者。其農功畢。乃爲酒漿以合朋友。習禮講道藝也。則鄉人固有自相飲酒時矣

方氏毅如曰。艾東鄉但知非鄉飲酒禮。而不能言其意。又不知自有鄉飲酒之法。按地官族師春秋祭酺。鄭注。族長無飲酒之禮。因祭酺而與其民以長幼相獻酬焉。賈公彥釋云。州長黨正有飲酒禮。皆得官物爲之。今此族卑。不得官物

齊禮又天官酒正。有爲公酒者。賈釋曰。鄉射飲酒數事。皆爲國行禮。不可斂民。故得公酒。其百家爲族。不得公酒。族祭步神之時。合錢飲酒。據此則飲酺非爲國行禮。正此經所謂鄉人飲酒也。族飲而謂之鄉。蓋鄉之屬也。

四書考正譌　儺考

元和　吳鼎科庭寶　輯

按儺有季春之儺、仲秋之儺、季冬之儺。鄉人儺，即所謂季冬命有司大儺是也。詳見禮記月令、郊特牲及周禮方相氏。

禮記月令：季春之月，命國儺，九門磔攘，以畢春氣。鄭氏康成曰：此儺，儺陰氣也。陰氣至此不止，害將及人。所以及人者，陰氣右行，此月之中，日行

歷昴昴有大陵積尸之氣氣佚則厲鬼隨而出
行命方相氏帥百隸索室驅疫以逐之又磔牲
以攘於四郊之神所以畢止其災也
仲秋之月天子乃難以達秋氣
鄭氏康成曰此難難陽氣也陽暑至此不衰害
亦將及人所以及人者陽氣左行此月宿值昴
畢亦得大陵積尸之氣氣佚則厲鬼亦隨而出
行於是亦命方相氏帥百隸而難之
成氏伯璵曰天子難陽氣諸侯不得難陽氣避
天子也

季冬之月命有司大難旁磔出土牛以送寒氣

鄭氏康成曰此難難陰氣也難陰始於此者陰氣右行此月之中日歷虛危有墳墓四司之氣爲厲鬼將隨强陰出害人也旁磔於四門磔攘也出猶作也作土牛者丑爲牛牛可牽止也送猶畢也

孔氏穎達曰季春惟國難仲秋惟天子難此則下及庶人故云大難此時强陰已盛年歲已終陰若不去凶邪恐來歲更爲害

禮記郊特牲鄉人禓孔子朝服而立於阼存室神

也。禓音傷

陳氏澔曰：論語鄉人儺，朝服而立於阼階，即此事也。舊說禓是強鬼之名，鄉人驅逐此鬼，孔子恐驚廟室之神，故衣朝服立於廟之東階，以存安廟室之神，使神依己而安也。禮，大夫朝服以祭，故用祭服以依神

周禮方相氏掌蒙熊皮黃金四目元衣朱裳執戈揚楯帥百隸而時難以索室敺疫

鄭康成曰時難謂四時作方相氏以難却凶惡也索搜也

春官占夢乃舍明于四方以贈惡夢遂令始難敺疫

何氏焯曰此卽鄉人儺一節事

男巫冬堂贈無方無算

鄭康成曰冬歲終以禮送不祥及惡夢皆是也

杜氏子春曰無算道理無算遠益善也

按杜氏子春又以堂贈無方爲逐疫。故并附載如左

四書考正譌　君祭先飯考

元和　吳鼎科庭寶　輯

按朱子註引王曰一舉膳夫授祭品嘗食王乃食不過約周禮膳夫文以証爲君嘗食之義君以客禮待臣則命之祭然後祭先飯辯嘗羞祭是客禮臣既祭而仍先飯固不敢當客禮也若有嘗羞者則俟君之食然後食此則侍君而賜之食與禮食異不爲君所客者

君使膳宰自嘗羞臣不祭亦不先飯皆待食之常禮君祭則不命夫子祭未嘗以客禮待之而夫子猶自先飯者蓋以臣之侍君本當致敬不必待以客禮而始然其視常禮益加謹矣詳見禮記玉藻儀禮士相見禮命祭共祭見周禮春官

周禮膳夫王日一舉鼎十有二物皆有俎以樂侑食膳夫授祭品嘗食王乃食

鄭康成曰殺牲盛饌曰舉王食一舉以朝食也牢鼎九陪鼎三物謂牢鼎之實亦九俎侑猶勸

也祭謂刌肺脊也禮飲食必祭示有所先品者每物皆嘗之道尊者也

賈公彦曰牢鼎牛一羊一豕一魚一腊一腸胃一膚一鮮魚一鮮腊一共九陪鼎膷一臐一膮一共三物皆有俎者謂牢鼎各一俎各牲肉熟於各鼎升於各俎陪鼎之實卽庶羞在豆者無俎也殷祭肝周祭肺祭肺有二種一者名舉肺亦名離肺此爲食而有也二者名爲祭肺亦名刌肺此爲祭而有也舉肺離而不絶祭肺則絶之今此膳夫授祭爲食而授卽舉肺也鄭云祭

謂刌肺脊也者以經不言舉又不言離以優至尊故與祭祀同刌肺也

禮記玉藻若賜之食而君客之則命之祭然後祭先飯辯嘗羞飲而俟若有嘗羞者則俟君之食然後食飯飲而俟

孔氏穎達曰此論人君賜食之禮祭祭先也禮敵者共食則先祭降等之客則後祭若臣侍君而賜之食則不祭若賜食而君以客禮待之則得祭又先須君命之祭乃敢祭也飯食也君未食而臣先食徧嘗羞膳示行臣禮爲先嘗食之

義也禮食未飱必先啜飲以利滑喉中不令澀
噎君既未飱故臣亦不敢飱而先嘗羞嘗羞畢
啜飲以俟君飱臣乃敢飱也若有嘗羞者臣侍
食非君所客故不得祭亦不得嘗羞君自有膳
宰嘗羞也既不祭不嘗則俟君食後已乃食也
飯飲者飲之也雖不嘗羞亦先飲以俟君也
君命之羞羞近者命之品嘗之然後唯所欲
孔氏穎達曰君命之羞猶是君所不容者也雖
君已食已乃後食而猶未敢食羞故又須君命
雖得君命猶先食近其前者一種而止品徧也

君又命徧嘗而已乃徧嘗之後則隨已所欲不復次第也

儀禮士相見禮若君賜之食則君祭先飯徧嘗膳飲而俟君命之食然後食

鄭氏康成曰君祭先飯謂君祭食臣先飯示爲君嘗食也

若有將食者則俟君之食然後食

鄭氏康成曰將食猶進食謂膳宰也膳宰進食則臣不嘗食

周禮春官大祝辨九祭一曰命祭君若賜之食而君客之則命之

祭。二曰衍祭。三曰炮祭。四曰周祭。五曰振祭。六曰擩祭。七曰絶祭。八曰繚祭。九曰共祭。共授也。膳夫授祭也。

四書考正譌　負版考

元和　吳鼎烈庭寶　輯

按版是戶籍。註兼言圖籍者。本周禮。詳載如左。

周禮天官小宰之職。聽閭里以版圖。

鄭司農云。版戶籍。圖地圖。聽人訟地者以版圖決之。

司會掌國之官有郊野縣都之百物財用。凡在書

契版圖者之貳以逆羣吏之治而聽其會計

司書掌邦之六典八灋八則九職九正九事邦中之版土地之圖以周知入出百物以敘其財受其幣使入於職幣

周禮秋官司民掌登萬民之數自生齒以上皆書於版辨其國中與其都鄙及其郊野異其男女歲登下其死生及三年大比以萬民之數詔司寇司寇及孟冬祀司民之日獻其數於王王拜受之登於天府內史司會冢宰貳之以贊王治

王氏曰司民不屬地官而屬於秋官者秋官主

刑聖人用刑本於好生耳

鄭司農云文昌宫三能屬軒轅角相與爲體近文昌爲司命次司中次司祿次司民

禮記內則三月之末父執子之右手咳而名之宰書曰某年某月某日某生而藏之宰告閭史閭史書爲二其一藏諸閭府其一獻諸州史州史獻諸州伯州伯命藏諸州府

周禮地官媒氏掌萬民之判自成名以上皆書年月日名焉

邢氏昺曰式者車上之横木男子立乘有所敬

則俯而[illegible]之遂以式爲敬名。許氏白雲曰古者車皆立乘馬蹶車馳難於立。故於車上高五尺五寸横一木謂之較伏之而立式遇有所敬則當穹身故高三尺又横一木在較下謂之軾有敬則俯身憑之惟尸與婦人坐乘。

四書考正譌　綏考

元和　吳鼎科庭實　輯

按綏有正綏、有貳綏。正綏即良綏，貳綏即散綏。見曲禮少儀。

禮記曲禮：獻車馬者執策綏。

孔穎達曰：策是馬杖，綏是上車之繩。車馬不上於堂，呈策綏則知有車馬也。

凡僕人之禮，必授人綏。若僕者降等，則受，不然則

否若僕者降等則撫僕之手不然則自下拘之拘右侯切

鄭康成曰凡僕人謂為一切僕非但為君僕時也車上以僕為主故為人僕必授綏與所升之人也降等謂士與大夫大夫與卿御也僕既卑降則主人受取綏不然謂僕者敵體則主人宜謙不受其綏也又僕者雖卑而受其綏猶當撫止其手若不聽自授然後乃受也不降等者既敵不受而僕者必授則主人當卻手從僕手下自拘取之示不用僕授也

按有授綏者。卽有執綏者。受綏不受綏。視僕之降等不降等。儀如左。

君車將駕。則僕執策立於馬前。已駕。僕展軨效駕。奮衣由右上。取貳綏。跪乘。執策分轡。驅之五步而立。君出就車。則僕并轡授綏。左右攘辟。

孔氏穎達曰。君車將駕。別有人牽馬駕車。僕則執馬策杖以監駕。立馬前者。恐馬行也。駕竟展視軨轄頭轄。車行由轄。故具視之。效白也。入白君以駕車也。僕入白駕竟。先出就車於車後。自振其衣。從右邊升上。必從右者。君位在左。故辟君空位也綏登車索綏有二一是正綏擬君之升一是副綏擬僕右之升故僕振衣畢取副綏而升也跪乘者僕先試車時君未出未敢依常而立故跪乘以爲敬轡馬索也車有一轅而四馬駕之中央兩馬夾轅者名服馬兩邊者名驂馬每馬兩轡四馬八轡以轅馬內轡二繫於軾前其驂馬外轡及服馬外二轡分置兩手今言執策分轡爲一手執馬上以三轡置空手中以三轡置杖手中也分轡竟則試驅行之五步乃立初跪而驅今馬行五步則倚立以待君出蓋

跪以見敬而立則調試之也君出就車則僕并六轡及策置一手中一手取正綏授君令登車此當右手并轡左手授綏轉身向后引君上也辟遠也君已上車車欲進行故左右侍駕陪位諸臣皆遷卻以避君而不妨車行也

方氏慤曰正綏少儀所謂良綏貳綏少儀所謂散綏

按執綏是正綏

禮記少儀執君之乘車則坐僕者右帶劍負良綏申之面拖之幦以散綏升執轡然後步

孔氏穎達曰此爲君僕御之法僕卽御者也右帶劍帶之於要右邊也帶劍之法在左以右抽之便也今御者在中君在左若左帶劍則妨於君故右帶也良善也拖猶擲也亦引也散綏副綏也本繫於車僕登車既不得執君綏故執副綏而升也既升車執策分轡而後行車行車五步而立待君君出上則授良綏而升車也

按執綏當是良綏此與曲禮君車將駕以下皆僕之通法少者御長者亦然故併附載如右

綬考

綬

儀禮義疏曰此上車繩也陳氏詳道曰說文云綏有采章故詩曰綏章君綏曰夏綏僕曰貳綏散綏又據升車執綏則有授綏者即有執綏者

四書統宗會元孟子六卷

清 沈栻撰

清樂志堂鈔本

孟子序說

史記列傳曰孟軻趙氏名岐字邠卿東漢京兆人曰孟子魯公族孟孫之後漢書註云字子車一說字子輿○父激公宜母仇氏三歲喪父母賢德三遷教子遂成大儒娶田氏生子仲子名睪卒葬鄒縣四基山歷朝封鄒國亞聖公**騶人也**騶亦作鄒本鄒國也世居于鄒故為鄒人**受業子思之門人**子思孔子之孫名伋索隱云王劭以人為衍字而趙氏註及孔叢子等書亦皆云孟子親受業于子思未知是否○吴氏程曰按孟子自魏惠王三十五年游梁至哀王七年而燕人畔距孔子蓋一百六十七年是為周赧王之三年而孟子著書之成固猶在其後也況孔子夢奠時伯魚之沒已六載子思固長不然亦非幼矣子思享年六十有二去孔子四五十年而卒而孟子始生其不得親受業可見故孟子但曰私淑諸人而集註以為子思之徒于論語序說止稱門人○蒙引斷從子思之門人若得親受業于子思不應七篇全無所述而曰私淑諸人如此輕他**道既通**趙氏曰孟子通五經尤長于詩書程子曰孟子曰可以仕則仕可以止則止可以久則久可以速則速孔子聖之時者也故知易者莫如孟子又曰王者之迹熄而詩亡詩亡然後春秋作又曰春秋無義戰又曰春秋天子之事故知春秋者莫如孟子尹氏曰以此而言則趙氏謂孟子長于詩書而已豈知孟子者哉○蒙引此句只可淺說若正經說到道處又非司馬遷見識所能到也**游事齊宣王宣王不能用適梁梁惠王不果所言則見以為迂遠而濶於事情**按史記梁惠王之三十五年乙酉孟子始

至梁其後二十三年當齊湣王之十年丁未齊人伐燕而孟子在齊故古史謂孟子先事齊宣王後乃見梁惠王襄王齊湣王獨孟子以伐燕為宣王時事與史記荀子等書皆不合而通鑑以伐燕之歲為宣王十九年則是孟子先游梁而後至齊見宣王矣然考異亦無他據又未知孰是也○金仁山曰齊宣王伐燕孟子所見也謂為湣王者荀卿所聞也史記又所傳聞者也安得以後世所傳聞之辭而反疑孟子所見之辭乎文公尊孟子者序說及集註反取荀子史記而疑孟子為差雖曰疑以傳疑而後人將以為實當是之時秦用商鞅楚魏用吳起齊用孫子名臏天下方務於合從連衡陳新安曰蘇秦主合從之說欲合六國為一以抗秦張儀主連衡之說則離六國之交以事秦六國謂楚燕齊韓趙魏也以攻伐為賢而孟子乃述唐虞三代之德是以所如者不合退而與萬章之徒序詩書述仲尼之意作孟子七篇趙氏曰凡二百六十一章三萬四千六百八十五字韓子名愈字退之謚文公唐鄧州人曰孟軻之書非軻自著軻既沒其徒萬章公孫丑相與記軻所言焉耳愚按二說不同史記近是○問序記謂史記近是而集註于滕文公篇首章云門人不能盡記其辭又第四章云記者之誤如何朱子曰前說是後兩處失之熟讀七篇觀其筆勢如鎔鑄而成非綴緝可就也論語便是記錄綴緝所為非一筆文字矣○蒙引不是孟子如何寫得精意如此透徹首尾如此貫串看他是甚麼樣文氣若當時門下有人寫得如此意思出亦不可謂軻之死不得其傳矣○大成序說凡四節一言孟子傳授之自二言其所學之偹三言其游事齊梁之

始末言其所以著書之故

韓子曰：堯以是傳之舜，舜以是傳之禹，禹以是傳之湯，湯以是傳之文武周公，文武周公傳之孔子，孔子傳之孟軻，軻之死，不得其傳焉。孟子之後有董仲舒，如何不傳？朱子曰：仲舒資質純良，摸索道得數句着，然亦非他真見得道理，如命者天之令，性者生之質，情者人之欲，命非聖人不立，性非教化不成，情非制度不節等語，是不識性善模樣，便是見道不分明處。荀名況，戰國時趙人。與揚名雄，字子雲，漢蜀郡人。也擇焉而不精以窮究言，語焉而不詳以議論言。○程子曰：韓子此語非是蹈襲前人，又非鑿空撰得出，必有所見。若無所見，不知言所傳者何事。○又曰：孟子醇乎醇者也，荀與揚大醇而小疵。程子曰：韓子論孟子甚善，非見得孟子意，亦道不到。其論荀楊則非也。荀子極偏駁，只一句性惡，大本已失。楊子雖少過，然亦不識性，更說甚道。○蒙引：醇乎醇，謂其擇之精、語之詳也。大醇以其皆知崇正道、黜邪說也。小疵即擇焉不精、語焉不詳也。○又曰：孔子之道大就渾論處說而能博就該貫處說，門弟子不能徧觀而盡識也，故學焉而皆得其性之所近。朱子曰：政事者就政事上學得，文學者就文學上學得，德行言語者就德行言語上學得。其後離散，分處諸侯之國，又各以其所能授弟子，源遠而末益分惟孟軻師子思真西山曰七篇之書其出乎中庸者非一其曰四端云者則未發之中中節之和也蓋仁義禮智性也所謂大本也惻隱羞惡辭讓是非情也所謂達道也其曰禹稷顏回同道孔子仕止久速者則君子而時中也其曰鄉愿亂德者則小人而無忌憚也其曰子莫執中者時中之反也其曰曾子北宮黝之勇者南北方之強也其曰仁之實事親義之實從兄禮之實節文斯二者則仁者人也親親為大義者宜也尊賢為大親親之殺尊賢之等禮所生也其曰堯舜性之湯武反之則自誠明謂之性自明誠謂之教也其曰天下國家之本在身則為天下國家有九經至于誠者天之道思誠者人之道一章之義悉本于中庸尤足以見淵源之所自矣而子思之學出於曾子自孔子沒獨孟軻氏之傳得其宗故求觀聖人之道者必自孟子始程子曰孔子言參也魯然顏子沒後終得聖人之道者曾子也觀其啓手足時之言可以見矣所傳者子思孟子皆其學也○蒙引程子此言不是正解韓子之言朱子以其可相發明故附云○又曰楊子雲曰古者楊墨塞路孟子辭而闢之廓如也夫楊墨行正道廢孟子雖賢聖不得位空言無施雖切何補然賴其言而今之學者尚知宗孔氏崇仁義貴王賤霸而已其大經大法皆亡滅而不救壞爛而不收所謂存十一於千百安在其能廓如也然向無孟氏則皆服左

衽而言侏離蠻夷語言不分明之聲矣故愈嘗推尊孟氏以爲功不在禹下者

爲此也陳新安曰孟子闢楊墨功不在禹治洪水下者洪水溺人之身異端陷溺人心心溺之禍甚于身溺故也

或問於程子曰孟子還可謂聖人否程子曰未敢便道他是聖人以其行處言然學已到至處愚按至字恐當作聖字○以其知處言○程子又曰孟子有功於聖門不可勝言仲尼只說一箇仁字孟子開口便說仁義仲尼只說一箇志孟子便說許多養氣出來只此二字其功甚多○又曰孟子大有功於世以其言性善也○又曰孟子性善養氣之論皆前聖所未發輔說言性善使資質美者聞之必求復其本然而充其善資質不美者聞之亦知所自警而不流于惡言養氣使氣質剛柔不齊者勇猛奮發于道義而無巽懦柔弱之弊皆發夫子所未發其功多盖在此此所以有大功于世也○又曰學者全要識時若不識時不足以言學顏子陋巷自樂以有孔子在焉若孟子之時世既無人安可不以道自任○又曰孟子有些英氣才有英氣便有圭角英氣甚害事如顏子便渾厚不同顏子去聖人只毫髮間

孟子大賢亞聖之次也或曰英氣見於甚處曰但以孔子之言比之便可見且如冰與水精非不光比之玉自是有溫潤含蓄氣象無許多光耀也蔡覺軒曰聞之程子又曰仲尼元氣也顏子春生也孟子并秋殺盡見仲尼無所不包顏子示不違如愚之學于後世有自然之和氣不言而化者也孟子則露其材蓋亦時然而已仲尼天地也顏子和風慶雲孟子泰山巖巖之氣象也觀其言皆可見之矣仲尼無迹顏子微有迹孟子其迹著孔子儘是明快人顏子儘豈弟孟子儘雄辯○蒙引蓋以顏子為大賢亞聖而孟子次之

楊氏曰孟子一書只是要正人心教人存心養性收其放心至論仁義禮智則以惻隱羞惡辭讓是非之心爲之端論邪說之害則曰生於其心害於其政論事君則曰格君心之非一正君而國定千變萬化只說從心上來人能正心則事無足爲者矣大學之脩身齊家治國平天下其本只是正心誠意而已心得其正然後知性之善朱子曰二語若有病蓋知性之善然後能正其心心得其正然後有以真知性之為善而不疑耳故孟子遇人便道性善歐陽永叔名脩廬陵人却言聖人之教人性非所先可謂誤矣人性上不可

添一物堯舜所以爲萬世法亦是率性而已所謂率性循天理是也外邊用計用數假饒立得功業只是人欲之私與聖賢作處天地懸隔輔說此數句判斷二帝三王及漢唐以後爲治之道所以不同明白詳盡

孟子總纂

朱子曰論語之書無非操存涵養之要七篇之書莫非體驗擴充之端蓋孔子大槩使人優游饜飫涵泳諷詠孟子大槩是要人探索力討反己自求故伊川曰孔子句句是自然孟子句句是事實　又曰仁義禮智孔子未嘗備言至孟子而始備言之者蓋孔子性善之理素明雖不詳著而說自具至孟子時異端蜂起往往以性為不善孟子思有以明之於是備而言之　又曰學問之道無他求其放心而已有是四端於我者知皆擴而充之孟子說得最好人之一心在外者又要收入來在內者又要推出去一部書皆是此意　又曰七篇皆為救世而作又所遇皆庸君下士槩多有為之言其大旨在憫人心之陷溺而亟提仁義以醒之其使人識取仁義之最吃緊處則在性善二字

牛春宇曰七篇大義皆從仁義敷衍性善其本原也孝弟其功用也知

言養氣其蘊藉也尊王賤霸與齊梁之君開陳者其事業也闢楊墨惡鄉愿所以衛其防以承禹周孔子堯舜之統故上下篇之終皆以此

葛屺瞻曰孟子說君之法有逆而折之者有順而導之者有據事理而直言之者有觸機括而曲引之者前數章俱已可見以類而推全書總不出此若見梁惠王則是逆而行之之法沼上章是順而導之之法晉國及襄王章是據事理而直言之法牽牛章是觸機括而曲引之法

李毅侯曰興兵構怨之非仁義也中于世道者也爲我兼愛之非仁義也中于學術者也不問中于世道與中于學術而皆使天下無父無君則紛爭弑奪之禍未有不由此者故孟子言仁義于齊梁之君欲其行也辨仁義于楊墨之外欲其明也仁義之道明且行焉天下始各得其君臣父子之常矣

仇滄柱曰論孟子學問本領一生只在仁義論戰國亂亡根源禍端總

在功利

陳幾亭曰韓昌黎有大功于斯文始尊孟子始斥佛

四書統宗會元孟子卷之一

鮫川謝師昌鐵戒
同里翁元發迺菴 論可
慈水沈 栻輿瞻漫集
鵝湖受業王日燿遠章叅詳

梁惠王章句上 凡七章

熊勿軒曰、一章義利之辨、兼言孟子之學、二章言與民同樂、三四五六章皆言仁政、七章兼言王霸之辨、

孟子章全旨○此斥利以崇仁義格君心之非而引之當道也○戰國之君○中利已深○空空以仁義挽回○必不見信○中間指陳利害○反覆相形○正見利之為害○仁義所以為利耳○

孟子見梁惠王

梁惠王魏侯罃也都大梁僭稱王謚曰惠史記惠王三十五年卑禮厚
幣以招賢者而孟軻至梁
存疑、孟子本意○欲行其道○而惠王卑禮厚幣以招賢○則有可見之義耳○
○集說、看一招字○則卑禮厚幣○想不爲孟子一人○賢者亦非指定孟子○
但知卑禮厚幣以招賢○則亦似有爲之君矣○故爾至梁○按卑禮以情言○
厚幣以文言○四字串看○○朱子謂見惠王、答其禮也、蓋因孟子抱道自
重○不肯枉見諸侯耳○然戰國之君○倨傲自高○無招賢之禮○故不可輕見○
而惠王招賢○道或可行○故往見之○非答其禮也○○魏之先、文王庶子畢
公高之後、晉獻公以魏封畢萬爲大夫、後因其地稱魏氏、號魏國、惠王
武侯擊之子、文侯之孫、孟子至梁時、魏尚爲侯、三十七年、齊魏會于徐
州、始稱爲王、一年而薨、此稱王者、乃著書之時追書耳
王曰叟不遠千里而來亦將有以利吾國乎

叟長老之稱王所謂利蓋富國强兵之類

吴氏程曰叟非絶句當連下文○金仁山曰古人尚年以叟老爲相尊之詞非必果有年也○自鄒至梁亦越千里矣不遠不以爲遠也而来是欣幸之詞不是輕慢口角○集説有以指其抱負而言者亦將二字見得惠王當時所謀無非利國之事所指無非利國之人故于孟子亦以此望之耳蓋平昔言利慣了不覺便如此説故孟子一句截住○體註亦字從戰國策士上生来翼註利是功利非專指財利○集説註富强是話字如云富其國强其兵也富强中尚有多少事體故曰之類○陳伯玉曰不曰利國而曰利吾國下節數吾字從此映出○合璧亦將字乎字是致憶度之詞寓異望之意

孟子對曰王何必曰利亦有仁義而已矣

仁者心之德愛之理義者心之制事之宜也此二句乃一章之大指下

[illegible]

文乃詳言之後多放此
王字重頓言果有志于興邦致治何得以利為言也○集說何必曰利
不特不當言此且亦何足言此見當時利國之謀皆卑卑不足道更有
所當行强似此萬萬倍者要得誘君語意若止說煞不可言他便無味
且不得何必二字之意亦有云者不是說利之外還有這等乃云吾人
所當由心而行之者亦獨有此耳而已矣者此外更無他道之可言也
○說統這兩句且只就理欲上看到中間乃直陳利害出來○合參亦
字對利字有字可味見心所固有士大夫所同有王所宜有者○陳伯
王曰何必二字語氣直截總說利吾國便只曉得有我不知有大夫士
庶故孟子急以仁義挽他仁義便是大公無我之心○朱子曰心之德
是混淪說愛之理方說到親切處心之制是說義之體程子所謂處物
為義是也事之宜是就千條萬緒各有所宜處說事之宜雖若在外所

以制其宜則在心。然是指那事物當然之理，未說到處置合宜處也。又曰：禮者仁之著。智者義之藏。而信無不在。獨舉仁義。則禮智信在其中。故以性言則皆體也。以情言則皆用也。以陰義陽仁言之。則義體而仁用也。以存心制事言之。則仁體而義用也。本條主此。按註會七篇仁義而言。若孟子口中渾舍此意，不必分疏。○仁義是君國子民立綱陳紀的大道理，要得開悟惠王語氣，不必講入儒生心性上去。

王曰何以利吾國，大夫曰何以利吾家，士庶人曰何以利吾身，上下交征利而國危矣。萬乘之國弒其君者，必千乘之家；千乘之國弒其君者，必百乘之家。萬取千焉，千取百焉，不為不多矣。苟為後義而先利，不奪不饜。乘去聲。饜於豔反。

此言求利之害，以明上文何必曰利之意也。征，取也。上取乎下，下取乎上，故曰交征。國危，謂將有弒奪之禍。乘，車數也。萬乘之國者，天子畿內地方千里出車萬乘千乘之家者天子之公卿采地方百里出車千乘也千乘之國諸侯之國百乘之家諸侯之大夫也弑下殺上也饜足也言臣之於君每十分而取其一分亦已多矣若又以義爲後而以利爲先則不弑其君而盡奪之其心未肯以爲足也

過文云○夫利固不可求况求之有其害乎○存疑王曰至國危自利推到害處○萬乘至末詳國危之事○而萬取千焉至末又只申萬乘之國弑其君者四句○說統以首句爲綱○王爲大夫士庶之表率○利風一倡不至擾奪不止○可見利之端○自王啟之○害之實亦自王受之○利之不可言如此○張唯遠曰當玩三曰字及何以字○凡弑君奪國遺親後君皆從此一念胚胎○曰字○乃○心○口○相○商○深機隱智蘊蓄處○集說何以字不止是說如此○便○有○許○多○謀○算○求○必○得○之○之○事○在○利國者取于臣民利家者取于君民○利身者只是擇便而趨耳○不曰身家危而曰國危○其害仍

歸于在上也○國危處說○下弑奪便是○○困勉錄上而言利○即不取之于下○而下猶將化之○況其勢必取于下也○下而言利○即不至奪其上○亦非上之利也○況其勢必至奪上也○故曰上下交征利而國危按此句承上起下○是過文○○趙註天子建國○諸侯立家○上千乘當言國而言家者○諸侯以國為家○亦以避萬乘稱國○故稱家○君臣上下之義○○李說弑萬必千○弑千必百○以相近之勢言○多寡相形○則忮忌易生○而勢分相逼則篡弑尤便○○蒙引看兩必字○畢竟上人受虧也○○取猶得也○取千取百○困勉錄謂只以其所統屬而言○蒙引疑公卿非止一二人每人各取其十之一則萬乘已盡天子于何取給其疑不必○○陳新安曰以制地定法言○天子萬乘○諸侯取十之一○得千乘○諸侯千乘○太夫取十之一得百乘○○集說不為不多不是為他較量多寡○只起下後義先利不奪不饜句○意○耳○○此三句是各安分所當得○便是義字之意○○陳新安曰始末兼

上孟

言仁義中單言義者○蓋仁有温然慈愛之意○義有截然斷制之意○取其斷制以勝私去利○則義之用為尤切○蒙引單言義以○義○利○相○反○對○而○言○也○○說統後義先利○雖主下之人說○大夫士庶卻根上好利來○不饜便見得不多○奪是下奪其上○必奪而始饜○則有弒亡之禍○而不止于遺親後君矣○

未有仁而遺其親者也未有義而後其君者也

此言仁義未嘗不利以明上文亦有仁義而已之意也遺猶棄也後不急也言仁者必愛其親義者必急其君故人君躬行仁義而無求利之心則其下化之自親戴於己也

過文云○若夫仁義至正○固所當行○况行之自有其利乎○○朱子曰仁者人也其發則專主于愛○而愛莫切于事親○故人仁○則必不遺其親矣○義者宜也其發則事皆得其宜○而所宜者莫大于尊君○故人義○則必不

後其君矣○胡雲峰曰本文仁義字指下人言按註仁者義者亦指下人躬行仁義與仁義未嘗不利兩個仁義字是就人君言未嘗不利利字則以愛親敬君言也○集說躬行仁義句從主腦處說其下化之二句是正解不可于大文仁義中入躬行底話按提躬行于前講到下入仁義方有根原○說統不遺不後皆自一念真切懇惻中流出一切利害都不計較二者也字正應大夫士庶說○呂說仁義從王至庶人仁義之效從庶人至王上節言利之不利以應王何必曰句此節言仁義之利以應亦有仁義句不是泛說感應○王說痛發遺親後君之害而後正言仁義之利方見仁義不但利且能去不利其利甚大須還兩未有不然似仁則愛其親義則敬其君耳○君親泛說至末結歸梁王○梁無知曰上面說危說弒說奪遺親後君極矣仁義卻無此禍合系利在則弒奪必至仁義即遺後亦無兩下際相影照宋羽皇曰此節與上

節相激。下節相呼。○倪新安曰、有仁義中之利。有仁義外之利。外仁義以求利。孟子之所戒。此章之大旨也。行仁義而得利。集註之所發明。亦此節之本意也。○翼註、未有二字。是反上文而決言之。語氣緊緊兜接。勿與上節平對。

王亦曰仁義而已矣何必曰利

重言之以結上文兩節之意○此章言仁義根於人心之固有天理之公也利心生於物我之相形人欲之私也循天理則不求利而自無不利徇人欲則求利未得而害已隨之所謂毫釐之差千里之繆此孟子之書所以造端托始之深意學者所宜精察而明辨也○太史公曰余讀孟子書至梁惠王問何以利吾國未嘗不廢書而歎也曰嗟乎利誠亂之始也夫子罕言利常防其源也故曰放於利而行多怨自天子以至於庶人好利之弊何以異哉程子曰君子未嘗不欲利但專以利爲

心則有害惟仁義則不求利而未嘗不利也當是之時天下之人惟利是求而不復知有仁義故孟子言仁義而不言利所以拔本塞源而救其弊此聖賢之心也

過文云○觀于仁義之效如此求利之害如彼則天理人欲之間關于治亂安危者大矣○體註總結上兩節因緊接仁義之效來故用前語倒轉雖無深一層意然須還結體前節爲攔截語只含蓄說此爲實証語在利害上分剖出來前云亦有仁義重有字翻他亦將有以利吾國句此云王亦曰仁義重曰字翻他王曰何以利吾國句既言仁義復結言利正找足而已矣神情○集說王亦曰者不是空空只說個仁義便了須要歸心一路實實做此等事也按何以曰者亦不是不說便了確是清心寡慾遏絕利端去利以行仁義方收尊親之效而無遺後之患去交征之漸而杜弒奪之禍也○蔡覺軒曰細玩而已矣與何以之辭

語意嚴厲斬釘截鐵斷然只說仁義更不向利上去○胡雲峰曰孟子之得于子思者曰仁義所以利之也及告梁王則言仁義而不言利蓋子思所言者利物之利梁王所問者利己之利也程子以為拔本塞源者所以救當時流弊之極朱子以為造端托始者所以謹學者心術之微

孟子章全旨○此見人君當公樂于民指出偕字正賢者所以能樂處指出獨字正不賢者所以不能樂處周文夏桀一法一戒重法文王邊不平對

孟子見梁惠王王立於沼上顧鴻鴈麋鹿曰賢者亦樂此乎樂音洛篇内同

沼池也鴻鴈之大者麋鹿之大者

此見乃在梁時進見也與初見不同可就上章發意謂利與仁義未知其果從吾言而遏絶力行否○詩傳曲池曰沼○楊龜山曰顧鴻鴈麋

鹿以問孟子則是曰字當連上也○蒙引賢者、指人君如後宣王之問、是指士之賢者○困勉錄、梁王口中說賢者不要太深彼自誇盡心之主未必肯居不賢須有分别○亦字、從自家身上說來此字、依蒙引單指鴻鴈麋鹿不兼臺池○陳伯玉曰、王意賢者未必樂此是、疑、詞不、是嘶、詞正其一念可進于賢處○集說、沼上見賢是時君常態然一見孟子巖巖氣象他良心不覺萌動故問及賢者若云有嘶當時何不見之朝堂而乃見于沼上也

孟子對曰賢者而後樂此不賢者雖有此不樂也

此一章之大指

困勉錄、二句虛說下二節方發明其義存疑、謂賢者能享其樂、不賢者不能享其樂、似非此節語意要知所爭在賢不賢不在樂不樂梁王着意在樂不樂上孟子着意在賢不賢上○饒說、孟子說惟是賢者樂此

出。知。之。意。外。存疑。因其所欲引他。使欣欣喜喜。不知不覺上正路去。此真善引其君也。後篇好貨好色之類皆如此。○不縱其欲。亦不拂其欲。神情全在而後雖有等字。○說約趙註不賢之人、亡國破家、雖有此亦為人所奪。說實無末節地。虛括為安。○前以曰字連上讀。故此字单指鴻鴈麋鹿。本節此字。只槩說。○聞子將曰、在賢不賢上、分樂不樂。實在偕字獨字上分賢不賢。

詩云經始靈臺經之營之庶民攻之不日成之經始勿亟庶民子來王在靈囿麀鹿攸伏麀鹿濯濯白鳥鶴鶴王在靈沼於牣魚躍文王以民力為臺為沼而民歡樂之謂其臺曰靈臺謂其沼曰靈沼樂其有麋鹿魚鼈古之人與民偕樂故能樂也亟音棘麀音憂鶴詩作翯戶角反於音烏

此引詩而釋之以明賢者而後樂此之意詩大雅靈臺之篇經量度也靈臺文王臺名也營謀為也攻治也不日不終日也亟速也言文王戒

以勿亟也子來如子來趨父事也靈囿靈沼臺下有囿囿中有沼也麀
牝鹿也伏安其所不驚動也濯濯肥澤貌鶴鶴潔白貌於歎美辭牣滿
也孟子言文王雖用民力而民反歡樂之旣加以美名而又樂其所有
蓋由文王能愛其民故民樂其樂而文王亦得以享其樂也
過文云○賢者後樂○于何見之○夫文王古賢者也○固所稱能樂者也○不
觀之詩乎○○許東陽曰靈臺之作○所以候日景○占星象望雲物也○其下
有囿囿中有沼○併以遊觀耳○七十里之囿○所以供四時之田講武事于
其中○此在郊之外○在岐山舊都○靈臺之囿必近城郭○地不可容且無用
其大○文王遷豊作靈臺○○經始言起初造此靈臺也○○困勉錄經之營
之不對○經之承上經始來○言旣經之而即營之也○○經者度其地也營
不止正方位○便有飭材鳩工之事○故註云謀爲○四之字以臺言○下歡樂
之之字兼指臺沼○○蒙引不日成之成之亟也○又追言之曰○方其經始

之時王尚戒以勿亟○而庶民歡忻踴躍○亦自爾其急也○所以不日成之○

○麀鹿白鳥偶指二物形容○以致樂之之意○非該盡囿中所有也○兩手

在字重○ ○於歎美辭亦民樂之辭○與上麀鹿等句同○非文王之自歎○有

是魚躍也○ ○困勉錄許東陽因魚鳥上看出文王德被萬物非正意○正

意只是民樂其樂○ ○詩辭輕敘文王以下就上詩辭衍其意○至與民偕

樂○方是孟子議論○文王之臺沼○非獨來所有○乃為之也○以民力為之也○

民力為○應攻之句○歡樂○應子來句○靈臺二句○應不日成之句○謂之靈者○

言其倏然而成○若神靈之所助也○樂其句應麀鹿攸伏等句○ ○註雖字

反字要看○用民之力○似乎致其愁怨者○今不但不愁怨而反歡樂○是○指○

庶○民○子○來○不○日○成○之○而○言○不是包謂其臺以下○然下二段○皆此歡樂之

所致也○靈臺二句是歡樂而因加以美名○樂其有句是歡樂而因及其

所有也○ ○集說樂其有不是民也去樂那麋鹿魚鼈○乃是見文王有此○

他心裡都喜歡也。韓求仲曰、文王以民力四句是申衍上文、逆呼下文、不得呆講。過下古之人云民樂文王之樂而文王能享其樂如此、何故哉。蒙引、偕樂是說平日有恩惠及人治岐之政是也不必兼言勿亟之令亦不是以臺池之樂偕民能樂全在民樂其樂上故集註用此句以發揮其義。艾千子曰、偕之一念胸中之天地自舒目前之境界自活偕樂處正是能樂處徐儆弦曰、能樂處是中和位育天地變化蕃盛氣象。集說古之人指文王偕樂在平日能樂在後來故字應前而後二字見惟如此然後能享有其樂所以為明上文賢者樂此之意。困勉錄與民偕樂二句貼文王講言外推開見凡為君者皆當與民同樂而後能有其樂也

湯誓曰時日害喪予及女偕亡民欲與之偕亡雖有臺池鳥獸豈能獨樂哉害音曷喪去聲女音汝

此引書而釋之以明不賢者雖有此不樂之意也湯誓商書篇名時是
也日指夏桀害何也桀嘗自言吾有天下如天之有日日亡吾乃亡耳
民怨其虐故因其自言而目之曰此日何時亡乎若亡則我寧與之俱
亡蓋欲其亡之甚也孟子引此以明君獨樂而不卹其民則民怨之而
不能保其樂也

過文云○何以見不賢者有此不樂夫桀不賢者也非無此不樂也不
觀之湯誓予○蔡傳湯誓蓋興師之時誓于亳都者○口中說日意中
指桀不得呆於日講女謂日也○集說民欲偕亡不特怨結上下終有
傾覆之禍即目前雖自已荒淫而怨聲載道愁慘遍野縱樂亦無甚光
景滋味註獨樂而不卹民亦自平日說通節都是民怨之詞然民怨却
從何來故朱子補足此義○說統民到偕亡地位滿目皆愁慘之象君
心自是不樂豈能晏然稱快于臺池鳥獸之間故能豈能相叫應○困

勉錄、民欲與之偕亡二句○亦當貼桀講○註引此以明云云○亦當補在言外○張南軒曰、民一也○得其心則子來而樂君之樂○失其心則害喪而欲君之亡○究其本則由夫順理與徇欲之分而已○人君常懷不敢自樂之心○則足以遏人欲矣○常懷與民偕樂之心○則足以擴天理矣○許東陽曰、此章關鍵、全在偕樂獨樂上○文王與民同樂○夏桀結怨奉己○無亡乃其效也○

梁惠章全旨○此見人君當盡心王道○小惠不足務也○無罪歲二句、與首節民不加多二句、隱相照應○說統、通章以盡心二字為主○王者之政王者之心為之也○看他許多經制區畫○那一件不從不忍之心做來○惠王自謂盡心○乃其所移者待民間之粟耳○而況不知檢不知發○忍極矣○安得言盡耶○孟子抉出病源○以動其不忍之良○可見人主欲盡心于國○當先遂民于心○徐自溟曰、治貴因民○不貴移民○貴在平時○不貴在

四書統宗會元卷之八 上孟 卜 卷三十

臨荒時貴得民心不貴較民數貴廑恤天下不貴轉移一國

梁惠王曰寡人之於國也盡心焉耳矣河內凶則移其民於河東移其粟於河內河東凶亦然察鄰國之政無如寡人之用心者鄰國之民不加少寡人之民不加多何也

寡人諸侯自稱言寡德之人也河內河東皆魏地凶歲不熟也移民以就食移粟以給其老稚之不能移者

玩之于二字其意以國事非不相關底玩寡人之于四字其意以我之治國人莫能及底盡心泛指治國言下河內四句方就救荒以實盡心之事若盡心即就救荒上說當云寡人之于救荒也說統似偏趙註焉耳懇至之詞襯疏耳矣言至極也總是形容心無不盡之意說統移粟比移民更重移民壯少以就粟移粟以就民稚老委曲區處蓋見盡心處玩則字見得平日盡心于國遇着凶荒就有如此調度兩其字

有分○上指河内○下指河東○移民、是使民以藝就食○非令河東供贍也○移粟、是使民販來平糴○非竟將粟賑濟也○亦字內、有依前成例○極力周旋意○二字要得撮敘筆法○不可仍將移民移粟板作兩比○○政字、單、指救荒、不、妨○察者、或本國使人去○或鄰國使人來○隨時體訪也○口氣云、鄰國救荒非無政○亦非全不用心○總無移民移粟如寡人之用心者○心如此用盡○宜乎民之去鄰國而歸我也○而乃云云○搞訓、少是消耗○多是繁衍○不可以逃亡為少○歸附為多○按兩意當兼用○○何也、二字、不是問不加少不加多之故○是推到歲凶上去○見得人力無如之何○便○含○罪○歲○意○集說惠王意以凶年饑歲○鄰國之民不肯來我國之民○或極力調停○猶不免于死亡○此、皆、歲、之、所、為○人、不、能、勝、也○

孟子對曰王好戰請以戰喻塡然鼓之兵刃既接棄甲曳兵而走或百步而後止或五十步而後止以五十步笑百步則何如曰不可直不百步耳

是亦走也曰王如知此則無望民之多於鄰國也好去聲塡音田

塡鼓音也兵以鼓進以金退直猶但也言此以譬鄰國不卹其民惠王能行小惠然皆不能行王道以養其民不可以此而笑彼也楊氏曰移民移粟荒政之所不廢也然不能行先王之道而徒以是爲盡心焉則末矣

蒙引此節且未追咎他平日所行之害民只說他今日所行之未足以救民至末段乃追舉其時病所在而切告之好戰無實據或有將下章齊秦楚敷衍者亦通鼓是語字塡塞也又滿也言鼓音充塞盈滿于戰陣之間也蒙引鼓之之字非虛指戰士而言也如孫武子傳所謂於是鼓之於是復鼓之者一例體註喻是喻治道鼓之謂鼓其進也甲重難走故棄兵可與追故曳兵刃既接勝敗以分其敗者則見棄甲云云當其走時不自知爲百步五十步也百步五十步在此後看

出笑者以已之勇笑彼之怯也在百與五十上起見不可言笑之不可也不百步言五十步者未至于百步也是字指五十步言亦字從百步來望有期望責望二意存疑此章主意在行王道棄甲曳兵不能行王道之喻也或百步猶鄰國不卹其民也或五十步猶惠王能行小惠也察鄰國無如寡人以五十步笑百步也又云戰以勝敵為上走之遠近弗計也猶治以王道為上小惠之能行與否弗計也行小惠不可望民加多欲民加多惟在行王道爾故下二節遂言王道

不違農時穀不可勝食也數罟不入洿池魚鱉不可勝食也斧斤以時入山林材木不可勝用也穀與魚鱉不可勝食材木不可勝用是使民養生喪死無憾也養生喪死無憾王道之始也勝音升數音促罟音古洿音烏

農時謂春耕夏耘秋收之時凡有興作不違此時至冬乃役之也不可勝食言多也數密也罟網也洿窊下之地水所聚也古者網罟必用四

寸之目魚不滿尺市不得粥人不得食山林川澤與民共之而有厲禁草木零落然後斧斤入焉此皆爲治之初法制未備且因天地自然之利而撙節愛養之事也然飲食宮室所以養生祭祀棺槨所以送死皆民所急而不可無者今皆有以資之則人無所恨矣王道以得民心爲本故以此爲王道之始

說統此節是王者法制未備姑就生民見成自然之利先爲之撙節裁制以收拾人心立下面教養基地耳蒙引農時與農隙不同農時是正治田之時農隙是不治田之時四時皆有農隙不常指冬也集說不違云者粗立規矩不去擾他使他該耕耘時便耕耘該收時便收而已若下勿奪其時方細細立下程限用民之力歲幾日農隙講武至冬而役有法度之可循不妄興作以病民也興作謂興徒作事如築城鑿池之類穀亦槩言不專指稻洿池魚鱉之所生也二字平看洿是

窊下之處為水所聚地勢自然者池則所以蓄水是人所鑿者○四寸之目、謂每目周圍共四寸、粥、賣也○山林、材木之所出也高者為山平而多草木者為林○斧斤有大小之別○斧以破之斤以斷之○以時、謂草木零落之時○胡雲峰曰、澤梁無禁者不禁民之取也愛民之仁而有厲禁者○禁民之不以時取也愛物之仁蒙引、厲禁、厲物有藩界遮列守之與禁禁令也非謂嚴禁也○○說統、不可勝食勝用只、說生殖繁多尚未到人食用上養生喪死無憾方是食用○集成、不違農時、正王者盡心于養民之初事此二句已暗破移民移粟之非見王者自有正大作用無事一切權宜之術也○下魚鼈材木二段、見山澤且有餘裕而粟益不言可知○食用易至匱之難況其多今既不可勝食勝用若是兩句是進一層語蓋上言不可勝者尚虛論其理此方實言其事不得以過脉清纏了之○金仁山曰、喪平聲是活字包得祭祀棺槨言喪其死也○穀與魚鼈、可供飲

上孟

食祭祀材木、可爲宮室棺槨、總括上三項、不是穀與魚鼈所以養生材木所以送死。○說統、無憾二字最重。蓋王道本乎人情、使生計稍立、人心不至渙散、然後可創制立法以圖經久。○蒙引、養生喪死皆無憾、則民心自不能舍是而他適、此亦應上面加多之意。集說、得民心者得民心之所同然、非有意要結、使之繫屬于我、乃爲得也。○始者、謂法制自此而可立、教化自此而可行也。○陳新安曰、王制未備、王道未成、此不過初焉事。下節註云王道之成、正與此王道之始相對。○說統、王道之始不可說洪荒甫闢、政教未興、只言王者如此愛養、使民生死有資、則王道規模已具、嗣是教以樹畜、作以禮義、則政成俗美、而王道大備矣。此照下節是一套事、但敘置如此耳。○集說、註曰爲治之初者、行王道之初也、法制未備者、王道之法制未備也、雖開國規模、不過如此、却不可說向開國去。○天地自然之利、謂穀魚材木之類、撙節愛養、謂不違農時不用數罟斧斤時入之類。䢖卽是不使民過取。所以保其往者。愛養是更保護長養之。所以繼其後者。不違不入以時。俱是上為之令。非民自為之。雖法制未備。非全無法制也。呂說法制備後。此三項已無所不盡。不必更說。在法制未備時。此三項為至急。隨時隨地可行。若無此。則下面王政亦無從設施矣。故始字對下卽做者。恒手也。色下卽做者。能手也。遂下卽做者。巧手也。體註始字、是根脚。不是起頭。○王說三段俱責重君心寡欲以開財源。正指點他盡心處。○仇說惠王以移民移粟。望民加多。孟子則以欲得民心。惟行王道耳。時解動對救荒立論、反于初政得民意不相照顧。

五畝之宅樹之以桑五十者可以衣帛矣雞豚狗彘之畜無失其時七十者可以食肉矣百畝之田勿奪其時數口之家可以無饑矣謹庠序之教申之以孝悌之義頒白者不負戴於道路矣七十者衣帛食肉黎民不饑

上孟

不寒然而不王者未之有也衣去聲畜許六反數去聲王去聲凡有天下者人稱之曰王則平聲據其身臨天下而言曰王則去聲後皆倣此

五畝之宅一夫所受二畝半在田二畝半在邑田中不得有木恐妨五穀故於墻下植桑以供蠶事五十始衰非帛不煖未五十者不得衣也畜養也時謂孕字之時如孟春犧牲毋用牝之類也七十非肉不飽未七十者不得食也百畝之田亦一夫所受至此則經界正井地均無不受田之家矣庠序皆學名也申重也丁寧反覆之意善事父母為孝善事兄長為悌頒與斑同老人頭半白黑者也負任在背戴任在首夫民衣食不足則不暇治禮義而飽煖無教則又近於禽獸故既富而教以孝悌則人知愛親敬長而代其勞不使之負戴於道路矣衣帛食肉但言七十舉重以見輕也黎黑也黎民黑髮之人猶秦言黔首也少壯之人雖不得衣帛食肉然亦不至於饑寒也此言盡法制品節之詳極裁

成輔相之道以左右民是王道之成也
困勉錄上節雖云民生已植民心已得然法制未備則猶未盡植盡得也可以粗安而不可以長治故此節遂詳言立制之事○趙氏曰古者春令民畢出在野冬則畢入于邑在野曰廬在邑曰里廬各在其田中而里聚居也○呂說宅墻餘地欲盡其利故必有樹凡木可樹惟重本務故樹必桑○豚稚豕也彘牝豕也狗有三守狗獵狗㹀狗此蓋指㹀狗也○朱子曰魚鼈自生之物養其小而食其大老幼之所同也至于芻豢之畜人力所爲則非七十之老不得食矣○張南軒曰衣帛食肉必曰五十七十者民之欲無窮而桑蠶畜養之利有限不爲之制則爭逐其利而老者或不得衣之食之矣又使知老者之當養老幼有別教亦行乎其中矣○蒙引上文不違農時猶未有百畝之制○田是民所至自有者此方一夫受田百畝○王者分之無不受田之家矣然雖受田百畝而奪其時亦無益○

故又須弗奪其時。或謂勿失其受田之時者非也。○說統、順其所欲曰不違。逆體其所惡曰勿奪。三可以字、須重、制、法者、身、上看。○翼註、謹字、不苟凡所以立教者。屏邪說。黜其文。兢兢乎一稟乎天命人心之正。集說謹者、不輕易其事。慎着意。行之。不。使。苟。且。差。錯也。○蒙引、庠序指鄉學非謂國學也。舉俊秀及凡鄉之民皆教之。所教之中。又以孝弟為重。蓋春秋教以禮樂。冬夏教以詩書。豈特孝弟在所教耶。但以此為重耳。○困勉錄、申字與教字有別。當從庠序既興。人受教之後着想。有提醒之意。有激發之意。有使之習熟。使之畫一之意。不徒是一番訓廸。○說統、孝悌而歸之于義。正從良心真切之處。點為提醒。仇說、申孝悌、若講得精深。闡大。下須白句便接不上。須顧下文淺講。○集說、須白不負戴。乃是即行路一事而言。其俱能孝弟之意。不可以此便盡了孝弟之事。○合參、五畝至無饑矣。是盡心于養。謹庠序至道路矣。是盡心于教。七

十者二句、再申前說○補出教行意○如是則天下皆望風仰德○而老幼咸
歸○故王可決也○○王字說得濶大○方足歆動惠王○反言正以決其必然
也○戴為君師而来就我之教養○便是王○○教特養中事○淺看歸重在養
一邊○與他處並言教養者不同○○蒙引饒氏謂五畝宅百畝田是法制○
五十衣帛七十食肉○是品節○此說無據○蓋法制、固所以品節之也○況此
節重五畝宅百畝田及雞豚狗彘之畜上○其曰五十七十足以衣帛食
肉者○乃其效耳○本意○非以○此論○品節也○或以五畝百畝為法制、無失勿
奪為品節、亦牽强○按法制中即有品節○分配不得○觀上節註但言法制
可見○○裁成天地所有餘○輔相天地之不及○盡法制品節之詳○所以極
裁成輔相之道○裁成輔相之道○即所以左右其民○左、謂佐○使右、謂佑助○
三句串看○輔氏陳氏以裁成輔相貼養、左右其民貼教、未是○○集說要
看盡字詳字極字道字○乃王者一段仁愛萬民之心○推而行之○千條萬

緒無不到處曰王道之成不可說王道之終蓋此節特較上節為詳密

然亦是王者盡而極之成個規模而已若化行俗美淪肌浹髓尚俟異

日也○天成盡法制句應上法制末備句極裁成句應上因天地二句

以左右民總承二句應上得民心句末句補出以應王道之始

狗彘食人食而不知檢塗有餓莩而不知發人死則曰非我也歲也是何

異於刺人而殺之曰非我也兵也王無罪歲斯天下之民至焉莩平表反刺七亦反

檢制也莩餓死人也發發倉廩以賑貸也歲謂歲之豐凶也惠王不能

制民之產又使狗彘得以食人之食則與先王制度品節之意異矣至

於民饑而死猶不知發則其所移特民間之粟而已乃以民不加多歸

罪於歲凶是知刃之殺人而不知操刃者之殺人也不罪歲則必能自

反而益脩其政天下之民至焉則不但多於鄰國而已○程子曰孟子

之論王道不過如此可謂實矣又曰孔子之時周室雖微天下猶知尊

周之為義故春秋以尊周為本至孟子時七國爭雄天下不復知有周而生民之塗炭已極當是時諸侯能行王道則可以王矣此孟子所以勸齊梁之君也蓋王者天下之義主也聖賢亦何心哉視天命之改與未改耳

說統、此節極陳時政之弊所以動王不忍之心為行仁地耳不知檢既有以致民之死不知發又無以救民之死其罪全在我了反自謂盡心而以歲為解此與殺人而委罪于兵者何異無罪歲內便含罪己修政意此二句通章結穴與上文何也二字相應楊子冠曰不知檢見平日之視民既輕于物不知發見今日之視倉廩尚重于民人死兼此二意陳伯玉曰兩不知正見民瘼絕不關切與盡心相反以戰起以兵結關應之妙狗彘句主厚斂以養說正解先王制度品節不入以時二物俱為之制惟恐民用不繼衣帛食肉于人尚為之制惟恐濫用無

上孟

○鄭況于狗彘肯使食人之食乎○故註云與之異○人死二段一正一喻平列不得○蓋兵不能代操兵者之罪○而歲能代失政者之罪乎○則民不加多○推不得在歲凶矣○無罪歲不止空空不罪之而已○欲其先知儉知發而因以行王道之始事及王道之終事耳○註所謂益脩其政也○集說惠王不能制產是承上文來○又使狗彘云云乃指平日說至于民飢而死云云則指當日說○天下之民至只以不但多于鄰國輕還他蓋上文已有然而不王二句也○此節說到惠王身上來○將罪歲不罪歲釋他何也之意○是喚醒語不是欲動語○只于無罪歲內細細開導便是○呂說養民制法之道○上文已說盡○此直打破後壁抉出不盡心真情令無躲閃處○○陳新安曰王道不出農桑教養等事○豈求之高遠難行者哉○又曰天命之改未改驗之人心而已○人心猶知尊周可驗天命未改○則當守天下之經○文王孔子之事是也○人心不知有周○可驗天命已

政不得不違天下之權武王孟子之事是也

寡人章全旨○此見虐政當除意蓋虐政不除則仁政難行非惟負子民之責而且有無後之禍甚言君之不可不仁也○黃貞父曰章內只是借客形主始以梃刃相形見虐政慘于刃繼以獸相食相形見視子民不如獸繼又以作俑無後相形見實使民飢而死不惟有愧父母且併流禍苗裔吁可畏哉○說統提醒惠王與際在為民父母四字而無後二字尤痛切以宋雖至愚不肖莫不思利及子孫者借是以動其不忍之心此孟子極善開導處

梁惠王曰寡人願安承教

承上章言願安意以受教

安對勉強看願安承教亦見惠王之虛心○淺說承教還有求教之意不是承上文之教也○上章言行小惠不若行王道宜罪己不宜罪歲

上孟

○此孟子之教也○自後尚求盡言無隱○而顧安意承之○　一八

孟子對曰殺人以梃與刃有以異乎曰無以異也梃徒頂反

梃杖也

惠王承教○意在興邦○而人爲邦本○極相關切○開口說殺人二字○見興利

不若革弊○除虐始可行仁也○○梃與刃、其殺人之器有異○而致人于死

無異也○○翼註、梃刃不重○只引、起政字○

以刃與政有以異乎曰無以異也

孟子又問而王答也

以刃與政內、亦有殺人意○是指政之已殺人者言之○○刃與政、其殺人

之事有異○而致人于死無異也○○孟子恐王狃于故習○未知所爲之病○

故先設喻以發其本心○虐政殺人意要明白○○說統、人主好行虐政往

往諉之不聞不見○故孟子借梃刃相形以發其隱○陳新安曰、政謂虐

第十五車

政○梃刃政殺人○承上章歲兵之意而敷衍之○

曰庖有肥肉廐有肥馬民有飢色野有餓莩此率獸而食人也

厚斂於民以養禽獸而使民飢以死則無異於驅獸以食人矣

楊子兒曰、庖有四句、直叙過註厚斂于民二句、當○發在率獸食人、上○要○見○虐○政○殺○人○之○慘○無○異○于○梃○刃○處○說統只將四句相形說去○不言厚斂而厚斂意自在其中○翼註四句不、平○因上二句○致○有○下○二○句○也○庖廐以王言○兩肥字宜玩○非謂其不可有○不當有○謂其不該專有○也○肥在肉馬○必瘠在民矣○集說民有飢色、大槩言野有餓莩、指已死者○曰飢色則飢之極矣○餓莩曰野○有不特飢死○且無有收之者矣○率訓曰驅、不止是任其自食○乃是我領率而驅之以食○有調度而必食盡之意○

陳新安曰、此因前章狗彘食人食塗有餓莩之意而究言之○

獸相食且人惡之爲民父母行政不免於率獸而食人惡在其爲民父母

也惡之之惡去聲
惡在之惡平聲

君者民之父母也惡在猶言何在也

過文云 ○ 率獸食人此何等事王竟忍之而不知惡乎 ○ 獸之相食與人何涉然以同類相殘而愛惜其生則無論智愚尚且知惡為民父母而率獸食人是忍于殘民全無顧恤同類之意豈不尤可惡哉 ○ 說統不曰君而曰父母正見一體相關處 ○ 集說為民父母恩有所屬也行政責有所歸也不免二字要看為民父母行政其所以愛養之者尚不知有多少道理反連此等事亦不免焉惡在云者不特有負父母之責亦且為父母之心何以安乎要得聳動惠王之意 ○ 弘如保之恩躋一世于仁壽此子民之政也乃任子民之責反為殘民之事非父母之心并失父母之體惡在二字要他自想自說此是為父母底何等樣心腸

○ 此節言民不忍殘以父母二字挑動良心就是非上論

仲尼曰始作俑者其無後乎爲其象人而用之也如之何其使斯民飢而死也俑音勇爲去聲

俑從葬木偶人也古之葬者束草爲人以爲從衛謂之芻靈略似人形而已中古易之以俑則有面目機發而太似人矣故孔子惡其不仁而言其必無後也孟子言此作俑者但用象人以葬孔子猶惡之況實使民飢而死乎〇李氏曰爲人君者固未嘗有率獸食人之心然徇一己之欲而不卹其民則其流必至於此故以爲民父母告之夫父母之於子爲之就利避害未嘗頃刻而忘於懷何至視之不如犬馬乎

過文云〇爲民父母而率獸食人是圖快于目前將貽禍于身後矣盍觀仲尼之言乎〇俑木偶人設機而能踊躍故名以俑面目是爲俑者雕刻面目機發是中作機關令其活動運轉者〇蒙引無後之言發于深惡痛絕之情不必求實又云象人而用不必說到殺人殉葬之漸只

謂天地間難得者人今作俑者象人以殉葬猶未至于真殺人也然以
其用于死地孔子猶惡之○以作俑者而謂其無後此何為哉為其象
人而用之以殉葬也夫象人以葬本非人耳而用之于死地則為不仁
猶且見惡于孔子如此如之何　云云二句口氣如是○集說象人句是
孟子解孔子之言如之何三字是令惠王自思乃撥動他良心處使字
是厚斂虐民以致必死之意註實字雖對象人說然即應前以政殺人
之意矣如之何是駭異口角不是商量語氣註加實字見真虐殺其
民者不仁尤甚于作俑其能保有子孫而免仲尼之惡乎要說得悚切
○說統民飢而死未必皆出于君使然自庖有肥肉等觀之則使有使
民飢死之理孟子直追到根源上須一一搜出病根來○陳伯玉曰惕
無後之言則視民之飢色不啻號呼于梃刃之下為其象人句說得輕
則使民飢而死處方懇切○李說未要繳王能反殺人之政而行王道

則不愧父母斯民之名○而將見與于仲尼意○○此節言民不可殘以無後二字點醒○流禍○就利害上論○然與上節疊遞說○不平對○蒙引惠王欲孟子教之○而孟子但直斥其虐政之害人者○終無一言教之何歟○蓋除其虐政○可施仁政○況王政之詳○前已告之○今既安意承教○則宜急改此等所為矣○不然雖有仁政○將何施乎○古云興一利不如除一害○蓋除○害○則興○利○也○此即所以教之也○○說約上章因盡心之言而欲導其仁心○故其詞婉○此因承教之願而欲使悟其失○故其言直○

晉國章全旨○此因惠王志圖報怨○而啟以大有為之道○百里可王句為主○施仁政三字為綱○省刑罰二句為目○精神全在暇日二字○末復以勿疑堅其志○總見私怨不必報○王業有可圖也○

梁惠王曰晉國天下莫強焉叟之所知也及寡人之身東敗於齊長子死焉西喪地於秦七百里南辱於楚寡人恥之願比死者一洒之如之何則

可 長上聲喪去聲比必二反 洒與洗同

魏本晉大夫魏斯與韓氏趙氏共分晉地號曰三晉故惠王猶自謂晉國惠王三十年齊擊魏破其軍虜太子申十七年秦取魏少梁後魏又數獻地於秦又與楚將昭陽戰敗亡其七邑比猶爲也言欲爲死者雪其恥也

晉國二字要别清意以我國自文侯初命之後名魏亦名梁而遡唐叔始封以來非梁并非魏蓋晉國也○天下莫强指先世土地甲兵戰勝攻取説是統唐叔以後之晉非单指文侯以後之晉蓋文侯立國不復稱晉矣莫强者謂文公創霸襄悼繼之主盟中夏百五十年而天下莫與之抗有照下立論者如案之戰殽之役城濮之師齊秦楚俱屈于晉爲莫强亦通○叟之所知是援以作証謂載之史策得之傳聞彰明較著非屬虚言也○合叅晉國二句是叙先世之盛東敗四句是嘆今日

之衰○○寡人之身○原欲發憤為雄○並隆先世○無如流傳至今○不比舊日○及字雖帶悲涼○而寡人之身四字○不可竟說委靡○觀其敗于三國○亦是爭城爭地○不肯讓人而然○○恥之非徒心自愧恥○言貽恥于先人也○如云先人面上亦不好看之意○○蒙引不可謂死者為太子申○亦不可謂凡死于戰者○是指其先人言也○如文公之類○自身之恥○可以隱忍○死者之恥不可不雪○故願為一洒○○說統玩如何則可口氣○有知窮力竭○不能自振意○○附考魏伐趙趙告急于齊齊宣王用孫臏計救趙擊魏魏遂大興師使龐涓將而令太子申為上將軍與齊戰敗于馬陵虜太子申涓自刎○魏與秦戰元里秦取其少梁○秦孝公使衛鞅將兵伐魏魏使公子卬將而擊之鞅遺卬書不忍相攻可面相見盟樂飲罷兵卬以為然會盟已飲鞅伏甲士襲虜卬因攻其軍盡破之惠王恐使使割河西之地于秦而魏遂去安邑徙都大梁○楚懷王六年使柱國昭陽將

上孟

兵攻魏破之于襄陵得邑八

孟子對曰地方百里而可以王

百里小國也然能行仁政則天下之民歸之矣

說統惠王喪敗之餘其氣甚餒故孟子以百里可王激之見得發憤為天下雄即百里尚可王況魏不止百里其所以可王之故全在行仁政上此處且未可說出說約地字略頓方百里連說方者僅足之意集說此句是大冒下節乃其實處彼奪其民二節見又當如是之時俱是可以之義存疑百里而可以王則瑣瑣復讐不足言矣把惠王所圖的都抹了是何等規模何等議論註能行仁政二句即是下四節意朱子預透可以二字道理渾之

王如施仁政於民省刑罰薄稅斂深耕易耨壯者以暇日脩其孝悌忠信入以事其父兄出以事其長上可使制梃以撻秦楚之堅甲利兵矣省所梗反

斂易皆去聲耨
奴豆反長上聲

省刑罰薄稅斂此二者仁政之大目也易治也耨耘也盡己之謂忠以實之謂信君行仁政則民得盡力於農畝而又有暇日以脩禮義是以尊君親上而樂於效死也

過文云○所謂百里可王者○惟在○行仁○政耳○蓋王欲伸威境外○不若布德境中○欲雪先人之恥○不若加惠先王所遺之民○如施仁政云云○仁政該得廣○省刑薄斂摘其中大節目言之○刑五刑罰亦有五○所以贖刑者○稅是履畝而稅○斂則凡征之民者皆是○○刑罰所以立威稅斂所以經用國不可一日無者○省之薄之○只是得其平耳○○存疑省者刑當其罪○便是○不是人罪當死都宥之○薄者只是惟正之供○說統曰省曰薄全要發他不忍的念頭○方○切○仁○政上○○呂說二句是王者徹始徹終事○非止為當時救急之政○○兩者相因是餘義○只消平列○輔說仁政在于

養民而已。省刑罰則民不至無所措其手足。而得安其生。薄稅斂則民不至有所闕于衣食。而得保其生。故言仁政。首及此二者。下二句則其效驗也。

蒙引：深耕深于耕也。不苟且鹵莽而已。易治也有整辦齊飭之意。按深易是省薄所致。繁刑重斂。未免傷殘肢體。胥吏追呼。即耕耨不能。何能深與易也。

說統：暇雖是耕耨之暇。正是刑賦所寬之日也。蓋煩刑橫征。民皆重足而立。安得有從容閑暇之時。此可想見休養生息氣象。

惠王所恃以報怨。在此壯者。孟子欲急于施仁。正爲此壯者。以字貫至長上句住。不僅在忠信句住。

困勉錄：耕耨以下依註是省薄之效。然是說能省薄。然後民得盡力耕耨。而有暇日以脩孝弟忠信。非謂一省薄而自能耕耨上不必教而自能孝弟忠信也。

說統：脩即脩整之脩。有身體力行意不但是講明。入事出事。正是脩也。孝弟乃百行之本。忠信是一誠貫乎百行中者。

困勉錄：脩就自家身上說。入事出事對父

兄長上說非以入事出事爲脩之實也集成二以字指孝弟忠信揔是
禮義之善心不必分貼父兄長上集解可使制梃二句非指戰勝只
在平日從生復性之民心決得他必感恩效死耳只說可用以戰至乎
往而征方說到戰勝上饒說人主所威達四鄰恃吾有可使之民而
民之所以爲吾使恃其有可使之心孝弟忠信乃其所以可使之心也
此心臨敵而見實以暇裕而養惟無事時脩明此理一旦有事必能孝
弟爲干櫓忠信爲甲冑秦楚甲兵可使制梃撻之矣蒙引註尊君親
上屬制梃句出事長上以平時言尊君親上云云指有事時言也惟其
尊君親上故樂于效死制梃只是形容樂于效死非揭竿斬木之說
也可字反照如何則可來不言齊者言秦楚而齊在其中陳介眉曰
此非但爲報仇起見所謂王道既行不戰而屈人者也時解句句爲復
仇設策看得孟子似種蠡一流不是宋羽皇曰要看首末二句施字

上孟

使字一節之眼中間層層逆捲而上振起如施際承可使一氣直下首尾如環

彼奪其民時使不得耕耨以養其父母父母凍餓兄弟妻子離散（養去聲）

彼謂敵國也

過文云夫秦楚之堅甲利兵未易當也而可以制梃撻之者何哉

楊子冠曰奪其民時上先點不施仁政煩刑厚斂意未補救死且不贍奚暇治禮義哉

困勉錄奪民時只是以嚴刑重斂奪之不必開說

說統奪民時正與上耕耨相反凍餓離散正與孝弟忠信入事出事相反此便是陷溺其民處

彼陷溺其民王往而征之夫誰與王敵（夫音扶）

陷陷於阱溺溺於水暴虐之意征正也以彼暴虐其民而率吾尊君親上之民往正其罪彼民方怨其上而樂歸於我則誰與我為敵哉

過文云○以彼暴虐其民就如陷于阱○溺于水一般○不仁○極矣○陷溺、一即承上節說○不必別尋意義○蓋此句是接上起下之詞○另解不得○呆講不得○○馬君常曰、王往而征之有一種鼓舞贊決神情○往正其罪、正其暴虐之罪也○百姓所怨在彼○所樂在此○誰與之爲敵哉○使有可王○意○在內○○蒙引非敵不過也○自不與我爲敵如紂之前徒倒戈是也○蓋以彼之不仁不能敵我之仁耳○此二節申明可使二句意○串看、不平對○○說約、前兩節分案○此節總斷○而彼字對上王字○按三節句句相反而意實相承○末繳云此彼之堅甲利兵無所用而我之所以制梃可撻也○

故曰仁者無敵王請勿疑

仁者無敵蓋古語也百里可王以此而已恐王疑其迂濶故勉使勿疑也○孔氏曰惠王之志在於報怨孟子之論在於救民所謂惟天吏則

可以伐之蓋孟子之本意

以故曰二字知其爲古語○仁者是施仁政于民而遠近歸仁者○徐玄
扈曰兩仁亦敵也兩暴亦敵也以仁制暴則無敵矣○集說夫誰與敵
只就敵國之民言此無敵兼敵國之君與民言誰與敵不來敵我也無
敵我無敵于天下也○鄒嶧山曰無敵于天下者王機也而可以仁者
況之則百里可王之語亦信于此心之仁而已○淺說勿疑者勿疑百
里可王之言非勿疑仁者無敵之言也○梁無知曰疑最害事人之所
以不聖賢治之所以不帝王者俱是疑作梗耳若能自信而不疑何事
不可爲○勿疑之中有實施仁政于民因以致王之意非徒信之而
已○未我發政施仁雖以梁王可也尚何先人之恥不可雪哉○輔說
註引孔氏之言蓋怨有當報者有不當報者若惠王之事則不當報者
也不當報而報是忿懥者之所爲其心熏灼焚燒愈撲愈熾不至于大

敗極壞而不已○若所謂志於救民則至誠惻怛成已以成物○一日有一日之功○其曰惟天吏則可以伐之○其所以自治者嚴矣○

梁襄章全旨○此以不忍人之心○動襄王所以正其本也○不嗜殺人句最重○下節正明所以能一之故○要得久旱易爲雨○勞民易爲仁意○蒙引、天下有可一之理○孟子又有佐其君以一天下之才○特襄王未有一天下之器耳○洪此一段議論○關係世道君道○不可不傳○故出以語人而且以垂後世○

孟子見梁襄王

襄王惠王子名赫

見襄王者、蓋以仁義王道之說○不行于其父○或可望于其子也○是惓惓行道意○李說、此見亦不輕○將以觀其志之所向○冀吾道小試之端也○

○倪新安曰、通鑑慎靚王三年、惠王卒、孟子去魏適齊、是一見襄王後

即去也

出語人曰望之不似人君就之而不見所畏焉卒然問曰天下惡乎定吾

對曰定于一（語去聲卒七沒反惡平聲）

語告也不似人君不見所畏言其無威儀也卒然急遽之貌蓋容貌辭氣乃德之符其外如此則其中之所存者可知王問列國分爭天下當何所定孟子對以必合于一然後定也

蒙引凡聖賢至于其國而見其君皆是欲觀其動靜以卜吾道之興廢襄王容貌詞氣之間皆不當人意蓋將去之故見之而出以語人也

集解出語之人是孟子同志隨行者在他人則不可以語此矣大成通章俱是述言雖有問答俱在述語口氣中倪新安曰不似人君無可象之儀也不見所畏無可畏之威也卒然二字要描他輕忽的景象須知其問處俱是卒然底陳新安曰德存于中容貌辭氣乃德之

符驗可見于外者。朱子曰、有諸內、必形諸外。有人君之德則必有人君、之容。不必作威而自有可畏之威矣。呂氏曰、志定者其言重以舒。不定者其言輕以疾。然則言貌固皆內德之符也。○急遽者、躁急無次序也。○集說、定、以已定言。謂天下分爭。怎樣纔得定了。不是問所以定之之道也。按語氣是如何而後能定。定說淺說、謂待何人。困勉錄謂待何時。俱未是。○存疑、定者、列國息爭干戈不作也。定于一、言必天下合于一統然後定也。蓋列國分王。勢不歸一。故不相容而起爭。天下一統。則天下之政出于一。無敢爭也。○困勉錄、定于一、有以廢封建說者大謬。周之盛時千六百國。何嘗不是一耶。○定以勢言。一以權言。

孰能一之

王問也

存疑、列國勢均力敵。莫能相尚。誰能芟刈群雄。收其土地合天下于一

[illegible]

也○此孰字指諸侯之字指天下

對曰不嗜殺人者能一之

嗜甘也

李說不嗜殺人指平日有好生之德○能以仁心行仁政言○能一之且虛說○勿涉下文民望意○翼註不嗜殺人包得廣○如刑罰稅斂皆能殺人○不但操刃也○集說看能字一天下仍有許多道理○但不嗜殺其本耳○蔡覺軒曰好生不嗜殺○天地生物之心也○必得天地此心○然後可為天之子○為民之父母○困勉錄不嗜殺人之所以能一者○以當戰國之時也○然此是王知夫苗以下意思○似未當露○此處不嗜殺人○只淺淺說好生愛人上說○苗下節實講地步○

孰能與之

王復問也與猶歸也

存疑列國之民○各屬其主○各畫地而守○孰能越其君而與我也○○蒙引
各有封疆民欲舍彼趨此○必在所禁制也○下文沛然誰禦正答此意○
此孰字指天下之民之字指一天下之君與歸附也○

對曰天下莫不與也王知夫苗乎七八月之閒旱則苗槁矣天油然作雲沛然下雨則苗浡然興之矣其如是孰能禦之今夫天下之人牧未有不嗜殺人者也如有不嗜殺人者則天下之民皆引領而望之矣誠如是也民歸之由水之就下沛然誰能禦之夫音扶浡音勃由當作猶古字借用後多放此

周七八月夏五六月也油然雲盛貌沛然雨盛貌浡然興起貌禦禁止也人牧謂牧民之君也領頸也蓋好生惡死人心所同故人君不嗜殺人則天下悅而歸之○蘇氏曰孟子之言非苟為大而已然不深原其意而詳究其實未有不以為迂者矣予觀孟子以來自漢高祖及光武及唐太宗及我宋太祖皇帝能一天下者四君皆以不嗜殺人致之其

餘殺人愈多而天下愈亂秦晉及隋力能合之而好殺不已故或合而
復分或遂以亡國孟子之言豈偶然而已哉

蒙引此節重在天下之人牧二句及七八月之間旱二句因襄王不曉
而問孰能與之故以其時勢開曉之如此○集說通節俱是說莫不與
也之意但與只指民不兼諸侯○存疑莫不與言天下之人莫不趨其
君而與我其君不能禁也按此句是冒○襄王粗淺若言與之之理之
情之勢必不能曉故即其易明者喻之以苗喻民以旱喻嗜殺以苗因
旱向槁喻民因嗜殺而困以天喻君以雲雨喻仁恩以油然沛然喻仁
恩之廣大以苗之浡興于久旱之雲雨喻民之樂歸于不嗜殺人者○
孟子內並以周時紀月與春秋左傳同○卷舒之雲無從澤物點滴之
雨不能遍物油然沛然正須形容但雲不盛則雨亦不大而雲在先似
照仁心一邊雨在後似照仁政一邊作起也此皆天之不嗜殺處○其

如是、頂苗之詩興言。此執字泛說。○今夫句提起說。把天下為君者通盤打算一番。最精神。○殺、養也。養之者。生之也。職在生民而反以嗜殺人。惡在其為人牧哉。故不曰人君。而曰人牧。○集說、未有不嗜殺句。道盡戰國時君病痛。蓋說個甘于殺人。未必心服。獨不思率獸食人。爭地爭城。那。一。件。不。是。殺。人。底。事。而所好在此。則甘于殺人而不辭矣。○徐玄扈曰、世豈有嗜殺人之理。人豈有嗜殺人之心。只緣嗜。利。故。嗜。殺。如興兵構怨是也。嗜。慾。故。嗜。殺。如狗彘食人食是也。人主能田殺機為生機。則能轉不一為至一。○如有二字、兼、望、之、意。鄭、重、之、詞。○三則字、俱急詞。倏忽轉變之意。○望而引領、望、之、切、也。集說、一望其來蘇之救。一望其仁政之行。○天下之民、照衆王執字說。望。以。心。言。歸。以。身。言。惟其引領而望。歸之所以莫禦也。相、承、說、下。○集說、誠如是也、際跟民望來。蓋云既得民心之向慕如此。則其歸之也自急矣。望以未歸時向慕之

切言歸則扶携而至也註以一句提說悅、即所謂引領而望也〇沛然

註、禦、指水二句提狀民歸之勢末我此謂天下莫不與而所以定于一

者在其中矣〇說統、今夫天下四字極重正指出當時所以不一之故

此二句與苗槁句相應如有不嗜三句與油然沛然浡然句相應誠如

是也以下與其如是二句相應〇結云、夫吾與王相問答如此其如不

足與有為何哉〇輔說、不嗜殺之對、理勢當然非有為而為之者也蓋

人君之心誠能不嗜殺人則舉天下皆在我仁愛之中孰有渙散乖戾

而不歸于我哉固非以不嗜殺人為一天下之具也〇蘇註、我太祖子

瞻尊本朝之詞、坊本增宋字者誤、晉則合而復分、秦隋遂以亡國、

齊宣章全旨〇此見人君當黜霸功而行王道也以保民而王為綱以是

心足王為脉以不忍二字為根以善推所為為作用以制民恒産為究

竟而其反覆辨難處則以兩獨何與為關紐〇一說王道在于保民而

不忍乃保民源頭。不忍之心，既要察識以知之，又要擴充以行之。所謂擴充者，只是發政施仁；發政施仁，只是制民恒産。圖王不難，伯功何足道哉。分六段看：首二節，因齊王高視伯功而抑之，使進于王。三節至是心句，因其有不忍之心而許足王。百姓以下至遠庖廚也，是啟王察識。王說以下至善推所為，是啟王擴充。今恩以下至孰能禦之，是揣王不能擴充，病在求大欲，究竟大欲不可力求，而保民足以致王。王曰至末，俱說制民恒産，而保民之實政方盡。

齊宣王問曰：齊桓晉文之事可得聞乎？

齊宣王姓田氏，名辟疆，諸侯僭稱王也。齊桓公、晉文公皆霸諸侯者。此見齊王非所問而問。五霸桓文為盛，慕其功而欲效其事，故以為問。事者，營霸之事，是君臣秘謀取勝于天下之事，大抵皆詭道也。若尊周攘夷，名陵城濮等蹟，盡人能知，不消問及孟子矣。正解，問桓文創

上孟

霸之事。便是求大欲病根。所問在此。所志在此也。

孟子對曰仲尼之徒無道桓文之事者是以後世無傳焉臣未之聞也無以則王乎

道言也董子曰仲尼之門五尺童子羞稱五霸為其先詐力而後仁義也亦此意也以已通用無已必欲言之而不止也王謂王天下之道此見霸功不足言。而引之于王道。○提出仲尼見所學之正淵源有自來也。○胡敬齋曰聖人不忍生民塗炭。故取伯者之功。聖門明僭已治人之道。故羞稱伯者之事。○艾說重講仲尼之學。仲尼不言。故其徒無言者。頭腦宜補。仲尼未嘗不言桓文。特不言其事耳。亦宜斡旋。○困勉錄不可謂仲尼則道。仲尼之徒則不道。蓋如春秋所記。只是記其事。錄其功而已。至其經營霸業之事。則固未嘗道也。○無道則無傳。無傳則未聞。三句遞看。然是斥霸之意。故云然。非孟子真無所聞也。若王天下底道理。乃臣之所聞。傳于後世。而道自仲尼之徒者。○無以依註解非無用為此之說。○蒙引、道謂王天下之道。道至重。對上桓文之事說。○集說、王在我盡其道而由以王于天下處說。凡下文發政施仁及制民之產便是。○則字極重。止有此可言也。此節語氣與答惠王首節同。

曰德何如則可以王矣曰保民而王莫之能禦也

保愛護也

此因齊王疑王之難。而提出保民二字。見王之甚易也。○蒙引、德字輕看。不必云王道本于德也。只是人君之德。當如何乃可王。○輔說、保如保赤子之保。○陳新安曰、王道甚大。其要只在保民。此句為一章綱領。○陶逸則曰、保有保養意。含下衣食。保有保全意。含下老幼教育。保有保卹意。含下凶年死亡。保有保護意。含下興兵構怨。○集說、愛是心。護是事。無念不相體恤。是為愛。至于護。則周全曲至。無所不用其力矣。○

說統保民即是德非以德去保民○此處且漫露心字○到後面引愛牛一事○方提是心足以王來○○保民略頓○而王莫之能禦一氣讀○然○俱是空○說○道○理○下文方發明此二句義也○末點九合一匡不足道○見點霸崇王之意○

曰若寡人者可以保民乎哉曰可曰何由知吾可也曰臣聞之胡齕曰王坐於堂上有牽牛而過堂下者王見之曰牛何之對曰將以釁鐘王曰舍之吾不忍其觳觫若無罪而就死地對曰然則廢釁鐘與曰何可廢也以羊易之不識有諸齕音核舍上聲觳音斛觫音速與平聲

胡齕齊臣也釁鐘新鑄鐘成而殺牲取血以塗其釁郄也觳觫恐懼貌

孟子述所聞胡齕之語而問王不知果有此事否

此因齊王自疑不可保民○而援愛牛一事以証之○不忍二字是眼目○○

陳伯玉曰○說個王不知怎樣○難○說到民上○便見主張在我○故有若寡人

者一問可以二字語氣甚緩。後面不爲不能。從此剔出。何由知謂寡人不自知而夫子知之。必有其由。但乍遇之時。在何處知得是欣幸而問語氣。下云臣聞之言。非無由也。說統。胡齕一段。是思及于物之事。乃以之証可保民者。人有這一個心。既可以及物。便可以保民。楊子冠曰。王坐堂上。是臨御之常。牽牛者。何以過堂下。意者釁鍾大典。古有告殺之禮與。牛之用不一。戰伐負輜重。盟會供刑歃。祭祀爲犧牲。故問何之之往也。以。用也。蒙引。釁本釁郄。今曰釁鍾。則是因鍾之釁而釁之。使釁者不復釁也。作活字看。正解。古者器成而釁以血。所以厭變怪。禦妖釁。亦是大禮。如此。非鍾皆有郄而釁之也。按釁廟以羊。釁門堂夾室以雞。而釁鍾則以牛。舍之。舍此牛也。不忍觳觫。是解所以欲舍。之故。若無罪句。又是解所以不忍之故。說約。若無罪。作人之無罪。畢竟添痕。即指牛說。若字從觳觫上形狀之辭。言此牛恰像無罪而就

死的模樣○尚將人此形○使與下隱其無罪不相應○○淺說以羊易之、亦
作、王、語○○合璧、是語牽牛者使易之○且不說鐘不廢釁而牛得全其生○
恐○侵○仁○術○中○意○只說牛可釁○羊亦可釁○以羊易○則釁鐘爲不廢矣○○存
疑、釁鐘非牛不可○以羊易牛使不得○當時齊王不過順口說出這話○孟
子借來以爲開導其心之端○初不必問其使得使不得○及會果以羊易
否也○○說統、宣王一時良心發動○不可遏抑○姑以羊替之○全要得他不
及、計、較、處○○末句方是問語○以上皆敘述○只重不忍觳觫句○

曰有之曰是心足以王矣百姓皆以王爲愛也臣固知王之不忍也

王見牛之觳觫而不忍殺即所謂惻隱之心仁之端也擴而充之則可
以保四海矣故孟子指而言之欲王察識於此而擴充之也愛猶吝也
此許齊王足王○而設難以啟其察識○○有之謂有這件事也○○真西山
曰、王道不外乎保民○而○保○民○又○不○外○乎○一○心○○蒙引、是心、指此不忍之

心○足以王、不是愛一牛○便足以王天下○為有此心在○擴而充之○則可以
王天下矣○擴充之實○在老吾老以及人之老一節○又云察識如下文
註所謂乃知此心○不從外得者○蓋人皆有不忍人之心也○擴充、則須是
自親親而仁民○仁民而愛物○所謂反其本而推之○有所不忍而達之于
其所忍者也○胡雲峯曰、察識屬○知○擴充屬○行○集說、察者、自己省察一
番○看原是怎樣○識則識得這個是這樣也○擴是由此推將去○不使之止
于如此而已○充則大小遠近○無不使之滿其分也○說約、察識擴充○足王
內尚○不○可○用○蓋預領通章之意而括于此耳○合璧、足字照上可字○足
以王、不、特、可、而已○說統、是心足王、莫說推此心去愛民○若謂推愛牛
的心去愛民○反倒行逆施矣○只為有這不忍念頭○便含個王的端倪在○
要○形○容○是○心○隱○隱○勃○發○有○火○然○泉○達○的○光○景○方○得○足○字○意○講足王、且
慢說惻隱之心二句○與擴充字○若此句說明○後何消說反求○復說推恩○

然欲擴充從察識始○此處只重察識○故註云設此難○欲王察識云云○
蒙引百姓皆以句、亦甚喫緊○蓋不着此句○無以發其論難而啟其察識
擴充之端○若只言是心足王○向他不曉問○便只恁地説了○○說統、以王
為愛、亦是假設疑團○當時未必有此語○又云、上句已説煞○即從是心中
生出個愛字不忍字○要他自猜自疑○尋覓自家一個真心出來○臣固知
句最妙○是撥動他靈機的轉語○○正解、愛者、計其財○不忍者、痛其死○把
愛與不忍○令王從理欲發念處○度出個毫釐千里之分○要他察識擴充○
以得其本心○非徒聞為設難也○臣固知一語煞甚○喚醒○下文許多話○只
是愛與不忍字反覆辯論○○蒙引、不忍二字、一章骨子○孟子得王不忍
觳觫句○遂堅執此二字○百方開導○務要他察識而擴充之○
王曰然○誠有百姓者○齊國雖褊小○吾何愛一牛○即不忍其觳觫若無罪而
就死地○故以羊易之也

言以羊易牛其迹似吝實有如百姓所譏者然我之心不如是也

此見齊王全無察識之意○楊子冠曰然字謂百姓以為愛夫子以為不忍○其言誠然也○誠有百姓句只承百姓以為愛來○齊國五句只承臣固知王來○不過把孟子之言說一番○略不見有察識意○註其迹似吝渾渾之苗下以小易大二句地○說統即字是即如夫子所言之意○若作不及計較意○則齊王此時已能察識矣○存疑齊王之心○一向蔽錮○他不忍觳觫之言○不過一時偶觸而發○故只把孟子所述不忍觳觫二句含糊答去○只求解脫個愛字而已○竟不能自覔得這個不忍之心出來○

○齊王俱是依樣葫蘆語○故下節又設法以難之也○

曰王無異於百姓之以王為愛也以小易大彼惡知之王若隱其無罪而就死地則牛羊何擇焉王笑曰是誠何心哉我非愛其財而易之以羊也宜乎百姓之謂我愛也 惡平聲

異怪也隱痛也擇猶分也言牛羊皆無罪而死何所分別而以羊易牛乎孟子故設此難欲王反求而得其本心王不能然故卒無以自解於百姓之言也

此復設難而王終不能察識其心。　淺說、以小易大。迹有可疑。彼惡知王之心爲不忍其無罪就死乎。　彼惡知之、與上臣固知句、相對說。翼註、要知先有仁術一解。乃有何擇一難也。　合璧、王若二句、又就王無罪之言。故意設此難。欲王反求而得。　此笑是答應不來而笑以解之。　困勉錄、是誠何心、爲愛爲不忍。自家都不識了。　說約、是誠句。自疑。非愛而易句。自解。宜乎句自認。既自解一句。又不得不自認一句。揔因自疑而然。揔是解說不來。而轉折參差如此。　易之之字指牛。　蒙引、故設此難。故字是故意之故。問當時王若反求而得其本心。則將如何爲辭。曰當云見牛未見羊也。于今言之。于我心有戚戚焉。即問此心

合于王便了○　體註數語又只依様○全無起發○特被孟子攻擊得隙○終
解不去○只得權認了○愛字姑自伏罪再不忍之心從此而隱故下急以
無傷也救轉○
曰無傷也是乃仁術也見牛未見羊也君子之於禽獸也見其生不忍見
其死聞其聲不忍食其肉是以君子遠庖廚也　遠去聲
無傷言雖有百姓之言不爲害也術謂法之巧者蓋殺牛既所不忍釁
鐘又不可廢於此無以處之則此心雖發而終不得施矣然見牛則此
心已發而不可遏未見羊則其理未形而無所妨故以羊易牛則二者
得以兩全而無害此所以爲仁之術也聲謂將死而哀鳴也蓋人之於
禽獸同生而異類故用之以禮而不忍之心施於見聞之所及其所以
必遠庖廚者亦以預養是心而廣爲仁之術也
此是孟子代爲察識而因言其心合于君子○　○淺說無傷言百姓雖以

王爲愛而實非愛也。豈因百姓之言而遂小吾王哉。按有作以羊易牛、無傷于不忍之心者、與註異。體註前識有句、還道百姓不是故激之以無異上宜乎句、竟道自家不是故護之以無傷。徐用齋曰、仁術二字、乃通篇一大樞紐。仁者、含天地萬物之體。術則妙天地萬物之施下文所發之政、所制之産、皆術之顯用處。蒙引、此仁字就發用上説、其本體具于心者用不得術也。于難處之際而有善處之方、是之謂術、得術處只在兩全無害上。翼註、不忍一牛是仁、（含之是仁）曲全不忍一牛之心而不爲禮所妨、得是爲仁術。（以羊易是術）勿以牛得全鐘得釁乎説（盖釁鐘于）仁上（無闕）。集説、術、謂法之巧者、不特有法而且巧也。此亦自一念之發未及細加思量便有此等巧法出來處説。困勉録、術字、雖要緊、却不重在術上、只是術正所以全其仁、無傷于其仁也。可見王之此心本無不善。○仁術寬説、落是字、方照曲全一牛、以乃字也字指點、謂王之不忍合于○仁○術○耳若粘住齊王身上○則道理未盡○境界不舒矣○是字指以羊易牛○存疑落見牛句云然牛羊皆無罪○如何以羊易牛為仁術○李説見牛曰心○言心已感物而動也○未見羊曰理言有可愛之理而未動于心也○呂説未字中有多少道理事業在○下文推恩仁政皆包裹許○○朱子曰未字有意味○蓋善其體則無限量言其用則無終窮充擴得去○有甚盡時○又云當齊王見牛之時○惻隱之心○已發乎中又見釁鍾事大○似住不得○只得以所不見者而易之○既周旋得那事○又不抑遏了這不忍之心○此心乃得流行○若當時無箇措置便抑遏了這不忍之心○遂不得而流行矣○此乃所謂術也○○翼註見牛未見羊句平説○只重見牛上所見北此牛○故不忍之發○獨註一牛○若羊則未見○不妨以代其死耳○○説統易羊時全不曾打點○若一打點○便又有一個不忍出來○下文引來為仁術一証○不甚重○○三句層次説來○代解以小易大牛羊何擇之難○君

上孟　　二二

子為仁○莫不有術○故言其所以處禽獸之道如此云云○君子、指在仕位底意思多○死、殺死時之死○聲將死哀鳴之聲○蒙引若平時之聲○人誰不聞○安得一一不食其肉耶○。摘訓、庖是宰處○廚是烹處○。集說、遠者、不特不身近其地○亦有不屑屑于此等事上留心之意○註用之以禮四字要○看○不然、則庖廚可廢矣○禮、如祭祀賓客孝養之類○是以二字○從○而○不○忍○來○兩不忍字○又○從○見○聞○二○字○來○不見不聞○君子固有無妨于食矣○預養不是平日預養○乃是遠庖廚者○君子自有這正大道理○不至臨其地○當其時○而心不得施也○廣不是推廣○言此遠庖廚之事○亦、仁、術、之、一、端○仁術甚多○此、亦、其、廣、之、之、處○玩註亦以字可見○○李說、君子于禽獸皆所不忍○而○禮○不○得○不○用○只、一遠○庖廚○不見死○不聞聲○便能預養得不忍之心○完完全全○不致戕賊○此正君子為仁之術處○齊王以羊易牛○正合乎此○此之謂仁術而無傷○○胡雲峯曰、一本心也○已發在于擴充○未發在于預養○呂說、君子一段○是要引齊王不忍之心○向百姓上用○故反就禽獸指出○若謂推此以愛百姓○則道理倒了○朱子曰、君子于物愛之者仁也○心不容已殺之者義也○禮不可廢齊王之不忍施于見聞之所及○正合愛物淺深之宜○若仁民之心○則豈爲其不見之故而忍以無罪殺之哉○

王說曰詩云他人有心予忖度之夫子之謂也夫我乃行之反而求之不得吾心夫子言之於我心有戚戚焉此心之所以合於王者何也說音悅忖七本反度待洛反夫我之夫音扶

詩小雅巧言之篇戚戚心動貌王因孟子之言而前日之心復萌乃知此心不從外得然猶未知所以反其本而推之也

此因孟子代解而自得其心○遂進求足王之理○○說者、有得于心而喜不自勝也○與上王、笑曰相應○他處引詩俱屬了結○此處引証尚留下文○他處詩詞俱屬正貼○此處詩意又是斷章○要得虛含暗剔之法○寡人非他人。而以夫子視之。則他人也。夫子非予。而以寡人視之。則予也。
詩之所云。夫子之謂也。○合璧、行之句、應以羊易牛。求之二句。應是識
何心。言之句、應見牛未見羊一段。我心句、應不忍觳觫。求之、求以小
易大之故。不得者、愛。與。不。忍。兩。下。淸。感。不。能。自。識。取。也。○戚戚、心動而
有愴傷之貌。集說經失子見牛未見羊之言。乃知當日果是見牛觳觫。
故不忍而爲此。所以今日如觳觫之光景尚在目前也。但自行之而自
不知。到今乃曉得不忍之心。非從外來。當。日。行。之。此。心。也。至。今。仍。有。感。
戚。此。心。也。○存疑、若是從外得底物。一過就無了。今有感觸。而前日之
心復動。可見此心原是吾固有底。不從外得也。況無固曰、昔日得于偶
觸而不覺。今得于開啟而認取耳。○此。心。甚。微。而。王。道。甚。大。夫子謂是
心足王。是此心合于王矣。但不知所以合于王者。在何處見得。陳新安
曰、此句亦問得緊切。與、是、心、足、王、句、相、照、應。○說統、泥一念之感觸而

不能擴充。故問此心何以遂合于王。是徒以王道之大。難取必于堂下之恩。而不知保民致王。特在一擴充間。故遂繼之以不爲不能之說。○存疑本李對末言。親親是本。愛物是末。因其愛物而知此心不從外得。反諸其本。自親親而推以仁民愛物也。集說。反其本者。如親親爲仁民之本。仁民爲愛物之本也。推之則老幼百姓俱在內。老吾老即便是。○胡雲峰曰、齊王于其本心。略能察識。自此以下。孟子皆教之以擴充。

曰有復於王者曰吾力足以舉百鈞而不足以舉一羽明足以察秋毫之末而不見輿薪則王許之乎曰否今恩足以及禽獸而功不至於百姓者獨何與然則一羽之不舉爲不用力焉輿薪之不見爲不用明焉百姓之不見保爲不用恩焉故王之不王不爲也非不能也與平聲爲不之爲去聲

復白也鈞三十斤百鈞至重難舉也羽鳥羽一羽至輕易舉也秋毫之末毛至秋而末銳小而難見也輿薪以車載薪大而易見也許猶可也

上孟

今恩以下又孟子之言也蓋天地之性人爲貴故人之與人又爲同類而相親是以惻隱之發則發民切而於物緩推廣仁術則仁民易而愛物難今王此心能及物矣則其保民而王非不能也但自不肯爲耳◎此未教以擴充而先分踈仁民愛物之難易以齊王視保民而王爲難也○有設有也○復稟告之意○舉物在力○察物在明○此一定之理○舉重而不舉輕○察小而不見大○此必無之事○不待齊王而始不許也○孟子先設是喻○使王明于物情○而以其事詰他○易得明白也○許謂信其有此事○否○謂必無此理也○　○集說禽獸之難及○猶百鈞秋毫也○百姓之功易至○猶一羽輿薪也○難者及之○易者反未至○此爲何故○作詰問他語○難易以情勢上說○不在用情厚薄上說○若論用情○百姓自難于禽獸○　○輔說以凡人言○推廣此心○愛及同類者○其勢便○其事易○至于物○則有資以爲用者○使之皆被吾愛而無傷○則其勢遠○其事難○自君人者言○發政施仁○使民

得遂其生者○其勢便○其事易○極輔相裁成之道○使庶類繁殖鳥獸魚鼈

咸若者○其勢遠○其事難○大成註民物之分○有貴與同類二義○重同類○

邊○仁民愛物之分○有切緩難易二義○重難易○上其所以有難易者○以其

惻隱之發有切有緩也○當相承說○翼註此今恩二句○承有復于王來○

是○說難○其○所易○而易○其○所難○獨何與起○下不○為不○能○然則二字就難

易倒置處○略頓作轉○是代為原其故也○三段不並重○側注不用恩上○

說統用字最好○人皆有力有明○但自不用耳○為不用恩○正獨何與之故○

○蒙引用恩與推恩何別○曰單言親親為用恩○仁民亦用恩○愛物亦用

恩也○推恩則有○次○第○按用字横看○推字直看○不用恩因以不王○故王

之不保民○而王○乃能之而不為也○非為之而不能也○不為而安望有王

之日哉○不為是所以不王之故○故字從獨何與生來○姚元素曰○孟

子既要王擴充○何不就以老老幼幼說明與他○只緣認保民而王甚難○

故先疏其難易使之了然而後告以用加處

曰不爲者與不能者之形何以異曰挾太山以超北海語人曰我不能是誠不能也爲長者折枝語人曰我不能是不爲也非不能也故王之不王非挾太山以超北海之類也王之不王是折枝之類也語去聲爲長之爲去聲長上聲折之舌反

形狀也挾以腋持物也超躍而過也爲長者折枝以長者之命折草木之枝言不難也是心固有不待外求擴而充之在我而已何難之有

此又設喻以指其類。見王難諉于不能之意。○宣王意以天下事能者皆是爲者。不爲者即是不能者。自孟子分出不爲不能來。遂有不爲者不能者之異。因問其異在何處見得。形字可照心字說。蓋不爲不能之心難測。而其形易見也。形猶言模樣。○趙註太山北海皆近齊故以爲喻。按天下無北海之圖。北海是齊之方言。○挾山超海串看。謂挾之以超也○此蓋有責其挾超者○故以語人○若懸空說○語人句便無来歷○為長者折枝亦有兩層○奉長者之命○則當折○折草木之枝則易折○然重在易折一邊○○一舉其至難者○一舉其至易者○言形容之各異如此○故王二句方着齊王說○重類字○不類于此而類于彼○可見只不用恩耳○○集解此節只完得不為也非不能也之意○註不待外求數句○是預透下節○不○可○用○

老吾老以及人之老幼吾幼以及人之幼天下可運於掌詩云刑于寡妻至于兄弟以御于家邦言舉斯心加諸彼而已故推恩足以保四海不推恩無以保妻子古之人所以大過人者無他焉善推其所為而已矣今恩足以及禽獸而功不至於百姓者獨何與與平聲

老以老事之也吾老謂我之父兄人之老謂人之父兄幼以幼畜之也吾幼謂我之子弟人之幼謂人之子弟運於掌言易也詩大雅思齊之

篇刑法也寡妻寡德之妻謙辭也御治也不能推恩則衆叛親離故無以保妻子蓋骨肉之親本同一氣又非但若人之同類而已故古人必由親親推之然後及於仁民又推其餘然後及於愛物皆由近以及遠自易以及難今王反之則必有故矣故復推本而再問之

此詳用恩之易。以証是心足王。正擴充實事。也末復詰其不用恩之故。

○過文云○王之不王。固由不用恩。今之欲王。惟在于用恩而已。夫恩固非可混而用之。亦非用之而有不至也。○困勉錄此節只一意反覆謂王道甚易。不過推恩。但施之要有序耳。老吾老三句意思已盡。有循序意。有不難意。引詩只作一証。故推恩至而已矣。俱是結上語。故推恩二句結老吾老三句。古之人二句結詩。古之人雖通指堯舜三王。然其實即指文王。推廣結之。不是另尋一證也。存疑以上答此心所以合于王。意思已盡了。又把他功不至百姓處重詰之。直究到他病痛根源處。

○宋羽皇曰齊王倒行逆施○則于吾老吾幼亦必薄待之者○老吾老幼吾幼不得徑架過○然又不得重講○重則犯下善推所爲也○以字○徹有次第○工夫○然須説得自然○要像隨手做去○着一較量○則不見及之易○非以歆動王矣○及字與恩及禽獸相應○精神全在以及字○若徒于老老幼幼較吾與人之異○便非○以及中有實事○在末節○宜渾融講○○及人老幼只是使人亦得以老其老○幼其幼耳○非上人代爲老之幼之也○○存疑推恩意思○在老老幼幼以及人上○天下運掌○則其效也○引詩只是明此意○老吾老云云○即舉斯心加諸彼也○故承之以詩云云○故推恩二段是結其意○而引古人以証之○○翼註○運掌○有守約施博意○即寓心字○詩不過證之耳○○徐岩泉曰○天下雖大○老幼同也○吾不過以吾老老幼幼者而及之○只是一個法子○不須別法○○運掌○勿説向治化上去○只言天下老幼○無一不被其恩○近而且易○蓋此○是説推○恩不○是保○民而○王○莫之○能

上孟

禦之意○饒說運掌與視掌不同○彼是易知○此是易行○自寡妻而兄弟而家邦見親疎之別○自刑而至而御見推施之漸○蒙引引詩重在序上○解詩揭一心字○應前是心字○翼註王者以天下為家故曰家邦○尚指國言○人具此心○心具此仁○心字是一章骨子○斯心對彼而言○寡妻兄弟家邦皆彼也○自寡妻而兄弟而家邦○不外一心之推如此○然則老幼吾老幼以及人之老幼者○獨非是心所推乎○具斯心而不舉○則加為無本○舉斯心而不加○則舉為徒勞○故心不難舉亦不難加也○呂說玩而已語勢○是從寡妻兄弟家邦○反指轉斯心來○見其極易極近○以歆動其舉加○未便是鋪揚推廣也○宋羽皇曰此句正對着此心之所以合于王○引詩以証老幼運掌○并前來許多不了語○一齊証合○若徒作解詩誤矣○呂說加字輕○推字重○加字籠統說得盡○推字漸次說不盡○故下又添個善字○淺說誠能推此一心之恩○老吾老以及人之老○幼吾幼

以及人之幼。將見蒙恩者歸化。感德者屬心。足以保四海之大而有之。苟或忍心害理。恝然無情。當親者不親。當仁者不仁。則衆叛親離。雖妻子可得而保乎。集說足以保無以保。俱作所致說。是承上接下之意。○古之人是古之行仁政而王于天下者。大過人是以保四海之功業言。所以能保四海者。惟能推恩而已。其功業超出于人。單單桓文不足與較也。○李九我曰、善推、是無欲以蔽其心。則親親仁民愛物之理隨感而見。推行之下。自然毫髮不差。無容一毫調停斟酌于其間。○心之所加者即恩也。以其見于行事。故又謂之所為。親親仁民愛物是推其所為。親親而仁民。仁民而愛物。有層級次第。不倒行逆施。是善推其所為。註兩然後字。與由近及遠二句。正是善字註脚。善字重。○謝象山曰、推恩意上已說盡。此只就古之人無他而已矣着神。是語語引王處。○胡雲峰曰、章內大要只二句。欲其察識此心于方發之初。曰是心足王。欲

其擴充此心于已發之後○曰善推所為○今恩二句、是詰其推恩失序○

纂註此承善推其所為來是說先其所後而後其所先獨何與歟下興

兵構怨○註推本與前反其本而推之不同此本字即是上句設字含

下王請度之及興兵危士求大欲此推字是推求非推施

權然後知輕重度然後知長短物皆然心為甚王請度之度之之度待洛反

權稱錘也度丈尺也度之謂稱量之也言物之輕重長短人所難齊以

以權度度之而後可見若心之應物則其輕重長短之難齊而不可不

度以本然之權度又有甚於物者今王恩及禽獸而功不至於百姓是

其愛物之心重且長而仁民之心輕且短失其當然之序而不自知也

故上文既發其端而於此請王度之也

此因物以見不可不度○要他自認出病根來○過文云○是不可以不

度也○夫物豈有不度而能知者哉○質有輕重數有長短不能懸擬而

知也○有權度在○一權而輕重始知○一度而長短始知○然後字宜醒○不權度○不知也○權度內便含度字○權度有定者也○惟有定而能準天下之無定○知其輕重長短權度又無定者也○惟無定而能酌天下之有定○輕重長短方知死字作活字用○集說物字廣說○蓋不止輕重長短○尚有大小廣狹厚薄○故曰皆然○至于心之應物○則自老老幼幼以至寡妻兄弟家邦仁民愛物○無不在這裡○若是不度○則所差豈特在物而已○倒○行○逆○施○鬬○繫○甚○大○故曰為甚○○一物不度○失止一物○如布以二丈為一丈所差只一丈有限心為應物主宰○千變萬化○皆從此出○若民物之間○不以本然之權度○去低昂盈縮之○則宜重長者而反輕短○宜輕短者而反重長○如率獸食人野有餓莩此等作為勢必有敗亡之禍顛倒錯亂○豈止一物之失而已○是心之當度○較物為尤甚也○○蒙引輕重長短○不在心○亦不在物○在○心○之○應○物○上○蓋民與物皆物也○仁民愛物○則是應物也○朱子曰本然之權度○只是此心○此心本然萬理皆具○應物之

時須是仔細看合如何便是本然之權度也○權度乃有形之心心即無形之權度○存疑請王度民之與物孰重孰輕孰長孰短也若加度焉則知民當重且長物當輕且短自親而及于民自民而及于物不至恩及禽獸而功不至于百姓矣○註物字不同心之應物物字泛以事言愛物物字以禽獸言餘以斤兩丈尺之物言○集說發其端者上文今恩二句便含輕重長短之意此則實指之而請王度也○輔說此指齊王之心偏頗處言也況先見得其輕重長短如此分明了然後究其所以然之故則吾心之蔽始可去而本然之理始可復此孟子引物資權度之說而使王自稱量其心也○困勉錄上文既言獨何與則宜際接興兵構怨矣却又說權度一節者蓋先言民物之不可倒置然後說出所以倒置之故也又云不忍之心方發欲其察識不忍之心既蔽欲其量度○蒙引上文末句是詰其所以恩及而功不至之故此則承之

而言百姓禽獸○孰爲當重○孰爲當輕○請比度之○一定是百姓重王乃思

及禽獸○而功不至百姓○其故何哉○是豈以三事爲快耶○然三事實非人

心之所快○有甚于殺觳觫之牛者○于此亦可以度矣○此○又○是○一○重○度○了○

要看下節註所以二字○蓋此節對言之度也○下節單言一事之度也○

抑王興甲兵危士臣構怨於諸侯然後快於心與（與平聲）

抑發語辭士戰士也構結也孟子以王愛民之心所以輕且短者必其以是三者爲快也然三事實非人心之所快有甚於殺觳觫之牛者故指以問王欲其以此而度之也

此雖亦請王之度○而意更進一層○蓋言仁民之心所以輕且短者由此故耳○不可謂正解王請度之也○○過文見上蒙引○說統三句串說興甲兵以危士臣○而與諸侯構怨○重在危士臣一句○正見其不保民而功不至百姓處○○士指戰卒臣指將帥○困勉錄曰然後快心○又是挑動

他不忍之心。見得愛民之心。亦所必有。但為欲所蔽耳。按快字與前不
忍相照。○胡雲峰曰、上節心字。亦指本心而言。謂本心之中。有自然權
度。非自外來。此節心字。與後欲字。便非本心矣。本心難于擴充。而欲心
易于蔽錮。此王道所以不行也。○存疑、此是發王病根。上註所謂今王
反之。則必有故。正指此也。惻隱之心。人皆有之。何不忍一牛。獨忍于百
姓。正由欲心一動。忿心遂熾。爭地爭城。糜爛其民。不暇顧耳。故孟子前
面反覆辯論。至此方發其病。使之將殺人與殺牛二事。彼此稱量。自知
輕重長短之所在。省愆思過。頓改迷悟。于以推恩而保民也。○蒙引、王
之所以功不至百姓者。興兵構怨累之也。王之所以興兵構怨者。將以
求所大欲蔽之也。抑王興甲兵云云。○云意謂此比觳觫之牛何如。

王曰否吾何快於是將以求吾所大欲也

不快於此者心之正也而必為此者欲誘之也欲之所誘者獨在於是

是以其心尚明於他而獨暗於此此其愛民之心所以輕短而功不至於百姓也

此自明其興兵構怨之所以然○否言此三者非可快之事也○說統欲字正是齊王受蔽的根源既云不快于是又曰將以求吾所大欲意以不得已而為此耳○徐玄扈曰孟子說保民而王○宣王反以欲王之故不能保民所以再言反本以撥動他○註是斷語入口氣不得上兩此字一是字指三事○餘泛言輔說尚明于他謂不忍牛觳觫獨暗于此謂功不至百姓○

曰王之所大欲可得聞與王笑而不言曰為肥甘不足於口與輕煖不足於體與抑為采色不足視於目與聲音不足聽於耳與便嬖不足使令於前與王之諸臣皆足以供之而王豈為是哉曰否吾不為是也曰然則王之所大欲可知已欲辟土地朝秦楚莅中國而撫四夷也以若所為求若

所欲猶緣木而求魚也與平聲爲肥抑爲豈爲木爲之爲皆去聲使令皆平聲辟與闢同朝音潮

便嬖近習嬖幸之人也已語助辭辟開廣也朝致其來朝也秦楚皆大國莅臨也若如此也所爲指興兵結怨之事緣木求魚言必不可得○大欲孟子所知○故意問他○使其

此先設問以挾大欲而言其不可求○大欲孟子所知○故意問他○使其自言耳○○此笑是欲說不得而笑以掩之○與前笑不同○○齊王自知所欲不遂○難以語人○故不言○○說統孟子亦知王之大欲○不在肥甘五者○只借此以形出他好大喜功之心耳○○口之所欲在肥甘○不足于口則必求之○王之興兵構怨爲是與口氣如此○下同爲字曾上二句○肥甘肥而且甘也○輕煖同○○體註人情所欲○聲色爲甚○故加抑字轉進一步○○便嬖兼官官宮妾○非陳賈王驩之徒○○皆字指上五者○不指諸臣○皆足以供言無不足也○○說統王之諸臣二句似冷○實是輕覷齊王口氣○盡在廷之臣○不過頤指氣使○供耳目口體之人耳○可謂齊無人焉○○爲是

是字俱指五者○口氣云王豈爲是而興兵構怨哉○王曰、吾不爲是而興兵構怨也○否、言此五者雖可欲○實非大欲○欲字貫四段○辟是一統無外○不止闢土開疆○秦楚是舉至强者以例其餘○蒙引四段相承○說必辟土地○然後朝得秦楚○既辟土地朝秦楚○然後中國俱我所蒞○而四夷俱于我乎撫矣○而字亦要看○○陳新安曰、所大欲在此○所以初發問○便欲聞桓文霸圖事○○說統辟土地等、正是王天下事○但以興兵構怨求之○萬無可得之理○故有緣木求魚之喻○○所欲既大○則其所以求之者大○以若所爲○便與古人所爲相反○若者○猶言這樣○緣○攀附也○

王曰、若是其甚與○曰、殆有甚焉○緣木求魚、雖不得魚、無後災○以若所爲求若所欲○盡心力而爲之○後必有災○曰、可得聞與○曰、鄒人與楚人戰、則王以爲孰勝○曰、楚人勝○曰、然則小固不可以敵大、寡固不可以敵衆、弱固不可以敵彊○海內之地方千里者九○齊集有其一○以一服八、何以異於鄒敵楚

哉蓋亦反其本矣甚與聞與之與平聲

殆蓋皆發語辭鄒小國楚大國齊集有其一言集合齊地其方千里是有天下九分之一也以一服八必不能勝所謂後災也反本說見下文此甚言大欲之不可求○而惕以反本之事○○說統若是其甚○有怪而疑之之意○要作駭詞孟子却又說殆有甚三字○且又把後災二字○警動恐嚇他○令他向來一點雄心○不怕不煨滅下來○後乃舉天下大勢較之○見得恃力逞快○安能如願○則王志大欲○須另尋一路以圖興王之策○故說個反本以啟發他○○殆字作尤字解○雖字他處圓活○此則直截○蓋云緣木求魚○自不得魚○雖不能得○徒手而歸已矣○尚無後災○○體註盡心二字有味○欲快心必盡心○盡其至忍之心○必泯其不忍之心○全要做快活的事○安得無後災○按心力本平看○依此作盡心以竭其力而為之亦可○○聞是欲聞後災之說○○董思白曰鄒敢與楚戰○便見鄒有不自量之意○亦是

求大欲處分明道着齊王。倒轉便不是。○論其理勢自然楚勝。鄒必爲其所滅。是王明于料鄒楚也。○然則三句。就鄒楚推開說。粘住不得。亦脫却不得。小大以土地言。衆寡以人民言。强弱以甲兵言。三固字言固然之理勢。○困勉錄。方千里者九。是大槩說。陳新安以九國實之。不是。宋中山豈千里耶。○集合齊地。是截長補短。盡數算成。非四面方正之千里也。一在齊則小也寡也弱也。八在天下則大也衆也强也。以字服字要看。一非能服夫八。八非甘服于一。以一服之。便是盡心力而爲。則齊與其力以與天下抗。即鄒也。天下各出其力以攻齊。即楚也。非惟不能勝。且必有敗亡之禍。與鄒之敵楚。其何以異。豈非後災。○然則盡心力于興兵構怨以求王天下。抑末矣。夫王天下固有其本也。王果求大欲。盖亦反而求之于其本矣。○楊子冠曰。反字當玩。謂舍其平日所爲興兵構怨。倒轉在根本上用功也。勿露仁政字。○反其本與前註反其本不

○同彼以親親仁民爲仁民愛物之本○此是發政施仁爲王天下之本○故

註云說見下文○

今王發政施仁使天下仕者皆欲立於王之朝耕者皆欲耕於王之野商賈皆欲藏於王之市行旅皆欲出於王之塗天下之欲疾其君者皆欲赴愬於王其若是孰能禦之朝音潮賈音古愬與訴同

行貨曰商居貨曰賈發政施仁所以王天下之本也近者悅遠者來則大小彊弱非所論矣蓋力求所欲則所欲者反不可得能反其本則所欲者不求而至與首章意同

此是保民而王莫之能禦底實事○○過文云○夫所謂反其本者○只在行仁政耳○○淺說今王誠能發愛民之善政○施愛民之仁心○澤被乎一邦○聲聞乎四國○○發政施仁此即推恩用恩而功至百姓也○○說統此節承上反本來○發政所以施仁○事○說五欲字正與大欲欲字相應○見得

合天下之欲以為欲。方是大欲。只就士農商旅心上說。至孰能禦。方說他歸附。○集說發政不能施仁。則所發之政皆苛令也。施仁而不能發政。則所施之仁亦小惠耳。政便是王者之政。仁即此心之仁。發則無廢弛。壅。湮。之。弊。施則無。蹶。等。倒。置。之。為。際記串看。平對不得。使字管至赴愬于王。皆發政施仁。有以使之如此也。曰天下、盡乎、人矣。曰皆欲、盡乎、人之、心矣。○體註使字對上求字。兵力求之而不足。仁政使之而有餘。按使是鼓舞感動。不是勢迫刑驅。○士農商旅兼本國在內。集註、近者悅二句、不平對。○仕者、兼已仕未仕之士言。行貨、如興販之徒。居貨、乃開張貿易者。行旅不止庶人。卿大夫亦在內。王之朝。仁政之朝也。仕者皆欲立之以行其道。餘倣此、耕者樂其業。商賈厚其利。行旅安其身。疾是疾其君之暴虐。愬是欲王之弔伐。其若是總、上、皆、欲、而、言。孰能禦、是其身來歸。與、前、而、王、莫、禦、相、應。末我土地可闢。秦楚可朝。中國我莅而四夷是撫。

則大欲不求自至矣○何興兵構怨之爲哉○註大小强弱非所論意亦在
孰禦句内講○力求所欲二句、是承上節能反其本二句、正貼本節○

王曰吾惽不能進於是矣願夫子輔吾志明以教我我雖不敏請嘗試之惽與昏同

此是虛已以求孟子之教○○惽者、茫然無頭緒也○以質言○是字、指發政施仁○○淺說願夫子開吾之惽○以輔吾之志○政、如何而發仁、如何而施○指陳條貫明以教我○○嘗試有見之行事○或者能進之意○是自任語氣○

曰無恒產而有恒心者惟士爲能若民則無恒產因無恒心苟無恒心放辟邪侈無不爲已及陷於罪然後從而刑之是罔民也焉有仁人在位罔民而可爲也恒胡登反辟與僻同焉於虔反

恒常也產生業也恒產可常生之業也恒心人所常有之善心也士嘗學問知義理故雖無常產而有常心民則不能然矣罔猶羅網欺其不

見而取之也

自此至末皆是明以告之○而此節推制產之由○言士以起民○不○重在士○上○輔說恒產常生之業下文所言五畝之宅○百畝之田是也○恒心常有之善心下文所言善與禮義是也○善又禮義之總名○王說要王制產○先說無恒產則無恒心以惕之○要說百姓無恒產則無恒心先說無恒產而有恒心之士以引之○此是領起作引語○將者字說得有苦難之意○則惟字有力○為能有精神○下文已反照○勿認是贊嘆士○惟士為能、正見士以下不能如此耳○○鄧定宇曰、有恒心者○有所顧忌檢束○是有所不為○失其恒心○則無所檢○若無所檢○則無所不為矣○○放縱、偏僻、冒邪、淫、侈、是四樣○放辟邪侈○便是無所不為○無所不為○便是陷乎罪○不分屬次○○平時不預養以陷之○臨時不寬恤以刑之○無異羅網罔民○欺其不見而取之也○○楊子冠曰、仁人在位○即民犯法○且求以出之○況肯從

而罔之乎○○說統無恒產之弊至于罔民可見士既不可多得而民又易以犯刑此恒產所以不可不制也罔民二字又打動他不忍之心

是故明君制民之產必使仰足以事父母俯足以畜妻子樂歲終身飽凶年免於死亡然後驅而之善故民之從之也輕畜許六反下同

輕猶易也此言民有常產而有常心也

此及下節一正一反言恒產所係之大不可不制是泛論其理○呂說明字與吾惛句機鋒相值又與仁人體用相通蓋知周萬物乃足以成仁也○合璧明君即上仁人也以其恩足保民曰仁人以其洞察民隱曰明君○李說是故字承上恒產之重說來制民之產就度民分地一統方言計口授田就一家言一廛廛說必使二字貫下四句有經畫周悉意仰足二句是制產周于老幼樂歲二句是制產裕于豐荒○終身猶云儘一身也不是一生之終身飽者言其衣裳酒醴慶弔贈答無之欠缺也凶年

句緩讀。蓋云雖至凶年。尚有積蓄。可以贍給也。死是餓死。亡是逃亡。○集成驅字須說得自然。非威制勢使之謂。○從之也輕。對下奚暇看。然後與故字相呼應。且在方教爲善處說。不必說到化行俗美。以此處只重制產也。○有下節。反襯不得。有末節。實發不得。

今也制民之產。仰不足以事父母。俯不足以畜妻子。樂歲終身苦。凶年不免於死亡。此惟救死而恐不贍。奚暇治禮義哉。治平聲。凡治字爲理物之義者平聲。爲已理之義者去聲。後皆放此。

贍足也。此所謂無常產而無常心者也。

說統　今也制民之產。其制產未嘗不相同也。然從救死不贍看來。此非百畝之田之制也。因其所制之產。而立爲厚斂之法耳。名爲制產。民且爲產累矣。安得謂之恒產。○制字亦就經畫不詳。分授無法處說。今也是泛言當時之君。不指齊王。○不足事畜。皆因產之不足。樂歲仍苦。以上年逋欠之多一時叢集支應不來也凶年句急讀蓋云一遇凶年無所聊賴死亡有不免也此字略頓謂當此之時惟以救死爲事而恐不足無暇日也見財則奪見利則争那顧親情友誼而講究中正之禮當然之義哉言外有上即驅之民必不從之意此節句句與上相反翼註禮義要對放辟邪侈説恒心只一個虛言之曰善實言之曰禮義奚暇治者謂其迂而不切也

王欲行之則盍反其本矣

盍何不也使民有常産者又發政施仁之本也説見下文此節是起下文不是結前文王説王欲行之因他請嘗試之來本字與前反其本對照前是王天下之本在發政施仁此是使民有常産又本之本也然制産在下文明露不得却又空衍不得之字其字俱指仁政發政施仁而止在粉飾太平邀結民譽則末矣

五畝之宅樹之以桑五十者可以衣帛矣雞豚狗彘之畜無失其時七十者可以食肉矣百畝之田勿奪其時八口之家可以無飢矣謹庠序之教申之以孝悌之義頒白者不負戴於道路矣老者衣帛食肉黎民不飢不寒然而不王者未之有也音見前篇

此言制民之產之法也趙氏曰八口之家次上農夫也此王政之本常生之道故孟子爲齊梁之君各陳之也楊氏曰爲天下者舉斯心加諸彼而已然雖有仁心仁聞而民不被其澤者不行先王之道故也故以制民之產告之○此章言人君當黜霸功行王道而王道之要不過推其不忍之心以行不忍之政而已齊王非無此心而奪於功利之私不能擴充以行仁政雖以孟子反覆曉告精切如此而蔽固已深終不能悟是可歎也

此言制民恒產之法○正發政施仁足以致王之實也○○說統五畝百畝○

蠶桑雞彘是一定之制其區畫之妙全在樹畜以時無失勿奪上可以衣帛食肉正與仰事父母應可以無飢正與俯畜妻子應庠序一段正與驅而之善民從也輕應所謂有恒者有恒心也老老幼幼各得其所此等作用俱從不忍一念區畫出來所謂仁術也一夫上父母下妻子大約以八口為率老者兼五十七十言醒言專重制產庠序特帶言以應上恒心耳與告梁王不同老者句應及人之老黎民句應及人之幼末句見大欲不必求不可不制恒產以盡保民之政也此處王字只與霸字相形見區區霸功不足道也不必仍牽辟土地等句以上有孰能禦之一番結了且前俱是正言此特反言以決其必然要與上保民節今王發政節語氣有別說約此節雖為齊梁各陳然前對小惠為王者之大道此對霸功為王者之正道胡雲峰曰此章甚詳集註斷之甚約蓋欲黜霸功則心之所向者正能行王道則心之所充

者太○先王有不忍人之心○斯有不忍人之政○今雖有不忍之心○而不能推之以行不忍之政○無他、奪于功利之私也○功利二字、依舊是向霸功上去○入于彼○必出于此○世安有不能黜霸功○而能行王道者哉○此孟子斷然以爲仲尼之徒所不道也○○蒙引、此章當疊疊看、劈初出一王字○究其王者無他○保民而已○所以保民者無他○是心足以王矣○是心足王如何○反其所及禽獸者而以序行之○老老幼幼○天下可運于掌也○老老幼幼而天下運掌者如何○五畝鄣是也○又云、此章通是說王道之易○蓋因齊王謂何如可王○又曰寡人可以保民○又曰何由知吾可○皆是難之之辭○孟子一則曰保民而王○又引胡齕之言而曰是心足王○及明足以察秋毫○以至天下運掌○舉斯加彼○通是易得底意思○至于五畝宅百畝田然而不王未之有○則所謂保民而王莫之能禦者○豈不信哉○

梁惠王章句下 凡十六章

能勿軒曰一二章皆言當與民同樂三章言交隣之道四五章言仁政七章論親賢之道八章言湯武征伐九章事君當行我之道不可徇君之欲十章告齊王皆湯武弔民伐罪之意十二章交隣之道十六章言孟子出處

莊暴章全旨○此見人君當公樂以恤民首節因莊暴之問緊示以公樂之效下是因齊王之慚諱示以公樂之效○饒說通章以與民同樂為主好樂甚三字最重是同樂的源頭甚之為言非謂古樂之甚于今樂正謂同樂之甚于獨樂也蓋樂生于情觀常人之情獨樂不若與人之甚與少不若與衆之甚況為民上者乎故觀疾首蹙頞之民則知獨樂之效觀欣欣喜色之民則知同樂之效夫好樂之公私少異而民情之向背頓殊可見樂論公私不論今古今王與百姓同樂則王矣何論先王世俗哉

莊暴見孟子曰暴見於王王語暴以好樂暴未有以對也曰好樂何如孟子曰王之好樂甚則齊國其庶幾乎見於之見音現下見於同語去聲下同好去聲篇內並同

莊暴齊臣也庶幾近辭也言近於治

蒙引莊暴見孟子特地來見也他日見于王有因得見也○集說未有以對謂未得所以對之者○與之盡言○言甚當好恐導君之欲○不與之盡言○言不當又恐拂君之心○故束手孟子而曰好樂亦無害于治否○李說好樂好甚即下與民同樂○齊國庶幾即下則王意○但此處渾說○曰氣云好樂何如○好之甚而齊國尚可近于治○豈特無妨于治哉○甚謂好之盡其量也○庶幾、蒙引謂可○王○非止能治其國○黃贊伯曰、二句只了得好樂何如一問耳○實發何以好樂○則今王鼓樂兩節語矣○實發何以庶幾則今王與百姓一節語矣○○集說莊暴不能再問○故于大義止此○苦再問則通篇之意俱發了○

四書統宗會元　上孟　之三　卷三十

他日見於王曰王嘗語莊子以好樂有諸王變乎色曰寡人非能好先王之樂也直好世俗之樂耳

變色者慚其好之不正也

集說孟子偶記此一事以開導齊王。却不專為此事。牢記在心。故必見王而發之也。○變色是愧色。若云勃然而變。則是怒色矣。須辨。○楊子冠曰。齊王以先王世俗為言。是謂樂有今古之殊。此只就聲容制度上論樂也。○直。但也。言所好不過如是。真世主之卑卑者。何可使聞于夫子耶。

曰王之好樂甚則齊其庶幾乎今之樂由古之樂也

今樂世俗之樂古樂先王之樂

是因之曰好樂甚二句前只泛泛論箇道理。此面對齊王。是激切告君之詞。口氣不同。孟子特把齊其庶幾一着。歆動王心。而欲其好之甚也。

○說約、好樂甚者○不徒好其聲容○要得先王制作本意○在養人心而天下和平○故用古樂亦可○用今樂亦可○觀下鼓樂二節○只說作樂的意思○可見今樂由古樂○在作樂源頭上論○○集說今之樂二句、際跟好樂甚○說○古之人治成而作樂○不過導性情之和○諧神人之願耳○今雖雅鄭不同○若○能○到○好○之○甚○則○亦○可○以○幾○于○治○平○亦○與○古○之○樂○一○般○湖南講樂有情有文○若論文以器數言則一代有一代之制作○迥然各異○論情則樂不過導和宣鬱○有何不同○○口氣云好世俗之樂何傷○特患王好之不甚耳○誠好之甚○則齊其近于治○蓋古樂好之甚固足以王○今樂好之甚亦足以王○分明今之樂猶古之樂也○何有世俗先王之殊耶○

曰可得聞與曰獨樂樂與人樂樂孰樂曰不若與人曰與少樂樂與衆樂樂孰樂曰不若與衆聞與之與平聲樂樂下字音洛孰樂亦音洛

獨樂不若與人與少樂不若與衆亦人之常情也

蒙引可得聞與是欲聞其所以好樂甚而齊庶幾者。不兼今樂猶古樂。

。樂樂謂人之作樂以求樂也。上樂字內。含作字意。下樂字。謂作樂以為樂也。。少衆俱跟與人來。謂與人之少者。與人之衆者。衆字亦不指百姓。只是多人。孰樂孰為樂之甚也。。存疑不若與人是與人之樂甚。獨樂未甚也。其情雖展而不舒不若與衆是與衆之樂甚。與少之樂未甚也。其情雖舒而不暢與人與衆樂如何為好樂甚。今使滿堂燕笑。有一人向隅而泣。滿堂之人。必為之慘然不樂矣。其樂能甚乎。。說統獨樂二段。不是問他。全。是。啟。發。他。一。段。公。心。以。為。言。樂。張。本。。翼註只泛就人情言。未說到人君上。陸孔昭曰。在人情相近處。逼醒齊王。誘以同情之感。漸引以同樂之機。只在恒情平平說。而彼此無間之心。隱然可想。

臣請為王言樂。為去聲

此以下皆孟子之言也

此跟上兩不若來○謂王既知不若之情○是明于樂理○而可與言樂矣○爲王言好樂之甚不甚焉○ ○折衷王既明于與人與衆之爲樂○則亦不遠于人情○而好樂甚底道理○因此易識○而可與言矣○

今王鼓樂於此百姓聞王鐘鼓之聲管籥之音舉疾首蹙頞而相告曰吾王之好鼓樂夫何使我至於此極也父子不相見兄弟妻子離散今王田獵於此百姓聞王車馬之音見羽旄之美舉疾首蹙頞而相告曰吾王之好田獵夫何使我至於此極也父子不相見兄弟妻子離散此無他不與民同樂也蹙子六反頞音遏夫音扶同樂之樂音洛

鐘鼓管籥皆樂器也舉皆也疾首頭痛也蹙聚也頞額也人憂戚則蹙其額極窮也羽旄旌屬不與民同樂謂獨樂其身而不卹其民使之窮困也

合叅此二節孟子不遽告以樂之甚○先以作樂所應之民情○而推其獨

樂偕樂之效。以見甚與不甚。正欲其觀民之情。而教之以甚也。俱是虛設情景。非齊王實事。○呂說孟子描畫出兩種圖形。歆動齊王耳。與民同樂。不與民同樂。在平日有實政在。○宋羽皇曰、四今王字。從上文今樂字生來。○困勉錄今王鼓樂。不論古樂今樂。○鐘鼓、樂之大者。管籥樂之小者。舉是四者以該其餘。鐘鼓言聲。管籥言音。互文耳。分看則自然者為聲。節之而成文者為音。○陳新安曰、因鼓樂而及田獵。以王亦好田獵故也。○說統車馬亦有音者。升車則馬動。馬動則鸞鳴。（鈴在馬曰鸞）鸞鳴則和（鈴在車曰和）應故也。○李說羽以翟羽注旗竿之首、旄以旄牛尾注旗竿之首、皆所以為表章。故云見其美。○即車馬以該徒御之衆。即羽旄以該甲兵之盛。○疾首蹙頞、串看。此憂之形于外者。兩使字、皆不堪之辭。至于此極、連下讀。父子二句正是極。○集說兩節聞字見字。其根原積漸俱在平日。故一聞之一見之便自如此。不是在鼓樂田獵上。

計較也。蒙引其心原有憂樂之異故聞王之樂而憂樂之容亦隨之○上截不可呆講○要得喚醒此無他句○此字、兼鼓樂田獵○而後註單言推好樂者○因前論樂也○章內田獵帶言○不並重○不與民同樂以平日言○註獨樂其身○朱子補出以見不與同之由○

今王鼓樂於此百姓聞王鐘鼓之聲管籥之音舉欣欣然有喜色而相告曰吾王庶幾無疾病與何以能鼓樂也今王田獵於此百姓聞王車馬之音見羽旄之美舉欣欣然有喜色而相告曰吾王庶幾無疾病與何以能田獵也此無他與民同樂也病與之與與平聲同樂之樂音洛

與民同樂者推好樂之心以行仁政使民各得其所也

馬君常曰、兩節隱隱相形只要引起末節○今王之鼓樂無異田獵無異○而民情大異○要與上節相比勘○欣欣然形容其有喜色也○存疑曰庶幾曰何以皆欣幸之詞○不可作自相問答○按中間難用不然二字○

以字作其字看○蒙引惟恐其有疾病○見其能鼓樂而喜也○○集說無疾病不必泥○只是幸其精神强固之意○○蒙引、與民同樂者○非同鼓樂也○推好樂之心○以行仁政云云也○田獵亦好樂之類○故槩以好樂○○吴省菴曰、一不與民同樂○便是好樂未甚○民便疾首蹙頞○則雖好先王之樂○何裨于治○一與民同樂○便是好樂甚○民便喜色相告○則雖好世俗之樂○何妨于治○○註推好樂之心云云、不可實發○苗下節用○

今王與百姓同樂則王矣

好樂而能與百姓同之則天下之民歸之矣所謂齊其庶幾者如此○范氏曰戰國之時民窮財盡人君獨以南面之樂自奉其身孟子切於救民故因齊王之好樂開導其善心深勸其與民同樂而謂今樂由古樂其實今樂古樂何可同也但與民同樂之意則無古今之異耳若必欲以禮樂治天下當如孔子之言必用韶舞必放鄭聲蓋孔子之言爲

邦之正道孟子之言救時之急務所以不同楊氏曰樂以和爲主使人
聞鐘鼓管絃之音而疾首蹙頞則雖奏以咸英韶濩無補於治也故孟
子告齊王以此姑正其本而已
李說上二節泛論此方着實勉齊王身上與百姓同樂即上節所謂推
好樂之心以行仁政如田里樹畜之事使民各得其所者須從好樂說來王好
樂而使民樂則君臣上下歡欣交暢和氣立決盈宇宙間皆熙皞氣象
所謂好樂甚者此也民心悅則王業可興所謂齊其庶幾者此也正
鮮不思獨樂于己而必推不若與人與衆之心以行仁政使民心和樂
各得其所則不特吾國之民無疾首蹙頞之容而有欣欣喜色之告即
天下之民亦皆聞風歸往矣呂說結穴在一王字王字跟着民字來
民字又跟着獨人少衆字來而全章關要孟子機鋒入處在可得聞與
一節昔黄帝作咸池顓頊作六莖帝嚳作五英堯作大章舜作韶禹

作夏，湯作濩，武王作武，周公作勺。

齊宣章全旨○此因論囿而引之，以公利重與民同之句○在何也，截齊王于制度上論大小而異其民○，孟子于民心上論大小而異其君○，上下相形○，要得引誘齊王意○，然因其語以開導之，初不辨事之虛實有無也○

齊宣王問曰：「文王之囿方七十里，有諸？」孟子對曰：「於傳有之。」囿音又。傳，直戀反。

囿者，蕃育鳥獸之所。古者四時之田，皆於農隙以講武事，然不欲馳騖於稼穡場圃之中，故度閒曠之地以為囿。然文王七十里之囿，其亦三分天下有其二之後也與？傳謂古書。

李說問文王之囿○，便寓自解之意○。張南軒曰：意齊王欲廣其囿，諉佞之徒○必有假文王事以逢之者○。文王豈崇囿如此○？蓋其蒐田所及，民以為王之囿耳○。以芻雉得往○，知其然也○。說統孟子只要○發下面○公私○，故○不○辨○其○有○無，而但曰於傳有之○，如云據古書有此說○，未必真否○，存疑。

當時所謂傳○毋亦戰國諸侯欲便己私者爲之○集說度閒曠爲囿○是擇山澤林麓不堪耕種之地爲之○然只揔算七十里○非四面方正各七十里也○齊囿四十里亦然○要知此另是一囿○非臺下有囿○囿中有沼之囿○

曰若是其大乎曰民猶以爲小也曰寡人之囿方四十里民猶以爲大何也曰文王之囿方七十里芻蕘者往焉雉兔者往焉與民同之民以爲小不亦宜乎芻音初蕘音饒

芻草也蕘薪也

楊子冠曰若是其大爲驚訝之詞○便是發自解之端○集說齊王初問○便先有民以爲大之意了○故假文王自爲寬說○及孟子說于傳有之○他便說若是其大乎○本意已將露了○及孟子又說民猶以爲小○竟出意外○不得不吐露真情矣○說統民猶以爲小句正是打動齊王處○其意全

在於他公利于民耳○芻以牧養蕘以採薪雉以逐禽兔以捕獸四項

看二者字以民言謂取此等物之人也玩往焉語氣有行止自如全無

顧忌之意二句連下與民同之一氣讀○楊維斗曰文王非有心公利

于民只是聽民取之不禁往而無罪耳偶得樂樂利利君民同在一囿

○中方見麀鶴景象○說統民不是嫌他小只是不覺得大蓋若已有之

併其大亦忘之也若說囿之所出有限民之所取無窮反覺私而有意

存疑非囿小也往者之多見其小也○集說視君之囿即己之囿凡人

于人每見多而于己每見少亦常情也况芻蕘雉兔不一人而止乎全

在忘其爲文王之囿上說兩不亦宜乎有分民以爲小未必有是事也

是懸斷其宜民以爲大已有此語也是直斷其宜

臣始至於境問國之大禁然後敢入臣聞郊關之內有囿方四十里殺其

麋鹿者如殺人之罪則是方四十里爲阱於國中民以爲大不亦宜乎才阱

反性

禮入國而問禁國外百里爲郊郊外有關阱坎地以陷獸者言陷民於死也

過文云○若王之囿○則有大不然者○至境問禁○亦是常禮○非因齊而然也○大禁從言○玩然後字便有惴惴不敢輕入之意○聞是因問而有聞也○郊之外○關之內○殺其麋鹿二句○是撮記禁之大意○非禁中止此二語○囿之禁民○亦不止麋鹿○以一物該其餘耳○殺人者死○此是常刑殺麋鹿亦處之以死○故曰如殺人之罪○存疑爲阱于國中句最重○正與與民同之對看○小民無知○見利易動○殺其麋鹿而因以殺身○猶以麋鹿爲餌○以囿爲阱也○視民反麋鹿之不若矣○○趙註設陷阱者○不過丈尺今王陷○阱○乃方四十里○○楊子冠曰○爲字國中字○俱要剔明○以四十里而爲囿○本不爲大○以四十里而爲阱○便見其大○况又當國中而爲之乎○

上孟

淺說、一人專之，衆人避之，一人以之爲樂地，而衆人以之爲死所。爲阱于偏僻之處，不至于犯，亦易于避，惟當國之中，則小民舉手投足犯之不敢，避之不能，宜乎民以爲大矣，而可與文王之囿較大小耶。徐大玉曰、以齊國之廣，即有囿四十里，亦不爲大，即四十里不與民共亦不爲過，即取四十里公之于民，亦未便就是仁政，孟子不過借囿起議而啟之，公利誘之，同民正是善于引君處。

交鄰章全旨

仁智交鄰，此章正意，下截說勇安天下，只是無妨仁智而有以濟其不及耳，故講交鄰不必預伏勇字，而講安天下儘可收繳仁智，天下且安，交鄰不足言矣。時解開口將仁智勇並講者固非，而引到大勇不復顧仁智、截然兩開者亦非。徐儆弦曰、仁智與勇理無二致，而交鄰除暴事不相妨，苟仁專恤小而不顧養亂以殘民，智專事大而不知自強以立國，則仁必貽害于人，智必受辱于巳，反爲不仁不智矣。

故勇又濟仁智之所不及者

齊宣王問曰交鄰國有道乎孟子對曰有惟仁者爲能以大事小是故湯事葛文王事昆夷惟智者爲能以小事大故太王事獯鬻句踐事吳獯音熏鬻音育句音鉤

仁人之心寬洪惻怛而無較計大小彊弱之私故小國雖或不恭而吾所以字之之心自不能已智者明義理識時勢故大國雖見侵陵而吾所以事之之禮尤不敢廢湯事見後篇文王事見詩大雅太王事見後章所謂狄人即獯鬻也句踐越王名事見國語史記

蒙引宣王之時諸侯失睦今日東國來侵明日西國來伐以兵或不敵以盟或不信以禮又或示弱而已所以有交鄰之問況交鄰講好亦先王之令此一問有息爭求寧之意有者謂講信脩睦先王所重固有道也鄰之與我國有大小則情有順逆大不能事小小不能事大皆

不仁不智者之所爲也○陳新安曰惟仁者能忘己之大而事鄰國之小
實只字之若事之耳惟智者爲能安己之小而事鄰國之大○朱子曰智
者不特見得利害明道理自合恁地小之事大弱之事强皆是道理合
恁地○寬洪故能含容人不恭以量言惻怛故能矜人之惡而不較以
意言○集說義是臨時處事所宜然者理是大端道理所當然者時謂
古今盛衰之時勢謂大小强弱之勢識時勢在明義理之内○仁者忘
其勢之在己知有理而不知有勢事以心言智者順其勢之在人知義
理當然又知時勢不得不然事以禮言○合璧兩惟字當玩見非仁智
則大必侵小小必抗大○能字内正見仁智妙用○胡雲峰曰大字小
猶未足以見其仁必小國不恭而心自不能已乃見大者之仁小事大
猶未足以見其智必大國侵陵而禮尤不敢廢乃見小者之智○集說
是故字及故字正說惟仁智爲能然之意○引湯文等君是言古之人

有行之者○欲其取法也○蒙引按綿詩周太王事昆夷○猶爲以小事大○至文王時○國勢日削○則爲以大事小矣○但太王事昆夷○在事獯鬻之後○昔者太王居邠○則爲獯鬻所侵○及去之岐山之下○則又爲昆夷所擾○是兩項事○○句踐羋姓禹之苗裔夏后少康之庶子封于會稽傳二十餘世至允常與吳相怨伐允常卒子句踐立檇李之役句踐襲擊吳師射傷吳王闔廬死其子夫差不忘報越敗之夫椒越王以餘兵五千保棲會稽使大夫種行成于吳身爲臣妻爲妾春秋貢獻不懈夫差許之越王反國臥薪嘗胆賑貧吊死二十年乃以伐吳遂滅之○蒙引見齊宣于鄰國其大者則當以智者之道處之○其小者則當以仁者之道處之○二者之外○無餘法矣○

以大事小者樂天者也以小事大者畏天者也樂天者保天下畏天者保其國樂音洛

天者理而已矣天之字小小之事大皆理之當然也自然合理故曰樂天不敢違理故曰畏天包含偏覆無不周偏保天下之氣象也制節謹度不敢縱逸保一國之規模也

通文云○仁智固爲交鄰之善道矣而能盡此二者則又有其效焉○說統樂天畏天上文事小事大內已含此處只點出天字以顯仁智之妙耳不是推原所以事小事大之故也○合參無所勉强之謂樂有所戒懼之謂畏樂畏二字已在上文爲能字內○四書脈天即理也我爲大理當含容我爲小理合敬謹集說曰樂天則仁者不是在大小上計較留心曰畏天則智者不是畏那强大見得事小非矯飾事大非卑弱皆是他心上道理如是而已○朱子曰仁者與天爲一○嘉人之善矜人之惡無所擇于利害故能以大事小智者聽天所命循理而行順時而動不敢用其私心故能以小事大○說統畏天不但不敢侮大挑釁兼

有兢兢自治意○○上註字之之心自不能已即是自然合理○事之之禮
尤不敢廢即是不敢違理○故樂天畏天○伏在上節内○又上註兼理勢○此
單言理而勢在其中○玩者字也字○是指點而寓咏歎之詞○四句推深一
層者非○天字說做蒼昊者亦非○○淺說樂天者自有保天下之氣象○豈
不足以保天下乎○吾見民罔常懷○懷于有德○九有之大○皆在所統馭矣○
畏天者自有保一國之規模○豈不足以保其國乎○吾見以禮自固○孰敢
侮之○四境之内○皆在所維持矣○○輔說保天下保其國言○仁○智○者○之○氣○
象○規○模○有○此○效○也○非○謂○仁○者○智○者○之○心○欲○其○如○此○也○○保天下亦是實
事○非但有其理也○兩保字不同○上是容保之保○下是保守之保○○存疑
註包含徧覆二句○還在樂天内○以下剬節謹度二句見得保天下之氣
象句○尚在保天下之上○保一國之規模亦然○○集說包含徧覆二句○分
體用說○制節謹度二句亦然○節在一身行事○有一定之節上看○度是法

上孟

度之可遵者○以其莫可限量○謂之氣象○以其有可持守○謂之規模○

詩云畏天之威于時保之

詩周頌我將之篇時是也

朱子曰此智者畏天而保其國之事○陳新安曰引詩不及樂天一邊○亦偶然耳○○饒說天理當然○違之則有禍○此便是天威了○仇說此却指上天言○上節天字須于理上遡原于天○方有條理○不得朦朧將引詩作証皆以理言

混過○○只証保國○而保天下亦在其中○

王曰大哉言矣寡人有疾寡人好勇

言以好勇故不能事大而卹小也

仁智交鄰而至于保國保天下○故其言爲大○大字亦在氣象規模上見○

○疾是氣禀之偏○天生成底○好勇猶言不能忍氣之意○以勇爲事○則大國侵陵○必然與抗○不得爲智者○小國不恭○必至侵伐○不得爲仁者○是好

勇則妨仁智。其何以交鄰也。

對曰王請無好小勇夫撫劍疾視曰彼惡敢當我哉此匹夫之勇敵一人者也王請大之夫撫之夫音扶 惡平聲

疾視怒目而視也 小勇血氣所爲 大勇義理所發

楊子冠曰。齊王以好勇爲疾。徒知好勇之弊。不能善鄰交。而盡仁智之道。不知大勇之發。足以除隣暴。亦即仁智之施。顧其好之大小何如耳。此條輕輕敘過。只重王請大之句。喚起下三節。好勇何傷。但王請無好小勇耳。夫所謂小勇者。一有所忿。便按劍在手。疾怒而視人曰。我有劍在。足以當人。彼惡敢當我哉。三句口氣如是。然是形容不必着迹。勇曰匹夫。便見其小勇。敵一人。便見不足好。此二句。就其事與言而斷之。集説匹夫之勇敵一人。要知血氣所爲。不出于義理。雖興兵危士千軍萬馬。究其本。止是撫劍疾視之類而已。淺説勇之大者。據義理之當然發吾心之震怒敢誅天下之所當誅不避衆人之所畏避出其鋒刃雖千萬人不可得而當也王請大之困勉錄大字意雖在下三節然如此說却不妨王欲馳驟帝王居乎無敵之勢靜則神武不殺動則威武奮揚此所當好也要知非是大勇以安天下乃即安天下見勇之大耳集說血氣用事則自內至外自始至終都是一團血氣故曰所為義理存心則義理為主而勇從此發之合義理則發不合則不發矣故曰所發

詩云王赫斯怒爰整其旅以遏徂莒以篤周祜以對于天下此文王之勇也文王一怒而安天下之民

詩大雅皇矣篇赫赫然怒貌爰於也旅衆也遏詩作按止也徂往也莒詩作旅徂旅謂密人侵阮共之衆也篤厚也祜福也對答也以答天下仰望之心也此文王之大勇也

遏文云○夫勇何以大大在安民耳蓋嘗觀文王之事矣○密阮徂西方國此時文王爲方伯密人興師侵阮雖非與周爲難却自無文王矣于是赫然震怒整旅整自己之兵也遏徂莒者密人侵阮之旅徂于共地而文王之師從中遏絶他住了○集説篤周祜者周家積德累仁本是有福今又治亂持危作此等至公愛民之事則其福愈厚矣對天下謂天下見密之强暴侵凌無人敢敵只仰望文王救護若不赫怒興師便負了天下仰望今果出來抑强扶弱是荅了他們的心了篤祜二句在詩平説此歸重對于天下然皆是詩人之言如此不是文王説要篤周祜以對天下也○此字指詩詞是因之曰文王之勇句氣脉從寡人好勇來言王以好勇爲疾如詩所云豈不是文王之勇但文王一怒而安天下之民則其勇大矣武王節同蓋以文武之勇形出好勇之不足爲疾也○摘訓此句只説勇下句方是大怒上見勇安天下上見大○

陳新安曰怒者勇之發也因王赫斯怒字發出一怒安民之說游立軒曰侵阮不已則其害滋蔓亦天下之憂也故一遏密人而有以答天下之仰望豈惟阮民安天下之民舉安一怒指遏密說阮國之民即天下之民也强暴者不敢肆敵疆之心弱小者俱得享安靜之福就密阮略推無碍不必說到天下諸侯悉知效順上陳伯玉曰一怒一字要看救正好勇全在此

書曰天降下民作之君作之師惟曰其助上帝寵之四方有罪無罪惟我在天下曷敢有越厥志一人衡行於天下武王恥之此武王之勇也而武王亦一怒而安天下之民衡與横同

書周書泰誓之篇也然所引與今書文小異今且依此解之寵之四方寵異之於四方也有罪者我得而誅之無罪者我得而安之我既在此則天下何敢有過越其心志而作亂者乎衡行謂作亂也孟子釋書意

如此而言武王亦大勇也

過文云○古之所謂大勇者○非特文王也○又嘗觀武王之事矣○○說統

天降五句推上天立君師之意○從說有罪無罪二句言己必盡君師之道○

武王方實指自己身上說一人二句○是孟子釋書辭○降生也○立君以養之立師以

教之○所以立君師之意謂何○蓋上帝生此民○而不能養與教○其能助上

帝之所不及為者為之○夫是以寵之君師之位○而使四方之民不得與

並也○上天立君師之意如此○此只從說○不必依浅說預入我字○惟我

在謂我承君師之任○事事當以之助上帝也○○有罪無罪指諸侯言○越

厥志指民言○輔說志天下人之心志也○人之作亂皆過越其心志之

故耳○一人從就當時諸侯說○不必指紂衡行○亦是設言○非有實事○恥

者恥負上帝之意而有愧于君師也○○武王之勇由恥而生恥則憤憤

則怒○怒則奮○亦字從文王來○安天下之民者○怒在一人而使天下不致

横行作亂也○蒙引、文武一怒安天下處、只從上文、看出、不須説出外來○張賓王曰、文大而密小、文嘗事小而密終不化、則一怒伐之、是仁者之勇、亦即是樂天所在、武小而紂大、武嘗事大矣、而紂終不悛、則一怒伐之、是智者之勇、亦即是畏天所在○此二節、輕叙過、歸重末節、

今王亦一怒而安天下之民民惟恐王之不好勇也

王若能如文武之爲則天下之民望其一怒以除暴亂而拯己於水火之中惟恐王之不好勇耳○此章言人君能懲小忿則能卹小事大以交鄰國能養大勇則能除暴救民以安天下張敬夫曰小勇者血氣之怒也大勇者理義之怒也血氣之怒不可有理義之怒不可無知此則可以見性情之正而識天理人欲之分矣

過文云○方今小國不恭甚于寡人、大國侵陵過于横行、天下、不安甚、矣○集説、如文武之爲者、存、心、行、事、都在安民、特其所發在一怒耳、安

天下之民。如除暴去亂。以綏靖四方皆是。不勇、則雖安及一國而不能安乎天下。故惟恐其不好。○說統亦字、承文武來。所謂王請大、之者如此。○李說一怒安民非即併鄰國而有之。武鄰人悔禍可與更新。則元兇既勦。依舊和好如初。吾不殄彼之祀。便是仁。吾可固吾之國。便是智。小大咸獲其安。便是天下之民舉安。以此言一怒之勇亦是交隣之道也。○民且惟恐不好。何王以勇為疾也。末補可臣諸侯而保有天下、不止保其國矣更何鄰之當交耶。○說約總註舊作兩截。由湯文太王句踐究竟觀之。理亦一串也。紹聞編云、湯與太王文武。平時則能卹小事大。有事則能除暴救民。是意雖兩節而理實相通。

雪宮章全旨。通章重在與民同樂上。前三節以同樂之效廣其志。下詠以齊之故典者。蓋欲齊王納諫以與民同樂也其打動齊王處。全在君臣相悅四字。

齊宣王見孟子於雪宮王曰賢者亦有此樂乎孟子對曰有人不得則非其上矣樂音洛下同

雪宮離宮名言人君能與民同樂則人皆有此樂不然則下之不得此樂者必有非其君上之心明人君當與民同樂不可使人有不得者非但當與賢者共之而已也

蒙引、時王館孟子于雪宮而就見之。若説王在雪宮而見孟子。則當云孟子見齊宣王于雪宮矣。且與註非但當與賢者共之不合。○輔説、離猶别也。在其所居宮室之外。故曰離宮。○存疑、若説賢者素無此樂。便傷着孟子。言雪宮乃寡人時遊以爲樂。賢者至于是邪。亦有此樂乎。蓋自矜其能待賢也。故小註云其詞誇。○紹聞編有者、謂君以此待賢。則賢者得有此樂矣。按有字作或有亦有之有。不作固有當有之有。　存疑、註人君能與民同樂二句。解在人不得二句內。輔氏謂釋有字非也、

○蒙引、與民同樂。謂皆有此宮室安居之樂也。非謂以雪宮與民共之也。雪宮之樂。在賢者分上。原無許多道理可說。若只管以爲當有則賢者似不宜以此爲事。故用一有字答了便罷。只引、向、與、民、同、樂、上、說。○說統、人不得、從禮賢推到卹民上。○○註明人君以下是言外收繳問意。非正貼本文。

不得而非其上者非也爲民上而不與民同樂者亦非也

下不安分上不卹民皆非理也

楊子冠曰、承上起下。重爲民上者一邊。非上之非是非議非也之非是非理。○體註、承上不得二字說來。用上句以襯起下句。不是平說。○集說、不安分、不是該安不得之分。乃是非其上。非分也。固非理也。曰亦非、詞似寬緩而意則責之切。百姓無知。蹈于非猶不可。儼然人上而亦蹈于非乎。○自此以下樂字。俱屬樂、說、不單指、宮、室。

樂民之樂者民亦樂其樂憂民之憂者民亦憂其憂樂以天下憂以天下然而不王者未之有也

樂民之樂而民樂其樂則樂以天下矣憂民之憂而民憂其憂則憂以天下矣

過文云、不與民同樂則有非之之心能與民同樂豈無感之之效乎

○說統、此節根與民同樂來憂樂低昂、說樂民之樂四句言憂樂之相通要說得憂樂相關意出樂以天下二句言憂樂之大同要摹寫一段渾融浹洽的光景然此二句不是另一層就在上四句看出兼君民言而以君作主言人君以己情通于民因使民情通于己是人君憂樂不以己而以天下也蓋民之樂君憂君皆君以之憂樂通天下此全是太和景象故謂其可王○淺說、安居粒食民之樂也樂民之樂而皆為致之則民見君有宫室遊豫之樂亦欣欣然為君之樂矣貧窮無告民之

憂也。憂民之憂而勿以施之。則民聞君有敵國外患之憂。亦戚戚然為君之憂矣。兩句上樂字俱包心與事而言。上憂字同者字、指那樣君言。呂說、天下只在民字中。大言之樂以天下二句是過脉語。以字又側重君言。總之其義已盡于上四句。不是別增意思。亦不是上文氣象尚小。而于民字外又推遠一層說天下也。以字兼兩層歸重于君。而不可遺下句。淺說、樂民之樂。是樂不以己。而以民固為樂。以天下至于民亦樂其樂。則是吾一人之所獨樂者。亦衆人之所共樂也。豈非樂以天下乎。憂以句同。正解、憂樂通乎天下。則民思遂其樂而去其憂者皆歸之。故可決其王。說約、至此問答已完。以下引景晏事、是望其納誨意多、然主意終在同民也。

昔者齊景公問於晏子曰、吾欲觀於轉附朝儛、遵海而南、放於琅邪、吾何脩而可以比於先王觀也。朝音潮 放上聲

晏子齊臣名嬰轉附朝儛皆山名也遵循也放至也琅邪齊東南境上
邑名觀遊也

過文云○且晏樂同民之説○非臣責難于王也○即齊先世亦有以此納
誨而不為非者○○説統景公志在遊觀○本是佚欲○孟子引之○卻重先王
二字○是引他法古○不是要他法景公○○吾欲觀三字貫至琅邪句住○于
山見轉附朝儛之高○于水見海之大且深○于都邑見琅邪之壯麗○斯亦
足稱齊之大觀而無遺憾矣○○問意重在比先王○先王之觀○當時以為
盛事○後世以為美談○況有所脩至此○翼註脩字莫放過○下巡述補助便
是○○何脩可比景公處不能比也○便是不思逞欲○有及民之意矣○先王
是三代聖王○非齊先世也○○轉附有太公墓琅邪有桓公墓

晏子對曰善哉問也天子適諸侯曰巡狩巡狩者巡所守也諸侯朝於天
子曰述職述職者述所職也無非事者春省耕而補不足秋省斂而助不

給夏諺曰吾王不遊吾何以休吾王不豫吾何以助一遊一豫爲諸侯度

狩舒救反
省悉井反

述陳也省視也斂收穫也給亦足也夏諺夏時之俗語也豫樂也巡所守巡行諸侯所守之土也述所職陳其所受之職也皆無有無事而空行者而又春秋循行郊野察民之所不足而補助之故夏諺以爲王者一遊一豫皆有恩惠以及民而諸侯皆取法焉不敢無事慢遊以病其民也

問意之善○全在欲比先王○ ○唐虞五載巡狩群后四朝周十二年巡狩六年一朝有專主周天子立論者○是尊崇本朝不妨○蒙引曰巡狩曰述職便見是非無事者○非訓解之辭○巡狩述職句略爲推原意便浸下○只作述古口吻○方是曰字神情○諸侯爲天子守土○不爲巡之○無以知其勤怠○天子授職于諸侯○不使述之○何以示其黜陟○一爲巡諸侯所

守而行一爲述所職于天子而行是皆非無事者然既曰巡狩曰述職
矣又必申解之者正以見其非無事也非字作無字看謂無有無事而
空行者○無非事者結上生下爲通節綱要○說統爲事亦所以爲民
此意只可渾見不可分無非事者以上爲爲事省耕二句爲爲民蒙引
省耕省斂又在巡狩述職之外不是巡狩述職就便省民以補助也○
呂說省耕省斂是恐其失時補助又是耕斂中一節因論遊觀及此見
王者一舉動亦無不勤恤民隱非謂仁政主乎是○存疑春耕之時舊
穀既沒新穀未升民之乏絶正在此時若有不足則不能盡力于耕一
年之計俱失矣故察民之不足而資補之秋斂之時民之所收或有或
無或穀一歲之用或不穀一歲之用皆在此時若不察其有無預處以
周助之則民將有狼狽失所者矣故察民之不給而周助之集說自昨
年到今費用已盡故曰不足補者如物之有缺而補之也自今年算到

明年覺得不穀故曰不給助者如人之未能而助之也○仇說春秋補助意在通問民情勸稼勸穫而已然其閔恤田農鼓舞勸作以及杜兼併絕侵漁無不具備○蒙引省耕省斂天子諸侯皆然天子在其畿內諸侯在其國中夏諺獨言王者蓋畿內之諺也然只帶省耕省斂不必通管巡狩述職○說統遊豫是一意自巡省而行謂之遊自暇豫而出謂之豫豫字別解休助亦是一意自上所與曰助自下被惠曰休【按】休助內俱兼補助極妥不必以上二句屬補一邊下二句屬助一邊亦不必因助謂夏諺專爲秋省而作也○此喜極而故作疑慮之詞不是冀望語上四句勿認煞○存疑遊豫當分合看分看則遊是巡遊豫是逸樂合看則遊豫即所以為樂也○二句叠言咏歌之體【集說】謂豫不出遊之外則可謂遊未有不豫則不可○兩一字活看不可板作一番遊一番豫此諸侯對天子兼大小諸侯言○集說皆取法者一法其遊之有常一法其恩之及民

也○○四書脉觀夏諺所云安有人不得而非其上者○陳新安曰以上言先王之法○此下言當時之弊○

今也不然師行而糧食飢者弗食勞者弗息睊睊胥讒民乃作慝方命虐民飲食若流流連荒亡爲諸侯憂（睊古縣反）

今謂晏子時也師衆也二千五百人爲師春秋傳曰君行師從糧謂糗糒之屬睊睊側目貌胥相也讒謗也慝怨惡也言民不勝其勞而起謗怨也方逆也命王命也若流如水之流無窮極也流連荒亡解見下文諸侯謂附庸之國縣邑之長

說統此節是不爲民不爲事的樣子正與上節反看○然字指先王爲事爲民今也諸侯之遊觀無事病民大不如先王然○師行只是徒役之衆不必拘註二千五百人之說先王出遊豈無儀衞而勸恤民隱故不覺其多今則生事擾民即師行已苦其元斥矣糧非君所食觀大全

謂糗是熬米○麥精是乾飯可見○集説飢者二句○極言其供億繁難不堪之狀耳○相連説○淺説以有供給之費而民飢者弗得食有天征之擾而民勞者弗得息分説未是○要知飢者弗食○不是民窮財盡之故○按蒙引謂非惟供億之費○民實出之○而夫征之擾民實供之○以故飢者云云○情理極合○○胥讒非民間交相怨謗謂相與怨謗其上也○作慝不止懷怨怒之心○兼有悖逆之事○二句兩意串説○因其有謗言而見其有怨心○玩乃字○見民非敢作慝也○惟供億不堪○怨怒之極至于如此耳○睊睊形于色○胥讒形于言○胥讒作慝○正是非其上○淺説過下云然○豈惟為民之憂而已○呼動末句○則方命虐民不是另起一頭○饒説命是好底命天子之命必是教他撫一國之民○今也如此則是逆王命了○按方命則虐必及其民矣○困勉録方命虐民句只是上面意帶説下言彼既方命以虐民○而飲食之若流又為諸侯憂也○飲食是指食前方丈之飲

食。例疑謂是就糧食一句說、不是。按亦是厝民裏事。〇集說飲食若流自供億之不給者見之。一以言其速。一以言其無窮也。蒙引若流之流水。流也。形容流連之流舟。流也。實事。〇輔說晏子主言齊事而云為諸侯憂。故知為附庸之國、縣邑之長也。按邑長無諸侯之稱、單主附庸為是。憂、者、憂其供給之繁也。

從流下而忘反謂之流，從流上而忘反謂之連，從獸無厭謂之荒，樂酒無厭謂之亡。厭平聲

此釋上文之義也。從流下謂放舟隨水而下，從流上謂挽舟逆水而上，從獸田獵也。荒廢也。樂酒以飲酒為樂也。亡猶失也。言廢時失事也。蒙引此是晏子自釋也。直至惟君所行皆述晏子之言。至景公悅以下。則兼述其事。〇四書脉。俱是實事。不但釋其義也。按流下流上、有作譬喻者、非是。〇盧未人曰、忘反無厭字極重。流是流蕩無節。連是連續不

絶。荒是荒廢時日。亡是亡失政事。○以廢時屬從獸者。如太康畋于洛汭。十旬弗歸。把正經時日都荒廢了。不是廢蒐苗獮狩之時。飲酒爲樂把。當做的事都停擱起。然廢時自兼失事。而樂酒者不過長夜之飲。十日之歡。廢時有限。故止言失事。

先王無流連之樂。荒亡之行。行去聲 惟君所行也

言先王之法今時之弊二者惟在君所行耳

淺說先王之法。有巡狩述職。有省耕省斂。無流連之樂。荒亡之行也。○吳因之曰。與何脩而比先王句相應。先王字回顧有情。比先王與否。只看行得來怎的。○存疑二者惟在君之所行。不干別人事。君行先王之法。是亦先王矣。若不行先王之法則爲今時矣。一古一今。皆不在人而在乎君。可見當自勉也。○呂說惟字兩邊說。是通法。不是活法。不行此則行彼。此處却是他人着力不得。○集說主意。歸重先王。之法。上不是

君請擇于斯二者之説。○陳伯玉曰、惟之一字。尚責景公。恐其徒托空言。不能見諸行事。故以此聳動之。○行字、與前脩字相應。

景公説大戒於國出舍於郊於是始興發補不足召太師曰爲我作君臣相説之樂蓋徵招角招是也其詩曰畜君何尤畜君者好君也說音悦爲去聲樂如字徵陟里反招與韶同畜敕六反

戒告命也出舍自責以省民也興發發倉廩也太師樂官也君臣已與晏子也樂有五聲三曰角爲民四曰徵爲事招舜樂也其詩徵招角招之詩也尤過也言晏子能畜止其君之欲宜爲君之所尤然其心則何過哉孟子釋之以爲臣能畜止其君之欲乃是愛其君者也○尹氏曰君之與民貴賤雖不同然其心未始有異也孟子之言可謂深切矣齊王不能推而用之惜哉

景公四句、叙其事。召太師二句、述其言。徵招句、指其樂。何尤句、摘其詩。

末二句解其意。說統悅字最重大戒出舍之令興發補之政君臣相悅之樂都從悅中來然大戒三句重在補不足上。悅晏子之言以先王之法為必可行今時之弊為必當去而轉附朝儛之觀遂不復行蒙引大戒謂布告境內以圖回政治也如一切勞民傷財之事悉皆停免姤究情弊之事盡行禁革凡諸利國利民之事盡許陳納無隱之類蓋人君但有志乎圖回政治便有一番告命以彰境內之耳目也［蓋大戒原不止出示興發而已］。集說註自責只在出舍上說若罪已之言則大戒內已有蓋示以不敢安居之意見得平日深宮之內于以壅蔽民隱也多矣故曰自責省民亦不止是省耕斂凡民間疾苦興利除害皆是興發補不足特其一事耳。想此時正當春耕遂省民之不足者而興發以補之於是始三字不虛前此所未行者翻然更化而今行之于是始即後此所欲行者著為成令而踵行之亦于是始也不必兼助不給說耕斂無一時並省之理○景公亦未必有一歲兩行之事也○君臣相悅○一時稱美○後或相忘○故欲作樂傳之○使後人聞是樂○即知有是相悅之事也○存疑晏子陳先王之法○今時之弊○而致景公之悅○是臣有以悅君也○景公悅晏子之言○而大戒出舍興發○是君有以悅臣也○故曰君臣相說○作是創新造作○非前有君臣相悅之樂○今命太師奏之也○蓋字是也字乃指點之詞○樂具五音○止云徵角者○角音屬民○徵音屬事○君臣以為民省補為事興發而相悅○故其所作○亦為民為事之樂○徵角是樂章名○謂之招者○因舜招在國○取以美其名○或聲音節奏○都依倣韶樂而作○隱然寓一時遇合○有虞廷都俞喜起○解慍阜財之盛○是觀欲比先王○樂亦比先王之意○當朱子時○其詩無可據了○故兼言徵招角招之詩○然詩詞尚多○孟子亦只摘此一句耳○畜君何尤只輕述過○推原不得○陳新安曰上文引援景公晏子事實○只末一句是孟子說○蒙引畜君者好君

也、既出于好君。夫何尤哉。如此說方見是解詩意。○翼註畜。以言。言好。以心言。○徐岩泉曰、君之欲。最難畜止。若非真有一念懇惻忠愛念頭。欲致主于王道。誰能攖人主逆鱗。畜止其欲。孟子此言。直是借晏子來表已愛君之意。正感動王心處。○呂說、只如此說。住不更透轉正旨。但指晏子忠愛。隨事納規之妙。而言下勉君行仁政。固是本懷。其欲齊宣納諫如流。奮發有為意。尤隱然切至。○結云、王誠如齊景晏子之相與有成。則能與民同樂。而民豈復有非其上者哉。○孟子非徒以齊景望王而以晏子自比也。蓋先齊故典。可引為諷。或因宣王亦好遊觀故耳。

明堂章全旨○此章以行王政為主。首二節。因其欲毀明堂而教以行王政。第三節。因其欲行王政而舉文王之政以實之。末二節。因其諉于不能行王政。而援古人之事以導之。○合參、明堂是周制。歷引周家之事來。詎見祖功宗德。無非同民心以出政。此王業所由興。而明堂所自來也。

齊宣王問曰人皆謂我毀明堂毀諸已乎

趙氏曰明堂太山明堂周天子東巡狩朝諸侯之處漢時遺址尚在人欲毀之者蓋以天子不復巡守諸侯又不當居之也王問當毀之乎且止乎

蒙引天子巡狩隨方之鎮山各設明堂此之明堂何以知為泰山明堂也以其在齊境内也。人之欲毀。以其無用。註意極明。宣王之意。只是不欲毀耳。重已一邊。漢時遺址尚在。亦足證齊王因孟子之言而不果毀也此句不是趙氏說。尸子曰黃帝曰合宮有虞氏曰總章商曰陽館周曰明堂圖見于後

孟子對曰夫明堂者王者之堂也王欲行王政則勿毀之矣夫音扶

明堂王者所居以出政令之所也能行王政則亦可以王矣何必毀哉

說統、明堂之制久矣。宣王未必無歆慕之意。故孟子便以立明堂本意告他。從他歆慕處引他行王政上去。行王政、就平時出政說。非指居明堂朝諸侯時事。○呂說、王者二字是責難語。非張大語。不獨指天子。諸侯能行王政者便是。看下文引文王治岐為證自明。○王者之堂不重制度。只重出政令。此政令空說。如渙大號昭大典振王綱肅侯度便是。實說便得下王政之間。○說約、行王政、則足副王之名。雖行天子之制可也。○說統、孟子不論明堂之當毀不當毀。與齊王之可毀與不可毀。而但言行王政則不必毀。總是誘進之詞。

王曰、王政可得聞與。對曰、昔者文王之治岐也、耕者九一、仕者世祿、關市譏而不征、澤梁無禁、罪人不孥。老而無妻曰鰥、老而無夫曰寡、老而無子曰獨、幼而無父曰孤。此四者、天下之窮民而無告者。文王發政施仁、必先斯四者。詩云、哿矣富人、哀此煢獨。與平聲孥音奴鰥姑頑反哿工可反煢音瓊

岐周之舊國也九一者井田之制也方一里爲一井其田九百畝中畫
井字界爲九區一區之中爲田百畝中百畝爲公田外八百畝爲私田
八家各授私田百畝而同養公田是九分而稅其一也世祿者先王之
世仕者之子孫皆教之教之而成材則官之如不足用亦使之不失其
祿蓋其先世嘗有功德於民故報之如此忠厚之至也關謂道路之關
市謂都邑之市譏察也征稅也關市之吏察異服異言之人而不征商
賈之稅也澤謂瀦水梁謂魚梁與民同利不設禁也孥妻子也惡惡止
其身不及妻子也先王養民之政導其妻子使之養其老而卹其幼不
幸而有鰥寡孤獨之人無父母妻子之養則尤宜憐卹故必以爲先也
詩小雅正月之篇哿可也煢困悴貌
楊子冠曰、行王政者多矣○獨稱文王○是由諸侯而爲政于天下的樣子○
○許東陽曰、文王未嘗稱王○而所行却是王政○○說統耕者五件、是王○

政大綱無告一段就王政中抽出所尤加意者言之總是治岐之政
文王時尚遵殷制則受田止七十畝註百畝字準之九一以田制言不
以賦法言是取乎民者薄也成材則官不足用者亦世其祿是報乎上
者厚也道路樽節之處則有關人民湊集之地則有市譏而不征是與
暴而不為暴也澤水所都處梁水所通處正可絕流而漁者無禁是同
利而不專利也不孥則不濫及無辜惡惡短也此五者是王政之施于
平民也鰥者愁悒不能寐其字從魚魚目恒不閉也老而四句先叙可
哀情狀輕遞歸重於先句是王政之施于窮民也田民間来曰四者
非窮于內則窮于外非窮于後則窮于前集說不但無財貸為窮即稍
足亦多愁苦無告者心事不盡所告也苦處全在老字幼字若是中
年尚可調度惟老與幼則雖遇可告之人而不能使其仍有夫婦之歡
父子之樂也此等鰥寡孤獨是無父母妻子之養故尤宜憐卹所謂

有常饟而在官養之者○非槩言凡民之鰥寡孤獨也○○蒙引或謂發政施仁指上文耕者九一至不孥非也○發政施仁○是○虛字○先者重之○也○非先恤窮民而後行九一世祿之法也○一行仁政○數者一時出令○但此窮民○尤在所宜留意耳○先如先義後利之先○不可徇以時之先後為言也○○於無所不仁之中而留意窮民○必有體恤至詳○恩惠加厚之事○非徒空存其意也○○饒說想當時兵荒頻仍○窮民無告者多○故孟子之言如此○○焦漪園曰文王仁心之流動充滿處如此○○陳新安曰正月末章之意云亂至于此○富人猶或可勝○煢獨甚矣其可哀也○○哿猶將訖也○于萬無一可之中○而稍見其可耳○是借上句以甚下句○不是慶幸富人之詞○楊子冠曰引詩言窮民之尤可哀○此文王所以必先也○末補王能行此○則明堂可居意

王曰善哉言乎曰王如善之則何為不行王曰寡人有疾寡人好貨對曰

昔者公劉好貨詩云乃積乃倉乃裹餱糧于橐于囊思戢用光弓矢斯張干戈戚揚爰方啓行故居者有積倉行者有裹糧也然後可以爰方啓行王如好貨與百姓同之於王何有餱音侯橐音拓戢詩作輯音集

王自以爲好貨故取民無制而不能行此王政公劉后稷之曾孫也詩大雅公劉之篇積露積也餱乾糧也無底曰橐有底曰囊皆所以盛餱糧也戢安集也言思安集其人民以光大其國家也戚斧也揚鉞也爰於也啓行言往遷於豳也何有言不難也孟子言公劉之民富足如是是公劉好貨而能推己之心以及民也今王好貨亦能如此則其於王天下也何難之有

吴因之曰深見其言之有味亦于心有戚戚之意故曰善哉説非贊文王之政之善乃善孟子之言也○集説何爲不行不是咎他不行其言只是説王何不從此見之施行乃誘其方來非咎其既往也○王政皆

公利于民。好貨必多取。故以為疾而不能行。存疑多取于民以遂其好。
則賦民必重。待士必薄。關市必征。澤梁必禁。窮民弗恤。故不能行王政。
按只大槩、就、王、政、說、亦、不、必、句、句、照、應、○好貨何妨。文王之先有公劉
者。也曾好貨。然是借、公劉來撥轉他。勿太認真。○積倉餱糧、只就民說。
而公劉好貨之意自寓。時講云、公劉力行富民之政、是積倉餱糧。乃行
政之效。不見好貨意矣。未是。要知此在西戎之時。○蒙引、積、無屋而露
積也、倉、屋以貯之者也。○裹字空、說。于橐于囊、正是裹也。橐既無底。何
以裹糧。蓋兩頭是口。實物于其中。而取兩頭縮結耳。橐囊皆輕軟。不用
竹木器。便于行也。裹糧是為遷都之計。○公劉被西戎侵逼。則民人不
相和睦。而國勢卑靡。亦無光采。故其遷都也。思以輯和民人而光大其
國家耳。然此句輕帶過。○弓矢二句、衛糧之具。恐道路被盜掠也。弓矢
禦遠。張之所以示威。干戈戚揚禦近。備之所以運用。細分之、則干乃自

衛○戈戚揚制人○戈揚長亦以禦遠○戚短亦以禦近○而戈有二用○可刺可

鉤○戚揚是斧鉞別名○斧小鉞大○○故字從好貨直落○際照下然後字居

者行者不是兩項人○亦非一半是居○一半是行○其民尚在西戎則為居

者○遠當啟行○則為行者耳○然重行一邊○○李說故居者三句點民富足

而公劉好貨能與民同之意就在其中玩然後可以便見推己之心以及民了此處須云

公劉遷豳○遂開王基○方與下王字相照○○集說王如好貨此好貨只空

空浅說○際接與百姓同之○與齊王所言好貨不同○下王如好色亦然○

蒙引與百姓同好貨而推巳之心以及民○便是耕者九一仕者世祿云

云矣○好色與民同亦然○

王曰寡人有疾寡人好色對曰昔者太王好色愛厥妃詩云古公亶父來

朝走馬率西水滸至于岐下爰及姜女聿來胥宇當是時也內無怨女外

無曠夫王如好色與百姓同之於王何有大音泰

王又言此者好色則心志蠱惑用度奢侈而不能行王政也大王公劉九世孫詩大雅緜之篇也古公大王之本號後乃追尊爲大王也亶父大王名也來朝走馬避狄人之難也率循也滸水涯也岐下岐山之下也姜女大王之妃也胥相也宇居也曠空也無怨曠者是大王好色而能推己之心以及民也○楊氏曰孟子與人君言皆所以擴充其善心而格其非心不止就事論事若使爲人臣者論事每如此豈不能堯舜其君乎愚謂此篇自首章至此大意皆同蓋鍾鼓苑囿遊觀之樂與夫好勇好貨好色之心皆天理之所有而人情之所不能無者然天理人欲同行異情循理而公於天下者聖人之所以盡其性也縱欲而私於一己者衆人之所以滅其天也二者之間不能以髮而其是非得失之歸相去遠矣故孟子因時君之問而剖析於幾微之際皆所以遏人欲而存天理其法似疏而實密其事似易而實難學者以身體之則有以

識其非曲學阿世之言而知所以克己復禮之端矣

集說、心志蠱惑○以其爲女色所蔽而言○用度奢侈○以其所寵奉女色者而言○心志蠱惑則無以爲仁政之本、用度奢侈則有妨于仁政之事、用度奢侈○又根心志蠱惑來○好色何妨○文王之祖○公劉之孫○有大王者○也○曾好色○然亦是借來發轉齊王愛厥妃、是好色事實○而引詩以明之○○古公猶云先公、非太王字謚、後追太王、故云本號、○來朝其來以朝也○坊刻作明朝者誤○走馬、避難而馬來之急也○自西而率水滸以來○滸謂水涯○蓋涯上有道○非涉水而來也○○流離急難○姜女是偕○可見頃刻不離○眞爲好色○○聿、發語詞、非同字意○眞解爰及其妃姜女○同來相擇地方○建造城邑○以爲居止之所○擬有作百姓皆胥相以居者非、○當是時、謂流離播遷之時○○說統、當是時三句、在避難時說、蓋惟太王不與狄人爭鋒○所以民人得保其室家耳○○女子過期不稼○則口難自言○

上孟　　三十

故怨及于時命。男子壯年、未娶。則身無拘束。故曠至于遊蕩。○李說、三句內點、室、家、相、慶。而、太、王、好、色、能、與、民、同、之、意。就、在、其、中。此處亦云太王遷岐。遂興王業。與、下、王、字、相、照。○翼註、與百姓同。不是發帑藏。出嬪御以同民。只是推此心耳。○朱栻、既可以王。則朝諸侯而坐明堂。不必毀矣。奚以好貨好色為疾之意。○四書脈、據詩所稱公劉。非好寶玉財賄也。好百姓之有蓋藏。太王非好桒曼艷冶也。好百姓之無怨曠。又云、公劉遷豳。在平集安定之後。故以完積聚為先。太王遷岐。在流離播散之餘。故以完室家為務。看兩有字。即所欲與聚念頭。看兩無字。即所惡勿施念頭。文王發政施仁。不外乎此。○存疑、公劉好貨。太王好色。本詩初無此意。孟子特就中看出一個意思來。乃積乃倉。爰及姜女。引導其君耳。○二君所以使民遂其所有。去其所無者。自在平日不忍之心流出。非必因已有是好而始推以同民也。孟子曲誘齊王。故因其所好而引以告之。

○存疑、好貨好色○都不禁他○但勸他同民○蓋與民同○則好貨不自私○好色必有節○而對貨好色之心亦衰矣○此變化人主最爲巧妙○ ○外註、是非以理言○得失以效言○是與得者、歸于有道而可保天下○非與失者、歸于無道而無以保妻子○法、指孟子之說○事指公劉太王之事○曲學阿世者、非逢君之惡○則長君之惡○孟子無非止惡而誘于善端者、言下克己復禮工夫○自此始也○

王之章全旨○此專爲四境不治而發○以上、兩節引起、要得有心之問○無心之答情景○輕遞過、歸重末節○明于責人而暗于責己○便是不足有爲處○

孟子謂齊宣王曰王之臣有託其妻子於其友而之楚遊者比其反也則凍餒其妻子則如之何王曰棄之比必二反

託寄也比及也棄絶也

起云○孟子因齊王不治其國○欲有以規之○而先以他事謂之曰○天下事○有在己所不及覺○而在人恒無以起者○試即王之臣論○李說、託謂以衣食託之○非以妻子之身託之也○凍餒其妻子、非有意使然○只不看顧他衣食便是○○遊非間遊○或啣使命○或幹公事、而出○之、往也、王臣安心于遊○無憂内顧○以有友之託矣○○蒙引、非是自楚反○彼乃凍餒其妻子蓋反之曰○乃知從前彼之凍餒其妻子也○○則如之何、託妻子者○當何如以處此友也○○受托而負○不義之友○情所當棄○而王果曰棄之○是王明于處友矣○

曰士師不能治士則如之何王曰已之

士師獄官也其屬有鄉士遂士之官士師皆當治之已罷去也

鄉遂士、掌王畿刑獄、若在外、尚有縣士方士訝士朝士、皆其屬也○○不能治者、聽所屬之士○刑罰不當○恣意出入也○○則如之何、為君者當何如以處士師也○受職而曠此不忠之臣法所當已而王果曰已之是王明于待臣矣○上是原情此是議法四境不治乃情法所難逃故王拂情而孟子先與原情王廢法而孟子先與議法據此時看來齊王儘自英明非不知情法者此兩節要照下發論呆講不得

曰四境之內不治則如之何王顧左右而言他 治去聲

孟子將問此而先設上二事以發之及此而王不能答也其渾於自責恥於下問如此不足與有爲可知矣○趙氏曰言君臣上下各勤其任無墮其職乃安其身

集說四境者君之四境○不治照上二事說不妨○如民失其教養臣失其職業皆是○蒙引云治道乖方而邑里蕭條教化凌夷而風俗惡薄單就民說亦妨○說統只是大聚冷諷他不着宣王身上○如之何與上兩如之何對負友當棄負君當已此一定之理必然之勢而負四境之托

者○又當何如以處之○此句是齊王本意○見情○法○難○逃○也○○輔說、顧左右以釋其愧○言他事以亂其辭○集說此是一○時一○串○光景○不是先釋其愧○後亂其辭也○對講不得觀此動靜○已有不耐孟子之言之意矣○故曰不足與有爲○○饒說自責下問集註爲他開兩條路○當言此則寡人之罪也○便是自責○又當言如何可以治之○便是下問○齊王無服善之心○故顧左右而言他○○一說四境不治左右之故○王乃顧之而言此是他○全不知自責下問其末如之何也已○○趙註兼友之受託言○不單指王與士師○○

所謂章全旨○此因進賢不慎而發言故國係于世臣○當預養親臣爲世臣○地○精○神○在○如○不○得○已○句下然後字正○其○不○得○已○處末句申明所以如不得已之故○蓋進賢爲民故說到爲民父母○

孟子見齊宣王曰所謂故國者非謂有喬木之謂也有世臣之謂也王無親臣矣昔者所進今日不知其亡也

世臣累世勳舊之臣與國同休戚者也親臣君所親信之臣與君同休戚者也此言喬木世臣皆故國所宜有然所以爲故國者則在此而不在彼也昨日所進用之人今日有亡去而不知者則無親臣矣況世臣乎

集解云、見齊宣王、蓋特見而告之也、○基業相承、歷年久遠、爲故國。○蒙引、古人立國。凡廟朝壇壝宮府臺榭之所。皆植名木。如三槐九棘之類。歲數既久。則成喬木。是亦故國一證也。若新造之邦。安得有此。○存疑、在商則伊陟象賢。在周則名穆公虎。皆世臣也。○四書脉、三謂字實。自國脉所係之輕重上論。非徒論故國之得名也。○開國元勳輔導恩累世功臣子孫。世篤忠貞。俱爲世臣。有字重。此等臣全在君心培養上得來。○說統、世臣不是世官。乃賢臣而任之久者。所謂元老舊臣也。○商之伊巫周之共和、方是、三家六卿不在此數、然世臣必自親臣始。親臣即所謂腹心之臣。○指賢人君子可任用者、王驩陳賈、不在此數。不是倖臣。昔者二句。正是無親臣處。無親臣虛說。齊王不覺。特為提醒。蓋責其輕視臣下也。蒙引進。不是從後進用。蓋是其所親幸而將倚以為腹心者。昔者釋為昨日。對下今日言也。不知其亡。言忽易之甚。若罔知者。非真不知也。吳因之曰。昔進今亡字面不必拘。只是言總進用。輙便亡去耳。全在不知其亡上見王無親臣。非徒以亡去為無親臣也。集說此節以世臣引起親臣。重親臣上。不重以親臣為世臣。乃謂當有親臣以托心膂保國家也。觀註況世臣乎。輕點便見昔者今日。甚言其用舍轉移無定。不必求其時日之深淺也。

王曰吾何以識其不才而舍之舍上聲

王意以為此亡去者皆不才之人。我初不知而誤用之。故今不以其去為意耳。因問何以先識其不才而舍之邪。

說統何以識三字最重。不但自解不知其亡之失。實欲得真才而用之。

以免向日之弊也〇此句就初用時說謂從今以始何以預識其不才而舍而所用皆真才不致後日之輕視乎蓋是商量後來不是追咎從前也

曰國君進賢如不得已將使卑踰尊疏踰戚可不慎與與平聲

如不得已言謹之至也蓋尊尊親親禮之常也然或尊者親者未必賢則必進疏遠之賢而用之是使卑者踰尊疏者踰戚非禮之常故不可不謹也

起云〇曰知人則哲自古為難與其悔之于後莫若謹之于始〇進賢猶言用人賢字包下節曰賢曰未可二項人在內非必才全德備者也進字根上舍字來蓋欲識其所以舍何如先識其所以進國君二字亦不輕國君一日不進賢則非所以為國國君日日而進賢亦非所以為君是欲進未進之際斷然苟且不得〇凡已意所不欲為而被人逼勒

四書統宗會元 上孟

做成此為不得已進賢非不得已之事而其遲回留難這種心事形狀
真如不得已而為之一般故註云謹之至蒙引如今又言無奈何相
似審之又審謹之又謹似有靳吝顧惜之意然者存疑非真不得已特
如之耳先看不得已有着落然後看如字則明白矣過下云所以如
此其致謹者何哉尊卑以位言疏戚以情言踰是踰越而居尊戚之
列蓋自今日進之而待以公孤之位為尊托以心膂之任為戚或所進
者未必賢又要進那一班卑底疏底起来是使卑者踰尊疏者踰戚朝
廷體統失其常道始進不慎其弊將至于此而不可不于尊之戚之之
時以致慎與慎字在下節此處唱起空說尊戚乃方進之人不指從前
已用之世臣卑踰尊疏踰戚是說所以如不得已處將使使字亦自
進賢者心裡說說統進賢不謹于始而誤用之則既在尊親之列他
日未免使卑踰尊疏踰戚是恐今日所進者不賢後来又別求賢者去

替代他親疏尊卑有易位者耳此是繼前而戒後也故曰將使〇方進之時即親臣世臣關係之始慎在所用未必賢一邊說然即真賢人亦必存此一段念頭方是謹之至呂說如不得已只形容一慎字其所以慎者爲難識也慎便是識之之道此外別無知人之法按非如不得已于未用之先則將實有不得已于既用之後故須慎

左右皆曰賢未可也諸大夫皆曰賢未可也國人皆曰賢然後察之見賢焉然後用之左右皆曰不可勿聽諸大夫皆曰不可勿聽國人皆曰不可然後察之見不可焉然後去之去上聲

左右近臣其言固未可信諸大夫之言宜可信矣然猶恐其蔽於私也至於國人則其論公矣然猶必察之者蓋人有同俗而爲衆所悅者亦有特立而爲俗所憎者故必自察之而親見其賢否之實然後從而用舍之則於賢者知之深任之重而不才者不得以幸進矣所謂進賢如

不得已者如此

過文云○慎之當何如○李說、此節、正是慎之之實所謂如不得已者○吳因之曰、本說進卻提起退一邊說者蓋用者未必賢固是不慎賢者未必用亦是不慎故必退之如不得已乃完得箇進之如不得已特把退者與進者相形立論只要如不得已意思透徹耳兩段各是形容下段又是形容上段但作文自兩扇不必分輕重又云、如不得已意全在然後字面上見相、遞、說下形容一箇謹審之至○翼註、左右諸大夫之言至國人而始決吾之察、亦因國人而後施重國人上○李卓吾曰、非左右諸大夫不如國人以左右諸大夫之為君不如國人之自為故可不可提以國人為定○集說、國人不止是公論乃利病之功于已者方進賢之時而已有言矣○宋羽皇曰、直至國人皆合然後察察又須見採聽在人真識原在我私不如公、衆不如獨、○其中尚有左右諸大夫曰賢而國人以爲不賢。仍不加察。左右諸大夫曰不可而國人以爲可者。仍加察之意。○集說、察乃詢事考言之事。或考素履。或驗語言。或衡才品之高下。或量其行實之始終。○見不是淺淺見之而已。屛去私心。真知其所謂賢與不可者何在。而無一毫茍且疑似也。○陳伯玉曰、皆字內有許多病痛在。曰賢止曰未可。猶將信之也。衆不聽不是全曰不可曰殺、直曰勿聽。決不信之矣。○馬君常曰、歸重國人。兩然後點睛欲飛。錢吉士曰不根。左右諸大夫然後字便無着落。○近臣恐是賄賂之行不行。諸大夫之蔽于私。或是植黨妬忌。國人雖是公論。耳目尚淺。同俗衆悅。如鄉原之類。特立俗憎。如韓子論伯夷特立獨行。而舉世非之之類。陳新安曰、參之于衆而察之于獨。不賢者固去之勿疑矣。賢者必任之勿貳。是卽君所親信之臣也。非親信之一己之私。而實親信之以國人之公。所謂民好好之也。今日爲親臣。他年托孤寄命。卽爲國家世臣矣。○蒙引、不

果進則在退列矣進退相形非又增一箇退人說也不可勿聽恐其失
賢正欲其得賢也故二條揔歸于進賢如不得已然所謂不可者亦是
今日所欲進用之人不是已在位而尊親之不賢者也不但進賢如不
得已退人亦如不得已方為退得當下文殺人亦如不得已揔是好惡
與民同也知之深詳察之見之說任之重便是用之在尊戚之列而
為親臣如此詳慎有何不才之難識而得以倖進哉

左右皆曰可殺勿聽諸大夫皆曰可殺勿聽國人皆曰可殺然後察之見
可殺焉然後殺之故曰國人殺之也

此言非獨以此進退人才至於用刑亦以此道蓋所謂天命天討皆非
人君之所得私也
存疑因說用人帶說刑殺蓋用舍刑殺人君大事也察是驗其罪狀
審其情實見是見其情真罪當決斷雖在于君而公論實出國人故曰

國人殺之○然只說可殺○亦就藏不可殺的在裡面○蓋察之見不可殺○則不殺矣○○此可殺者○另就一種人說○不可帶連上文謂不可之甚者則殺之○蓋不才者不用便罷○未有可殺之罪○何至于用殺○南軒新安之說、非是意○者齊王輕于用殺○故亦教以慎之道歟○然只依存疑帶說輕遞足矣○有謂用刑毫不可苟、進賢其可苟乎○申明進賢之慎○要得影借語氣者、亦不必○○蒙引天命指進退人才○天討指刑殺○

如此然後可以爲民父母

傳曰民之所好好之民之所惡惡之此之謂民之父母

如此二字、總結上○天命○天討○兩節○○淺說人、不苟用用之必當其可○所謂天命有德○人君不得以私喜而加爵○人不輕殺殺之必當其可○所謂天討有罪○人君不得以私怒而用刑○若用非可用○殺非可殺○則好惡拂民之性○惡在爲民父母也○○徐自溟曰、君有用舍之權○民有好惡之意○

上孟

本民之意以用君之權則君之權若屈而民之意獲伸方是父母爲赤子格好去惡之道玩然後可以四字非許之也乃難之也○翼註不重說效驗見不如此則有忝具瞻意四書脉此與大學不同彼重同民心上此要得兢兢業業體恤百姓意思總與上慎字相關○呂說如此二字若注看用舍刑殺只講得父母職分不得父母真義須注慎字則父母之本心大用俱出○李乂我曰上面踰尊踰戚只就進賢關係淺處說直到然後可以爲民父母處方是進賢如不得已的本意蓋唯爲民父母方可固結人心培植國脉以成故國與首節所謂故國者三句正相應○王說只在愛民着想此結得上兩節直從立國起見方能廻顧全章

湯放章全旨○此見人君當盡仁義兩下開闢評論而所以著萬古之綱常表湯武之公心儆人君之省德俱在其中非必拘蒙引謂宣王之問

有滅東周而自帝意也○

齊宣王問曰湯放桀武王伐紂有諸孟子對曰於傳有之傳直戀反

放置也書云成湯放桀于南巢

此傳是實有之傳○一載湯誓○一載武成○與前于傳有之不同○

曰臣弑其君可乎

桀紂天子湯武諸侯

桀紂雖暴君也○湯武雖賢臣也○一放一伐○是臣弑其君矣○宣王以臣不可弑君○不是○于可字中寓希異之意○

曰賊仁者謂之賊賊義者謂之殘殘賊之人謂之一夫聞誅一夫紂矣未聞弑君也

賊害也殘傷也害仁者凶暴淫虐滅絕天理故謂之賊害義者顛倒錯亂傷敗彝倫故謂之殘一夫言衆叛親離不復以爲君也書曰獨夫紂

蓋四海歸之則爲天子天下叛之則爲獨夫所以深警齊王垂戒後世
也○王勉曰斯言也惟在下者有湯武之仁而在上者有桀紂之暴則
可不然是未免於篡弒之罪也
蒙引天之所以立君民之所以戴君爲其能守此仁義稱綱常主也今
仁義自彼而壞則自喪其所以爲君矣不謂獨夫而何○集說君不可
弒顧君之所以爲君者以仁義耳殘賊便不得爲君誅之而不云弒之
矣此言也一以正君臣之大分一以警爲君之凶惡○朱子曰賊之罪
重殘之罪輕賊仁則大倫大法虧滅了義就一節一事上言一事不合
宜便是傷義○說統賊是忍心害理殘不是殘忍乃是殘敗謂破損也○輔
說凶暴淫虐指發于中者言顛倒錯亂指見于事者言兩者又是相因○李說
孟子以一夫字換君字以誅字換弒字甚妙既不得謂之君亦不得謂
之弒矣○紂罪浮于桀故單說紂然言紂而桀可知是桀紂之自絕非

湯武之得已○亦只是泛論○非欲宣王爲湯武也○胡雲峰曰、無孟子之說○無以警後世之爲人君者○無王氏之言○無以警後世之爲人臣者○

爲巨章全旨○此見人君當任賢○任賢圖治○上喻任賢不如任木○下喻愛國不如愛玉○然因不任賢見其不愛國○雖各爲一喻○意自相承○章内兩以使字○何等鄭重○兩姑舍從我○何等輕忽○而提醒精神○全在則何如何以異二句上○

孟子見齊宣王曰爲巨室則必使工師求大木工師得大木則王喜以爲能勝其任也匠人斲而小之則王怒以爲不勝其任矣夫人幼而學之壯而欲行之王曰姑舍女所學而從我則何如勝平聲夫音扶舍上聲女音汝下同

巨室大宮也工師匠人之長匠人衆工人也姑且也言賢人所學者大而王欲小之也

起云○孟子因宣王不能大用賢人以治國家○爰見而諷之曰○人君撫

有國家思有以為之左必有以共為之試以為室論○吴因之曰、看為巨室三字、便有深意正借影為國家的意思言為巨室不可不求大木正見為國家決不可不任賢人也下節愛國意已含○大木比賢人所學者大○蒙引、勝任、謂大木勝巨室之任不謂工師勝任○史伯璿曰、言大木則可以勝大屋之任猶人所學者大則可以勝治國之大任斲而小則不可以勝大屋之任猶賢人舍其所學則不可以勝國家之大任也○陳伯玉曰、喜怒字不間人主任賢不得私喜如以勝任不勝任為喜怒則公以從我不從我為喜怒則私○夫人指賢者孟子自寓兩之字、指仁義幼學中本領甚深措置甚偉須見大字意欲行是行其所學仁育萬物義正群生欲字重有不忍自壞而小之意二句一串重發所學見不肯枉道徇人下舍女從我亦反照矣幼壯字不必着迹○姑舍女所學之仁義從我所好之功利不委心以聽是舍明知而故舍之曰姑○○集說、舍女從我、齊王本無這話○但以所學者日陳于前而不聽○或從而不改勢必舍女從我乃可○此句作孟子設問口氣下節方實說○舍女所學而從我則何如三字方順上下文義亦呼應○摘訓則何如、謂幼學壯行賢者亦國家之大木也○舍汝從我是亦斲而小之矣○既不能以喜大木者而視人之賢○又不能以怒匠人者而反己之失○是獨何哉○故作商量語氣未了○有不足他的意思○

今有璞玉於此雖萬鎰必使玉人彫琢之至於治國家則曰姑舍女所學而從我則何以異於教玉人彫琢玉哉鎰音益

璞玉之在石中者鎰二十兩也玉人玉工也不敢自治而付之能者愛之甚也治國家則徇私欲而不任賢是愛國家不如愛玉也○范氏曰古之賢者常患人君不能行其所學而世之庸君亦常患賢者不能從其所好是以君臣相遇自古以爲難孔孟終身而不遇蓋以此耳

過文云○王不任賢則是不愛國家矣○今有、玉有之也許東陽曰、萬鎰、謂璞玉之價、值萬鎰之金也○萬鎰不得云少價多則物重自不輕予人彫琢亦不敢自彫琢以傷玉玉人能、治、玉者故必使之雖字與必使字相呼應必使玉人、是王愛之甚而明于治玉矣○楊子冠曰、國家之重奚啻萬鎰賢人之能治國家奚啻玉人之彫琢玉也○至于二字、鄭、重、之詞言亦當付之能者可也徇私欲是徇富强功利之謀且以爲仁義迂濶草茅之人不習廟堂之略姑舍從我全、是、輕、薄、口、角、自、恃、其能、過、于、賢、者而、安、肯、任、之○說約、教字餙使玉人使字何以異、猶云爲甚麼緣故以字作故字看乃如此怪、歎、之辭吳因之曰、不是詰問口氣全要大發不愛國意非徒把任玉人不任賢人兩相對並已也○又云、此節言不愛國正以愓其任用賢人蓋舉其所必愛者以激發其用賢之思○說統、治玉而自彫琢鮮不壞玉治國家而教賢人從我鮮有不壞國家矣。○合叅賢人之能治國家猶大木可為巨室也○曰舍女從我○則大木而小用之○賢人而不賢人期之矣○治國家當付賢人○猶萬鎰之玉必使玉人也○曰舍女從我○則玉以付玉人而國不付賢人矣○兩節反覆而中皆有姑舍句○雖任賢愛國○若分二意○實聯貫如此○

齊人章全旨○此見取國○當順人心○齊王託之于天○幽而難知○孟子决之于人○顯而有據○末節勸他能行仁政○則燕無不可取之意○

齊人伐燕勝之

按史記燕王噲讓國於其相子之而國大亂齊因伐之燕士卒不戰城門不閉遂大勝燕

燕王噲始因蘇代之言○委權于子之○繼因鹿毛壽之言○讓國于子之○子之南面而行王事○噲老不聽政○顧為臣○三年國大亂○將軍市被與大子平謀攻子之○不克○市被與百姓反攻平○市被死○以徇○構難數日○死者數

萬、齊因令章子將五都之兵、因北地之衆以伐燕、遂大勝之、醢子之殺燕王噲○書人賊之也、非義舉也、書勝之、謂以詐力取勝、非除暴禁亂之師也、

宣王問曰或謂寡人勿取或謂寡人取之以萬乘之國伐萬乘之國五旬而舉之人力不至於此不取必有天殃取之何如乘去聲下同

以伐燕爲宣王事與史記諸書不同已見序說

兩或字、見謀臣之紛紛不一也○謂勿取者、近于仗義○以燕不可滅○利不可貪也○謂取之者、急于乘時○以功不倖成○機不再得也○然只借上句、引起不益重○宣王意在取燕○故先言勿取而後言取也○上兩句、述人言○萬乘五旬、是斷以己意而援天以神其事○彼此萬乘○勢均力敵○不易勝也○曰舉之、則全燕盡得矣○曰五旬、非曠日持久矣○此句便含天意特將人力不至陪襯愈見天不可違○人力、戰士謀臣將帥之力、此字、指

五旬而舉。勝燕亦是人力。但至于此。非人力所能至耳。○存疑、五旬而舉、亦是燕國自亂。非齊真能勝之也。○何氏曰、齊王本有利燕之心。特託天而遂其私耳。○正解、取之何如、內含不得不取意、不是兩可之疑。○困勉錄、五旬而舉、未始不是天。然只是勝燕之天。若取燕之天。則猶未可知也。故孟子欲其以民心決之。

孟子對曰取之而燕民悅則取之古之人有行之者武王是也取之而燕民不悅則勿取古之人有行之者文王是也

商紂之世、文王三分天下有其二、以服事殷、至武王十三年、乃伐紂而有天下。張子曰、此事間不容髮、一日之間、天命未絕、則是君臣、當日命絕、則為獨夫、然命之絕否、何以知之、人情而已。諸侯不期而會者八百、武王安得而止之哉。

起云、○孟子曰、欲知天意。當觀民心。蓋民心向背。即天意之從違也。○

上孟

集說悅不悅就齊取燕說文武之取不取另有道理然不是已取了方
去看他乃度之于已度之于民預料而然此兩截另講下只說古之人
有取之者亦有不取之者不是一定勝則必取也朱子曰此亦是齊王
欲取燕故引之于文武之道非謂文王欲取商以商人不悅而止武王
見商人悅已遂取之也直是論其理如此耳說統引文武只做個証
驗不必深爲別白合參文武二段是應他兩個或謂
以萬乘之國伐萬乘之國簞食壺漿以迎王師豈有他哉避水火也如水
益深如火益熱亦運而已矣簞音丹食音嗣
簞竹器食飯也運轉也言齊若更爲暴虐則民將轉而望救於他人矣
趙氏曰征伐之道當順民心民心悅則天意得矣
過文云夫天意在乎民心而民心之得惟有施仁政而已彼此萬
乘不以相抗而乃相迎豈真視王師爲王者之師哉不過受燕暴虐在

水火之中。今特避之耳。曰豈有他。便見不是天意。曰避水火便有不擇地而蹈之之意。蒙引。如是假如之如。非如似之如。即鄭註若字。其曰水益深火益熱。蓋已窺其有將殺父兄係累子弟之事矣。然當時猶未有其事。方是始勝之日也。○運轉也。言始之望救于齊者。不難轉身而望救于他人。非必一于齊也。而已矣。見民情無可奈何處。○蒙引。此條是說齊未能得燕民之悅。而未便有可取之理。見得當施仁政以慰民心。民心悅。則天意得。而燕庶其可取矣。所謂仁政。只是反燕政以慰民望。如沛公入關約法三章。除秦苛法。則善矣。若反旄倪止重器而別立君。是取之以後事。○體註。此追論勝燕之民情。見不是天意所在。正答取之何如一問。㨿蒙引。以齊行仁政。燕或可取。時解。孟子意重勿取。故上條先言取之而後言取者。非也。

伐燕章全旨。○此見伐國當以仁。齊王謀寢兵。尚欲得燕。孟子謀寢兵只

是棄燕動天下以上是答所以名兵之由末節是代他畫止兵之策
說統倍地不行仁政是一章之旨

齊人伐燕取之諸侯將謀救燕宣王曰諸侯多謀伐寡人者何以待之孟子對曰臣聞七十里為政於天下者湯是也未聞以千里畏人者也

千里畏人指齊王也

取之是不聽孟子言而收其版圖籍其民人也○集說諸侯不是真心救燕乃借以為名忿齊之併有其國耳下文畏齊之强云云便是○諸侯者衆詞曰謀救非有救之事也曰將謀并謀亦未成也在諸侯不過虛聲恐喝而宣王違道併燕原覺膽虛竟倉皇失措矣○呂說不說諸侯謀救燕而曰伐寡人（多謀）是齊王膽落語極恨諸侯却沒處埋怨極悔前舉却自己倔强若說諸侯謀救燕則亦思及置君去燕矣齊王只見諸侯私心言此與寡人為難耳仍是戀燕不舍意○伐之多當待之預玩

何以字見戰守和不足恃有束手無策急求救解之態故下點畏字以嘲之○蓋周韋曰只問待諸侯不問何以待燕竟無罪君去燕之意恰與宋節意相反○合參臣聞二句且虛說下二節詳言之○李說湯以七十里齊以千里大小相去何如一個使人畏一個不免畏人所以然者只在得民與不得民耳下正詳之二句乃一章綱領○徐儆弦曰誅君弔民是為政天下根子殺父兄係子弟是千里畏人根子○集說為政天下且慢說王于天下只下節東西南北之征誅君弔民之事而已○此時情景齊王極急孟子却寬所謂不聽好人言落得一場討笑也

書曰湯一征自葛始天下信之東面而征西夷怨南面而征北狄怨曰奚為後我民望之若大旱之望雲霓也歸市者不止耕者不變誅其君而弔其民若時雨降民大悅書曰徯我后后來其蘇霓五稽反 徯胡禮反

兩引書皆商書仲虺之誥文也與今書文亦小異一征初征也天下信

之信其志在救民不爲暴也奚爲後我言湯何爲不先來征我之國也
霓虹也雲合則雨虹見則止變動也徯待也后君也蘇復生也他國之
民皆以湯爲我君而待其來使已得蘇息也此言湯之所以七十里而
爲政於天下也

杜靜臺曰雲霓以上先引書而後自說見湯師未征之先其望之切如
此以下先自說而後引書見湯師既征之後其慰民之望如此四書
脉怨與望只一意全本天下信之來信不在臨時此心正大光明爲天
下除殘無一毫貪利之念天下信得我過乃稱時雨之師畏與信正相
反東面三句正狀其信處西夷北狄以其極遠者而言舉遠以該近
也奚爲句怨之之詞蒙引若望雲者仰其來也若望霓者又疑其不
來也願其雨又恐其不雨故只管望看是雲是霓耳摘訓民望是想
望之望望雲霓是看望之望按此是湯師未至以前事兵戈擾攘民

情必多驚避不止不變形容王者之師秋毫無犯的景象此是湯師既至之時○說統湯之行仁全在誅君弔民然誅其君乃所以弔其民不平歸市者二句即在弔其民中抽出其景象如此重在湯師不擾上○集說君指十一征之國言弔者出之水火之中而存恤慰安之也見此外再無餘事○時而根上大旱來暴虐之後易于見仁及時而雨歡呼何似悅者悅其果志在救民而無一毫利己之事也○徯我后言從前待之久也后來其蘇謂今已來使我們死而復生也此是已至而室家相慶之言非未至而尚待其來也註未分明○書詞只証民悅不兼証民望未我為政天下意○

今燕虐其民王往而征之民以爲將拯已於水火之中也簞食壺漿以迎王師若殺其父兄係累其子弟毀其宗廟遷其重器如之何其可也天下固畏齊之彊也今又倍地而不行仁政是動天下之兵也累力追反

拯救也係累繫縛也重器寶器也畏忌也倍地并燕而增一倍之地也齊之取燕若能如湯之征葛則燕人悅之而齊可爲政於天下矣今乃不行仁政而肆爲殘虐則無以慰燕民之望而服諸侯之心是以不免乎以千里而畏人也

鄒嶧山曰燕之虐與葛之惡無異○燕民簞壺之迎與雲霓之望無異而殺父兄一段事與歸市一段則大不侔○兩節俱重下半段○王往征燕儼然成湯復出○民以爲三字是意中揣摩語以望湯者望齊也○三句聯讀不斷拯已水火○述其言○簞食二句叙其事○此時能誅君弔民以慰其望○真王者之師○而齊不難爲政于天下矣○若字如云若像這等之若○殺其父兄等皆已然事也不是假設之詞四句正是不行仁政處○楊子冠曰殺其父兄云云視不止不變者何如視誅君弔民者何如○是齊之師非時雨之師矣○如之何其可不指民心說○如云怎使得之謂○說統畏不

是好畏乃伺釁之心也此自平素言不行仁政在殺父兄事見存

疑畏猶忌也齊之强天下固與下又字叶應畏之弟無釁可乘耳今又倍地而

不行仁政則在我有釁而人得執以爲辭天下之兵從此起矣○齊爲

天下所畏與湯爲天下所信不同倍地指取燕說强奪人國固已不是

且肆爲暴虐不行仁政以伐燕時言不指平日言亦非謂取燕之後又

不行仁政也○焦漪園曰不曰天下之兵動而曰動天下之兵者蓋兵

在天下而動之者我也畏强已有乘我之心倍地則益起人之忌不行

仁政則真開兵之端故曰是動云云○末我不免畏人意

王速出令反其旄倪止其重器謀於燕衆置君而後去之則猶可及止也

旄與耄同　倪五稽反

反還也旄老人也倪小兒也謂所虜略之老小也猶尚也及止及其未

發而止之也○范氏曰孟子事齊梁之君論道德則以稱堯舜論征伐

則必稱湯武蓋治民不法堯舜則是爲暴行師不法湯武則是爲亂豈可謂吾君不能而舍所學以徇之哉

過文云。天下之兵已動矣。其將何以止之乎。。此爲王畫弭兵之策。正對何以待之。非。行。仁。政。之。本。論。也。以置君句爲主。。四書脉、速字重、猶字與速字應。見得稍緩。則不及事矣。。存疑、出令包下三事。猶可及三字最重。。殺者不能復生。係累者可反也。毀者弗能遽建。未遷者可止也。反之止之。齊師可以去乎。未也。燕自召公以來。世有君矣。經噲之亂。有。君。而。無。君。矣。今惟置之。然必謀于燕衆者。不執已見。從公酌議。或立本宗。或取支庶。年均擇賢。義均則卜。以。燕。之。衆。置。燕。之。君。非。有。私。也。而後引兵去燕。是爲燕定亂。未嘗損兵于國。利其所有。則燕無恙。諸。侯。不。得。以。救。燕。爲。名。庶因其兵之未動而猶可及止也。非然、則無以止之矣。止字應、前、待字。。沈無回曰、于無所待之中。代爲畫策。只有置君而去一着。然昔日行之則時雨之師。今日行之則脫禍之計。相去千萬矣。

○徐儆弦曰。此是失却第一着。幸有第二着也。按猶可及。如云尚可趂早為之。倘再失却。再無挽回矣。是急切語氣。不是寬緩口角。○蒙引湯十一征。決不是滅其國而取之以為己有。故其非富天下之心昭然于四國而無疑。當時齊于滕燕之後。若能置君而去之。不毀其宗廟。遷其重器。則亦庶幾湯武王者之師。而將有朝諸侯涖中國之勢矣。乃貪小利而忽遠圖。最為負孟子也。

鄒與章全旨。此見人君當行仁政以恤民。意穆公惟知罪民。孟子專責有司。但有司所以然。皆君不行仁政之故。末節略有司而專責君。正本之論也。

鄒與魯鬨。穆公問曰。吾有司死者三十三人。而民莫之死也。誅之則不可勝誅。不誅則疾視其長上之死而不救。如之何則可也。閧胡弄反。勝平聲。長上聲。下同

鬩鬭聲也穆公鄒君也不可勝誅言人衆不可盡誅也長上謂有司也
民怨其上故疾視其死而不救也
小國不輯睦而以兵戎已非立國之道況春秋紀兵以主者先曰鄒與
魯則兵端開自鄒不度德不量力也究其所爲戰者無坐作擊刺之節
金鼓旗鈴之用見可知難之謀鬩然一鬭而已鬩不成戰也叙死者
之多言有司出力爲君也莫之死非民竟無一死者乃無一個肯救護
有司之死而死也疾視怒目而視其死略無憐惜之狀盡誅則勢
有不能不誅則情有難恕非惟無以警頑民于目前且無以謝有司于
地下如何則可謂何道而可使民知畏法不復蹈今日之弊也此全是
大民之意注民怨其上意在下節勿露鄒曹姓子爵顓頊玄孫陸
終第五子安之後武王克商安之苗裔曹挾于邾爲附庸邾魯世仇穆
公改邾爲鄒

孟子對曰凶年饑歲君之民老弱轉乎溝壑壯者散而之四方者幾千人矣而君之倉廩實府庫充有司莫以告是上慢而殘下也曾子曰戒之戒之出乎爾者反乎爾者也夫民今而後得反之也君無尤焉幾上聲夫音扶

轉飢餓輾轉而死也充滿也上謂君及有司也尤過也

此節推民所以疾視之故見民之疾視在一時有司之疾視在平日照上節看即是出爾反爾之意○蒙引凶年凡疾疫之類皆是荒歉不止饑歲只是歲不熟○說統君之民三字要看公只曉得有司是自家的不知民也是君的○轉是求死不得無人接救之狀溝長而小壑深而大散是一時拋棄無人收拾之象之四方不擇地而蹈也幾千人應上三十三人倉廩以貯米粟府庫以藏貨財積實充滿若不知有凶饑也然君與民隔所賴以下情上達者惟在有司耳有司只戀自己富貴恐告之而觸君怒全不顧民身命必告之而挽君心莫之告無一人出力為民

者與上莫之死相對。正是出爾反爾處。○存疑：莫以告者，不告君發倉廩府庫以賑其民也。上兼君、有司說，君擁倉廩府庫，君之慢也；莫以告，有司之慢也。翼註：章內長上，皆指有司，惟此兼言。困勉錄：不必側重有司，此處平說。至末節則側重君身耳。抑慢者，不經心着緊之謂。惟慢事因以殘害下民，重在上之慢。○曾子之言，德怨並說，引來只重怨邊，不必兼德。有出必反，報施一定不爽也。○出之有司者，至慘至毒，積怨已非一日。而民欲反無因，今特借戰鬬以雪其憤耳。玩今而後，得最酸最苦。死者已死，無以慰于地下；散者已散，無由徧告四方。雖得反之于今，猶爲後矣。此報施之道，非民之過也。○困勉錄：反有司，即所以反乎君。不然只反得有司矣。○沈無回曰：君不當尤民，只當尤有司；不當尤有司，還當尤己。故末結穴在君行仁政上。○正解：通節只罪有司，而君之不恤民自見，不必依時解于倉廩實、府庫充，即補君不知發在內。

君行仁政斯民親其上死其長矣

君不仁而求富是以有司知重斂而不知卹民故君行仁政則有司皆愛其民而民亦愛之矣○范氏曰書曰民惟邦本本固邦寧有倉廩府庫所以為民也豐年則斂之凶年則散之卹其飢寒救其疾苦是以民親愛其上有危難則赴救之如子弟之衛父兄手足之捍頭目也穆公不能反己猶欲歸罪於民豈不誤哉

過文云○由此觀之民之不救有司者由有司之不恤民而有司之所以不恤民者由君之不行仁政耳○集說行仁政兼平日與凶年饑歲說無事之時制田里教樹畜戒勅有司使養其民一遇凶荒便興發賑貸無使一民失所也○按雖略有司而專勉君亦帶有司在內○說統仁政說指厚下之政說此以散財發粟說太狹○淺說此長上俱指有司親之死之俱在危難之時親以心言○情義相關死以身言○輕生赴難平時非不親

也。但此句亦應疾視長上句。按【存疑】以親上就平時言、死長就危難言、
謂平時親上、臨難方肯死長、相承說、未免周折、只以平時愛戴。補在斯
字上便是。○體註、玩斯字、見民之出。死。力。極。易。得。也。按【】矣字、決其理勢
之必然。亦是出爾反爾之道。○存疑、上文並罪君有司。行仁政則專責
其君者。治亂在君。臣下不得專焉。專責其君。治其本也。【丁長孺】曰人君
欲得民一時之死力。當恤民平日之生命。

滕文章全旨○此見立。國。在。乎。自。強。文公欲依人以求安。孟子告之憑巳
以自固。與民守之三句最重。

滕文公問曰。滕小國也。間於齊楚。事齊乎。事楚乎。間去聲

滕國名
地止五十里、本屬小國。而所與隣者、非同等之邦。東有齊。南有楚。間于
兩大之中。彼此侵凌。實是難守。○徐儆弦曰、並事不能。不事不可。因其、

事以自結而脩好○則得免于事之者之伐○因其强以自庇而求援○則得
免于不事者之伐○文公之謀專恃人也○故孟子教以自守之策○○兩乎
字、莫知適從○尚求孟子一決○○滕、侯爵、春秋桓公二年、以朝桓附于篡
弑降爲子、文王第十四子、叔繡之後、○存疑○滕、取水之騰湧而名也、

孟子對曰是謀非吾所能及也無已則有一焉鑿斯池也築斯城也與民
守之效死而民弗去則是可爲也

無已見前篇一謂一說也效猶致也國君死社稷故致死以守國至於
民亦爲之死守而不去則非有以深得其心者不能也○此章言有國
者當守義而愛民不可僥倖而苟免

翼註、是謀、非及、謂是僥倖苟免之○策不足言耳○非自謙短于謀也○○無
已有一、謂必欲言之不已○除此着只有一自守計耳○○立國以高山大
川爲限○如齊之泰岱渤海楚之方城漢水○皆可設守○今滕雖無大川○不

可謂無斯池。雖無高山。不可謂無斯城。鑿築、謂加鑿使深。加築使高。非向來毀塞。始整頓也。○呂說、不必另尋賦斂。只、將、事、齊、事、楚、者、為、之、已、足。○集說、舉二者以見自固之義。凡所以興起圖維為國計者。皆在內○折衷、鑿池築城。守之具也。地利與民守之。率其民以守也。連二句讀是未有事時。猶未着加。效死勿、方是遇變。着力去守也。效死指、君。見守義之意。而民弗去。感君平日仁義之恩。而樂為之死守不去也。人和便見愛民之意。愛民在平時○集說、與民內、使有固結民心。昭示信義之意。如無所以與之之本。民焉能弗去效死。只屬自己。民弗去。方是民。亦效死。○李忽齋曰、則是可為、只說理之所可為者在是。非謂事之必濟。聖賢于事變之際。只論是非。不論利害。○楊子冠曰、理所可為。不過如此。外此欲擇强而事。非計之得也。○張南軒曰、與其望二國矜已以求安。不若思所以自强而立國。然固國以得民為本。民心不附。雖金城湯池。誰與守。使民效

死不去非得之有素不能然也說統孟子以死守之謀進正不欲其僥倖于旦夕耳若論立國規模當以鄭子產為法（内脩德政 外交强鄰）

築薛章全旨○此見守國惟為善可以自信○說統把太王遷岐立案無非貶文公死守之心若曰遷非易事即賢如太王亦不得已為之後來子孫興王在為善不在遷岐所以君子為善只求可繼此外非所能必亦非所敢必則今為滕計止有强為善一着遷國圖存計之左也

滕文公問曰齊人將築薛吾甚恐如之何則可

薛國名近滕齊取其地而城之故文公以其偪已而恐也

滕薛本唇齒之邦薛亡則滕之勢益孤築薛則齊之患愈逼蓋齊非止為守薛之計欲頓重兵于薛地使滕不得不折而入齊也○恐是恐其隕先人之守而不免于築如何則可蓋求自全之策而不為齊所併也

○薛任姓伯爵奚仲仲虺之後

孟子對曰昔者大王居邠狄人侵之去之岐山之下居焉非擇而取之不得已也邠與豳同

邠地名言大王非以岐下爲善擇取而居之也詳見下篇

大王居邠猶今日之滕也狄人侵陵不啻築薛之齊也大王力不能禦只得舍之而去居建都作邑而居也據後日言一傳而三分歸再傳而一統集似邠地不如岐地之善大王若擇而取之者其實始初非爲岐山之下王氣所鍾擇而取之乃迫于狄人之難不得已而然耳玩不得已三字便見遷非有國之常法說統周家王業興于岐當時次有以地利之說進者故孟子以不得已三字破之正解引大王事要他如大王爲善不是要他遷國蓋滕無可遷地也且此節只序事正意仍在下節

苟爲善後世子孫必有王者矣君子創業垂統爲可繼也若夫成功則天

也君如彼何哉彊爲善而已矣夫音扶彊上聲

創造統緒也言能爲善則如大王雖失其地而其後世遂有天下乃天理也然君子造基業於前而垂統緒於後但能不失其正令後世可繼續而行耳若夫成功則豈可必乎彼齊也君之力既無如之何則但彊於爲善使其可繼而俟命於天耳○此章言人君但當竭力於其所當爲不可僥幸於其所難必

過文云○大王遷岐一時之權而興王由此者則爲善之所致耳○存疑上五句是泛說道理畢大王在內末二句方入滕事說○給聞編爲善指脩其德政而言○非以遷國不爭爲善也翼註不爲養人害人之慘而廣爲積功累仁之圖不離遷國亦不泥遷國方妙○爲善則雖暫時失國播越圖存不王于其身而子孫應運而興其王必然也過下云爲善有可王之理君子爲善無欲王之心○翼註創業即創此爲善之業

四書統宗會元卷之三 上孟

而以此業垂之後即是統可繼者、繼在後人而使之可繼在我也一是締造一是擴大爲者見只是爲此更不念及成功處善之已爲謂之業業之未就謂之統爲之自我謂之創留之于後謂之垂承爲善說說統、君子創業以垂統四字不平只求可繼世固有爲善而不必王者若取必于王并爲善之心亦不純矣集說註不失其正要看一味守正盡其在我使子孫可以繼而行之足矣則天也三字内兼成功與不成功指當日說不是後世爲善二句是必然之理君子三句是爲善之心理有必然而心則無妄俱泛說成功則天承子孫必王說與上非擇而取相應如彼何以力言與上不得已相應說約國小隣强爲善有許多難處故下一彊字不但恐其不用力也爲善與上爲善相應而已矣見强爲善之外再無別策照上成功則天說胡雲峰曰前章守義愛民盡其在我不可僥倖其在人者此章勉强爲善盡其在我不可僥倖其在天者。

滕小章全旨　此見人君當審經權之宜雖遷守並陳而意重守上。說統叙大王遷國有許多委曲不忍棄之意述或人效死之說直恁斬絕是時滕無棄地如岐者可遷其勢不得不死守必兼言遷者救人死守甚難故令之自擇

滕文公問曰滕小國也竭力以事大國則不得免焉如之何則可孟子對曰昔者大王居邠狄人侵之事之以皮幣不得免焉事之以犬馬不得免焉事之以珠玉不得免焉乃屬其耆老而告之曰狄人之所欲者吾土地也吾聞之也君子不以其所以養人者害人二三子何患乎無君我將去之去邠踰梁山邑于岐山之下居焉邠人曰仁人也不可失也從之者如歸市　屬音燭

皮謂虎豹麋鹿之皮也幣帛也屬會集也土地本生物以養人今爭地

而殺人是以其所以養人者害人也。邑作邑也。歸市人衆而爭先也。
竭力二字重看。竭力以事。本求免于侵伐也。而竟不得免。幾無自安之
策。何道而使宗社得以幸存也。力是財加不止心加。皮幣犬馬珠玉。
備言所以事之之物。亦是大王竭力以事處。不必分先輕後重也。然行
文層遞生發亦佳。事之六句。須想大王自有攻守機權。非徒牽馬獻
玉爲苟且偷安之計。顧㟧叟謂預定遷國于胸中。是緩狄之策。恐大王
亦不肯輕以國與敵也。玩乃字。見大王不輕遷國。萬不得已。始有此
策也。國人甚衆。其勢自難遍告。屬耆老而告。可使轉相傳告也。倫事
而猶不得免。使知狄人所欲。不在皮幣犬馬珠玉。祗有土地而已。蓋得
土地。則諸物自爲其所有也。聞是聞有此事。不是聞有成語。君子以
愛人爲心。故不以土地之故而爲此爭地爭城之慘也。何患無君。張
南軒謂與民訣別。似有棄民之意。蒙存翼註謂率民而去。似有强民之

意。困勉錄謂二說兼用。願從者從。願留者留。太王固不欲棄之。亦不忍、
強之。看来困勉錄是。口氣猶云、二三子莫謂我居此土有君。我離此土
無君。以為憂患。我們大家逃散。共圖安樂。擇仁德者歸之。更有強似我
底。何患乎無君。在我則勢難居此。將去之以避其鋒矣。○去邠、言其離
國之決。踰梁山、言其跋涉之艱。邑于岐山以居、言其經畫之周。相度之
當。○翼註、仁人、兼平日仁政。今日仁言二項。○平素有德于民。而去國
倉皇。猶慇懃囑付這等仁人。一失。豈能再得。須寫邠民依依不舍于悲
楚淒惻中激昂踴躍為妙。○集說、邠民曰以下一段、乃在屬耆老之後。
邑岐山之前。非太王已到岐山而邠民始謀所以歸之也。○許東陽曰、
從如歸市、史所謂居三月成城郭。一年成邑。三年成都。而民五倍其初。
蓋非獨邠民。近岐之民皆歸也。當時西方地近戎狄。皆間隙之地。非封
國之疆界。故太王得優遊遷徙。若滕介大國。無可遷之地。民雖或從。亦

無可往○孟子特舉太王之得民○以警文公耳○故下文言效死乃其正也○

或曰世守也非身之所能爲也效死勿去

又言或謂土地乃先人所受而世守之者非己所能專但當致死守之不可舍去此國君死社稷之常法傳所謂國滅君死之正也正謂此也

翼註註先人所受受字暗指天子○而以先人作主○非身所能爲言非欲去則去○所可輕易專主底○縱遭患難只宜盡力死守○不可舍而他去○此守正以徇國者也○

君請擇於斯二者

能如大王則避之不能則謹守常法蓋遷國以圖存者權也守正而俟死者義也審己量力擇而處之可也○楊氏曰孟子之於文公始告之以效死而已禮之正也至其甚恐則以大王之事告之非得已也然無大王之德而去則民或不從而遂至於亡則又不若效死之爲愈故又

請擇於斯二者又曰孟子所論自世俗觀之則可謂無謀矣然理之一
爲者不過如此舍此則必爲儀秦之爲矣凡事求可功求成取必於智
謀之末而不循天理之正者非聖賢之道也
集說審文公之已量文公之力只有死守一法然必請擇者當時文公
驚慌無措未必無僥倖苟免之念孟子想來惟有遷國死守兩路故借
大王一事言之而歸于死守蓋設爲難行之事以堅其自固之心不是
教他擇其可遷亦宜遷也但擇之則必不可遷矣蒙引三章意實相
承初告以死守後告以大王之遷及其又問則合死守遷都而請其自
擇蓋理之可爲者不過如此輔說大王之去非文公所能爲孟子意欲
文公勉守其當然也朱子曰滕是必亡無可疑者況王政不是一日行
得底若教他粗初成次第二國必不見容若湯文在空閒之地無人覷
他日漸成大若滕實是難保也按孟子當日斷無教滕遷國之理亦非

或遷或守鶻突不決之計言遷不過絕其僥倖之念耳蒙存淺說謂滕
亦可遷只在得民即困勉錄亦援少康衛文公故事以証之豈知成旅
復夏賴有虞思遷楚　亡仗在齊霸雖五十里安陵尚存于秦皇鞭箠
之日而彈丸滕地斷難免兩大之吞噬也

魯平章全旨此見君子出處在天不在人也以天字壓倒嬖人是警制
奸邪之意　翁子先曰臧倉之譏能止已駕之車而正子貧富之辨不
能解踰喪之惑臧倉自謂權可尼人而正子又歸咎之益重其權矣故
孟子揭出天字非特以天自安所以抑臧倉者至矣

魯平公將出嬖人臧倉者請曰他日君出則必命有司所之今乘輿已駕
矣有司未知所之敢請公曰將見孟子曰何哉君所為輕身以先於匹夫
者以為賢乎禮義由賢者出而孟子之後喪踰前喪君無見焉公曰諾乘去聲

乘輿君車也駕駕馬也孟子前喪父後喪母踰過也言其厚母薄父也

諾應辭也

謚曰平公、便是碌碌庸主。不能有超越世主之為。其出見孟子。全因臣

子平素稱道其賢也。 顏岩叟曰、將出二字、便開倖人窺伺之門。輕身

匹夫。自是闇主所愧。臧倉一言。便已合拍。 未出姓名。先曰嬖人。便是

妬賢嫉能之輩。者字、輕之之詞。猶言這樣的人。末節者字同意、請者、明

知之而敢請也。 人君舉動。關係匪輕。臣因君之出而不覺有懷他日

矣。四字、若從他日說起、便突。以今字作陪則犯。 所之以朝覲會盟田

獵遊觀言。有司、凡執事之臣。非止掌駕者。乘輿、謂君所乘之輿。大成作

四馬之輿、謬甚。 集說、乘輿已駕。而未明告有司。蓋因臣子言孟子之

賢。故不謀于左右。向往見之。亦是平公一段好處。但好賢之念未決。不

勝便嬖之私。使臧倉得假敢請之說。而婉言以沮之。 章素文曰、將見

孟子四字中。有多少勉强周旋意思在。臧氏譏口方敢乘間而入。○蒙引、為如字。言君為此輕身先匹夫之事。按先、先去加禮也。何哉另讀者。字一頓。乎字虛宕。二句當作詰問之詞。○李說、禮義所包甚廣。但就倉說。是準節人事。使豐儉一定。裁制人情。使厚薄得當。集說由賢者出、猶言他曉得禮義。他身上行出來。便該都是禮義。只淺淺說。○真西山曰、小人之譏君子。必先探人主之意而為說以眩惑之。平公欲見孟子。以其有禮義也。臧倉覘知其意。乃以踰喪毀之。謂其厚母薄父。于禮義為有違也。平公果惑其言矣。小人之轉移人主類如此。○君無見句、是見平公意思游移。語氣便敢嚴厲。○呂說、昏庸于嬖人。始而愛昵。愛之至為信服。信之至為畏懼。而嬖人所以蠱惑箝制其法。亦盡此矣。只一諾字中。有愛昵有信服有畏懼。

樂正子入見曰。君奚為不見孟軻也。曰。或告寡人曰。孟子之後喪踰前喪是以不往見也曰何哉君所謂踰者前以士後以大夫前以三鼎而後以五鼎與曰否謂棺槨衣衾之美也曰非所謂踰也貧富不同也入見之見音現與平聲

樂正子孟子弟子也仕於魯三鼎士祭禮五鼎大夫祭禮

李說臧倉之言正子必已聞知矣爲不見句雖究所以不見之由然是欲破其說使平公終見之耳○不明說倉而曰或告非惟信其讒且諱其人矣○何哉君所謂踰言君所謂後喪踰前喪却是爲那一件○說統前以士四句不是問辭乃是折倒平公語三鼎五鼎正塡實士與大夫之禮不平○蒙引祭不必喪後自初喪未葬之前皆有祭也按四句俱言祭禮然只是喪禮故統于喪内○否者言三鼎五鼎士與大夫禮有定分不得爲踰○美即厚也棺槨衣衾人人得以自盡非名分可拘而後美于前乃所謂踰也○集說非所謂踰猶言這個叫不得是踰貧

富在祿上說。貧則無財不可以為悅。富則不以天下儉其親。因貧富為厚薄。正是順理之禮。制宜之義。非賢者不能有此調度也。〇三牲用特豕、而以魚腊獻脯配之、五鼎用特羊豕、而以魚腊膚羊肉配之、

樂正子見孟子曰、克告於君、君為來見也、嬖人有臧倉者沮君、君是以不果來也。曰、行或使之、止或尼之、行止非人所能也、吾之不遇魯侯、天也、臧氏之子焉能使予不遇哉。為去聲、沮慈呂反、尼女乙反、焉於虔反

克、樂正子名。沮、尼、皆止之之意也。言人之行、必有人使之者、其止、必有人尼之者、然其所以行、所以止、則固有天命、而非此人所能使、亦非此人所能尼也。然則我之不遇、豈臧倉之所能為哉。〇此章言聖賢之出處、關時運之盛衰、乃天命之所為、非人力之可及。

正子以平公之見先告孟子、今不果來、近于無稽、故又來見孟子、其言、全有尤人之意、故孟子歸之天以曉之。〇告于君以經綸抱負告之、昔

也。沮君、爲毀言沮君之来也。言下、有憤憤不平之氣。行止主道言、而
或字就人看。使字含稱道意。尼字含毀誣意。若依集説、以行止泛指行
事擧動、則落不遇魯侯句。便少直截。註必字。不如大文或字話。蓋云不
知怎麼。偏自有人使之尼之者也。○或字、有莫之爲而爲意。便含天字。
兩句平説。不必側重止邊。而語氣須留行止非人句地位。○蒙引、此天
字、以氣數言。然只在遇合不遇合上。淺淺説。○李九我曰、遇字重看。須
是志同道合。諫行言聽。膏澤下于民。以心相遇。非止乘輿一見。便叫做
遇也。○困勉録、當時魯侯即見孟子。亦未必就行其道。于臧倉固可無
憾也。即使一見。關係于行道而爲倉所沮。亦有天焉。于倉亦無憾也。孟
子只欲發明天命之意。故以行止言之。不可即以一見爲行。陳伯玉謂
遇字此見字較深。得之矣。○士人與君公。但有一翻會遇也。是一段天
意。不是遇魯侯。便可大行其道。蒙引、以此卜生民之泰、天下之治、未免

說遇字太重。呂說孟子既知天，安用尤臧氏。故不特叫罵不是，寒酸亦不是。寒酸與叫罵同出於憤懣也。按末二句只以平淡語出之。范氏曰：在孟子可以言天，在魯侯不可以言天。賢者在己者有義，在天者有命。循其在己而聽其在天。至于人君，則當尊用賢德，奉行天命，不當諉之命也。

四書統宗會元孟子卷之五

萬章章句上 凡九章

熊勿軒曰前四章言舜盡事親之道次二章言唐虞三代禅繼之道後三章言聖賢出處

舜往章全旨

通章以怨慕二字作主○次節辨其怨已而非怨親○三四節極言其怨慕○末節斷其爲大孝也○

萬章問曰舜往于田號泣于旻天何爲其號泣也孟子曰怨慕也 號平聲

舜往于田耕歷山時也仁覆閔下謂之旻天號泣于旻天呼天而泣也事見虞書大禹謨篇怨慕怨己之不得其親而思慕也

往田躬耕以事親也○每往于田○便至號泣○言非一時○何爲是問所以號泣之故○○蒙引旻覆幬也閔憫恤也謂仁以覆閔乎下也此以天之情言○爾雅春爲蒼天 以色言 夏爲昊天 以氣言 秋爲旻天 以情言 冬爲上天 以位言

下孟

言

按亦不必拘。陳新安曰：怨慕二字，真得舜之心，包盡一章之意。

存疑：兩字相因，以已有罪，不能得乎親，自怨，則一心思慕乎親。思慕乎親者，必欲得之也。不是思慕欲得親，此有分辨。方未得乎親之時，則怨慕兩字俱當用；及既得乎親之時，只當用慕字。故始則曰怨慕，終只曰慕。

說統：怨者，戚戚然如有所歉；慕者，皇皇然如有所求。

困勉錄有云：慕而不得則怨，爲倒置。看來慕而不得則怨，怨而求得則仍慕，二意兼用。觀蒙存云二字相因可見。

集說口氣云：聖人于不得已之際，亦不能無抑鬱之情。舜當日號泣，正是他情不容已，抑鬱于中而怨慕未忘，故如是耳。若明說怨已之不得乎親而思慕之一段道理，則萬章無下文一問。又云：怨則必慕，若怨而不慕，泣所怨非矣。二字一套事，但有淺深耳。陳新安謂可以解憂以上單言怨，末節單言慕，蒙引非之，良是。按：怨之中無非是慕，若五十而慕，不必言猶有怨也。板分不得。

萬章曰父母愛之喜而不忘父母惡之勞而不怨然則舜怨乎曰長息問於公明高曰舜往于田則吾既得聞命矣號泣于旻天于父母則吾不知也公明高曰是非爾所知也夫公明高以孝子之心爲不若是恝我竭力耕田共爲子職而已矣父母之不我愛於我何哉惡去聲夫音扶恝苦八反共平聲

長息公明高弟子公明高曾子弟子于父母亦書辭言呼父母而泣也恝無愁之貌於我何哉自責不知己有何罪耳非怨父母也楊氏曰非孟子深知舜之心不能爲此言蓋舜惟恐不順於父母未嘗自以爲孝也若自以爲孝則非孝矣

萬章誤認舜爲怨親故引此成語相質。四句重不怨邊。之字指子言。勞是受箠撻之苦。舜怨根號泣來。○楊子冠曰。長息以下引言以發明怨慕之意。既得聞命指躬耕養親言。號泣字貫下。言號天而泣。呼父母而泣也。則吾不知焉猶萬章怨親之疑。○吳因之曰。非爾所知重聖心深遠。人莫能測。不重長息非知聖人意。○夫公明高以下皆發非爾所知一句未盡之意。孝子實指舜說。孝子之心一層。公明高推孝子之心一層。孟子代公明高推孝子之心一層。六句一氣說下。却有三轉層次。明。其。怨。已。而。非。怨。親。以。破。舜。怨。乎。之。問。○合參、恝與怨字對。說個不若是恝。正慕之不容自已處。○困勉錄、我竭力二句、言子職無窮。竭力耕田。只其一端。但可塞責。未足慰心。須說得淺。方見孝子之心。○集說、共為子職而已矣。見。得。別。無。法。于我何哉。又。于。無。法。中。求。法。正。怨。慕。之。至。處。按末句有潛。思。默。忖。千。迴。萬。轉。意。若作其奈之何看。非慕并非怨矣。註自責要看。正是怨字。

我竭力四句。總形容怨慕心事。語氣在若是恝句截。下俱說孝子之心。集說、兩我字、俱就孝子之心說。蓋言親方忘我。而我又漠然不置諸念。是恝然無愁也。孝子之心。必不若是。摘訓、子職多端。耕田乃子職中之一事耳。我之供為子職也。何嘗他有所能哉。不

過竭力于耕田一事○以供為子職而已○耕田之外○子職之未供者○何可
勝計○父母之不我愛○于我何哉○蓋得罪于耕田之外者甚多○無從倩度○
此所以號泣于旻天○于父母也○蒙引以夫公明高至而已矣一氣讀末
二句又另起頭、一正一反、嫌未聯貫、○楊子冠曰、舜惟求所以不得乎
親之故○是以號泣○蓋怨己之不得乎親而思慕欲得乎親也○豈怨父母
也○哉○按此處言舜不得不怨之意已盡○下文又推拓言之○

帝使其子九男二女百官牛羊倉廩備以事舜於畎畝之中天下之士多
就之者帝將胥天下而遷之焉爲不順於父母如窮人無所歸（爲去聲）

帝堯也史記云二女妻之以觀其内九男事之以觀其外又言一年所
居成聚二年成邑三年成都是天下之士就之也胥相視也遷之移以
與之也如窮人之無所歸言其怨慕迫切之甚也
過文云○然舜之怨慕○豈特往田之日爲然哉○當四岳咸薦之初○玄德

升聞之日。○說叢、此節敘事。是述舜之迹。下節議論。是原舜之心。○蒙張、承上節推進一步、言舜雖處可樂之地。無時不怨慕。不、但、號、泣、于、往、田之際也。帝使三句、供養之多也。下好色段應此。多就句、人心之附也。下士悅段應此。帝將胥、得君之隆也。下富貴段應此。窮人無歸、形容迫切之情。下憂字指此。○帝將胥遷、以下、皆張大其事。起下如窮人無歸耳。只敘過。○使字、直貫至畎畝之中句住。○趙氏惪曰、九男獨丹朱以亂嗣聞。其餘八庶無事。故不見于堯典。○朱子曰、二女、娥皇女英也、蓋夫婦之間。隱微之際。正始之道。所繫尤重。故觀人者于此為尤切。○饒說、以天子二女來處頑嚚傲之間。看他如何處置。二女和則是處置得是。九男皆帝子。亦難處。若處之得其道、亦自安。百官只是百司。如後世典籤涓人之類。○說約、事舜畎畝、非事于歷山耕田處也。舜自微庸已在位。為其自畎畝來。故云。○說統、畎畝之中四字亦不閑。耕稼之夫。被非常之寵見得人情所易動處○集說多就只在人心歸往上說按士字不必拘有作就學于舜者鑿○翼註胥天下是使之為相遷之是又使之為君謂與之共視乎天下而遂以與之也順于父母即前言諭親于道○困勉錄為不順于父母正是其心之怨慕處而謂以事迹言者蓋下文推其所以怨慕之心則此又屬事迹矣與他處事迹不同○陳國皦曰四岳薦舜瞍已烝乂然此自四岳之心視之耳舜之心不爾也舜視頑嚚有一分之未格便不可以為人不可以為子故有如窮人無所歸○集說如字不特舜心裏如此即外面模樣亦如此盖父母得其歡心縱外面有拂意之事也不為累以尚有父母在可為我之本根歸落也此處不得妥貼任外面富貴之極根本處却在那裏件件都無着落矣○正解與上三項相反言如窮人無妻子之可養無人心之可依無富貴之可樂而身不自安心不自遂也

天下之士悅之人之所欲也而不足以解憂好色人之所欲妻帝之二女而不足以解憂富人之所欲富有天下而不足以解憂貴人之所欲貴爲天子而不足以解憂人悅之好色富貴無足以解憂者惟順於父母可以解憂

孟子推舜之心如此以解上文之意極天下之欲不足以解憂而惟順於父母可以解憂孟子眞知舜之心哉

過文云○窮人無歸○舜之憂○切矣○其將何以解之哉○○輔說上文是說舜之實事○此又推述舜之心以解上文之意○言舜之心事○實有如此者耳○○王麟洲曰說怨猶有怨親可疑○憂則別無可諉故指憂以替怨字○○每段上截俱就人情說○下截方切舜身上○四段平平推論○留下人悅之一段挖狀地步○憂指窮人之憂○解消散也○○士悅段重天下字○好色段重帝女字○富貴二段重有天下爲天子字○見得○非○尋○常○之○遇○可○同

也○說統霞說上文之意○句句從上節看出○體註有天下爲天子須會上將胥天下將字舜之憂因不順父母而生○則必因順父母而解○吴因之曰言舜之解憂者不在得天下之欲而惟在順親○亦有一反一正意但語意上輕下重○翼註人悅好色富貴無足以解憂者已見得終身慕父母了○末節不過因此贊其爲大孝耳

人少則慕父母知好色則慕少艾有妻子則慕妻子仕則慕君不得於君則熱中大孝終身慕父母五十而慕者予於大舜見之矣少好皆去聲

言常人之情因物有遷惟聖人爲能不失其本心也艾美好也楚辭戰國策所謂幼艾義與此同不得失意也熱中躁急心熱也言五十者舜攝政時年五十也五十而慕則其終身慕可知矣○此章言舜不以得衆人之所欲爲己樂而以不順乎親之心爲己憂非聖人之盡性其孰能之

過文云。舜之憂至于如此。豈常情所易及哉。試就常情而槩言之。大成人少句動。此是孩提良心。但常人之心。因物遞遷。慕少艾、慕妻子、慕君、皆移、慕父、母之心、以慕之。惟終身而慕。是不失赤子之心。且、從、言。勿指舜。少時之慕。無論父母愛惡。一心戀着。然人惟少則然也。此、句、作一頭。中三則字皆倏忽轉移之意。故皆不得為孝。終身、包少、壯、老慕父母見、不、為、少、艾、妻、子、仕、所、動也。故成其為大孝。此句是煞尾。慕君亦理之當然。不比少艾妻子。非所當慕者。故又申不得熱中句。言為富、貴勢利起見。非忘親徇國。移孝作忠之意。呂說終身兩字、有多少閱歷。多。少。鍛。鍊。多。少。引。誘。而。慕。如。故。所。以。難。也。翼註言五十已槩終身。蓋舜登庸。凡少艾妻子富貴已歷盡了。此時猶慕。則後來更有何物動。他。故謂之大孝。按此二句方切舜說。見之是見其人。玩者字、不是謂見其心也。吳因之曰、此節贊其異于衆人如此。而其始之非怨親益明。

矣要之孟子許多説話只發明怨慕二字之意○上説怨慕○此只説慕○
慕○心即怨心也怨慕之心為聖人大孝○非常情所可及也○則當日于田
號泣乃怨己慕親耳而豈怨其親哉○如此收繳方為完密○提註首句
指第三節○次句指第四節○盡性二字是推其本原○饒説如孝便十分孝○
弟便十分弟○忠便十分忠○皆是盡性○

娶妻章全旨　此見聖人變而不失其常意前二節以父母爲主○不得娶
變也○而處之以權○後二節以兄弟爲主○謀殺兄變也○而處之以誠○權與
經○合○誠與明○合○所以為聖人○

萬章問曰詩云娶妻如之何必告父母○信斯言也宜莫如舜舜之不告而
娶何也孟子曰告則不得娶男女居室人之大倫也如告則廢人之大倫
以懟父母是以不告也懟直類反

詩齊國風南山之篇也信誠也誠如此詩之言也懟讎怨也舜父頑母

嚚常欲害舜告則不聽其娶是廢人之大倫以懟怨於父母也萬章意以昏姻人道之常未有不稟命父母者故借詩引起告父母以姓名通白父母而後娶也○存疑誠如此詩之言謂此詩之言若誠是也宜莫如舜謂能盡道宜莫如舜也○何也是疑有未盡道處蓋以經律舜也故下以權字破之○○集說告則不得娶是正說不告之意男女居室以下乃孟子設身處地言告不如不告之意○李說人之大倫就上承宗祧下開亂嗣言見不可廢之意○存疑告而後娶則父母不之聽是廢人之大倫又生一場憎怪是徒見怨于其父母也○集說只重在廢倫上懟父母帶說見懟于父母非既廢大倫而子有怨懟父母之心不告而娶難道父母不懟怨然廢倫而徒明取譬怨顧親于有過與不廢倫而暗受懟怨自己蒙有過之名孰重孰輕舜點權之熟矣○印古心語不告而娶不孝也告不得娶不慈也使告而不得娶是居已于孝而發父母之不慈舜

豈忍哉。寧受不孝之名。不使親露不慈之情。此舜之用心也。聖人不潔名以形人。況吾親乎。是以不告也、此明聖人用權處。心不刖德義之經為頑、口不道忠信之言為嚚、

萬章曰舜之不告而娶則吾既得聞命矣帝之妻舜而不告何也曰帝亦知告焉則不得妻也妻去聲

以女爲人妻曰妻程子曰堯妻舜而不告者以君治之而已如今之官府治民之私者亦多

既得聞命知其親之不慈。莫可如何也。。妻舜不告是堯不使人親告于瞽瞍。非謂堯不令舜以告其父母也。何也、是疑堯不行君之令意。。說統、瞍之不可告。就是帝亦曉得帝不患瞍逆己之命只恐舜不敢逆親之意。不若大家相安于無言。反是兩全的道理。蓋委曲以為舜地也。。程竹山曰、瞽瞍之令。不行于君而得行于子。舜之孝。必從乎父。而不

從。乎。君。故告則不得妻。在舜不在瞽瞍也。。吳氏程曰十字作一句。焉乃助語義字。按亦字從上告不得娶來。。吳因之曰帝亦知告句又着在帝堯身上。深明瞍之不可告。揔是明舜之所以不告而娶意。。說約非舜不能權以成父之慈。非堯不能默以成舜之孝。翼註舜不告是主堯不告是賓分乎說。。集說舜之不告。是禀。告。之。告。堯之不告。是勅。諭。之。告。不一樣。。困勉錄程子既云以官治之（兼謂舜與瞽瞍非專指瞽瞍也則即告而）使瞽瞍知之。亦不懼其不聽矣。何弗告也。曰不告而妻是以官治之。告而強使從。亦是以官治之。但不告則無形迹而相安于無言。告則多一番形迹。且其事有不得行者矣。故不告耳。時說疑程註為非不知告與不告。皆為以官治之也。但有有形迹無形迹之分耳。

萬章曰父母使舜完廩捐階瞽瞍焚廩使浚井出從而揜之象曰謨蓋都君咸我績牛羊父母倉廩父母干戈朕琴朕弨朕二嫂使治朕棲象往入

舜宮舜在牀琴象曰鬱陶思君爾忸怩舜曰惟茲臣庶汝其于予治不識舜不知象之將殺己與曰奚而不知也象憂亦憂象喜亦喜弤都禮反忸女六反怩音尼與平聲

完治也捐去也階梯也揜蓋也按史記曰使舜上塗廩瞽瞍從下縱火焚廩舜乃以兩笠自捍而下去得不死後又使舜穿井舜穿井爲匿空旁出舜既入深瞽瞍與象共下土實井舜從匿空中出去即其事也象舜異母弟也謨謀也蓋蓋井也舜所居三年成都故謂之都君咸皆也績功也舜既入井象不知舜已出欲以殺舜爲己功也干盾也戈戟也琴舜所彈五弦琴也弤琱弓也象欲以舜之牛羊倉廩與父母而自取此物也二嫂堯二女也棲牀也象欲使爲己妻也象往舜宮欲分取所有見舜生在牀彈琴蓋既出即潛歸其宮也鬱陶思之甚而氣不得伸也象言己思君之甚故來見爾忸怩慙色也臣庶謂其百官也象素憎

舜不至其宫故舜見其來而喜使之治其臣庶也孟子言舜非不知其將殺己但見其憂則憂見其喜則喜兄弟之情自有所不能已耳萬章所言其有無不可知然舜之心則孟子有以知之矣他亦不足辯也程子曰象憂亦憂象喜亦喜人情天理於是爲至

楊子冠曰二使字雖是瞽瞍使實傲象誘之○也○觀謨蓋句可見○此○節○歸○重弟上○○出是匿空旁出○非瞽瞍使之出也○小註匿空、隱匿之孔穴也、○焚廩揜井、而舜須免于死者○不使父母有殺子之惡也○○謨蓋都設謀以揜蓋也○父祇因此謀而為之○母亦有此謀而替之○故謂咸我績也○○象以父母年老○無他嗜好○唯甘旨是奉○故牛羊倉廩歸之○而都君止知養身○不顧養親○今先及父母○明己之孝也○○干戈琴弤文事武備○皆少年不可缺者○故歸之于己○朕、予也、古者上下通稱、自秦以後、乃天子自稱之名、○纂註舜在牀琴、重象見舜尚生說○一說遇變而不失其常○

聖心之天定也有慶幸得爲父子兄弟如故意○說統鬱陶猶陶之煙氣結而不散○四書脉鬱陶思君是臨時撰出愛兄之言以掩入宮之罪而色自忸怩終不容僞也○存疑臣庶予治是見其来而喜之因使爲看視耳非以治理之責寄之也○集說不知將殺已是說浚井時事奚而不知如此非入宮時事○奚而不知謂家庭之間其事易見况大智如舜奚有不知殺已之事而字作有字解○翼註象憂二句泛就平日休戚相關言勿以謨蓋爲憂鬱陶爲喜末找今皆鬱陶之言是象之喜舜而臣庶之治正舜之喜象耳歸重喜邊與下僞者相應○陳大士曰象憂而舜死矣舜非自憂其死憂象之死其兄也象喜而舜生矣舜非自喜其生喜象之生其兄也○兩亦字揔是形容舜之與象天性至親流貫融液無形骸間隔雖舜不自知其何爲而然也○真西山曰世儒疑堯在上二女嬪虞象無敢殺舜之理不知孟子但論舜之心使

其有是○處之不過如此○豈必其有是哉○

曰然則舜僞喜者與曰否昔者有饋生魚於鄭子產子產使校人畜之池校人烹之反命曰始舍之圉圉焉少則洋洋焉攸然而逝子產曰得其所哉得其所哉校人出曰孰謂子產智予既烹而食之曰得其所哉得其所哉故君子可欺以其方難罔以非其道彼以愛兄之道來故誠信而喜之奚僞焉與平聲校音效又音教畜許六反

校人主池沼小吏也圉圉困而未舒之貌洋洋則稍縱矣攸然而逝者自得而遠去也方亦道也罔蒙蔽也欺以其方謂誑之以理之所有罔以非其道謂昧之以理之所無象以愛兄之道來所謂欺之以其方也舜本不知其僞故實喜之何僞之有○此章又言舜遭人倫之變而不失天理之常也

李覯說僞喜疑舜喜不由衷○由象生也○謂是作意爲之○引子產事明其喜出于誠○

重○在○理○上○校人烹之照上焚廩浚井○反命四句照上鬱陶思君○得其所二句照上臣庶予治○子產畜魚好生之意○烹而敢反命者○自恃其揣摩之工也○圉圉是魚與水不相習昏迷懵懂之意○少謂略停一刻也○則洋洋便知有水之樂○生機已露○陳伯玉曰攸然而逝非魚水相忘乃○急避網釣之狀○唯恐復失所也○若果魚水相忘○何不緩游而速逝耶○按上馬字語氣未住○言方幸魚之生而不死○誰料即攸然遠去也○攸然上添不得久之二字○○魚以水為所○攸然而逝○便是得其所也○重言之者○深喜之之詞○○吴因之曰君子二句重可欺以其方上○難罔句帶說蒙引可欺說○而子產事在其中○○雖有先見之明○可欺以理之所有○雖無逆詐之情○難罔以理之所無○故君子三字就子產而推開言之○二句足上生下○○馬君常曰象雖非愛兄之弟○而弟原有愛兄之理○彼以愛兄之道來○是非以象來○乃以弟來矣○李說誠字也對僞字說○誠信而

下孟　一　卷三十

喜謂實實信而喜之也。勿將信字連誠字說。○集說象之于舜。相怨相憎。未嘗一至其宮。今日偶然而來。舜亦歡喜。說他和好了。豈知其爲分取所有而來耶。○吴因之曰、象本極惡。不可化誨。舜亦巴不得他回心。故一見走來。便是歡喜。不計其他。又何僞之有。來字可味。○許東陽曰魚有攸然而逝之理。弟有思兄鬱陶之理。故子產與舜皆信之。舜之愛弟自天性。況象又以愛兄之道來感之乎。困勉錄舜非信象也。直信道耶。○集說上節以情言。聖人之心一于仁也。此節以理言。聖人之心一于誠也。按重誠字。謂其純一無僞。物來應之而已。○陳新安曰不失天理之常。則終可以回人倫之變矣。不格姦底豫之餘。人倫豈終變也哉。

象日章全旨　通章重愛弟之仁。上封之者。固是親愛其弟之仁。而使吏代治。亦是可以全其親愛無已之仁。外註雖有仁至義盡之說。不並重。

萬章問曰象日以殺舜爲事立爲天子則放之何也孟子曰封之也或曰

放焉

放猶置也置之於此使不得去也萬章疑舜何不誅之孟子言舜實封
之而或者誤以爲放也

焚于廩蓋于井皆是殺舜曰爲事非徒設心曰日以非止一時言傲很
已極世之大惡也合參立爲天子刑賞在乎正當誅不弟者以勵天
下乃天子之事不是說復仇萬章之疑蓋以罪大而罰輕也封而
非放放且不爲況忍誅乎二句串看重封之句萬章方疑放之刑輕而
孟子說封更出意外故有下文之問

萬章曰舜流共工于幽州放驩兜于崇山殺三苗于三危殛鯀于羽山四
罪而天下咸服誅不仁也象至不仁封之有庳有庳之人奚罪焉仁人固
如是乎在他人則誅之在弟則封之曰仁人之於弟也不藏怒焉不宿怨
焉親愛之而已矣親之欲其貴也愛之欲其富也封之有庳富貴之也身

爲天子弟爲匹夫可謂親愛之乎庳音鼻

流徙也共工官名驩兜人名二人比周相與爲黨三苗國名負固不服
殺殺其君也殛誅也鯀禹父名方命圮族治水無功皆不仁之人也幽
州崇山三危羽山有庳皆地名也或曰今道州鼻亭即有庳之地也未
知是否萬章疑舜不當封象使彼有庳之民無罪而遭象之虐非仁人
之心也藏怒謂藏匿其怒宿怨謂留蓄其怨

蒙引堯之時○四凶之惡未著○堯不得探其惡而誅之○舜之時○四凶之惡
已著○舜不得以堯不誅而亦不誅之○其或誅或不誅○皆天理也○流遣
之遠去○如水之流而不返也○放謂拘之于此○不得他適也○負固者恃險
阻城池之固○不服教化也○殛謂拘囚困苦之○註訓誅猶責也○非誅戮之
誅○方命者、逆上命而不行也○圮敗族類○言與衆不和○傷人害物也○趙
氏曰、幽州北裔、崇山南裔、三危西裔、羽山東裔、所謂投諸四裔○李說四句且

閑閑說不仁意留在誅不仁也內說出。蒙引。罪活字猶云四誅也。服
服其用刑之當罪也。即下文誅不仁也。彙註。誅不仁也要見除民害
意方與有庳之民奚罪焉相對。欲殺其兄不仁之至封字與上流放
殺殛相反兄且欲殺何有百姓必將大肆殘虐播惡一方其民奚罪而
受此荼毒也。因勉錄。仁人固如是乎三句一氣讀意雖重在流毒有
庳然語氣却是說刑賞不公。他處如是收煞上文此是帶下二句填
實不得然下二句事實亦只在上文。饒說。仁人六句泛說仁人待弟
之厚封之以下方就舜說末三句反言以決其當封意。弟與他人自
不同而仁人之于弟此常人之于弟更不同雖可怨而不怨雖可怨而
不怨直是無怨無惡有何可藏可宿二不字作無字看。程竹山曰因
後日為天子不復追念前日殺已的事故有藏宿之說在舜直不留一
點怨怒的心。親愛只是仁在心上虛說下親之二句方實講而已矣

者言但知親愛並無怨怒。直解使尊卑濶絶則勢分相阻不可以言親貧富懸殊則體恤未周不可以言愛。集說親則視如手足同體之義故必當貴之與我略相等愛則情意周至故必當富之使之得遂其欲。正解二欲字正仁人親愛之心篤摯處必藉富貴以行其親愛者從身為天子看來。李說有庳之封則有茅土之富國君之貴正是其親愛用情處未反言以見弟為匹夫則尊卑懸絶苦樂不均不可謂親愛即不可謂仁此舜之封象舜之仁也。身為天子富貴極矣弟為匹夫未富貴耳且不可爲親愛而非仁矣豈可以誅他人者例之于弟乎

敢問或曰放者何謂也曰象不得有爲於其國天子使吏治其國而納其貢稅焉故謂之放豈得暴彼民哉雖然欲常常而見之故源源而來不及貢以政接于有庳此之謂也

孟子言象雖封爲有庳之君然不得治其國天子使吏代之治而納其

所收之貢稅於象有似於放故或者以爲放也蓋象至不仁處之如此則既不失吾親愛之心而彼亦不得虐有庳之民也源源若水之相繼也來謂來朝覲也不及貢以政接于有庳謂不待及諸侯朝貢之期而以政事接見有庳之君蓋古書之辭而孟子引以證源源而來之意見其親愛之無已如此也○吳氏曰言聖人不以公義廢私恩亦不以私恩害公義舜之於象仁之至義之盡也

說約上節章疑封象之非仁意重在流毒有庳孟子只言兄弟至情封之正所以爲仁未暇爲有庳作辨此則因再問而解及之然解不暴有庳處仍是說親愛其弟處○章之問意以封爲放意必迹有近似○不得有爲言一國生殺予奪之柄不得專主也凡政事因革征輸出入一切使吏治之與象以國而不授象以權食象以稅而不任象以事竟似安置于此吏來看守放的一般故或者不知謂之放也故謂之放跟或

下孟

者說不是孟子說此便是放 ○ 正解使吏代治固是使之不得暴民矣
是使之不為政事所羈二段俱跟此句類重 ○ 豈得暴彼民哉根不得
有為來正破有庳之人奚罪句雖然又是一轉語 ○ 達說舜使吏治其
國雖是欲象不得暴民而其意猶有在也蓋舜愛弟之心無已欲常常
而見之故使吏治其國使象無政事之拘得以源源而來也向使煩其
弟以政事則彼不得源源而來吾不得常常而見矣故古書曰不及貢
云
云蓋天子當諸侯朝貢之日則以政事接見諸侯今不及諸侯朝貢
之期無時而不見也不以政事接見有庳之君無事而忽見也此正源
源而來之謂也何其親愛之無已耶（雖然以下仍說到親愛上却不是釋或曰放焉之意） ○ 存疑
不及貢以政相連下（九字作一句讀）凡諸侯朝貢天子皆有政事朝于京師則
述其所受之職朝于方岳則有正時月同律度量衡許多事 ○ 李說未
繳舜且不以諸侯之禮緊待象又豈忍以四凶之刑緊處之方完家 ○

朱子曰封之有庳富貴之是不以公義廢私恩所以為仁之至使吏治國納貢賦而不得肆暴是不以私恩害公義所以為義之盡○張南軒曰武曰周公之于管蔡如之何蓋管蔡挾武庚以叛憂在廟社孽在臣民周公為國弭亂也象欲殺舜其事在舜之身耳固不同也舜與周公易地則皆然蓋其存心為天理人情之至則一也

咸丘章全旨　此見舜盡臣子之道而知俗說之誣首節辨無臣君之理是據事而斷其誣重堯老一句中二節辨無臣父之理是原心而斷其妄重為天子父四句蓋曰攝則堯還為天子舜只代他行事安得謂之臣君曰尊養則瞽瞍之分尤隆于舜安得謂之臣父末引書以破父不得而子之說不甚重

咸丘蒙問曰語云盛德之士君不得而臣父不得而子舜南面而立堯帥諸侯北面而朝之瞽瞍亦北面而朝之舜見瞽瞍其容有蹙孔子曰於斯

時也天下殆哉岌岌乎不識此語誠然乎哉孟子曰否此非君子之言齊東野人之語也堯老而舜攝也堯典曰二十有八載放勳乃徂落百姓如喪考妣三年四海遏密八音孔子曰天無二日民無二王舜既爲天子矣又帥天下諸侯以爲堯三年喪是二天子矣朝音潮岌魚及反

咸丘蒙孟子弟子語者古語也蹙顣蹙不自安也岌岌不安貌也言人倫乖亂天下將危也齊東齊國之東鄙也孟子言堯但老不治事而舜攝天子之事耳堯在時舜未嘗即天子位堯何由北面而朝乎又引書及孔子之言以明之堯典虞書篇名今此文乃見於舜典蓋古書二篇或合爲一耳言舜攝位二十八年而堯死也徂升也落降也人死則魂升而魄降故古者謂死爲徂落遏止也密靜也八音金石絲竹匏土革木樂器之音也

四書脉自盛德之士至岌岌乎雖説是古語○但只據其所聞如此○非真

古語也○盛德之士三句平平說去○語氣自順○蓋云士之盛德者○君不得自恃其尊而以尋常之臣待之○仍視為臣○父不得句倣此舜固盛德士也○南面而立 云云○若依蒙淺○則云盛德之士德雖過于君也禮亦當尊其君不得以其君而為臣父不得句倣此奈何舜南面 云云謂時人錯解古語為責舜張本似多周折○堯以舜為盛德不得而臣○故帥諸侯以朝○瞍以舜為盛德不得而子○亦北面以朝○堯之朝舜則晏然受之○見瞽瞍其容有蹙者父子天性所不能安也○殆兼君臣父子言○謂此時綱常倒置天下有危殆之形○岌岌乎甚言其殆也○此引孔子譏舜之詞○証其實有此事也○此語誠然是蒙問詞○否謂無是理也○此非二句兼臣君臣父言○君子是明于理者○齊東野人目不覩禮義之俗○耳不聞典訓之言○有此語耳○蒙引齊東句只斥其非君子之言耳不足以為實然也○非鑿定是齊東野人○ 說統堯老句斷定非臣其君了○引堯典以証其無

四書統宗會元卷之六 下孟

此事古語無據引孔子言以証其無此理彼非孔子之言 ○ 翼註堯老舜攝如代之主祭代之主事之類 ○ 集說言堯老則亦特老不治事耳何嘗便不居天子之位曰舜攝亦特攝之而已凡攝行之事仍自稟命于堯何嘗便居天子之位此是堯生前事又引堯典及孔子之言以死後事明之㨂無臣堯之事也 ○ 吳因之曰註何由二字重看言堯之朝舜必舜真即天子位斯得而朝之但老不治事而舜攝之固未嘗即天子位堯從那裏去北面而朝乎 ○ 孫疏鬼氣往為徂體魄降為落禮記生曰父母死曰考妣註云考成也言其德行之成也妣媲也媲于考故也 ○ 饒說百姓指畿內言為之斬衰期年之服近而親也至于四海雖無服亦遏密八音不作樂遠而疏也此亦是舜率令使然不是百姓自為如此 ○ 三年揔管上下而言 ○ 趙註曰一王一言不得諠也 ○ 淺說據孔子之言以斷堯典所載之事可見堯崩之後舜始即天子位也若堯未崩之時舜既為天子矣今又率天下諸

使以為堯三年喪○是又以天子待堯○是二天子矣○天下豈有二天子乎○
然則堯在時○舜未嘗即位也○明矣既未即位○又何有臣堯之理乎○邪
辭舜既為天子以下是孟子言○末句又反言以決其無此理○
咸丘蒙曰舜之不臣堯則吾既得聞命矣詩云普天之下莫非王土率土
之濱莫非王臣而舜既為天子矣敢問瞽瞍之非臣如何曰是詩也非是
之謂也勞於王事而不得養父母也曰此莫非王事我獨賢勞也故說詩
者不以文害辭不以辭害志以意逆志是為得之如以辭而已矣雲漢之
詩曰周餘黎民靡有孑遺信斯言也是周無遺民也
不臣堯不以堯為臣使北面而朝也詩小雅北山之篇也普徧也率循
也此詩今毛氏序云役使不均己勞於王事而不得養其父母焉其詩
下文亦云大夫不均我從事獨賢乃作詩者自言天下皆王臣何為獨
使我以賢才而勞苦乎非謂天子可臣其父也文字也辭語也逆迎也

雲漢大雅篇名也孑獨立之貌遺脫也言說詩之法不可以一字而害一句之義不可以一句而害說辭之志當以己意迎取作者之志乃可得之若但以其辭而已則如雲漢所言是周之民眞無遺種矣惟以意逆之則知作詩者之志在於憂旱而非眞無遺民也

既得聞命以堯老舜攝民無二王知無臣君之事也引詩重在莫非王臣句見瞍同在王土之中而為王臣獨不見其臣舜此是何說蒙意不當臣堯無妨臣瞍不是舜己臣父為疑也既為天子則土皆王土臣皆王臣莫有非臣者矣如何是疑詩莫非王臣之言為無謂故孟子先與辨詩是詩也半節承普天率土說合參是詩二句言其引詩之非勞于王事四句原其作詩之旨（莫非王事二句是代詩人之詞）故說詩五句示以說詩之法（正言）如以六句析其泥詩之病（反言）非是之謂言非天子可臣其父之謂也這詩便看錯了

吴因之曰不得養父母際帶在勞于王事

內○謂服役奔走于王事○甚至父母且不得養○言其勞之極也○我獨賢勞

獨字○正對莫非王臣言○又云此莫非王事二句○正與是詩也二句緊相

呼應○言是詩之旨○不是說普天率土皆臣○瞍亦在王土王臣之內而當

為臣之謂○乃言普天皆王土○不獨我居王土○率土皆王臣○不獨我為王

臣○何為獨以賢才勞苦○詩人之旨固謂是耳○勞于王事二句○是推原以

起此莫事二句○輕敘過 翼註莫非王事下點居王土而為王臣者當均

任之○何獨使我以賢才而勞苦乎○方與咸丘蒙所引相應○此字指所

役之事言○賢字淺○作能字看○詩人是周室從役大夫○困勉錄賢就不

知推避上說○不是以其有才德而任以事也○○正解于我獨賢勞下云○

是莫非王臣○乃詩人之辭○而賢勞失養則詩人之志○辭所以宣志而志

為要矣○接故字有情○詩有志而後有辭與文○說詩者之意則當由文

與辭而求其志○說解釋也○以字作泥字看○害謂不通也○一句之辭○非一

字之文所能盡一篇之志非一句之辭所能該故不可泥此有害也重在不可害志上徐渭川曰意非意想之意亦不是意見逆非逆億之逆朱子所謂將自家意思去前面等候是也硬捉他來便不是逆或置身異代以俯仰其景概或移事今日而想像其情懷或于言之中探討其所已述或于言之外推廣其所未發乃是一段真精神默相迎處朱子曰虛心平氣優游玩味徐觀立言本意所向如何然後隨其遠近淺深輕重緩急而為之說庶乎可以得之意是己意志是詩人之志以用也得之謂得詩人之志說統如以辭至末一氣提下見辭之不可泥如此如以辭句虛說下正是以辭而已矣者但知有辭不知有志也引雲漢之詩為北山之詩作証不重雲漢上子遺謂民無半身之遺甚言其無餘也斯言指靡有子遺之言未依註補以意逆之非真無遺民之意正解普天四句辭也賢勞失養志也周餘二句辭也憂旱志也不逆憂旱

之志○遂謂周民無遺種○不逆養親之志○便謂天子可臣父○此是如何說詩○○集說此節且只在說詩上論尚未實說非臣父之理○○○○○○○○○○○

孝子之至莫大乎尊親尊親之至莫大乎以天下養爲天子父尊之至也以天下養養之至也詩曰永言孝思孝思維則此之謂也養去聲

言瞽瞍既爲天子之父則當享天下之養此舜之所以爲尊親養親之至也豈有使之北面而朝之理乎詩大雅下武之篇言人能長言孝思而不忘則可以爲天下法則也

過文云○且子既知舜爲盛德○亦知舜爲至孝乎○舜之孝○舜之德爲之也○試與子論孝○此節承既爲天子一段說○是辨舜之不臣瞽瞍着實○處與他處稱揚舜孝者不同○輔說上言讀詩之法以破蒙之惑○此言尊親養親之至以見舜無使父朝己之理○夫舜既爲天子則瞽瞍實爲天子之父○備享四海九州之奉○向舜爲尊親養親之至矣○故引下武詩

以咏歎之。謂如舜者。然後可謂能長言孝思而為天下法則者矣。豈有使其父北面而朝之理乎。○纂註此節意若云子以舜為天子可臣其父。吾以舜為天子。正所為尊養其父耳。孝子之至四句從。說。虛論情理為天子父四句。就。瞽。瞍。說。總入舜事○說統。孝子之至一句提起看。是通節之綱。尊養二字是目。○饒說尊養雖是二事。然尊與養相須。養之。至。乃。所。以。尊之至也。只重尊字○孝子心雖無窮。分則有限。身處貧賤。竭力事親。可謂孝子。未可謂至。身為諸侯大夫。顯其親為諸侯大夫之父。養之以一國一家之祿。亦可謂尊親。未可謂至。至者。無以復加。大者。無之可並。意重天子。上。○四書脈。自古士庶之孝。豈必為天子父以天下養耶。蓋人子愛親無已之心。必如是。則其心始極而無可加耳。○舜受堯禪。貴為天子。尊其父為天子之父。非諸侯大夫所可比也。養其父以天下之祿。非有國有家所可擬也。上四句遞歸在養上。蓋孝字虛。尊字實。尊以名言養。以。事。言。未有尊而不養者。尊而養。然後為尊之至。此四句尊養對言。蓋舜為天子。得遂其尊養而不同。凡為尊養者。是尊養既極其至。則為孝子之至而可法于天下矣。豈有臣父之理。○呂說孝子而到尊親天下養乃為至耳。非尊親天下養即為至孝也。上八句只論心不論事。事有。窮。時。心。無。盡。處。引詩證尊養之至。重一則字。則字從上兩至字看出。只明臣父之說之妄。非以武舜較尊養也。非扯武王來陪論。借武詩頌舜也。○蒙引。則是。則他。一點。尊養。念頭。皆思立身揚名以致尊養。非則其。為。天。子。以。天。下。養。也。然不重在天下。則舜。重。在。舜。孝。可。為。天。下。則。上若臣父便不可則。○陳伯玉曰。不必贅永言話頭。不必靠着武王。尊養俱是一段精誠。曰孝思。○馮爾賡曰。歸重孝思。謂是所以尊養處。議論似過。○呂說尊養乃孝思中事。非以尊養盡孝思也。非尊。養。難。致。而。孝。思。易。該。也。若云舜之尊養不可及。而止取其思。則失語意。○吳因之曰。孝思句

下孟

與首句相應。○因勉錄永言孝思蓋云武已極其尊親之至。猶然孝思不忘。則舜雖極尊親之至。其心正難自已。無論文不及身。榮瞍不與郊壇。兩聖人有餘痛。即使無以復加。聖人之心豈以為是足答吾親耶。此之謂也。言下武之詩。即舜為天子以成其尊養之孝之謂也。豈有臣父之理哉。大抵中庸論舜孝而推至于為天子。孟子論舜為天子而歸之于孝。見南面之尊。不過盡得一箇孝思。則臣父之誣。不待辨而明矣。

書曰祗載見瞽瞍夔夔齊栗瞽瞍亦允若是為父不得而子也見音現齊側皆反

書大禹謨篇也祗敬也載事也夔夔齊栗敬謹恐懼之貌允信也若順也言舜敬事瞽瞍往而見之敬謹如此瞽瞍亦信而順之也孟子引此而言瞽瞍不能以不善及其子而反見化於其子則是所謂父不得而子者而非如咸丘蒙之說也

過文云。舜固無臣父之理矣。然而所謂父不得而子者。亦有說也。○

蒙引、衹載句見瞽瞍夔夔齋栗句瞽瞍亦允若通承二句。四書脈衹載以常時言夔栗以見時言。夔夔然致齋莊之容有戰栗之色言其無念之不虔無時之或怠也亦字從頑字來瞽瞍至頑始初但以舜為不孝凡語言行事再不肯聽信依順他至是積誠感動心與之一。未始有違亦信而順之也。馬君常曰、尊養之至猶本敬以事之固是形容至孝然亦暗破其容有處。是字際頂亦允若句作此字看為字作是字看。說統是為父不得而子乃借古語而破之猶言除非作如此解蓋父之化子其常而今反見化于子若難為之父者然。正解就此看來卻像父不得而子一般豈如子所云臣父之說乎

堯以章全旨　此見堯禪位之公天子不能以天下與人是一章綱領以下詳舜有天下皆出于天揔是發明此句天字一章眼目究其所以為天者則重于民故以泰誓終之。顧涇陽曰堯以天下與舜此事載之

典謨何須更問萬章蓋亦見得揖讓征誅都是一箇道理流出非故為
矯激薄其子而學他人乃世有艷慕而依倣之如子噲子之之流既屬
可笑況以為可得而與則亦將以為可得而取以為可得而取則亦將
以為可得而奪安知無借與之名文奪之實以欺天下者如莽丕炎尤裕之徒
屬可懼故特尋這話柄做個疑端意思最為深至孟子竟將堯舜放在
一邊不說只說箇天子不能以天下與人恰打着萬章心上事于是萬
章就不能二字委曲詰難一層入細一層直窮到底孟子就不能二字
反覆分剖一節痛快一節直透到頭發出天地間至當不易的道理然
後知天下公器幽有百神管着明有百姓管着非惟天子欲與人而不
敢擅且欲與人而不能一切姦雄消却許多癡夢矣

萬章曰堯以天下與舜有諸孟子曰否天子不能以天下與人

天下者天下之天下非一人之私有故也

蒙引萬章之問只是下章不傳子之意耳孟子不直答事之有無但言其無此理蓋所答非所問也此天子寬說未方繳堯不能與○不能二字便含天與人與意且勿露○註天下之天下猶言天下之公器人心所嚮始得而與之也非天下人人有分之謂然并解所以不能與之故非止訓天下二字而人心所嚮意亦勿露

然則舜有天下也孰與之曰天與之

萬章問而孟子答也

楊子冠曰以匹夫而為天子天下非其所素有也故問其所與○孰字從天子不能與來○天字通以主宰言氣數乃天定之期民心乃天啟之神一而已矣蒙引謂非人之所能為天也以氣數言其餘以理言不必從○天者至大而無外至公而無私與之者冥冥中默授以曆數之權而堯特順乎天耳

天與之者諄諄然命之乎諄之淳反

萬章問也諄諄詳語之貌

翼註天非諄諄之命章豈不知此乃究天與為何據也翁思菴曰是

語詞非疑詞

曰否天不言以行與事示之而已矣行去聲下同

行之於身謂之行措諸天下謂之事言但因舜之行事而示以與之之

意耳

否謂天無命之之理天載無聲何嘗有言○合參孟子不辨天不諄諄

只把示字換他命字見命是顯然有言示則默然意授矣出身曰行加

民曰事如云德行事業也而已矣言特如此無他命之之言也○蒙引

言則無所事乎示也正為不言故只示耳○凡有所行行無不得凡有

所為事無不利是即天示以與之之意然須涵下二節地步勿竟說盡

曰以行與事示之者如之何曰天子能薦人於天不能使天與之天下諸侯能薦人於天子不能使天子與之諸侯大夫能薦人於諸侯不能使諸侯與之大夫昔者堯薦舜於天而天受之暴之於民而民受之故曰天不言以行與事示之而已矣暴步卜反下同

暴顯也言下能薦人於上不能令上必用之舜爲天人所受是因舜之行與事而示之以與之之意也

萬章此疑蓋以行與事在舜與出于天天人懸隔怎見得行與事上便是天示以與之之意起云欲知天之命舜但觀舜之得天可見矣

爲薦人于天主禪受說此段是主摘訓天子六句泛言以起下文耳諸侯大夫又是比例不可都說到天上說統以諸侯大夫薦人爲言薦其可爲諸侯可爲大知特以形出天子其所不能處即天也天受固天民受亦是天泛說昔者堯薦舜于天舜之行事合乎天而天受之暴舜于民舜

之行事合于民而民受之　集說暴之于民是教舜將行事顯暴于天
下一件一件都使百姓昭然曉得實被其功無一不合于民心處故曰
民受然此節且任薦之于天暴之于民上半截重此天受民受且輕輕
準說　攝行大事便是薦歷試諸艱便是暴其行與事不能必天民之
受而已受之此即天之所以示舜而非堯所能使矣何待于言　翁愈
菴曰言天忽又言民雖從民心驗出天意然此處不要將天受民受串
講至舜相堯節方說人與皆天也

曰敢問薦之於天而天受之暴之於民而民受之如何曰使之主祭而百
神享之是天受之使之主事而事治百姓安之是民受之也天與之人與
之故曰天子不能以天下與人治去聲
萬章此疑蓋因世有僞託符命邀結民情而自矜天受民受者故必考
究其薦暴而受之之實　四書脉所謂薦暴而受語屬渺茫故復究其

實人臣唯有助祭趨事而使之主祭主事儼然謂其可爲神人之主而昭告于天顯示于民正是薦暴處二使之重是堯薦之堯之能也至于神享民安是舜之得天非堯之能也說統二段是章內最擔斤兩處主祭主事正舜行事所在而所以神享民安者正天所示與之之實也

主祭主事在攝行天子之祭與事上說主祭如類于上帝禋于六宗望于山川徧于羣神是也百神享如陰陽和風雨時祈晴得晴祈雨得雨之類主事如愼徽五典納于百揆賓于四門是也百姓安如五典克從百揆時敘四門穆穆之類安字作服字看蒙引天受民受兼行與事如主祭則誠敬之心屬行所以處夫品物度數屬事主事則主宰本根之地屬行若夫紀綱文章謹權審量之類屬事按行事平說謂措諸天下必本之于身事從行出作串講者不必從享之安之即是與之天與人與且兩開講韓求仲曰兩言足上起下揔是飛遞無一毫實地

節○天人交與堯不得而與焉天子豈能以天下與人哉以上總是發明不能與人一句結穴在此

舜相堯二十有八載非人之所能爲也天也堯崩三年之喪畢舜避堯之子於南河之南天下諸侯朝覲者不之堯之子而之舜訟獄者不之堯之子而之舜謳歌者不謳歌堯之子而謳歌舜故曰天也夫然後之中國踐天子位焉而居堯之宮逼堯之子是篡也非天與也相去聲朝音潮夫音扶

南河在冀州之南其南即豫州也訟獄謂獄不決而訟之也

過文云○然不特百神享祭百姓安治足見天之所與也○蒙引上文發明天與之意盡矣此自其攝政之久與其廸于朝覲訟獄謳歌之歸者觀之亦足見爲天之所與也○翼註二十有八載重在施澤久意下文朝覲訟獄謳歌之歸正根于此○說統堯能使舜相不能使舜久其所以久則天使之也○必待喪畢而後避者前此百官聽于冢宰故也

承堯之禪而仍避者示天下有嗣君之可奉也吳因之曰天下諸侯三段要摸寫人心畢集的景象說得緩散便不肖口氣翼註舜方避之民顧就之益見非人爲乃由天使之固結于二十八載之前以致此響應于二十八載之後也朝覲者久被其賓接之禮訟獄者久沐其欽恤之恩謳歌者久仰其生成之德天下字貫下三段俱根避字來舜則避之而歸者自衆則在舜非僞在人非諛人心所在即天心所在故曰天也此天字非應本節乃是應天與之饒說訟獄者訟爭獄也凡獄之不平者仍來爭訟短聲爲謳長聲爲歌蒙引謳歌舜非至舜面前謳歌也只是朝野間詠歌舜之德耳故此段獨不言之字夫然後三字見承天所與避之不得之中國蓋自南河而之也而字上先襯承堯之禪不爲南河之避不問人心之歸意居有盤據不去意逼有威勢相加意李說居堯四句反言以見天與之意翼註末二句一反便見久而猶避豈是

篡者所得藉口天與哉○

泰誓曰天視自我民視天聽自我民聽此之謂也

自從也天無形其視聽皆從於民之視聽民之歸舜如此則天與之可知矣

過文云○何以見民心歸舜○即為天與耶○直解天未嘗有目以視而善惡無所不見○但從我民衆目所視者以為視耳○未嘗有耳以聽○而淑慝無所不聞○特從我民衆耳所聽者以為聽耳○民視民聽○看得重○吾意使自躍然○舍民心之外○不復有天意矣○此之謂也○謂泰誓此言○即吾所謂舜為人所歸者○即為天所與之意○知舜之天下出于天與○非堯所能私也○故曰天子不能以天下與人○○吳因之曰以民歸為天與其說似渺茫難信○故引泰誓申決之○講此之謂○全要發民歸為天與○鑿鑿可據○○困勉錄若但言天○似涉矯誣○實証之民○則確有可據○此正聖人

心事光明正大處要揔領百姓安及朝覲等之歸方是　集說前說天與之中間天人平說舜相堯以下至此將人說到天上揔是歸結天與之之意　蒙引此節雖謳朝覲數句實揔結通章禪天下歸之天論天與歸之民非天自天而人自人此古今之格論

人有章全旨　此見繼同于禪而非聖人之私其子蓋奉天以行不爲德衰也　翼註以禹益爲主而堯舜傳賢與伊周仲尼不有天下皆客也天與賢四句一章大旨昔者舜薦至節末只叙事而未斷制丹朱節承上斷其爲天正意已畢下四節仲尼無德無薦不有天下伊周有德有薦而遇繼世賢君不有天下皆是餘意末節揔結上文正與天與賢四句相應　困勉錄上章是民心歸故天命順此章是天命順故民心歸天字只就氣數言　說約當時以傳子爲德衰傳賢爲盛事子噲子之之事所由來也孟子直斷爲無此理而皆歸之于天至究所以天與之

四書經疑問對　二五　[illegible]

者。則。又。以。人。歸。禹。之。本。此等議論。杜奸雄窺竊之心。堅仁賢篤處之志。

有關千古。

萬章問曰人有言至於禹而德衰不傳於賢而傳於子有諸孟子曰否不然也天與賢則與賢天與子則與子昔者舜薦禹於天十有七年舜崩三年之喪畢禹避舜之子於陽城天下之民從之若堯崩之後不從堯之子而從舜也禹薦益於天七年禹崩三年之喪畢益避禹之子於箕山之陰朝覲訟獄者不之益而之啓曰吾君之子也謳歌者不謳歌益而謳歌啓曰吾君之子也 朝音潮

陽城箕山之陰皆嵩山下深谷中可藏處也啓禹之子也楊氏曰此語孟子必有所受然不可考矣但云天與賢則與賢天與子則與子可以見堯舜禹之心皆無一毫私意也

湖南講這人言。亦是有道之言。至于二字根堯舜傳賢盛德來。德衰即指傳子說。言其德不若前聖之意耳。○李說有諸問其果出于私心。非謂果有傳子之事。○翼註否言無是事。不然則謂此言非也。後三章倣此

○淺說天欲與賢也。則聽天以與賢。天欲與子也。則聽天以與子。堯舜禹何嘗容心于其間。而欲假此爲萬世之名。一己之利哉。重與子一邊○翼註二則字見聖人承天而已不與也。○存疑三聖之與賢與子皆出于天。非堯舜傳賢而禹獨傳子也。下詳言禹與堯舜皆欲與賢。但堯舜與賢而民從。禹與賢而民不從。以見禹未嘗欲與子也。不言堯薦舜于天者。已見在前耳。○困勉錄舜禹之避。亦因當日天下既治。朱均至此亦必稍變其舊習。非必不可以承天下者。故欲避之耳。謂避以徐俟朱均之遷者。非謂避以聽天命之所歸者。亦說得聖人有意于天下了。○合叅天下之民從之兼朝覲訟獄謳歌言。○舜薦禹段輕。禹薦益段重。○舜禹之避。固有女陟帝位。女終陟元后之說。至禹未嘗欲傳位。益何容

避。如曰舜禹避而民歸，欲以此邀結民情也，固非聖人本心。如曰舜避禹避而已，不得不避，竟以此爲故事也，亦非聖人作爲。想當時老成練達，固足以君天下，而益年耄耋，亦已倦勤，謝政歸隱，原不自以爲避，自人視之，謂其避去耳。益之心猶舜禹之心，皆非從天下起見，亦非以盛滿難居而避之也。○李說吾君之子，不重正統上，只幸有其子象賢而不忍背之意。主克肖說亦不可說上世功德，若說上世功德而不忍負其子，則堯舜獨無功德乎。○四書脉此節只言民之歸賢歸子，未露出天字。困勉錄自昔者舜薦禹至下節施澤于民未久，皆不當露。勦淺即露天字不是。

丹朱之不肖，舜之子亦不肖。舜之相堯，禹之相舜也，歷年多，施澤於民久。啓賢，能敬承繼禹之道。益之相禹也，歷年少，施澤於民未久。舜禹益相去久遠，其子之賢不肖，皆天也，非人之所能爲也。莫之爲而爲者，天也。莫之

致而至者命也之相之相並去聲

堯舜之子皆不肖而舜禹之爲相久此堯舜之子所以不有天下而舜禹有天下也禹之子賢而益相不久此啓所以有天下而益不有天下也然此皆非人力所爲而自爲非人力所致而自至者蓋以理言之謂之天自人言之謂之命其實則一而已

過文云○夫民之所以歸舜禹而不歸益者其故何哉○子之不肖固不足繫民心而相施澤之久又足以服民心此民所以不從堯舜之子而從舜禹也○子賢已足以繫民心○而相之施澤未久又不足服民心此民所以從禹之子而不從益也○二段只在民心上推其從不從之故舜禹益二句○捴上作過文○口氣到皆天也二句住○至此方露天字○翼註不肖只不如堯舜勿太說壞○須反照敬字講啓賢少斷○能敬承繼就是賢只重敬上○○賢字照不肖二字○下截是其所以賢處○禹之道即堯舜相傳之

四書統宗會元卷之 下孟 一二 卷三十

道堯曰欽明舜曰溫恭禹曰祗台帝王心法只是一敬啟能敬所以為賢否疑謂啟賢能敬敬字只在賢字內承繼禹之道作一句讀不是說約之不肖之相堯相舜相禹歷年多少數之字便是喚天字揚子疑曰舜禹蓋二句須說得有主客如云均之為賢也而益之相不久異于舜禹之相久均之為子也而禹之子賢異于堯舜之子不肖相去久遠兼歷年少在內相之久遠出于天非君所能為子之賢否出于天非父所能為人字以君父言說統通節當以子之賢不肖段作主為相久遠只帶說蓋上章論與賢此章是論與子故重在子邊末二句泛說天命以解所為皆天也之意天與命俱指氣數註理字對人說非對氣數言但天以其全體言氣數之自然者命以其中妙用言氣數之著落物事而一定者朱子曰天如君命如命令君命人做職事其俸祿有厚薄歲月有遠近無非是命體註上為字是作為下為字是排定以目前得

失言致是拾致至是自来以後日禍福言例題為在先致在後如為善便致福為惡便致禍為之即所以致之也（一串看不平）四句推開汶說未繳民之從賢從子皆出于天命所謂天與賢則與賢天與子則與子非禹有心傳子之意上節叙述與賢與子之事此節推明所以與賢與子皆出于天正意已盡

匹夫而有天下者德必若舜禹而又有天子薦之者故仲尼不有天下

孟子因禹益之事歷舉此下兩條以推明之言仲尼之德雖無愧於舜禹而無天子薦之者故不有天下

過文云然不但禹益之事出于天也試舉傳授之事而概論之陳伯玉曰匹夫不分有位無位舜禹為相時亦匹夫也對天子言耳仲尼之德豈不足承天下而尼于下位老于春秋終身匹夫而不有天下無薦之故耳此節重薦字故字須彫醒翻引伊尹周公二段不過申

明繼世一節○故註只云兩條○○此節亦輕○是引起下節○

繼世以有天下天之所廢必若桀紂者也故益伊尹周公不有天下

繼世而有天下者其先世皆有大功德於民故必有大惡如桀紂則天乃廢之如啓及太甲成王雖不及益伊尹周公之賢聖但能嗣守先業則天亦不廢之故益伊尹周公雖有舜禹之德而亦不有天下

過文云○若夫有德有薦而亦不有天下者○何也○天之意在繼世耳○○

說綂天欲與一匹夫○必廢一繼世○然繼世必桀紂○天始廢之○重○在○苟○能○嗣○業○即○不○輕○廢○意○因先世有功德于民○故報之也○○末句宜層次說○言天意嘗在繼世○故○益○有○德○有○薦○而遇繼世之啟不有天下○即伊尹周公○遇繼世之太甲成王而亦不有天下○○李說夫伊尹周公孔子○皆聖人也○而不有天下○何論于益○商周皆繼世也○而皆與子○何論于禹○此類觀之○天意見矣○○說綂二節須連絡說○匹夫而有天下○必是有舜禹之德

而又有天子薦之者。若有德無薦。亦不能有天下。仲尼是也。然則益是有德而有薦者。何以不有天下乎。蓋遇繼世之賢君耳。仲尼伊周為益之例。俱不重。

○吴因之曰。匹夫四節是說自古不有天下者。不獨一益。言外見得自古傳子者。不獨一禹。蓋引商周相類事以推明之。蓋見禹德之非衰也。其子賢為相不久。上文本意只是兩件合說。然所重特在繼世一項。若繼世一賢。則為相者不論久近。決無得天下之理。故此專以繼世推明禹益之事。而不及為相云。

○仇說。與賢之局終于舜。故雖仲尼而終為匹夫。與子之局定于禹。故必桀紂而後失天下。兩節語句錯綜。意自相貫。

伊尹相湯以王於天下。湯崩。太丁未立。外丙二年。仲壬四年。太甲顛覆湯之典刑。伊尹放之於桐。三年。太甲悔過。自怨自艾。於桐處仁遷義。三年。以聽伊尹之訓己也。復歸于亳。相王皆去聲。艾音乂。

此承上文言伊尹不有天下之事趙氏曰太丁湯之太子未立而死外丙立二年仲壬立四年皆太丁弟也太甲太丁子也程子曰古人謂歲爲年湯崩時外丙方二歲仲壬方四歲惟太甲差長故立之也二說未知孰是顛覆壞亂也典刑常法也桐湯墓所在艾治也說文云艾草也蓋斬絕自新之意亳商所都也

過文云○試以伊尹之不有天下言之○體註相湯致王言其德可有天下○有舜禹之德嗣君顛覆○言其勢可有天下○而天意屬太甲○則丙壬之二年四年○天若促之○三年聽訓○天若啓之○句句要見天與太甲意○二年四年斷依趙註兄終弟及商代成規不必起廢嫡立庶之疑若云方二歲四歲有何關係贅此二語○朱子因程子嘗所見故兩存其說○但湯崩既已六年○則放桐未必是因諒陰之制○況註無明文○而盡心篇孟子止辨伊尹之志○未嘗說及諒陰○不是放也○想當時尹必託名居太甲于桐○

欲其追念乃祖○而發脩省之機耳○雖非顯然放之○以其在桐○遂為放○○

困勉錄外丙二句有太甲在內○因太丁卒而太甲尚幼○所以有此變通○

下說太甲顛覆而卒能改過○另○是○一○意○太甲二字○非至下文始有也○○

四書脉典刑即仁義○○顛覆顛亂覆敗也○三年與下三年一様○非三年之後始悔過也○○悔字便是天啟其聰○○翼註自怨是追咎已往○自艾是脩治方來○○合璧二自字妙○不以尹之放已為恨而自新也○○蒙引自艾句絕○于桐連下讀○○集說仁以心言故曰處○義以事言故曰遷○處仁者心一于仁○遷義者事事求合于義○○此三年連下讀○謂三年之間○一惟伊尹之訓是聽○而不至顛覆典刑也○復歸于亳是伊尹以冕服迎歸也○○項仲展曰說聽訓要在闔合天心○

周公之不有天下猶益之於夏伊尹之於殷也

此復言周公所以不有天下之意

下孟

遇文云○若夫周公則何如○周公一損以元聖之賢處冢宰之位有德有薦宜有天下也○仇說周公不有天下為遇繼世賢君耳揔見天意在與子不在與賢譚友夏曰觀周家亦有不與賢之天則夏事益明矣○唐士雅曰伊尹述其事周公言其意此虛實相生法伊尹二節借客形主向猶益之于夏借主形客○論全章則益是主伊尹周公是賓論本節則周公是賓中主益是主中賓伊尹是賓中賓○合參此合上節詳伊周所以不有天下以天意在太甲成王知伊周則知益矣○蒙引此大槩言太甲成王之能嗣守先業耳無施澤于民未久之意○顧太初曰詳說太甲所以明啟之得天兩引伊周所以明益之不有天下

孔子曰唐虞禪夏后殷周繼其義一也禪音擅

禪授也或禪或繼皆天命也聖人豈有私意於其間哉○尹氏曰孔子曰唐虞禪夏后殷周繼其義一也孟子曰天與賢則與賢天與子則與

子知前聖之心者無如孔子繼孔子者孟子而已矣

孔子曰三字與上人有言相應見聖訓可憑人言不足據也孔子禪繼平說引來與天與賢四句相應抑揚重繼邊奉行天命皆理之當然故曰義不是說裁度事物之宜○徐儆弦曰天無心也惟與其可以安天下者耳聖人亦無心也惟承天以與其可以安天下者耳堯舜禹揔是一般心其以天下與賢與子揔是一般事故孔子以一義字斷之○說統義者宜也繼合于禪可見繼之心不殊于禪之心也禹非德衰明矣○仇說本章單言夏后此兼言唐虞殷周所以明歷聖相承皆敬奉天命毫無私意也○徐自溟曰唐虞三代雖有傳子傳賢之異要之皆是傳賢也蓋傳子亦視其子之賢耳舜能繼堯之道禹能繼舜之道賢之賢也如啟能繼禹之道子之賢也故子有賢者啟成王是也子有真不肖者桀紂是也子有不賢而賢者太甲是也子有不肖而非不肖者朱

均是也。太甲始而顛覆。已幾桀紂之倫。旋而怨艾。則亦敬承之啟。此不賢而賢也。朱均能退處。不與舜禹爭。而上成父之讓。下成相之賢。則特不肖父之神聖。而非桀紂等也。此不肖而非不肖也。

伊尹章全旨　此辨割烹而見聖人出處之正。樂堯舜之道是主腦。正天下是歸結。天字是眼目。任字是關鍵。首二節詳言以堯舜之道正己。幡然三節詳言以堯舜之道正天下。吾未聞二節斷以正天下由于正己。必無辱己之事。末証伐夏救民之事。蓋見非辱己者所能為。困勉錄

樂道固是頭腦。然自辭受取與到致君澤民。皆是樂道作用。不可以此句包下數節。蓋首節是就窮養處說其樂堯舜之道。次節至正天下句。是就達施處說其樂堯舜之道。說統

聖人之行以下。乃是餘波。末引伊訓為証。見伐夏救民事。在所必有。割烹事在所必無。吳因之曰。全把堯舜二字。壓倒好事者之口。極重。蓋道莫大乎堯舜。而尹體之。見其

抱負之大。未應聘以前事。而尹行之。見其事業之偉。既應聘以後事。

萬章問曰人有言伊尹以割烹要湯有諸 要平聲下同

要求也按史記伊尹欲行道以致君而無由乃爲有莘氏之媵臣負鼎俎以滋味說湯致於王道蓋戰國時有爲此說者

輔說戰國之時。人不知有義理之學。汲汲然志于功名事業。以求其富貴利達。雖枉己辱身。有所不顧。故設爲此等議論。上以誣聖賢。下以便一己之私耳。○陳新安曰湯妃有莘氏女也所以有隨嫁從庖負鼎俎。蓋庖人之類。○李說割烹要湯只是以滋味投之之謂翼註因論割烹而喻及王道。使湯知而用之。○伊姓尹字名摯。宰割烹調是兩事。

孟子曰否不然伊尹耕於有莘之野而樂堯舜之道焉非其義也非其道也祿之以天下弗顧也繫馬千駟弗視也非其義也非其道也一介不以與人一介不以取諸人 樂音洛

華國名樂堯舜之道者誦其書讀其書而欣慕愛樂之也駟四匹也介
與草芥之芥同言其辭受取與無大無細一以道義而不苟也
存疑此節即其窮居所守以見無割烹之事祿以天下四句只是樂堯
舜之道內事〇耕于有莘是遡其出身蓋耕夫非庖人也且在莘野明
有其地非爲有莘媵臣而割烹也〇道即危微精一之道見于詩書者
陳新安曰詩如康衢之謠禹皋之歌之類書如二典三謨是也〇說統
樂不是空空想慕直憑沉酣饜飫意思不肯一息放手若非真樂便有
厭苦之意豈肯以此上致君下澤民徹始徹終都是這箇物事〇集說
樂有已得于中心契神交而涵泳不已之意故註云欣慕愛樂並所知所行
皆是便該存心行事惟所樂在此故非道非義自然不足亂所守下兩段是所
樂之所見者未必專是他樂處〇銕說亘古窮今只一個道義是隨時
處事之權要兩下看既揆以義又揆以道方可處事有合一時之宜及

揆以古道○則有不合處○道是體○義是用○上只說堯舜之道○而又添出義來○道之宜處即為義也○非義非道不可對言○當云所樂在道○則必不樂非道○而有一毫不合于宜○非其義也○即非堯舜之道也○朱子曰、一介千駟、極其多少、而言也○蓋人之氣質不同○器識有異、或務大而忽小○或拘小而遺大○故必兼舉而極言之○然後足以見其德之全耳○祿之天下、主禪讓說○是至貴○馬必用繫、故曰繫馬千駟、是至富○一介亦足傷惠○非所以處人○故不與○一介亦足傷廉○非所以自處○故不取○而下開說合來○此勘方見析義之精○體道之純○固非大難而小易○亦非不與易而不取難也○總是于道義見之真○守之固○無一毫差錯處耳○高中玄曰、即其為人之素○原始要終○而推其畎畝自處之意○有如此者○蓋著行誼之峻潔○非必有其事也○極其形容之辭○吳因之曰、此節言其抱負之大○以見成湯往聘之由○須發尹有以致湯之求意○

下孟

湯使人以幣聘之囂囂然曰我何以湯之聘幣爲哉我豈若處畎畝之中由是以樂堯舜之道哉囂五高反又戶驕反

囂囂無欲自得之貌

過文云○莘野樂道尹非欲求人之知也而湯則有求于尹焉○所疑自此至况辱已正天下是舉從湯之始末以闢無割烹要湯之事○此節見其重始進而不輕就功名之意非欲終于畎畝也聘字與要字相反囂囂數語依然弗顧弗視之心○集說伊尹自耕莘時堯舜君民之心固已了然胸中向郤湯之聘幣者湯雖爲賢諸侯恐其未足以大有爲而行吾之道也蒙引謂觀意之識否極是○楊子冠曰始聘不出爲道而重其身也不可作忘世之詞何以言何用也即此便見湯有求于尹尹無慕于湯意○集說由是是字指處畎畝之中蓋借此窮居之時世務不攖優游自得可以深入堯舜之域而直探其淵源也是尹與堯舜之道在身

心○性○命○合○拍○處○若吾身親見○則○在○事○業○上○說此是體○下親見是用○不可說此是虛○下親見是實○樂正其實處也○◉直解內既自樂於己○外自無求于人○說約此豈若內重外輕之別○◉無欲不以聘幣為榮也○自得有得于道為可樂也○此因幣聘以見其囂囂○故註先無欲而後自得○

湯三使往聘之既而幡然改曰與我處畎畝之中由是以樂堯舜之道吾豈若使是君為堯舜之君哉吾豈若使是民為堯舜之民哉吾豈若於吾身親見之哉

幡然變動之貌於吾身親見之言於我之身親見其道之行不徒誦說嚮慕之而已也

過文云◉囂囂却聘○尹殆無意于湯也○而湯則終不忘于尹焉○◉此節言其應聘之○決○為○道○而○重○天○下○也○◉集說三使往聘則求賢之意極其誠矣○幡然訓變動乃是一轉念耳非全與昔日之心相背也○◉四書脉

慉然不僅是感湯聘之殷蓋度湯之必可為堯舜而已之道必可行于湯也○蒙引既而慉然是諒湯之遇不是非義非道之比○處畎畝二句輕遞與字際喚下豈若二字在出處上較量○集說脩德行仁便是堯舜之君明倫向化便是堯舜之民○存疑末句頂上二句說使君為堯舜之君民為堯舜之民便是吾身親見其道之行也○李說上二豈若見樂之于已不若公之于人下豈若言徒想見君民于心不若親見君民于身此直視天地萬物皆吾一體其期待為甚大○呂說吾豈若三句是伊尹止為堯舜之道轉計正見其出處之正非為身與君民功名事業起見也○直解獨善一身不若兼善天下之為大遠宗其道不若窮達其盛之為真說約此豈若空言實事之別○方書田曰此決計語也串生熱腸一口吐出若作商量籌度便失語氣觀定若己推內發之○斗春宇曰人謂伊尹前後似兩截人不知涵養既大設施既遠致

用自是不苟。總是一箇樂堯舜之道終其身而已。
天之生此民也使先知覺後知使先覺覺後覺也予天民之先覺者也予
將以斯道覺斯民也非予覺之而誰也
此亦伊尹之言也知謂識其事之所當然覺謂悟其理之所以然覺後
知後覺如呼寐者而使之寤也言天使者天理當然若使之也程子曰
予天民之先覺謂我乃天生此民中盡得民道而先覺者也既爲先覺
之民豈可不覺其未覺者及彼之覺亦非分我所有以予之也皆彼自
有此理我但能覺之而已
過文云。蓋吾之欲應聘者度之君度之民而實度之天也。。正解此
承上文明已所以決于應聘之意謂天以覺民之任屬之而不容他諉
耳。使先知二句是說天意。予天民二句是說已之承天。非予句決言不
得辭其責也。。翼註此與上節是一時之言。。淺說性善雖無不同而

知覺則有先後朱子曰程子云知是知此事覺是覺此理如事親當
孝事兄當弟事也其所以當孝所以當弟理也中央兩個覺字皆訓喚
醒是我喚醒他○輔說知淺而覺深知有界限覺無偏全○天于民之
中獨厚賦于先知先覺者非徒使之自有餘而已蓋付以覺民之責不
為己私也兩使字見自然之勢亦一定之理此三句泛言上天生民之
意○知覺民所同具故不曰不知不覺而曰後知後覺然覺可以該知
故下止言覺　天所生民之中獨為先覺是天使以覺民之責付予矣
○說總斯道即堯舜之道上以君民並言此單言覺民者蓋輔君以覺
之也正使民為堯舜之民處而使君為堯舜之意即在此覺民事業中
○以道覺民有實事在田里桑麻覺民之具勞來匡直覺民之方不外
教養二項○吳因之曰此句全不敢負上天付託之意通節俱重天意
發揮○末句反掉言不得諉其責于人何能辭其責于己所以當應聘

而出不可終安畎畝也○○呂說三句須體貼聖人一片赤心不徇己私○點并不徇天下○是何擔任敬畏意○着一點矜情浩氣○使與聖人分上無涉○誰字點是實落痛切語○不是妄自尊大○○吳因之曰吾豈若使是君兩節○全要摹寫他欲應聘口氣○下文自任之重○正在此處看出○

思天下之民匹夫匹婦有不被堯舜之澤者若己推而內之溝中其自任以天下之重如此故就湯而說之以伐夏救民推吐回反內音納說音稅

書曰昔先正保衡作我先王曰予弗克俾厥后為堯舜其心愧恥若撻于市一夫不獲則曰時予之辜孟子之言蓋取諸此是時夏桀無道暴虐其民故欲使湯伐夏以救之徐氏曰伊尹樂堯舜之道堯舜揖遜而伊尹說湯以伐夏者時之不同義則一也

過文云○即尹之言而推尹之心○彼蓋有所思矣○○說統思天下之民五句○是因其言以推其心○故就夏二句○是因其心而實其事○總為下正

天下張本。就天下中舉出匹夫匹婦。見一民亦所矜憐。直是萬物一體之心。○淺說。即伊尹此言觀之。蓋其設心正以天下之民。皆吾同胞之民也。天下之事。皆吾分內之事也。我為上天所厚。生民所望。當使天下之民。皆遂生復性。各得其所也。○呂說。思字。是從他前之樂道。後之伐夏體貼出來。○正解。思字貫至溝中句。從覺民念頭來。堯舜之澤。即堯舜之道。所見諸政教者。指除亂興治。兼教養實事。不專指覺悟。民不被澤。即已覺民之責有未盡。故曰若己云云。此句與上非予覺之句相應。○呂說。天下之重。任道上看。自任任天上看。堯舜之道在我。堯舜之澤亦在我。更無可諉。如此二字。慎重之詞。非夸大之詞。重字乃不敢苟且意。非不肯狹小意。方是闢割意。本義。此句兼處畎畝與就湯說。就湯固為任重。弗顧視與囂囂却聘。亦正為任重也。人只說得後半截耳。○吴因之曰。言其身任世道。真切如此。不是言其所任之大。○陳伯玉曰。自字與前後己字身

字相照○集説就字有湯聘之而方就之之意○救民亦跟知覺不止悬

惠○楊子冠曰于湯説聘于尹説就○將人言劈破○見非割烹以要○吳因之曰

夏桀無道○民不被堯舜之澤者多矣○故説湯伐夏以救之○此是故字意○

○㫆疑就湯而説以伐夏救民○使天下之民○匹夫匹婦被堯舜之澤也○

正以行其覺民之志也○使是君爲堯舜之君○是民爲堯舜之民也○凡此

皆欲正天下也○○集解從樂道中看出思之源流○見伐夏救民○正是畝

畝樂道中事○○伐夏救民○與被堯舜之澤○要説得相關○

吾未聞枉己而正人者也況辱己以正天下者乎聖人之行不同也或遠或近或去或不去歸潔其身而已矣行去聲

辱己甚於枉己正天下難於正人若伊尹以割烹要湯辱己甚已甚矣何以正天下乎遠謂隱遁也近謂仕近君也言聖人之行雖不必同然其要歸在潔其身而已伊尹豈肯以割烹要湯哉

過文云○伐夏救民尹之所以正天下也割烹要湯辱己甚矣○李說吾未聞二句自伐夏救民看出尹是箇正天下的人那有辱己之事枉己偉說重下句枉己若枉見諸侯之類未至于辱己割烹則辱己甚矣正天下實自正人始枉己未能正人而辱己其何能正天下乎此見伐夏救民之功必非割烹自辱者所能就也不辱己便是能潔身處○吳因之曰幡然二節是尹欲正天下之言思天下五句推尹欲正天下之志而伐夏救民則其正天下之事故此際承正天下斷之謂辱己必不能正天下意實以正天下必不辱己也蓋因伊尹能正天下而推其決無辱己耳○務疑至是無割烹要湯之意方總說出然即上三條自任處觀之意亦可見何也志在堯舜君民者決不割烹要湯割烹要湯決不以堯舜君民為念也○辱己指割烹說不必含糊○正解此下泛論聖人而信其潔身以斷伊尹不可泥定伊尹說按尹亦在其中○集說

衆聖人不重只重此一聖人不同于衆聖人上是呼起潔其身句不是較量聖人。你疑遠近以未仕而方仕者言去不去以既仕而去就者言。或遠或去潔身固也。或近或不去道有可就初非徇利而行已也。集說四或字雖說四件然重近與不去一邊蓋遠與去道重之潔身易見而近與不去行道之潔身難知也要歸如云揔路一般不是說後來事。合璧身為萬事之本必潔身而後可正天下論聖者必論其歸耳行之不同何病乎。說統自古聖人無有不潔身者何獨于尹而疑之。

吾聞其以堯舜之道要湯未聞以割烹也

林氏曰以堯舜之道要湯者非實以是要之也道在此而湯之聘自來耳猶子貢言夫子之求之異乎人之求之也愚謂此語亦猶前章所論父不得而子之意

過文云。歸潔其身伊尹豈肯割烹要湯哉然則尹果何以致湯之知也。〇翼註尹有堯舜之道。湯不得不來求之。便是要。此借要字言其致湯之求。〇蒙引即上文所謂伊尹耕莘野而樂堯舜之道。致湯三使往聘之也。〇陳新安曰承其要湯之語而正之。謂尹所以要湯在堯舜之道而非割烹也。其實伊尹未嘗要求于湯。〇困勉録劉上天謂此節方明說無割烹要湯處。亦不是。蓋無割烹要湯意。上文已明。此節只發明其所以致湯之知之由耳。林註謂猶夫子之求云云。只解一要字。朱子謂猶前章父不得云云。是解通節。意自不同也。不可以此節語氣與夫子之求二句一例看。

伊訓曰天誅造攻自牧宮朕載自亳

伊訓商書篇名孟子引以證伐夏救民之事也今書牧宮作鳴條造載皆始也伊尹言始攻桀無道由我始其事於亳也

過文云。使尹有割烹要湯之事。則必不能成伐夏救民之功矣。而伐夏救民其事固非無徵也 伊訓是伊尹訓太甲之詞與前人有言相照見得人言之妄非若自言之足據也 達說湯奉天誅始攻桀于牧宮由我相湯始其事于亳都也觀伊尹之言理明義正如此曾謂辱已要君者而能為此乎割烹之說何其敢于誣聖人也 集說始其事指脩德行仁說造攻自牧宮見桀有可伐之罪朕載自亳見湯非有利天下之心 輔說此伊尹所自言可見其自任之意不肯枉道自汙以要君況矣事苟理明義正聖賢初無所揜覆也 陳伯玉曰伊尹聖之任者也一任字伊尹精神已足自任句最重從前是尹之任學問從後是尹之任事功 宋羽皇曰畎畝誦讀養任之精神弗顧視弗取與堅任之全力湯聘囂然恐其輕吾任三聘幡然正以堅吾任 承天覺民非欲任功民不被澤便以任咎近與不去無妨任疑辱已要君何至任謗就湯伐夏于民為任德朕載自亳于夏為任罪而堯舜君民吾身親見

于斯世爲任道○通章拈任字亦一格○

或謂章全旨

此見聖人所主之不茍○首節因其疑而斥之○次節明其不茍所主之事○重進禮退義三句○三節言處變不茍而處常可知○進一層○說○末節從論觀人之法○以見必無不擇所主之理○○困勉錄進禮退義○固通章骨子○然不可以此三句包下二節也○蓋只承彌子說○與上章樂堯舜之道句一例○

萬章問曰或謂孔子於衛主癰疽於齊主侍人瘠環有諸乎孟子曰否不然也好事者爲之也　癰於容反疽七余反好去聲

主謂舍於其家以之爲主人也癰疽瘍醫也侍人奄人也瘠姓環名皆時君所近狎之人也好事謂喜造言生事之人也

楊子冠曰戰國獵取富貴之徒○往往趨權倖寵嬖之門○恐犯君子清議○乃厚誣孔子以自飾其茍且託身之行○○吳因之曰孔子主癰疽侍人

蓋謂其主之以求進也○爲之謂造此等言語欲誣聖賢以便己私也○

於衞主顏讎由彌子之妻與子路之妻兄弟也彌子謂子路曰孔子主我衞卿可得也子路以告孔子曰有命孔子進以禮退以義得之不得曰有命而主癰疽與侍人瘠環是無義無命也讎如字又音犨

顏讎由衞之賢大夫也史記作顏濁鄒彌子衞靈公幸臣彌子瑕也徐氏曰禮主於辭遜故進以禮義主於斷制故退以義難進而易退者也在我者有禮義而已得之不得則有命存焉

首句是主腦○言衞之所主在讎由不在癰疽彌子一段言當時得君莫如彌子○又且以衞卿相啖○尚不肯去主他○豈肯主癰疽乎○李氏說曰彌子之妻三句見有可主之便○曰衞卿可得見有可主之勢○彌子蓋欲引孔子爲重○故當既主讎由之後○說與子路○欲孔子舍讎由而主于其家也○蒙引子路非欲附勢○只因孔子志在行道○或亦從權○如往公山

之類耳。○困勉錄子路不知聖人有從權處又自有守經處以告有謂
喜而告者有謂怒而告者然不必為子路迴護從喜一邊為長○翼註
有命專指衛卿之得言不泛指爵祿之得不得言○朱子曰聖人以義
處命本不待斷以命也所以曰有命對彌子言之耳○徐自溟曰拈出
命字消了小人攀附之心冷了俗人勞攘之心○呂說禮義二句從上
有命推出聖人把柄不是一切委之数命其知命也正以禮義耳指乎
生大段說不指處衛一事○張南軒曰聖人非擇禮義而為進退聖人
之進退無非禮義禮義之所在固命之所在也此所謂義命之合一者
也○淺說孔子平日凡有進也必從容遜順而進以禮不輕于進也凡
有退也必果決剛斷而退以義不難于退也禮義在我者也吾惟盡其
在我者而已○集說有命在進禮退義之時說見得自盡其道至于後
來之得不得一任之命不必計也不是到得不得時纔曰有命蓋付之

于命○全不在得不得上留心○然亦是推原之詞○非孔子真有是言也○○困勉錄禮義不必分輕重○末句雖就退與不得上説○然此處只消平々看○○正解于有命下云孔子之爲孔子如此○則不特主衛得其人○而主齊亦得其人可知○○蒙引若主癰疽侍人○則是當退以義而不以義退○是無義也○命之不得而不受命焉○是無命也○此處只消用義字○○○○非言義以該禮○○○也

孔子不悅於魯衛遭宋桓司馬將要而殺之微服而過宋是時孔子當阸主司城貞子爲陳侯周臣要平聲

不悅不樂居其國也桓司馬宋大夫向魋也司城貞子亦宋大夫之賢者也陳侯名周按史記孔子爲魯司寇齊人饋女樂以閒之孔子遂行適衛月餘去衛適宋司馬魋欲殺孔子孔子去至陳主於司城貞子孟子言孔子雖當阸難然猶擇所主况在齊衛無事之時豈有主癰疽侍

人之事乎

過文云○且孔子非特無事之時不苟所主也○魯衛分說謂不悅于魯又不悅于衛也不悅指受齊女樂驕衆過市等事此句不重只說至宋之故耳○孔子在宋與弟子習禮大樹之下桓魋率衆削其迹伐其檀將要而殺是忌孔子道德有聖人之名也微服而過為道愛身之計須說得有體○說統微服是聖人達權處正聖人安命處若悻悻自逞便非順受○又云孔子當阨句最重○當阨似以全身遠害為重不暇擇人而主矣乃其所主之人正不苟也○司城宋官溯其從來也○說約貞子之行不可詳由其謚而推之則亦為守正之臣也○要知只重貞子之賢不重陳侯之賢陳侯為楚滅故無謚○鄒二泉曰貞子時為陳侯周臣也疑孔子適陳為陳侯周臣者非臣云者明其非癰疽侍人之倫也○集說此見患難之時尚不苟于所主況其無事之時乎○說叢獮子瑕之誘

孔子也以利○桓司馬之刼孔子也以威○若孔子之自處只是以禮以義○其拒彌子也○是得喪之會見得透○其主貞子也○是生死之際守得定○捴是守義安命○此是餘論

吾聞觀近臣以其所爲主觀遠臣以其所主若孔子主癰疽與侍人瘠環何以爲孔子

近臣在朝之臣遠臣遠方來仕者君子小人各從其類故觀其所爲主與其所主者而其人可知

過文云○要而論之○邪正不同○人各從類○○楊子冠曰吾聞二句是泛論觀人之法○以其所爲主○看他爲何等人之主也○指遠臣以其所主○看他主何等人之家也○指近臣○觀其所爲主與其所主之君子小人○而近臣遠臣之君子小人從此可知○觀遠臣句是主○上句伴說○○陸實府曰註類字最妙○以○觀○近○臣○之○法○推○之○則○知○癰○疽○侍○人○必○不○爲○孔○子○所○主○以○觀○

遠臣之法推之則知孔子必不主癰疽侍人　為字亦要看秉禮守義安命孔子之為孔子也若主癰疽侍人則志卑行污不成為孔子矣何以為世仰望而誦法哉此必無之理也

百里章全旨　此詳辨百里奚無干主之事奚至秦入相之由無所憑據只以去虞入秦終始反覆辨之而其必不干主自見重賢智二字蓋智者必知食牛干主之為污而賢者必不肯為自鬻之事也

萬章問曰或曰百里奚自鬻於秦養牲者五羊之皮食牛以要秦穆公信乎孟子曰否不然好事者為之也　食音嗣好去聲下同

百里奚虞之賢臣人言其自賣於秦養牲者之家得五羊之皮而為之食牛因以干秦穆公也

鬻賣養牲之家乃穆公嬖倖人　五羊之皮鬻身之資也　說統飯牛是奚實事好事者之污蔑病在一要字　李說或人所謂要想是說奚

賣身在秦國○使穆公知其賢而用之○便是為干○非是五羊皮使用入秦而干之○食牛因

百里奚虞人也晉人以垂棘之璧與屈產之乘假道於虞以伐虢宮之奇諫百里奚不諫屈求勿反　乘去聲

虞虢皆國名垂棘之璧垂棘之地所出之璧也屈產之乘屈地所生之良馬也乘四匹也晉欲伐虢道經於虞故以此物借道其實欲并取虞宮之奇亦虞之賢臣諫虞公令勿許虞公不用遂為晉所滅百里知其不可諫故不諫而去之秦

過文云○以奚為自鬻要君○亦未知其生平也○○你疑此條先說百里奚之出處○然後即其事而斷之○○虞人也三字重○言其本非秦相○出身有自○下叙去虞入秦之由○以為論斷之地○見得為虞舊臣○不諫而去○必非資身無策○自鬻入秦者也○然○此○節○只○叙○句○議○○楊子冠曰晉人欲並

虞虢而有之欲先伐虞則虞隣于虢恐其相援之勢散先伐虢則道經
于虞恐有掩襲之患乃用荀息計以璧與乘假道于虞以伐虢○晉人
晉君臣也以用也非懼于虞而假道全是以計愚虞公要得晉人造謀
虞人不得安位之意旁有闔合○宮之奇只伴說不必呆贊○奇乃虞
之公族晉兩次假道奇兩次諫不聽遂以其族出奔于曹○說統宮之
奇諫句是爲奚出脫有奇之諫而不行然後奚可以不諫也叙列假道
一段總見虞公黷貨復諫以見奚之不諫爲智不然只消不諫二字已
打倒他一生生不得下節賢智須知下文反覆辯駁俱在不諫上生出
○不諫只輕叙註是預透下文不可用○晉荀息謀之獻公以璧乘假
道虞會晉伐虢取下陽復假道滅虢師還館于虞遂襲虞滅之荀息牽
馬操璧有璧則猶是馬齒加長之言事詳三傳
知虞公之不可諫而去之秦年已七十矣曾不知以食牛干秦穆公之爲

汙也可謂智乎不可諫而不諫可謂不智乎知虞公之將亡而先去之不可謂不智也時舉於秦知穆公之可與有行也而相之可謂不智乎相秦而顯其君於天下可傳於後世不賢而能之乎自鬻以成其君鄉黨自好者不爲而謂賢者爲之乎（相去聲）

自好自愛其身之人也孟子言百里奚之智如此必知食牛以干主之爲汙其賢又如此必不肯自鬻以成其君也然此事當孟子時已無所據孟子直以事理反覆推之而知其必不然耳○范氏曰古之聖賢未遇之時鄙賤之事不恥爲之如百里奚爲人養牛無足怪也惟是人君不致敬盡禮則不可得而見豈有先自汙辱以要其君哉莊周曰百里奚爵祿不入於心故飯牛而牛肥使穆公忘其賤而與之政亦可謂知百里奚矣伊尹百里奚之事皆聖賢出處之大節故孟子不得不辯尹氏曰當時好事者之論大率類此蓋以其不正之心度聖賢也

過文云○夫奚之不諫非不欲諫也亦非不能諫也○說統前四段以
首段爲主反言下三段反覆以明其意正言相秦二段以下段爲主上一段
予起以存其案言斷中之案正言末又反言○淺說智以所知言賢以所爲言百里奚
智者也必知自鬻之爲非百里奚賢者也必不肯爲自鬻之事因有以
識無即此以明彼○知虞公句空說知字且勿重年已七十句要看若
是少年不經事或急于功名苟且倖進未可知當七十之年則閱世既
深見理自明食牛干主必以爲汙曾不知猶言這等汙辱之事尚不知
也志識闇昧一至于此斷乎是不智了下須轉云然而奚非不智人也
說約首一段統下三段俱有之矣其二段則申不可諫三段則申知
虞公四段則申去之秦不如此看則下三段贅矣○當默而默見幾之
明可行則行保身之哲苟仕則仕擇主之當知默知廢知興三段平看
○可與有行猶言可與有爲謂穆公是有作用的非必是行其道○智

與賢不和不平對過下云且奚非獨智而已○四書脉三置晉君惠懷文一救剝禍并國二十拓地千里是顯君之賢歷康景悼孝皆憑藉先世之威是傳後之賢干是求用于始進之初成是成就于既用之後○鄉黨自好者謂鄉黨之中稍知顧禮義惜廉恥自愛其身之人非必十分上等人也不為謂不肯甘心冒污辱之羞以赴功名之會也○賢如百里奚而肯為自鬻成君之事乎反言以決其必不為也○集說食牛干穆公要說得顯然汙下不待智者後知之意與下鄉黨自好者不為一例說方得因事而追論其有無之意蓋奚有如此之智如此之賢當時秉機遘會自然另有舉動豈有他事皆智皆賢而于食牛之汙反不知者此孟子為奚辯一篇主意○大成首尾兩反俱指萬章所言中間四覆孟子直以事理斷之○張南軒曰奚于虞在不必諫之地又知其不可諫諫必不聽故引而去之所以為智使在當諫之地而不諫是不忠之臣

也○可謂智乎○周介生以奚去虞入秦是為虞報仇處議論雖好非正旨○

萬章章句下 凡九章

熊勿軒曰內六章因上篇言聖賢出處多及進退出處之義內一章言封建井田二章言取友之道

伯夷章全旨

通章以孔子為主○前五節歷叙群聖而斷其異歸重聖之時上○後二節推明孔子之所以異歸重智字上○胡雲峰曰此章之指總註偏全二字足以盡之○

孟子曰伯夷目不視惡色耳不聽惡聲非其君不事非其民不使治則進亂則退橫政之所出橫民之所止不忍居也思與鄉人處如以朝衣朝冠坐於塗炭也當紂之時居北海之濱以待天下之清也故聞伯夷之風者頑夫廉懦夫有立志治去聲下同橫去聲朝音潮

橫謂不循法度頑者無知覺廉者有分辨懦柔弱也餘並見前篇
起云○孟子曰學必以至聖爲宗而非合古人以折衷之則無由見其
至也○蔡氏曰首二句是身之所接不苟（以待己言）次四句是事使進退之
不苟（以處世言）次三句是所居不苟以處常言（橫政以國言橫民以野言）次三句是所處
不苟以處暫言（較上進一層說）當紂三句則徵其實于當時聞風三句是表其
風于後世○蒙引聲色該得廣不止女色淫聲按凡不合理者皆是有
云白旄黃鉞亦爲惡色泰誓武成亦爲惡聲者不妨○又云非其君不
事二句以己對人言治則進二句以處時言重下句當紂三句總證上
文之意紂之時正所謂濁世也目所接者皆惡色耳所接者皆惡聲君
非其君民非其民有亂而無治觀于其朝皆橫政之所出也觀于其野
皆橫民之所止也紂帥天下以暴天下之能免于爲鄉人者能幾耶故
獨退居海濱以待清也或以此另說則與亂則退及不忍居意重複矣

○集說不忍居是不耐于此有痛恨意非憐惜意○陳新安曰凡言聞其風者皆道不行于當時而其流風餘韻足以聳動後世者也○說統頑者貪昧嗜利以知言懦者委靡不振以守言○李說頑化而廉則略有定見懦化而立志則略有定守不可說得太好○正解夷盖廉而立志人也無所累于己自有以感乎人○叙列處不必如上孟一節深一節然要照着清字○

伊尹曰何事非君何使非民治亦進亂亦進曰天之生斯民也使先知覺後知使先覺覺後覺予天民之先覺者也予將以此道覺此民也思天下之民匹夫匹婦有不與被堯舜之澤者若己推而內之溝中其自任以天下之重也與音預

何事非君言所事即君何使非民言所使即民無不可事之君無不可使之民也餘見前篇

蔡氏曰首二句是伊尹之言。次二句是承其言而狀其行。次七句又是伊尹之言。次五句又即其言而推其心。○吳因之曰何事非君言一事是君。即使之為堯舜之君。那處君不可事。非謂所事即君也。使民句做此。總是他自任。○直解。遇治世。固進而行道以濟時。遇亂世。亦進而撥亂以反正。一于進而不必于退也。○陸聚岡曰惟其事使皆君民。所以進退無分于治亂。然其不分治亂而任事使者。則以天覺民之責自任故也。故下復述其言而推其為任之重。○通節語意相承。總形容任字。下半截講法亦與劉宗章微別。○尹蓋擔當世道人也。無所擇于世而有所責于己。

柳下惠不羞汙君。不辭小官。進不隱賢。必以其道。遺佚而不怨。阨窮而不憫。與鄉人處。由由然不忍去也。爾為爾。我為我。雖袒裼裸裎於我側。爾焉能浼我哉。故聞柳下惠之風者。鄙夫寬。薄夫敦。

鄙狹陋也敦厚也餘見前篇

集註首六句是事上之和次六句是處衆之和鄙寬以量言敦薄以情言鄙字他處只訓陋此對寬言故訓狹陋是不能容人之意說統此由立朝說到居鄉上揔之不分爾我不懼世浼之意此正惠之寬處敦處鄙者褊急瑣細薄者苛刻寡恩正解爾爲爾四句是述其言正見其所以不忍去之意詳見上孟但不必一段寬一段和字只含而未露正解惠蓋寬大敦厚人也無所累于己而有所化于人

孔子之去齊接淅而行去魯曰遲遲吾行也去父母國之道也可以速而速可以久而久可以處而處可以仕而仕孔子也淅先歷反

接猶承也淅漬米水也漬米將炊而欲去之速故以手承水取米而行不及炊也舉此一端以見其久速仕止各當其可也或曰孔子去魯不稅冕而行豈得爲遲楊氏曰孔子欲去之意久矣不欲苟去故遲遲其

行也膰肉不至則得以微罪行矣故不稅冕而行非速也
在齊為晏嬰所沮故去接淅而行甚言其急也在魯以受女樂而去
蒙引遲遲吾行蓋因子路趣行言此以曉之非必在路上遲遲也遲遲
其行待微罪而後行也去父母國之道孟子解詞與去他國之道相對
為類註一端兼去齊去魯或泥註專指去齊大謬　速久都在去上照上齊魯言
處仕是一去一去一不去以出處言速非失之急也久非失之濡滯處非以
避世為高仕非以得位為榮承去齊去魯推言之見孔子生平大概如
此　徐巖泉曰四可以處時也四而字因時也合看方見聖心神化莫
測處然未可露時字　集說四件合看則孔子不拘于一而可若是則
若是就一件看則孔子却極當其可無所遺議也　徐自溟曰上孟四
則字有決斷意此四而字有圓活意　袁了凡曰叙述三聖語無低昂
至論孔子處獨以孔子也三字斂之使含三聖不可語此意按也字有

下孟

流連贊歎之神。陳新安曰伊尹有功業可見不待言夷惠道不行于時而制行使世想聞興起故以風言孔子如太極元氣之運風不足以言之也

孟子曰伯夷聖之清者也伊尹聖之任者也柳下惠聖之和者也孔子聖之時者也

張子曰無所雜者清之極無所異者和之極勉而清非聖人之清勉而和非聖人之和所謂聖者不勉不思而至焉者也孔氏曰任者以天下爲己責也愚謂孔子仕止久速各當其可蓋兼三子之所以聖者而時出之非如三子之可以一德名也或疑伊尹出處合乎孔子而不得爲聖之時何也程子曰終是任底意思在

起云。孟子敘列之後又從而斷之曰以余述夷尹惠及孔子之行事詳矣各造其極皆古聖人也而究論其聖亦有不同。呂說自古未有

以聖稱三子者稱之自孟子始 ○摘訓四聖揔斷且宜平說下節方重在孔子上畧側不妨 ○說統上是叙事至此方斷其聖有不同然清任和時四字從聖字分別出來倒轉便非蓋是說聖之清不是清之聖此餘做 ○伯夷節高天下無些點汚然不是矯激是聖人中之清者也伊尹身荷天下無些退諉然不是勉強是聖人中之任者也柳下惠量容天下無些岐異然不是尚同是聖人中之和者也孔子心同天地無些執滞而推行變化措之咸宜如元氣自然之運聖人中之時者也 ○翼註聖兼知行與下節单以行言者不同俱是造其極而無所勉之意註無所雜二句是言造其極勉而清二句是言無所勉 ○清任和時都從倫常義理處看不粘上四節仍不脫上四節貫闡發乃佳 ○語類三子所以為聖者都是天理中流出無駁雜雖是過當直是無纖毫查滓 ○張南軒曰時云者非聖人之趍時聖人之動固無不時也按有隨時因時二義

纂註根聖人心裏說○非如他處只以所遇言○說統時妙于如環者○大德之敦化時乘于各正者○小德之川流○○四書脈、註兼三子句、此處且勿用到集大成句○方言兼揔意○兼揔意此句已備○但行文不可先露○○語類、孔子集大成無所不該○非特兼三子所長而已○但與三子並說○時是兼其所長○

孔子之謂集大成集大成也者金聲而玉振之也金聲也者始條理也玉振之也者終條理也始條理者智之事也終條理者聖之事也

此言孔子集三聖之事而爲一大聖之事猶作樂者集衆音之小成而爲一大成也成者樂之一終書所謂簫韶九成是也金鐘屬聲宣也如聲罪致討之聲玉磬也振收也如振河海而不洩之振始始之也終終之也條理猶言脉絡指衆音而言也智者知之所及聖者德之所就也蓋樂有八音金石絲竹匏土革木若獨奏一音則其一音自爲始終而爲一小成猶三子之所知偏於一而其所就亦偏於一也八音之中金

石爲重故特爲衆音之綱紀又金始震而玉終詘然也故並奏八音則於其未作而先擊鎛鐘以宣其聲俟其既闋而後擊特磬以收其韻宣以始之收以終之二者之間脉絡貫通無所不備則合衆小成而爲一大成猶孔子之知無不盡而德無不全也金聲玉振始終條理疑古樂經之言故兒寬云惟天子建中和之極兼總條貫金聲而玉振之亦此意也

過文云○夫清任和爲聖之偏○而時則會聖之全○試即聖之時者進思之○○正解首句作冒○中六句言樂之全○正言集大成也○不曾孔子事末四句即樂之全以明聖之全○正言之謂集大成也○說約首句因贊孔子而用大成字面○下遂就樂之大成而以金聲玉振釋之○又就金聲玉振而以始終條理釋之○又因始終條理而復挽到孔子智聖自有次第○于金聲玉振始終條理題內○補清任和者非○○盧未人曰孔子集大成只就

下孟

時上見之蓋變易運用隨時迭出則萬善衆理統會全備自其出之而
無不宜謂之時自其兼之而無不備謂之集○吴因之曰聖德天成何
待于集曰集大成者承上三子說來蓋惟道妙于時則不拘一定不狃
一方要清便清要任便任要和便和那一件不包羅統括然忽其大處
自能包得非必合衆小以爲大也○說統集大成者天地古今無所不
通帝王聖賢無所不備若只就三子上說謂兼清任和而成聖非也蓋知
聖之時句單括時清時任等語者非○正意在孔子之謂四字集大成即就樂上說不必
影偕忽不得細疏○困勉錄集大成以下至終條理也俱只就樂上說
勿入正意○正解金聲玉振句虛下四句正申明之聲字振字俱活字
死字作活字用之字指衆樂言金以宣之于先而玉以收之于後則凡繼乎金
以宣之而前乎玉以作之者皆統括矣惟樂皆統括故曰集大成○照
下智聖看微重金聲邊而字串說勿截對○存疑欲並奏八音必先擊

鑄鐘引起他○然後衆音隨之而起○是以一鐘而引起衆音○故曰始條理○衆音既作○臨了擊一聲特磬○衆音由是而俱止○是以一磬而收斂衆音○故曰終條理○先明諸心知所往○然後力行以求至○是知所以引起這行猶作樂擊鐘以引起衆音也○故以始條理爲智之事○聖以地言○造其極之名也○力行所知而造其極○這便是結果成就地位○猶作樂臨了擊磬以收斂衆音也○故以終條理爲聖之事○○吴因之曰○先要把金聲也者玉振也者○看得重○下文智之事聖之事○方得力○蓋孟子是把金玉形出孔子○須得形容語氣貼之○言金聲不是小可○條理那一件不始○玉振不是小可○條理那一件不終○這金玉相宣○始終條理兼備○正是孔子智之事聖之事○孔子智聖直頭便是這個○豈不爲集大成○○蒙引○條理猶云脉絡○在始終之中○註一音自爲始終○以小成者言○與本文之始終不同○小成之始終○只在一音之內○大成之始終○則通八音而言○始于金而終

于石也○磬是石○亦玉類故謂之玉○如三子之所知所行○則在其一清一任一和之內○如孔子之所知所行○則兼乎三子之清任和也○智者、知之所及謂知之所到處也○聖者、德之所就謂行之結果成就也○智與聖是知行之已成名目○知與行却是用工名目○翼註、智字要見全覺意○聖字要見全體○意○方與三子一偏之智聖相照○智聖非有先後○但就一時俱到之中○微有開端詣極之別○集說、聖人生知之極○于性命之理○天下之故○透徹完全○纔有道理到前○便八面玲瓏○其當然所以然○以及一本萬殊萬殊一本之致○無不了然胸中○故曰知無不盡○聖人安行之至○于凡身心性命之道○俱盡夫天理之極而無一毫人欲之私以間之○各造其極○無半上落下之理○亦無舉此遺彼之失○故曰德無不全○此處智聖只○兩兩開說○見孔子為聖智兼全○至下節以射明之○方側重智字○張南軒曰、條理云者、有倫緒而不紊之謂○始條理者、析衆理于毫釐○終條理者、會衆理于一貫也○○呂說凡樂皆有終始○實字惟金聲玉振爲衆始終之始終○亦作活字凡聖人皆有智聖之事○惟孔子智聖之事○能包函群聖人智聖之事○凡聖得智聖之條理○孔子則始終乎智聖之條理也○○說統兩事字尤不必泥、作功夫一節語者非

氣○揔是惟時故脩意○○倪新安曰金、鐘也石、磬也竹、簫篪也絲、琴瑟也、匏、笙竽也土、塤也革、鼓也木、柷敔也○朱子曰金聲有洪殺○始震終細○玉聲則始終如一○扣之其聲詘然而止○鎛、鐘名○陳新安曰特、專也單擊磬曰特磬○○蒙引綱紀不必分大綱小紀當以首末論聲與韻不同、韻者聲之餘漢司馬相如有遺書請武帝封禪上問寬寬對云云只是獻媚之辭非專主樂也

智譬則巧也聖譬則力也由射於百步之外也其至爾力也其中非爾力也中去聲

此復以射之巧力發明聖智二字之義見孔子巧力俱全而聖智兼備

三子則力有餘而巧不足是以一節雖至於聖而智不足以及乎時中也○此章言三子之行各極其一偏孔子之道兼全於衆理所以偏者由其蔽於始是以缺於終所以全者由其知之至是以行之盡三子猶春夏秋冬之各一其時孔子則太和元氣之流行於四時也

過文云○智聖兼全固爲集大成之始終矣然始即始其所終終是終其所始則樂猶不足盡智聖也試更取而譬之○存疑上節言孔子之兼全衆理此節言孔子之所以兼全衆理○又云此以射之中的譬聖人之全德射之中的由于巧聖人之全德由于智見得智重于聖乃孔子之所以異于三子處蓋由其巧力俱全聖智兼備所以聖無不全三子力有餘而巧不足故雖能聖但各有偏而不能全也○說約上節智聖平說此節智譬二句亦仍是平說到其至二句方說聖由于智耳○困勉錄巧力即在射上說不是兩層說約孔子之智譬則射者之巧也

孔子之聖。譬則射者之力也。不必含糊。神明内藴。與機巧中藏相似。造詣純至。與强力遠到相似。故以爲譬。四書鏡由射句。當先講聖由于智方得。按真解必知之真。然後行之至。必有定見。然後有全力。接由射句最妙。由作由此射彼亦通。集説中不明言巧者。中。處。亦。用。力。不。全。是。巧。按不直露巧字爲妙。問三子只有力無智否。曰、不是無智。知處偏故至處亦偏。如孔子則箭箭中紅心。三子則每人各中一邊。申瑶泉講下三句云。吾謂智譬則巧。聖譬則力。以此亦不作兩截看。顧巖叟曰、註力有餘。只就一偏處見其充足。與夫子之力同。巧不足。非全無巧。只是無夫子之巧耳。蒙引、此節亦主孔子言。蓋此聖智即上文之聖智。若以上文聖智亦兼三子。則三子安得有始終條理。特一音自爲始終。與本文始終自不同也。故。斷。通。章。孔。子。説。而三子之不得爲全者。自見于言外。况三子安得兼有智耶。謂無孔子之智。非與朱子知處偏句相背。故總註

獨以行言見其知有未及也。說約所以獨推孔子如此者亦是所願
則學之意。正解三子所以為一偏之聖者合下少致知工夫道理有
偏故所成者亦偏。孔子所以為大成之聖者合下知得到道理周徧精
切故所成者亦全。總註三子之行四句合解前六節所以偏者六句
單解末節三子猶春夏句至末則統說一章歸結聖之時上

北宮章全旨　此見先王公天下之利爵祿與共而不欲私嚴天下之防
爵祿一定而不可僭周制內外相馭大小相維若此。焦漪園曰天子
一位節是班爵之大略一位字極重位有一定之分截然而不可亂天
子之制六節是班祿之大略千百七十五十里字俱重祿有一定之制
多者不可減少者不可增。楊鞭垓曰天子重看諸侯去籍無天子也
說天子一位便見名分凜然天子之制地方千里便見大小截然觀天
子之臣視侯伯子男則天子之重可知矣五十里之附亦天子附之也

在官代祿之差，亦天子差之也。諸侯惡而去之，固王法所必誅也。○涵

勉錄天子二字固重，然不必專主尊天子說。章意不盡然也。唯公天下

防天下二意，可以統貫。

北宮錡問曰：周室班爵祿也，如之何？錡魚綺反

北宮姓，錡名，衞人。班，列也。

正解北宮錡亦目擊時弊而有此問。班者，次第之謂，言等級分明，不可

僭也。爵祿，兼君臣言。○見當時爵祿之非其制，故問周室之初尊卑厚

薄如何。

孟子曰：其詳不可得聞也。諸侯惡其害己也，而皆去其籍。然而軻也嘗聞

其略也。惡去聲 去上聲

當時諸侯兼并僭竊，故惡周制妨害己之所爲也。

三其字，俱指爵祿之制言。兼并以土地言，指祿。僭竊以名分言，指爵。有

班爵之籍○不便于僭竊○有班祿之籍○不便于兼并○故惡其害已而盡情去之○恐有執其籍而議之也○此二句是其詳不得聞之故○皆字指諸侯○不指爵祿○○淺說殘編斷簡○或有遺言○老師宿儒○或有傳說○故嘗聞其略○○說統嘗聞其略一語○大有關係○蓋諸侯皆敢于去籍也○挾朋黨以行私○不惟無王而已○并欲滅其跡以杜天下之口○而學古之儒○或得于傳聞○是籍雖去而有不去者在○王制雖滅○清議猶存○可默持天子之統于不墜矣○○四書脉只說其略○切忌詳字○通章俱不可刪○

天子一位公一位侯一位伯一位子男同一位凡五等也君一位卿一位大夫一位上士一位中士一位下士一位凡六等

此班爵之制也五等通於天下六等施於國中

翼註天子一位段○是班爵之制通于天下○君一位段○是班爵之制施于國中○○說統天子一位○君一位○俱提起○○正解天○下○之○大○統○于○一○天子

尊無二上矣。然天下可以一人統。而不可以一人治。于是有封。建。之典。公侯伯子男。為天子分治天下者。有此五等。而內外相維。大小相制。可以聯屬天下之勢矣。一。國。之。中。統。于。尊天子君于王畿。群侯君于列國矣。然一國可以一人統。而不能以一人治。于是有命。官。之典。卿大夫士。為君分治一國者。有此六等。而貴賤相臨。尊卑有辨。可以辦成國中之治矣。○趙氏德曰。父天母地而為之子者。天子也。爵位盛大。以無私為德者。公也。斥堠于外。以君人為德者。侯也。體仁足以長人者。伯也。子。字也。字。養也。其德足以養人者。子也。男。任也。任。安也。其德足以安人者。男也。出命足以正衆者。君也。知進退而其道上通者。卿也。知足以帥人者。大夫也。才足以事人者。士也。○存疑五等通于天下。專自為君者。言上自天子。下至子男附庸。皆是為君者。六等通于國中。兼君臣而言。自天子之國。下至附庸。皆有君卿大夫上中下士也。按附庸帶言。不在等之內○地不能五十○恐卿大夫士亦有未倫矣○○蒙引此六等兼天朝與侯國言○不必以與公爲泥○蓋公在五等之列矣○位猶級也○○子男位同而序列子在男上○○翼註自天子至子男皆有君道○而公侯伯子男之位○自天子始○故與天子同其班○自卿以下至下士皆有臣道○而卿大夫士之位○自君始○故與國君同其班○

天子之制地方千里公侯皆方百里伯七十里子男五十里凡四等不能五十里不達於天子附於諸侯曰附庸

此以下班祿之制也不能猶不足也小國之地不足五十里者不能自達於天子因大國以姓名通謂之附庸若春秋郳儀父之類是也○翼註此節是班祿之制通于天下○下五節是班祿之制施于國中而受地節則施于天子之國中○大國三節則施于諸侯之國中○末節輕看○因庶人之祿而帶言耳○○說統天子之制地方千里提起看○居重馭輕○强

斡旋枝○亦是尊無二上之義○集說方千里是四面皆千里○百里七十里亦然○蒙引方字帶下猶云正也○非謂地方也○觀下公侯皆方百里可見○存疑天子之制地方千里○其祿于是出焉○公侯以下皆然○故曰班祿○翼註民功曰庸○附庸者蓋以治民之功○附達于天子○如諸侯之述職也○集說附庸亦是爵雖不能五十里○有地便是祿○然附庸不甚重○只因班祿而並及之耳○說約附庸亦有四等字名人氏見論語伐顓臾章

天子之卿受地視侯大夫受地視伯元士受地視子男

視比也徐氏曰王畿之內亦制都鄙受地也元士上士也

存疑天子之卿以下所受之地○皆在王畿千里之內○此班祿自王朝之臣言○趙氏曰食采邑于畿內○祿之多少以外諸侯為差○不言中下士視附庸也○集說此非特尊王朝○蓋列國卿大夫○僅治一國○天子之卿

下孟

大夫則共治天下德有崇卑事有繁簡之不同耳〇所解入則為王朝卿士出則為列國諸侯其分固相等諸侯捍禦于外王臣輔治于內其功亦相均故制祿特厚于侯國之卿大夫士〇祝安道曰此節主內外一體見先王公天下之心蓋內之卿大夫士身居天子左右不出操統馭之權其勢親而不尊等之以侯伯子男尊之也使知與躬桓蒲穀有同貫所以絕內臣觖望之私外之侯伯子男職任天子藩宣不入參宰執之列其勢尊而不親等之于卿大夫士親之也使知與股肱耳目為一體所以杜外臣猜嫌之漸若以內制外以重馭輕亦法制之善勢使然耳非先王封建之初心也按以內外相制任利害上立論者偏〇困勉錄與天子坐而論道者不有公爵而官不必備則祿宜無定制故斷自天子之卿始所謂視侯視伯者直與列國等非止受田也蓋天子之地方千里為方百里者百其地自足以給之不必疑也有疑無許多分地止作受田說

者故云

大國地方百里君十卿祿卿祿四大夫大夫倍上士上士倍中士中士倍下士下士與庶人在官者同祿祿足以代其耕也

十十倍之也四四倍之也倍加一倍也徐氏曰大國君田三萬二千畝其入可食二千八百八十人卿田三千二百畝可食二百八十八人大夫田八百畝可食七十二人上士田四百畝可食三十六人中士田二百畝可食十八人下士與庶人在官者田百畝可食九人至五人庶人在官府史胥徒也愚按君以下所食之祿皆助法之公田藉農夫之力以耕而收其租士之無田與庶人在官者則但受祿於官如田之入而已

大國、謂公侯○君十卿祿、謂君十倍于卿之祿也○大國三卿○皆命于天子○○淺說、徐註說君卿大夫士田許多畝、可食許多人者、只是據下一

下孟

夫百畝。上農夫食九人起數耳。蒙引此所謂田。皆指助法之公田而言。除起外八區。四大夫謂四倍于大夫之祿也。朱子曰。祿猶今之俸祿。所自得為私用者。至于貢賦賓客朝覲祭享交聘往來又別有財儲為公用。君與卿以下同。同祿不言其數。故申以祿足代耕。淺說祿足代耕兼下士與庶人在官者言。末節只以庶人在官者言而不及下士者想下士之祿無五等。只等上農夫耳。說統身不能自耕而畀之以祿。必使其足以代耕而後可。足以字當味。見先王體恤意。說約下士在班爵內一等。則已仕之臣有田者也。朱子謂士之無田者。但受祿于官。此非指下士也。蓋宿衛公宮之諸公族與夫國學所養之賢樂師所教之髦。其次則有府史胥徒。其下如門閽之直。皆于公署中應役者也。其外則有居肆之百工。皆為在官之庶人也。所重在養。祿宜有差。不比下士之田。定以百畝也。府如今斗庫。治藏史如今吏書。治文書胥如今承發。掌追

呼徒如今承差掌服役

次國地方七十里君十卿祿卿祿三大夫大夫倍上士上士倍中士中士倍下士下士與庶人在官者同祿祿足以代其耕也

三謂三倍之也徐氏曰次國君田二萬四千畝可食二千一百六十人卿田二千四百畝可食二百十六人

次國謂伯○三卿二卿命于天子○一命于其君○三大夫謂三倍于大夫之祿也○

小國地方五十里君十卿祿卿祿二大夫大夫倍上士上士倍中士中士倍下士下士與庶人在官者同祿祿足以代其耕也

二卽倍也徐氏曰小國君田一萬六千畝可食千四百四十人卿田六千六百畝可食百四十四人

小國謂子男○二卿皆命于其君○二大夫謂兩倍于大夫之祿也○卿卽上

下孟

大夫。不在大夫之外。每國皆下大夫五人。上士二十七人。○趙氏曰由卿而上。三等之國異。由大夫而下。三等之國同者。蓋卿而上。其祿寖厚。苟不為之殺。則地之所出。不足以供。大夫而下。其祿寖薄。苟為之殺。則臣之所養。不能自給也。○蒙引可殺者。謂有餘之意。不可殺者。體不足之意。○困勉錄大國三條存疑謂君祿已見于上而不重只重臣祿謬也。班爵祿所謂君一位者亦豈不重。而只重臣爵乎。麟士因存疑重在臣祿之說而以本文為倒裝說謂卿祿居于君祿十分之一大夫祿居于卿祿四分之一之類則又謬之謬矣。按君祿臣祿一體分疏。謂以君祿為準則皆非。與同祿之與作許字者亦非。

耕者之所獲一夫百畝百畝之糞上農夫食九人上次食八人中食七人中次食六人下食五人庶人在官者其祿以是為差食音嗣

獲得也一夫一婦佃田百畝加之以糞糞多而力勤者為上農其所收

可供九人其次用力不齊故有此五等庶人在官者其受祿不同亦有此五等也○愚按此章之說與周禮王制不同蓋不可考闕之可也程子曰孟子之時去先王未遠載籍未經秦火然而班爵祿之制已不聞其詳今之禮書皆掇拾於煨燼之餘而多出於漢儒一時之傳會奈何欲盡信而句爲之解乎然則其事固不可一一追復矣

過文云○然庶人在官之祿豈盡同于下士而無所差乎哉○四書脉此發明祿足代耕之義蓋上說同祿而未明說同祿之中有不同處故又說此一節（非封建始于井田又發此議也）○困勉錄下士之祿無差而庶人在官之祿有差此其不同也○非指九人至五人之不同也○庶人不願爲耕惟樂在官先王因其在官仍準以耕耕者二字輕讀權之以所獲不過濫不輕負也此句之意至五人句方盡○蒙引上中下農田皆百畝而有上中下食之差等者全在百畝之糞上糞是人力所爲者（如今之糞多辦壅）

使是力勤也佃治田也（糞字作活字用）存疑農之五等以加之勤惰而分官祿五等以事之煩簡而分正解耕者八句言農夫所入之等重在末二句言庶人在官之祿與之同等也按上八句只就農說末二句方著在官者混雜不得李說先王之班爵祿也王侯國以內外輕重降矣卿大夫士以崇卑大小遞降矣猶有庶人在官者何也其人起自閭閻畎畝編戶細氓之微所以抽揚小善而開其入仕之途其職則極于文法吏事猥瑣煩碎之雜所以藏納細流而廣其器使之路末云先王之制其定分也甚嚴其分土也甚公其居內也甚重其制外也甚周此吾所聞之大略如此　周禮天官草人掌土化之法凡糞種（以糞漬種也）騂剛（土性下同）用牛赤緹用羊墳壤用麋渴澤用鹿鹹潟用貆勃壤用狐埴壚用豕（皆焚其骨以為灰）彊㯺（音汗堅也）用蕡（燒麻為灰）輕爂（音飄土之輕脆者）用犬

問友章全旨　此論交友之道在友德而不可挾友其德也一語通章大

綱○末節尊賢貴貴並言○見○尊○賢○之○義○同○于○貴○貴○則○貴○不○可○挾○明○矣○孟獻

費惠晉平帝堯○是歷舉不挾貴者○立尊賢的樣子○不必分優劣○困勉錄　孟獻三

人無優劣若堯與三人自有優劣但只要見雖天子亦不挾耳故不必分

萬章問曰敢問友孟子曰不挾長不挾貴不挾兄弟而友友也者友其德也不可以有挾也

挾者兼有而恃之之稱

萬章是問交友之道○不是問五倫之內有朋友○其義何居也○友重我去友人說○困勉錄此問似因孟子友諸侯而發○不是泛問交友○蓋疑友是敵體之事○上下不得交相友○有事之云乎○豈曰友之云乎之意○如此說則與孟子所答合○此意從來未發極是○四書脈長以齒言貴以位言兄弟以勢言○如高門閥閱之類○說統挾不是挾以驕人只一念自負能下人之意便是挾○翁惣菴曰註兼有二字聯讀○友是友德○是有一友德之心○乃

復有他念。便是兼有。且恃之。之意。不知不覺。流露出來。故謂之挾。而友二字揔承上三項。友也者以下申明所以不可挾之意。蓋彼有德而與之友。則道義可尊。取為輔仁之助。言行可法。聯為同志之交。自當折節以親之。虛懷以受之。豈可以有所挾乎。陳新安曰。有挾則取友之意不誠。賢者必不與之友矣。三者之中。挾貴尤常情所易犯。下文四節皆不挾貴者。但有小大之差耳。說總友德從不挾生來。然世惟能不挾者方可與論友。惟能以德為友者。自不可有所挾。兩意相照應。

孟獻子百乘之家也。有友五人焉。樂正裘、牧仲。其三人則予忘之矣。獻子之與此五人者友也。無獻子之家者也。此五人者亦有獻子之家。則不與之友矣。乘去聲下同

孟獻子魯之賢大夫仲孫蔑也。張子曰。獻子忘其勢。五人者忘人之勢不資其勢而利其有。然後能忘人之勢。若五人者有獻子之家。則反為

獻子之所賤矣

過文云○交友固不可挾○而○不○挾○貴○尤○難○試歷言古之不挾貴而能盡友道者○○百乘之家句○重○言大夫之貴也○有友五人○見其不挾○○予忘只作偶忘看○要見其人鑒々有據○為獻子之所友也○非清風高節○人可得而友○名不可得而傳之謂○○存疑無獻子之家以下○是說獻子所與友之意○所謂友其德也○其所以無獻子之家者○祗見在我者有可貴○在人之勢○不能動我之胸中也○故曰樂其道忘人之勢○○無如無有一般○不着意中○點不留目中○有者、把他家来當一件事○心中慕羡○口中稱艷也○○本文四句一正一反○俱說五人之忘勢○然不重在五人忘人之勢○只○重○獻○子○能○與○忘○己○之○勢○者○友○便○見○能○自○忘○其○勢○而○不○挾○貴○意○無獻子之家句重○此五人者以下反說輕○○集說無獻子之家雖屬五人○當先說獻子自無其家○于下點字方有着落○○蒙引此節不可依註以獻子忘勢與五人之勢相對。當主。獻子不挾貴說。合璧。夫一有其勢。獻子且賤之而不友。況肯自挾之以友人乎。

非惟百乘之家為然也雖小國之君亦有之費惠公曰吾於子思則師之矣吾於顏般則友之矣王順長息則事我者也費音祕　般音班

惠公費邑之君也師所尊也友所敬也事我者所使也

過文云。費非所挾。百乘之家固然矣。首二句有一層進一層之意。是過遞語氣。呆寫不得。下節同。小國之君字重。言國君之貴也。所師所友見其不挾。蒙引舉其成語。以見友德而無所挾之意。不必以所師所使皆為友也。存疑或師或友。言無所挾也。王順長息帶說。楊子冠曰。德可儀型。故師之。德可切磋。故友之。王順長息。將不在師友之列耳。不必十分貶他。說統不敢躋順息于師友之列。正是尊子思顏般處。

非惟小國之君爲然也雖大國之君亦有之晉平公之於亥唐也入云則入坐云則坐食云則食雖疏食菜羹未嘗不飽蓋不敢不飽也然終於此而已矣弗與共天位也弗與治天職也弗與食天祿也士之尊賢者也非王公之尊賢也疏食之食音嗣平公王公下諸本多無之字疑闕文也

亥唐晉賢人也平公造之唐言入公乃入言坐乃坐言食乃食也疏食糲飯也不敢不飽敬賢者之命也○范氏曰位曰天位職曰天職祿曰天祿言天所以待賢人使治天民非人君所得專者也

過文云○隆其師友而不挾貴○小國之君固然矣○大國字重言大國之貴○非猶夫國君也○恪遵賢命○見其不挾○集說自晉平公至不敢不飽也○言其不挾之意○終于此以下○非腆乎公○按微致不滿之意○正示人王公尊賢之則○爲下天子友匹夫張本○而大旨重平公之不挾○玩之於二字○便有尊重隆禮之意○平公友亥唐之德○故嘗親造其廬○入云

下孟

坐云食云屬亥唐之言則入則坐則食是平公從其言三則字有末云
不敢先既云不敢後之意蔬食菜羹甚言其薄未嘗不飽叙述其事在
亥唐不以為慢在平公不以為褻不敢不飽又推其所以飽之意此三
句根食云則食句來○此字統指入云三句不專指食言雖遵賢命見
其不挾然只終于此而已猶言不過如此尊賢之道尚有不盡于此者
以下一氣遞過不甚重只要起堯為不挾貴之極則耳○真西山曰天
位所以處賢者天職所以任賢者天祿所以養賢者三者皆天所以待
賢人使治天民者也而平公于亥唐特虛尊之而已未嘗處之以位命
之以職食之以祿也此豈王公尊賢哉○坐起飲食惟命是從在士之
尊賢已為極則蓋位職祿非士有也而士之所難王公之所易在士不
能上擬王公盡尊賢之禮在王公不得下同于士為尊之已盡將士之
尊賢句陪襯王公極要安頓○集說君臣之位皆天位也不是說共國

君之位○只借共天位治天職食天祿○爲平公尚未能盡友道之極也○○
淺說于末綴云然即平公能如是○亦可見平公所友在德而無所挾也○
○摘訓由大夫說到君○由小國說到大國○又由國君說到天子○則貴之
極而不挾之至矣○然以貴爲等差○非于不挾貴中分優劣也○

舜尚見帝帝館甥于貳室亦饗舜迭爲賓主是天子而友匹夫也

尚上也舜上而見於帝堯也館舍也禮妻父曰外舅謂我舅者吾謂之
甥堯以女妻舜故謂之甥貳室副宮也堯舍舜於副宮而就饗其食
過文云○立友道之極者○其惟堯之于舜乎○○蒙引此節不可謂是承
上文言王公之尊賢處○蓋堯之○于舜固能與共天位治天職食天祿然
○本意只在無所挾上故曰是天子而友匹夫○上文所以着箇非王公之
尊賢者蓋不如此貽之○則平公于亥唐其尊賢爲極矣○孰知其爲有所
未至者耶○舜本畎畝中人○由岳牧之薦而至○故爲上見○說統館貳

室是接遇之隆亦饗舜是款洽之懃迭為賓主是略其勢分忘其形迹
而歡然賓主之相得也○副宮非正宮也然亦是堯所嘗居底宮室何
等隆重就饗其食此食是舜所設者堯不以為褻而食之若云就饗以
食是堯將食去饗舜非饗于舜矣不是○帝以為甥而館之于貳宮故
曰館甥○舜固饗堯之祿而堯亦且饗之食○迭為賓主總上二項其
館舜也舜固為賓而堯為主其饗舜也堯若為賓而舜為主迭者更代
之意重堯一邊○不曰孝子聖人相臣而曰匹夫正見堯為不挾之至
非若大夫國君友士之比也是天子略斷而友匹夫意更醒豁○蒙引
天子友匹夫是為何友其德也要見此意

用下敬上謂之貴貴用上敬下謂之尊賢貴貴尊賢其義一也
貴貴尊賢皆事之宜者然當時但知貴貴而不知尊賢故孟子曰其義
一也○此言朋友人倫之一所以輔仁故以天子友匹夫而不為詘以

匹夫友天子而不爲僭此堯舜所以爲人倫之至而孟子言必稱之也
過文云○要而論之天下有分位所以彔體統有聖賢所以成道德○
蔡氏曰此總結上四節而斷其同歸于義重尊賢上賢即德也○用下
敬上只是以下敬上耳非謂用下之禮以敬上也他處以字多訓用此
處用字作以字下句同敬兼情文輕看不必又拈作主與尊字友字相
纏兩段詞平意側到末二句方明重尊賢○上字泛指有家國天下者
然重天子說下字以有德無位言○淺說貴貴泛說尊賢正指友德言
按上貴字活下貴字實○蒙引通章是用上敬下止是尊賢其言用下
敬上而貴貴者主意在其義一也○翼註論名分下當敬上論道德上
當敬下以位非獨重德非獨輕意發揮便含友德意旨按尊賢即友德
相照應○存疑揭尊賢之義于貴貴欲人知尊賢之重也○貴與賢有
相資之義有相成之義故為一蓋貴當貴而貴之固不為諂賢當尊而

匹言絲云會云　云匹　絲云車

尊之亦不為諂世人重勢而輕德以貴貴為義以尊賢為非義知有貴不知有賢此友道所以日替也○蒙引援註單舉天子友匹夫者舉重以見輕也

交際章全旨　通章以事道為綱以交以道三句為斷以義字為眼以孔子獵較為證而中間血脉全在諸侯猶禦一段萬章苛責其物所從来始終以為可卻孟子寛論其物所從来始終以為可受蓋不卻而受委曲為行道之兆即孔子從獵較而仕際可公養之意也辭受出處平對不得吳因之曰萬章問意全在諸侯猶禦幾句難突然起口故泛用不義者開端無奈卻之不恭之説出孟子以為不當卻他辭無受之説出孟子又以為不必却則所謂諸侯不義而不可受者無以伸其説矣故設為禦人以甚諸侯之不義孟子則原法原理以寛諸侯之不義萬章等諸侯于禦人孟子不欲苛諸侯于禦人此辭受所以異旨大抵諸

侯猶槩節是問答本意前屢問屢答皆檃括處後事道二節則旁証處

○四書脈孔孟之時侯王不親若過爲峻厲天下終無可交之人道如何行得故孟子受交際之心就是不爲已甚孔子家法講交際處要時時顧着爲道意○困勉錄異道之行則必有一逢與天下相通而不至重絶于天下若不如此便是欲充仲子之操矣

萬章問曰敢問交際何心也孟子曰恭也

際接也交際謂人以禮儀幣帛相交接也

萬章意以諸侯之物出于非義而不仕其國似難受其交際況諸侯既不能用我徒然交際往來明是以不義相污矣故問其何心非泛論常人之交際也○大成交際暗指諸侯下交恭字有尊賢下士意○達說恭也指心言與何心也相應註禮儀幣帛勿分只是幣帛之交而爲禮儀之寓也孟子打頭說箇恭字便見當受矣○正解恭也言即此禮物

之來。便是他一念之敬。若不重其人。不欽其道。必不以禮來交接矣。○吳因之曰交際何心之問便道是未必好心。孟子曰恭也便道是一團好心。此雖開端之詞。便已各露大意。○註交接字即透下節交接字說。

曰卻之卻之爲不恭何哉曰尊者賜之曰其所取之者義乎不義乎而後受之以是爲不恭故弗卻也

卻不受而還之也再言之未詳萬章疑交際之間有所卻者人便以爲不恭何哉孟子言尊者之賜而心竊計其所以得此物者未知合義與否必其合義然後可受不然則卻之矣所以卻之爲不恭也

說絞卻之卻之卻之堅也。○說絞何哉語氣。承恭字來。章意以爲交際既是恭。辭讓亦是恭。如何卻便爲不恭。此是疑其當卻意。○尊者亦暗指諸侯。曰字是心竊計之詞。非是口說。其字即指尊者。○所疑而後受之下含個卻意。註不然則卻之。正補其意。○吳因之曰尊者五句須要

說向心上。見卻之卻之者。他念頭來得不好。故以為不恭耳。○困勉錄
兩個不恭。俱兼人我。非上泛說別人說。下說卻餽者自家見得。○是字
指心之竊計言。鄙其物而輕其人。未免刻薄。故于尊者之賜受而弗卻
也。

曰請無以辭卻之以心卻之曰其取諸民之不義也而以他辭無受不可
乎曰其交也以道其接也以禮斯孔子受之矣

萬章以為彼既得之不義則其餽不可受但無以言辭間而卻之直以
心度其不義而託於他辭以卻之如此可否耶交以道如餽贐聞戒周
其飢餓之類接以禮謂辭命恭敬之節孔子受之如受陽貨烝豚之類
也

萬章意以尊者之賜。固不可卻。而不義之物。終不可受。善處之術。莫如
不以辭卻而以心卻。蓋誤認上文所謂卻者。是直以其不義而卻之。非

宛轉之辭以卻之也。故有是請。○合璧曰：字字是受餽者心上度量。○吳因之曰：取諸不義句，出孟子之口說得輕，出萬章之口便說得重。以心卻之二句緊相連，謂以心度其不義而必欲卻之也。○託以他辭無受，則在我無不義之污，在彼無不恭之嫌，不失己亦不失人，所以可卻也。○四書脉：交接照取字看，不必計昔之取者何如，但看今之交者接者何如。○存疑：交接只一般，道大綱，禮是節目。（一事一串）○達說：其交也以道，非出於無名，其接也以禮，不失之苟簡。○集說：來相交者有個名目，不是貸之虛拘而已。相接處辭命謙遜，禮文亦且曲盡，不是倨傲簡略將此物擲來與我而已。實說孔子見得大聖人于此等亦受之，而無已甚之行。正見可受之意。且慢說孔子得中道。○體註：斯字直截正對心卻者許多曲折。

萬章曰：今有禦人於國門之外者，其交也以道，其餽也以禮，斯可受禦與

曰不可康誥曰殺越人于貨閔不畏死凡民罔不譈是不待教而誅者也殷受夏周受殷所不辭也於今為烈如之何其受之與平聲譈書作憝徒對反

禦止也止人而殺之且奪其貨也國門之外無人之處也萬章以為苟不問其物之所從來而但觀其交接之禮則設有禦人者用其禦得之貨以禮餽我則可受之乎康誥周書篇名越顛越也今書閔作暋無凡民二字譈怨也言殺人而顛越之因取其貨閔然不知畏死凡民無不怨之孟子言此乃不待教而當即誅者也如何而可受之乎殷受至為烈十四字語意不倫李氏以為此必有斷簡或闕文者近之而愚意其直為衍字耳然不可考姑闕之可也

說總引禦為例只為下文諸侯猶禦句埋伏○可受禦句是倒跌語○不是疑詞○違說不可是不可受○引康誥只是明不可二字○殺人而顛越之是既殺了○將尸去擲而棄置之○閔然頑然也○集說凡民罔不譈勿

論闕切不關切之人。但聞此事者無不恕之。不待教照下教之不改教字。○吳氏程曰古人斷獄。必有教戒之辭。此言欲殺之速也。○殷受至爲烈趙氏謂三代相傳以此法。謂不待教而誅之法。不須辭問也。于今爲烈烈明法。如之何受其餽也。翼註。趙氏以辭字應教字。以周字應康誥字。亦細。

曰今之諸侯取之於民也猶禦也苟善其禮際矣斯君子受之敢問何說也曰子以爲有王者作將比今之諸侯而誅之乎其教之不改而後誅之乎夫謂非其有而取之者盜也充類至義之盡也孔子之仕於魯也魯人獵較孔子亦獵較獵較猶可而況受其賜乎比去聲夫音扶較音角

比連也言今諸侯之取於民固多不義然有王者起必不連合而盡誅之必教之不改而後誅之則其與禦人之盜不待教而誅者不同矣夫禦人於國門之外與非其有而取之二者固皆不義之類然必禦人乃爲眞盜其謂非有而取爲盜者乃推其類至於義之至精至密之處而

極言之耳非便以爲眞盜也然則今之諸侯雖曰取非其有而豈可遽以同於禦人之盜也哉又引孔子之事以明世俗所尚猶或可從況受其賜何爲不可乎獵較本辭趙氏以爲田獵相較奪禽獸以祭孔子不違所以小同於俗也張氏以爲獵而較所獲之多少也二說未知孰是楊子冠曰今之諸侯四句正章發問本意猶禦指暴征橫斂君子指孟子○謂當時每受諸侯之賜○故疑其不可也○ ○達說子以爲三句言其于法有可容是就法度上辨其非眞盜夫謂非其有三句言其于理未甚害是就義理上辨其非眞盜○搃是辨其猶禦之非○應上取民猶禦意○孔子之仕以下是明其可受賜應上君子受之意○ ○說統法與義雖是二項○却相承說○言以法而例論之○固未同于盜○以義而極言之○方似于盜○若從常論之○畢竟不是盜也○ ○其字上當加必字○語勢側重此句○必教之不改而後誅○則與禦之不待教而誅者不同○ ○說統取非其有二

語指定諸侯說（不是虛論其理）若曰夫謂諸侯之取非其有為盜者乃充不義之類直到義之至精至密處來論（猶言說到盡頭設處說方纔說他是盜）○徐自須曰義之為理至密君子以之律身不可不嚴義之為用至活君子以之律人不可不寬 ○ 吴因之曰以上非為諸侯分解只要顯諸侯之貨與禦得之貨不同按既不同于禦人之盜則君子之受賜何為不可 ○ 合叅獵較是爭競以取之者受賜是揖讓以取之者故取以相形一曰孔子受之一曰獵較猶可見辭受之義當以孔子為宗 ○ 四書脉獵較魯之舊俗孔子亦獵較只是隨魯去獵較不禁止他（非身自為之）講獵較須見是取物不以禮者方與受賜有關 ○ 蒙引依趙註則較在方獵之時（較音角角逐也）依張註則較在既獵之後（較音教比較也）按云奪禽獸以祭想當祭祀之先許人田獵假之曰為祭祀之用耳與正祭器相應則趙註為優然托名雖好實陋俗也 ○ 集說獵較風俗所係孔子猶未即變之況交際之間彼

以恭敬而來。爲人情之所宜然者。予受其賜不指孔子說。○萬章意在欲卻。孟子意在不卻。但首節各含而未露。次節皆已稍露。至此節則共盡露矣。○語意一節深一節。○本吳因之。

曰然則孔子之仕也非事道與曰事道也事道奚獵較也曰孔子先簿正祭器不以四方之食供簿正曰奚不去也曰爲之兆也兆足以行矣而不行而後去是以未嘗有所終三年淹也與平聲

此因孔子事而反覆辯論也事道者以行道爲事也事道奚獵較也萬章問也先簿正祭器未詳徐氏曰先以簿書正其祭器使有定數而不以四方難繼之物實之夫器有常數實有常品則其本正矣彼獵較者將久而自廢矣未知是否也兆猶卜之兆蓋事之端也孔子所以不去者亦欲小試行道之端以示於人使知吾道之果可行也若其端旣可行而人不能遂行之然後不得已而必去之蓋其去雖不輕而亦未嘗

不決是以未嘗終三年留於一國也

吳因之曰此節有三問三答○下二問即足首一問○下二答即足首一答

意○曰事道奚獵較見獵較非事道也○曰先簿正祭器云云見無妨于事道也○曰奚不去見行道之難如此○何故不去○亦疑其非事道也○曰為之兆也云云亦見其為事道也○萬章終以為非事道孟子終以為事道是一節大旨○然則二字項上獵較來○非事道與一問○意含獵較○但須渾說○由下奚獵較問意○事道也大槩渾說○不必細疏如何以行道為事○

○存疑章以事道者○便當以道變易其俗○今孔子亦獵較○是不以道易天下也○故曰事道奚獵較○孟子謂孔子之不變其俗○先正其本也○簿正祭器○則祭器有常數○不以四方之食供簿正○則祭物有常品○不消遠取物以供祭○彼獵較者○將久而自廢○此聖人陰移默奪之功○其不變俗之中○自有變之者在○

簿、是載器物之書○祭器、如簠簋俎豆之類○正之者、

如太廟籩豆各十二○群廟籩豆各八之類○實者、俎豆之實也○四方、魯之
四境○謂實俎豆者○俱是尋常易得之物○不列四境内之異物○供簿正、供
其簿中所正之數○凡矜奇逞異者○奪來亦無用處○自然田獵不去爭奪
了○此孔子作為妙用○與急欲除奸革弊○而一無所效者不同○先字對後
于變俗看○ ○摘訓獵較者、是欲其多而貴其異○器有常數○則所用之祭
物不多○實有常品○則異物又皆在所不用矣○四方之食、指、獵、較、之物、言○
○存疑章以君子所至○便當以道易天下○扶衰救弊○撥亂反正○今不能
救習俗之弊○姑從之而陰為之圖○是道不可行○于義不當留也○故有奚
不去之疑○ ○蒙引章意孔子之同俗○皆不得已也○非其本心也○奚為不
去而為此不得已之事乎○為之兆泛說○不得復承獵較說○ ○翼註為兆
不專指正祭器事○在此事之外 凡三月內大治所行者○皆小試行道之端意○
如鬻雞豚者不飾賈、男
女行者別于途之類、蓋當時疑夫子之道○當年莫究○累世莫殫○畏其

下孟 二一

難行使孔子因獵較一事不合而即去則人終不知聖道之果可行終覺其不近人情而益重疑畏矣故不去而留身于魯正欲以其隨試輒效者示人以吾道可行之朕兆也○四書朕兆足以行而不行是不能行其兆盖兆既行則知吾道有可行而又不能大行其道則是知而不能行而人終不足以有為故不得已而去之速也末句是又因魯事而察其所仕之國不輕留也○而不行指君相而後二字跟足以行而不行見其不得已也去字內含有決去意是以際跟魯說未嘗終三年淹却推開不專指魯矣然只帶言註去雖不輕二句正應奚不去也之說○李說揔見其留也以道其去也亦以道誰謂其非事道也耶○吴因之曰通節揔見為事道然就中細看亦多少委曲婉轉不為已甚之意

孔子有見行可之仕有際可之仕有公養之仕於季桓子見行可之仕也於衛靈公際可之仕也於衛孝公公養之仕也

見行可見其道之可行也際可接遇以禮也公養國君養賢之禮也季桓子魯卿季孫斯也衛靈公衛侯元也孝公春秋史記皆無之疑出公輒也因孔子仕魯而言其仕有此三者故於魯則兆足以行矣而不行然後去而於衛之事則又受其交際問餽而不卻之一驗也○尹氏曰不聞孟子之義則自好者爲於陵仲子而已聖賢辭受進退惟義所在

愚按此章文義多不可曉不必强爲之說

遇文云○大抵孔子之仕未嘗苟也而事道之心豈特仕魯然哉○困勉錄上文即獵較以明交際之不必卻此節歷舉孔子生平仕進之跡以結上文見交際之不必卻見行可應上仕魯際可公養應上交際見行可是賓際可公養是主三句合看又有一層委曲一層之意○又云行可際可公養不可說得太好見行可亦是委曲之事際可公養是萬一其道之行俱是事道若說得太好便與下桓子靈公孝公不對針○集說看三有字見孔子非拘于

一輟而為已甚之行有此等又有此等云耳○吳因之曰見行可者謂其道略有可行即便仕了不必求全責備○際可公養之仕非即仕于其國蓋于受賜上見仕意言其仕有如此者仕字空說○正解公養言國君能修公家養賢之典也如繼粟繼肉之類便是○朱子曰當時季氏執國柄定公亦自做主不起孔子相魯皆由桓子及桓子受女樂孔子便行矣問墮三都季氏何以不怨曰季氏是時自不奈那陪臣何故假孔子之力以去之○集說於季桓子要補出定公來此時桓子當國孔子仕于定公而非仕于桓子也○孝公仇說竟作出公看○說統見行可不過即獵較以明受餽之意而際可公養正是諸侯之交際與交以道接以禮三句互相發明論仕之義即行可已非正局乃行可之外有際可又有公養若是乎委曲以行道則今諸侯苟善禮際猶夫際可公養之意君子受之亦猶夫孔子見可際可公養之仕之心何必鄙卻

以絕行道之機（通節要得此意不是空空証據）○集說見可際可公養都不是堅君賢相能大行其道者于季桓子為見行可于靈公為際可于孝公為公養仲尼何嘗有已甚之行若謂非其有而取之為盜則孔子當時亦宜閉戶家居而無周遊列國之事矣故註曰不郤之驗○吳因之曰雖專論孔子之仕實暗東轉交際不必郤意要得言內埋伏處○說約行道天子之本心也不得已而際可公養亦順而弗拒引人以向道猶為之兆之心也○此章本論辭受之義尹註兼進退者因仕魯兩節已說開也其實亦是因言獵較以證不為已甚而偶遞及之不必如達說判作兩對但亦不可强牽作一項○困勉錄辭受是主出處是賓不為已甚是主事道是主中之主

仕非章全旨

此因當時有為貧而苟祿者發言欲貧仕則當辭尊富矣既居尊富不得託為貧而不行道矣首末二句相照應○存疑首節言

爲貧而仕○中三節言其所宜居○末節則明其意也○○吳因之曰、通章口氣云○爲貧者道既不行○必辭尊富居卑貧○抱關擊柝易稱之職○如孔子委吏乘田可也○何也、位卑則無行道之責○立本朝則有行道之責○爲貧既不在行道○必要辨其有行道之責○居其無行道之責者○此所以當辭尊富而處卑貧也○言外見仕既爲貧○復居尊富○是有行道之責○而非無行道之責者比矣○寧得竊位苟祿也哉○尹註宜玩、又云、蓋見爲貧者居尊富以苟祿○故指明所宜居○非徒教以爲貧而仕之方法也○實是責備居尊富而不能行其道者○謂居高享厚○非爲貧所宜也○何可以不行道○

孟子曰仕非爲貧也而有時乎爲貧娶妻非爲養也而有時乎爲養爲養竝去聲下同

仕本爲行道而亦有家貧親老或道與時違而但爲祿仕者 如娶妻本爲繼嗣而亦有爲不能親操井臼而欲資其饋養者

說統首句重看。言仕果徒為貧乎哉。非也。暗含下行道意有時乎為貧。然其出于不得已耳。則其非為貧也可見。仕字重頂行道意自審不可如直解明露。有時為貧。則非仕之常也。然非其正也。○集說家貧親老。為貧不能以養親而仕者。道與時違。道不行于天下。為貧不能以自贍而仕者。○陳新安曰下二句不過譬上二句。所以下文不復言此。○娶妻句輕。繼嗣意不妨明出。

為貧者辭尊居卑辭富居貧

貧富謂祿之厚薄蓋仕不為道已非出處之正故其所居但當如此

說統辭字活看。為貧那有尊富。何用辭為。此主擇仕之時。自審。當如此。非已居尊富而後辭之也。○尊卑以爵言。貧富以祿言。上為貧是家貧。此居貧是祿薄。不一樣。○集說註仕不為行道四句。正是說有時乎為貧之道。不是說仕者一定該如此也。

辭尊居卑辭富居貧惡乎宜乎抱關擊柝惡平聲柝音託

柝夜行所擊木也蓋為貧者雖不主於行道而亦不可以苟祿故惟抱關擊柝之吏位卑祿薄其職易稱為所宜居也李氏曰道不行矣為貧而仕者此其律令也若不能然則是貪位慕祿而已矣

首二句輕遞但上節重在辭一邊此則重在居一邊微有分別宜者卑貧之所宜也有雖卑貧而亦非所宜者惡乎是與他細為商量語氣翼註惡乎宜乎句是卑貧中又要擇所宜居蓋此時方道與時違凡有行道之責者皆做不得恐涉苟祿也唯如抱關擊柝便不為苟祿即使朝廷昏亂生民阽危與我無干方處之安也亦不限定此官只是舉例之辭蒙引此要見其職易稱之意下文而已矣字正見其職之易稱也抱關擊柝只是一事古人為關以禦暴而關之守莫重于夜柝正解夜行謂守關者夜行也抱關是環抱而守之意集說抱關有啟閉

識察等事擊柝只以夜言○註職字對道字言○由治己而治人以爲上爲德爲下爲民○謂之道○自其一官之所司者謂之職○職雖有大小輕重不同○而此之職則其易稱者○稱者○盡其職而無負也○

孔子嘗爲委吏矣曰會計當而已矣嘗爲乘田矣曰牛羊茁壯長而已矣委烏僞反會工外反當丁浪反乘去聲茁阻刮反長上聲

此孔子之爲貧而仕者也委吏主委積之吏也乘田主苑囿芻牧之吏也茁肥貌言以孔子大聖而嘗爲賤官不以爲辱者所謂爲貧而仕官卑祿薄而職易稱也

此引孔子以証爲貧而仕之意○集說嘗爲者見孔子亦嘗爲此等也○○說統兩曰字是孟子度其意而言之○翼註玩而已矣三字其意若曰今吾之職○不過如此而已○外此○別無○行道之責○所以可居○也○新說作亦不敢曠其職似乎而已矣三字不醒○困勉錄不敢曠職意自在言外唯不敢曠職○所以必擇易稱之

職也○會是揔計○計是分計○當者，積筭明白○不致混淆也○蒙引：茁壯長
言牛羊肥壯而且長盛也○長謂生息滋繁也○而已矣，只取其職之易
稱也○為貧而仕者當以孔子為法○○吳因之曰：要看稱職與行道所以
異處○蓋職大小○隨在皆可以自盡○道必大行○須事成康濟○乃謂行道○故
委吏乘田○職已盡而道不行○困勉錄此說分明，若如四書脉謂盡職便
是行道，如為委吏會計當便是道，為貧之中，不失行道之意，則合為一件了○作旁意
則可○正貼本文則非矣○按說統謂為委吏乘田，止論會計牛羊，此孔子
之不言高處，亦是旁意○

位卑而言高，罪也；立乎人之本朝而道不行，恥也。朝音潮

以出位為罪則無行道之責，以廢道為恥則非竊祿之官，此為貧者之
所以必辭尊富而寧處貧賤也○尹氏曰：言為貧者不可以居尊，居尊
者必欲以行道

過文云○為貧者所以必辭尊富而居卑貧何哉○莊忠甫曰位卑而言高者心雖自信無他而不能解于僭越之議故無隱愧而有明罪立本朝而不行道者術雖可以保位而不能逃乎衾影之慚故無人誅而有私恥○翼註言字不但口說便有干預意道不行不必是無才德但沮于時而不行便有苟祿之恥○說約首節云仕非為貧則是為道矣故以不行為恥又云有時為貧則是不為道矣故以居卑貧為宜到底只是明此意位卑四句俱反言然言高主中賓也道不行賓中主也○朝曰本朝則已居尊富而非為貧而仕矣便有行道之責烏可苟祿○張賓王曰言罪字欲人自安言恥字欲人自擒○陳明卿曰此輩微語不醒危語不動只索指其隱微使之自思揭一恥字加罪數等○困勉錄真西山集云四事未施周公坐而待旦一夫弗獲伊尹視如內溝可為末句註疏蒙引謂末句不當與上文作對伏者是不當上數節作對

下孟　　卷之三十

伏也。若對位卑句看，仍當作對。吴因之曰、還他兩平語意，專重行道，應轉前為貧者道不行意。蒙引末句亦正為為貧而仕者發，註兩以字、指辭尊居卑者言，其有見于此，所以必辭尊富而寧處貧賤也。所以二字重，章內要見得稱職字意也。仇說此節上下兩意非有偏重，蓋謂越職不可，曠職又不宜，是以凡為貧而仕者，則當居卑貧而辭尊富耳，無責倫大臣意，側重末句者非。

不託章全旨　此章總明士之自待與君待士之道，而意重在責君待士上。翼註前三節言士自待不得冒祿養之典，後三節言君待士當盡祿養之道，能舉方為能養。困勉錄章內或就士之自待言，而君之待士者在其中；或就君之待士言，而士之所以自待者亦在其中，不可劃分。蓋子思之事，亦士之自待，雖末節不見此意，然士正當以舜為極也。若謂明辭受之義者，末節無着落，謂通就士之自待說者亦偏。顧太初曰士在人國論分則詆也論德則賢也君而詆之既不敢上同于君又何敢下同于臣君而賢之則不特當有養之之道猶當有舉之之道能養則不必借名于周能舉則又不必借名于養故終之唐虞以示則

萬章曰士之不託諸侯何也孟子曰不敢也諸侯失國而後託於諸侯禮也士之託於諸侯非禮也

託寄也謂不仕而食其祿也古者諸侯出奔他國食其廩餼謂之寄公士無爵土不得比諸侯不仕而食祿則非禮也

紹聞編萬章所謂託于諸侯蓋以為士雖不得行其道而託祿于諸侯以自養宜若可也此與為貧而仕不同為貧而仕者所謂抱關擊柝者皆有常職以食于上者也此託于諸侯者是無常職而賜于上者○楊子冠曰不敢也凡虛說不敢託也諸侯四句正發明不敢之意○輔說諸侯之視諸侯雖其爵有五等之殊然其實則皆國君也且本有爵土

不幸出奔而來適我國。則其國君以廩餼之。是乃禮之所宜也。故可受而謂之寄。公若士之于諸侯。則有尊卑貴賤之不同。又本無爵土。豈可自比于諸侯。故必仕而後當賦以祿。大成。失國而託者。明德之後。同盟之誼。舊姻之好。宗族之親。各有說以處此。則為禮也。士僭擬于國君。便。是。越。分。非。禮。此。所。以。不。敢。

萬章曰君餽之粟則受之乎曰受之受之何義也曰君之於氓也固周之周救也視其空乏則周䘏之無常數君待民之禮也

四書脉章意。餽即託之意。故因其不可託而疑其不可受。正解。上言禮。此言義。一也。守分為禮。宜于如此即為義。集說。固字。謂固常有此。蓋此禮君雖以之養賢。而賢者却是以民自處。援之此禮。有相合處。故可受之也。困勉錄。二句內已有賓師之意。言君之于氓也固周之。況在賓師乎。明有可受之理也。不必照往役義也之例。

曰周之則受賜之則不受何也曰不敢也曰敢問其不敢何也曰抱關擊柝者皆有常職以食於上無常職而賜於上者以爲不恭也

賜謂予之祿有常數君所以待臣之禮也

四書脉章又以賜即周故因周之可受而疑其賜之可受○集說上不敢是不敢比于諸侯此不敢是不敢比于臣職按此虛說下抱關四句正發明之○上以諸侯之尊名位所在故不敢託此則周與賜同出于君非有關于名位有何不敢之處故又疑問○上章抱關擊柝舉以爲例以此等之職言此章亦舉以爲例而加一者字則以此等之人言○有常職三字重有常職斯有常賜言食之不可苟也抱關擊柝其賜之最薄者言至薄必該至厚也○李說士未爲臣無常職也而受常數之賜是以臣之禮自處不恭甚矣○說統此三節重無常職而受賜爲不恭上其不欲受賜于上正是不託諸侯處若曰託則比君賜則比臣使歧

作兩層矣。不恭即是非禮之意。○翼註：餽無常數，賜有常數。如卿之祿幾何，大夫士之祿幾何，準易明，此相餽便為賜。若託與賜亦相近，但託是自我而託予彼，其意倨，故曰不敢。以名分言，而不敢上同于君賜；是自彼而賜于我，雖不嫌倨名。曰不敢者，以職分言，而不敢混同于有位之臣。○陳新安曰：未仕為民，既仕乃為臣。方為民，可以受無常數之周救；未為臣，不敢受有常數之俸祿。士之自處當然也。○蒙引：士而託于諸侯，則無常職而賜于上矣；無常職而賜于上，則為士而託于諸侯矣。

曰：君餽之，則受之，不識可常繼乎？曰：繆公之於子思也，亟問，亟餽鼎肉。子思不悅。於卒也，摽使者出諸大門之外，北面稽首再拜而不受，曰：今而後知君之犬馬畜伋。蓋自是臺無餽也。悅賢不能舉，又不能養也，可謂悅賢乎？

亟去聲，下同。摽音杓。使去聲。

亟，數也。鼎肉，熟肉也。卒，末也。摽，麾也。數以君命來餽，當拜受之，非養賢之故不悅而於其末後復來餽時麾使者出拜而辭之犬馬畜伋言不以人禮待已也臺賤官主使令者蓋繆公愧悟自此不復令臺來致餽也舉用也能養者未必能用況又不能養乎

可常繼是言君命餽之可常也。○楊子冠曰引繆公事見常餽則可。而常以君命餽則不可。繆公至無餽也是述其事。末二句是斷其失。○繆公因子思之賢。特加尊禮。問。問候也。亟使人來問其安否。且亟使人餽以鼎肉。鼎非訓熟。肉經鼎則熟也。在繆公自為尊禮之至矣。○說約。不悅自是為使已拜受之勞。然此處且含蓄。方有下節子思以為鼎肉二句地。卒字亦自臺無餽也句倒看出。若子思不麾。餽固未已耳。吳氏程曰。不悅句。于卒也讀。○說統。子思摽使不受。何以必于卒也。蓋前此還望繆公悔悟。卒之一字。可見發之不暴。處稽首再拜。終是何等氣象。○四書脈。摽使只是不納于內。非逐去之謂。○今而後知言前此祇知為尊禮也○犬馬畜伋甚之之辭○在徒養上說○所謂愛而不敬也○○翼註臺無餽雖是悔悟○却又并廢其禮○總是不能養○○左傳王臣公公臣大夫大夫臣士士臣皁皁臣輿輿臣隸隸臣僚僚臣僕僕臣臺人有十等也○陳伯玉曰悅賢不能舉數句意且虛說○下二節總說明○○困勉錄不能養內兼亟餽無餽兩意○○存疑悅賢字虛○能養能舉悅賢之道也○若不能舉○能養猶可也○既不能舉○又不能養○可謂悅賢乎○

曰敢問國君欲養君子如何斯可謂養矣曰以君命將之再拜稽首而受其後廩人繼粟庖人繼肉不以君命將之子思以爲鼎肉使己僕僕爾亟拜也非養君子之道也

初以君命來餽則當拜受其後有司各以其職繼續所無不以君命來餽不使賢者有亟拜之勞也僕僕煩猥貌

說統章疑不餽既不可○而常餽又不可○然則人君致餽于賢者○當何如

而後可。初以君命將之。所以重賢。後不以君命將之。不敢勞賢。子思三句、是推當時却餽之意。以見所爲養賢之道。○集說繼粟繼肉、亦是君使之、然。非出自庖廩人私意但餽送之時。不以君命來耳。要知是時常來送。非有月日多寡之數。如祿然也。○正解以君命將之五句、言國君養君子之道。以君命將之二句、以始餽之禮言。其後廩人二句、以繼餽之禮言。○繆公以爲隆禮者在此鼎肉。子思以爲煩褻者在此鼎肉。餽一次拜一次。故云亟拜。○李說時解以末二句斷繆公之失。非是。上節已斷其不能養了。○註有司指廩人庖人。然粟肉須活看。亦舉此以例其餘耳。

堯之於舜也。使其子九男事之。二女女焉。百官牛羊倉廩備。以養舜於畎畝之中。後舉而加諸上位。故曰王公之尊賢者也。下女字去聲

能養能舉。悅賢之至也。惟堯舜爲能盡之。而後世之所當法也

過文云。○然所貴乎國君之悅賢者。豈徒曰養之已乎。賢者亦豈肯爲

四書經學會方　十九　吳其東

能養而後居其國乎。說統上只說個養君子之道尚未及舉故又引堯之能養能舉者而東以王公之尊賢能舉乃成其爲養能尊乃成其爲悅只是一意按悅以心言尊以禮言。楊見宇曰九男二女百官則廩人庖人不足言牛羊倉廩備則繼粟繼肉不足言舉而加諸上位則養又不足言上位只說爲相所爲共天位也。玩一備字見非偶然餽之而已。蒙引上位謂上相之位（猶言高位）非天子之位。正解使其子四句是能養後舉句是能舉故曰句是申贊其盡道。旲因之曰繆公兩節不重貶繆公之非只因繆公以示養賢之則王公節亦不重贊帝堯之盛只因堯以示悅賢之極。集解言堯之于舜乃人君養士者之標的也。

不見章全旨　此章重士之所以自處而君之處士帶說玩總註可見。

合參以往見不義句爲主以禮義二字作骨首節出禮字次節出義字

後義路禮門與此相應總言士之不可往召也且君欲見節發明往見不義之意下五節又申明之引子思虞人兩段言若往見諸侯不惟有愧子思反出虞人下矣末節言孔子得禮義之中正提出官守二字亦發明士不可名之意謝象三曰一士也既仕則可以官名之未仕則可以庶人役之若為其賢與多聞則當師而不當友當就見而不當名見矣中間責君之不可名士正明士之不可見處

萬章曰敢問不見諸侯何義也孟子曰在國曰市井之臣在野曰草莽之臣皆謂庶人庶人不傳質為臣不敢見於諸侯禮也質與贄同

傳通也質者士執雉庶人執鶩相見以自通者也國內莫非君臣但未仕者與執贄在位之臣不同故不敢見也

四書脈不見諸侯兼未名不求見既名不往見○真解起云士之不見諸侯非自尊大也分有所不敢耳蓋朝野之地位懸殊臣民之名分亦

與說統市井草莽加二臣字即詩率土皆王臣意然臣字輕是庶人
自稱說以德言曰士以分言曰庶人傳贄尚指執雉蓋此庶人即士
也上二臣字泛言為臣臣字則指在位者未傳贄則身不離乎市井
草莽也若見于諸侯是越禮而不安庶人之分矣不敢見者以禮自守
也困勉錄自重安分二意兩節內俱有不必以庶人不敢見為安分
下節為自重分看淺說士之不見諸侯者以德自重而其志不可屈
以道自居而其身不可辱蓋禮之所在也大成章問義而答以禮者
禮之宜處即是禮禮之當處即是義非兩件

萬章曰庶人召之役則往役君欲見之召之則不往見之何也曰往役義
也往見不義也

往役者庶人之職不往見者士之禮

章以士未傳贄為臣既以庶人自處則當惟君命是從而有往役不往

見之與意重名不往見上言君之欲見正重其爲士雖名何妨而反不往見似爲非禮○名役名其給使役事也往役往而聽其役使也○淺說但曰庶人則爲君所屬其往役者安其分也義之當然也既曰士則當爲君所敬其往見者辱其身也非義之當然也○集說只作一人看往役則可往見則不可蓋君若謂我爲庶人當以庶人之道待我君若謂我爲士則當以士之禮待我耳見字在名上說與首節士之自去見不同○存疑不守禮而往見便是不義謂非其宜也失禮故不義不義緣無禮而生○蒙註只在一名字生出許多議論全在彼不可召上見我不可往○往役句輕○不往見句重○

且君之欲見之也何爲也哉曰爲其多聞也爲其賢也曰爲其多聞也則天子不召師而況諸侯乎爲其賢也則吾未聞欲見賢而召之也爲並去聲

過文云○欲知士不可往見之義當知君欲見士之心○說統何爲也

下孟

哉根上君欲見之句反詰以欲見之意為其多聞二句是萬章答語存疑

以曰字皆孟子自設問答非○王說多聞兩語是對何為欲見之故言外有君既重士○士亦宜重君不必過作身分之意○蒙引多聞以所知言賢以所行言○在一人身上看○下文德字又兼多聞與賢言○存疑師屬多聞賢只言召亦見耳○李說多聞是備顧問而資啓沃故可為師賢是賛經綸而資燮理故當就見之○曰況曰吾未聞皆決言士不可召也○蒙引此節所以明上文往見不義之意自此以下五節又皆所以申明此一節之意也○

繆公亟見於子思曰古千乘之國以友士何如子思不悅曰古之人有言曰事之云乎豈曰友之云乎子思之不悅也豈不曰以位則子君也我臣也何敢與君友也以德則子事我者也奚可以與我友千乘之君求與之友而不可得也而況可召與亟乘皆去聲召與之與平聲

孟子引子思之言而釋之以明不可召之意

過文云○欲知君不可召士○觀繆公于子思之事可見矣○千乘友士繆公自以爲忘分下交○未免有驕千乘之意○故子思抗辭以答之○○說統章之云乎二句不可通作古人之言○蓋謂古人只說個事之○豈曾說個友之○豈不曰以下是推子思之意而代其言○豈不曰三字一氣貫至與我友句○論位則臣不敢友君○論德則弟不可友師○兩路說來○揔見有事而無友之理○側重在以德一段○困勉錄子思因繆公重視位而輕視德○故其意全重在德○二段是開合法○說統千乘之君以下是就上文斷之○已放開一步○曰況可召與則是回顧召之則不往見之處○勿粘繆公子思看○正解友是平交○召則卑之矣○故着而況二字○

齊景公田招虞人以旌不至將殺之志士不忘在溝壑勇士不忘喪其元孔子奚取焉取非其招不往也喪息浪反

說見前篇

過文云。使士向可名。是智、反、出、虞、人下矣。○李說、甚、勇、是孔子贊美之詞。孔子奚取二句推孔子取虞人之意。以其守死不往非分之招也。

○蔣註、虞人是旁証。對子思不竭。看相承兩段引證。歸重向況可名。況乎以不賢人之招二句。餘俱、輕看。、○存疑、引繆公之事。言賢者不可名。引景公之事。言賢者不可赴名。皆以明往見不義之意也。

曰敢問招虞人何以。曰以皮冠。庶人以旃。士以旂。大夫以旌。

皮冠田獵之冠也。事見春秋傳。然則皮冠者虞人之所有事也。故以是招之。庶人未仕之臣。通帛曰旃。士謂已仕者。交龍為旂。析羽而注於旂干之首曰旌。

說統、通節以虞人為主。備言以明旌之不可槩用。○李說、以皮冠是答其問。中二句輕、遞、對、說。大夫句另、點。○四書脈須云招虞人唯以皮冠。

自虞人外庶人不得以旃士不得以旂唯大夫然後以旌旌豈可以招虞人宜虞人之不往也。存疑招虞人以皮冠以其所有事者招之也。旃質素無文猶庶人之未有文采也交龍曰旂畫二龍于其上龍能變化猶士之能變化也旌有文采士至大夫則變化而成文矣古人之招各有意義。通帛純一幅也如周則赤色非素帛也。韓求仲曰借虞人照士。復借士庶人照虞人又復借大夫與虞人對照賓主須要分明。論通章則士為主虞人為賓論本節則虞人是主大夫為賓中之主庶人士乃賓中之賓

以大夫之招招虞人虞人死不敢往以士之招招庶人庶人豈敢往哉況乎以不賢人之招招賢人乎

欲見而召之是不賢人之招也以士之招招庶人則不敢往以不賢人之招招賢人則不可往矣

楊子冠曰、自引景公至此。方是斷意。以大夫二句、承上說來。以士二句、又因虞人不往推出來。揔是以非分之招不敢往。起下不賢人之招不可往意。○蔡氏曰、註不敢往是過其分。不可往是屈其節。○說總招之、則來麾之則去者。唯不賢人則然耳。召之便是以不賢待之矣。按此即是不賢人之招。招賢人。非有一件招不賢底物事。○合璧、于豈敢往哉下云、夫執貴者之物招賤者。特是過分。未為屈之也。猶以為招非其物而不敢往。況乎云云。○存疑、末句下、就當繳云、其不可往也、決矣。○家訓、繆公節即子思之言。景公節至此。又即虞人之事。揔見士之不可往見諸侯也。

此與上節兩士字。指在位者。如上中下士之類。與友士士字首二節註士字不同。

欲見賢人而不以其道。猶欲其入而閉之門也。夫義。路也。禮。門也。惟君子能由是路。出入是門也。詩云、周道如底。其直如矢。君子所履。小人所視。夫音

扶底詩作
砥之履之

詩小雅大東之篇底與砥同礪石也言其平也矢言其直也視視以爲法也引此以證上文能由是路之義

過文云○由此以觀可知欲見賢人者當必有道矣○蒙引近則就而見之○遠則以幣聘之○此以其道者也○舍此而召之○則非其道○即是欲其入而閉之門○二欲字要分明○欲其入而閉門、正喻賢者不可見意○過下云見不以道○士不往見必矣○彼士之所以不易見者○由其以禮義自守故也○黃贊伯曰義指不往見之義言○禮指不敢見之禮言○與前相應○蒙引夫義路也二句○自君子而言○不必以見賢上言○存疑此理爲人所宜行○是義○行之而有節文○無過不及○是禮○集說路與門俱是借字○只引出唯君子二句來○不必以前後二道字與路字及門字泥說○蒙訓義者事之宜○如路之平正通達○禮有節文○如門之謹嚴正直○由與出入自平素立身行己言不專主出處然重不往見之義守不傳贄之禮尤其大綱也。君子以多聞與賢言能守內兼見之明守之定二意行止動靜以是為裁酌而不離日用進退以是為範圍而不越。王說本文說賢者自待之嚴題神是欲見賢者宜審此之意。蒙引周道如底當依義路也意解就道理說方可起君子所履二句。說統所謂道禮義是也引詩重君子所履句發明上文唯君子三字按小人帶言。摘訓觀詩所云周道如底二句可見義之為路也觀詩所云君子所履二句可見君子之能由是路也則禮之為門君子能出入可併見矣夫能由是路則必不為非義之往以自舍其所由之正能出入是門則必不為非禮之往以自壞其出入之防然則欲見賢人而不以其道豈不猶欲其入而閉之門哉。困勉錄引詩為專證能由是路不及禮者舉此見彼也與畏天之威一例按所履兼禮義者與註不合謂引詩只說義本節側重義字者亦偏。以上從門字說入。而重禮字者更非。○大成引詩有贊歎之意。以為小人所視者。而君欲求之。豈得而名之和。○正解此許其必不應君之召意。首二句緊承以不賢人之招招賢人說。是論人君待士。當以禮而不可召也。下八句見君子守道而引詩証之。乃推言所以不可召之意。

萬章曰孔子君命召不俟駕而行然則孔子非與曰孔子當仕有官職而以其官召之也與平聲

孔子方仕而任職君以其官名召之故不俟駕而行。徐氏曰孔子孟子易地則皆然。○此章言不見諸侯之義最為詳悉更合陳代公孫丑所問者而觀之其說乃盡

李說然則句不是真以孔子之應召為非。蓋因孔子而疑其所以不可不往見之說。○集說孔子當仕有官職在己有可召之職而君即以其

官名之。在君亦無不可名之禮矣。故不俟駕而應之。如此。只重以其官名之。見得有官職則可以其官名之。若無官職則君亦安得以名之哉。仍收到往見不義上。輔說仕有官職則非市井草莽之臣以其官名。則非為其賢與多聞。天下有不可名之士。朝廷無不可名之官。士可以不應君之名。臣無有抗君名之理。孔子聞名而行。敬君之命。此即是義。是禮。能由義路出入禮門也。未仕之士安可以此例論。焦漪園曰、禮義無定體。亦無定用也。為士時則以不赴名為禮義。居官時則又以赴名為禮義。孔子正是時中之道。禮義之所在也。末繳君不可名士。士不可往見之意。

一鄉章全旨　此見友善貴要其極。重後節。言不徒盡應求于一世。尤當印契合于千古。古今皆在所友。取善始無遺。量要之根本全在自己。故上言能為善士而後可友善士。下言能尚論古人而後可尚友古人。

吴因之曰：君子度量要高濶，心胸要廣大，就使由鄉國而進之友天下，猶當尚友古人，豈有盡頭止足處？若把天下後世平看，便不是一步進一步先景，便不是萬古人豪度量。

孟子謂萬章曰：一鄉之善士斯友一鄉之善士，一國之善士斯友一國之善士，天下之善士斯友天下之善士。

言己之善蓋於一鄉，然後能盡友一鄉之善士。推而至於一國天下皆然，隨其高下以為廣狹也。

起云：曰君子進善之益，固當慱資于人，尤當兼倫于人。紹聞編：一鄉之善士，上善士以本身地位言，下善士以一鄉同類言，國與天下倣此，要看得活。非謂必善蓋一鄉後方可取友，亦言若無一鄉之識見器量，則無以盡友其人爾。善士以識見器量德行道藝言。淺說：有進善之資，方能好人之善；有容善之地，方能取人之善。說總三斯字不可作當字看。又不可作彼自来友我。蓋友字還是我去友彼。但先能進善。則氣味相投。一求便合耳。此是應求的道理。按斯字兼二意、言善有未盡。必不能友。善之既盡。便即能友。玩然後能三字可見。○陳新安曰、廣狹有異勢。而善無異理。雖千萬人同此心此理也。惟善蓋一鄉。始能友一鄉之善士。不然、則吾所取之友。必有所偏。或有所遺。不能盡得而友之矣。一國之善士。即一鄉之善士中。其善不止蓋一鄉。而足以蓋一國者也。推而至于天下皆如此。友也者。友其善也。善之所在。聲應氣求。自有不容不合者。而非可以勉强合也。○集說、善蓋一鄉、言我之善。在一鄉中。足以首出衆人。而無不推之者。友字、照註加一○盡字○一國天下皆然。然不必是友之者。亦是善蓋一鄉與一國天下也。○隨其高下句、總解一節言隨己善之高下以為交友之廣狹。如一鄉善士便不能友一國之類。不是說隨人之高下而友之也。○蒙引、此聚主成德者言。既善蓋一

鄉又要友一鄉之善士何故蓋相與切磋以求益進其善也一國天下皆然。集成觀下以友天下句本節重在取友之善上非專在自脩一邊也

以友天下之善士爲未足又尚論古之人頌其詩讀其書不知其人可乎是以論其世也是尚友也

尚上同言進而上也頌誦通論其世論其當世行事之迹也言既觀其言而不可以不知其爲人之實是以又考其行也夫能友天下之善士其所友衆矣猶以爲未足又進而取於古人是能進其取友之道而非止爲一世之士矣

過文云夫友盡天下之善士則地位儘高度量儘廣無愧爲一世之士矣未足二字是通章關鍵蓋善量無窮取善之量亦當與爲無窮故雖友盡天下而此心仍不自滿足也宋羽皇曰全在以字爲字非

友天下有未足也莫說天下士上別有一種在天下與古無復苛蘇
丘瓊山曰以友天下之善士為未足直見得普通宇宙無窮的道理然
則以尚論古人為足乎須知尚論古人處溫故知新日日體研時時紬
繹何時而足也予以友千古之善亦為未足終身只此無窮念頭張
南軒曰自友一鄉之善士至于上論古之人每進而愈上也所見者愈
大則所取愈廣矣陸雯若曰又字是承上文尚論古之人是冒下頌
讀兩句頂上尚論過處着不得層折住處用不得煞語尚論二字空
說頌其詩三句是說所以尚論之意論世正是尚論不可以尚論二字
只管頌其詩二句而以論世另起一頭說統尚論論字非評品有自
相參求自相印證意古之人三字當味按古人俱是善一邊曰論亦有
辨別擇取之意蒙引詩指賦詠而言書指文辭而言按古人已往而
其詩其書固在頌之讀之便可想見其為人詩書非必其人自著凡歌

咏紀載其事者皆是○困勉錄此頌讀在友天下之善士後亦不是尋常頌讀○○集說頌其詩三句一氣讀下如云業已頌其詩○讀其書○而卻不知其人可乎○可謂尚論乎提○重○在○知○人○上○上二其字即下其字○皆指古人頌其人之詩○讀其人之書○即當知其人也○誦詩讀書而不知為何如之人○不特頌讀者○曰再而已○其人之性情不見○即見其意之所存○畢竟古人是古人○我是我○不能與古人面訂而切磋之也○故須論○世○要切○友○字○說○

正解頌讀觀其言也○論世考其行也○兩項不平側重考行○如達而在上○審其所以立功者何如○窮而在下○究其所以立德者何如○審○其○遇○合○之○殊○揆○其○心○理○之○合○處○若○躬○處○其○世○而○與○古○人○相○面○訂○方可謂論世知人○

○說統論世亦在詩書頌讀上審究○只是教他于頌讀時加一段揣摩工夫○不○離○詩○書○又○不○泥○詩書○是尚友也○乃即此尚論言友道之盡○再不兼承上節○集說尚友者不敢以古人為不足信而置之○亦不敢以古人為不

可及而難之。儼然以其身與古人面訂是非而日取益焉。是其胸中直是上下古今，斟酌百代，竟進于古人之列，而非復尋常之士矣。如身生其時，事在于己，古人之心即我心，我之心即古人之心，是為尚友。

集說註不曰盡而曰能進者，乃由天下而進之，且進進不已也。天下善士不離于今也，亦有所可盡，而古人則聖神輩出，旦暮千載，益我者無窮，故曰進。

困勉錄：此章廣友善之量，一步進一步，是正意。進善無窮，故其取善亦無窮，是其中小意思。取善無窮，則其進善愈無窮，是其言外意。

譚梁生曰：萬章篇所與論列，皆千古隱顯莫大遺事，是以末後特與言頌詩讀書論世尚友，此一篇之後小序也。

問卿章全旨　此見卿有親疏之異，故道有經權之別。言外欲君勉于無過，與卿相與有成之意。

說統：提出不聽二字，所以寒驕主之膽，蓋恨諫之朝自謂權可自恣，威可自逞，然一不聽而至使重臣操易位之議。

忠臣萌去國之思。豈人主之利哉。然則人臣進諫之道若何。曰積誠以感動。盡力以匡扶。然則人君聽言之道又若何。曰轉圜以揚美。虛己以受善。

齊宣王問卿。孟子曰王何卿之問也。王曰卿不同乎。曰不同。有貴戚之卿有異姓之卿。王曰請問貴戚之卿。曰君有大過則諫。反覆之而不聽則易位

大過謂足以亡其國者。易位易君之位。更立親戚之賢者。蓋與君有親親之恩。無可去之義。以宗廟為重。不忍坐視其亡。故不得已而至於此也

翼註。問卿。是問為卿之道。○非止是問設卿之意。○何卿之問。謂所問者。是何等樣卿也。○說統。反覆。所以明忠。易位所以存祀。總為宗社之計。○張南軒曰。貴戚之卿。任宗社之責。故得更擇其宗族之賢以易之。然非謂貴戚

下孟

口言綜矣食六八九與志車

之卿諫君反覆而不從。便可以易位。蓋極其理而言之。有可以易位之道也。○摘訓下段泛言有過。此特言有大過者。欲說到易位。故從大過說起。非謂過可坐視。而獨于大過着意也。

王勃然變乎色

勃然變色貌

剔說庸君心事。利害切身。最是不可言之隱。被孟子一言唐突及此。又不敢直斥其言之非。又自以爲有容忍。令左右不諷不測。不覺黯然時。已露出勃然之狀。○蓋疑其言之太過也。

曰王勿異也王問臣臣不敢不以正對

孟子言也

管東溟曰。勃然變色而孟子慰之。此可以驗其善養浩氣。王色定然後請問。此可以驗其足用爲善。

王色定然後請問異姓之卿曰君有過則諫反覆之而不聽則去

君臣義合不合則去○此章言大臣之義親不同守經行權各有其分貴戚之卿小過非不諫也但必大過而不聽乃可易位異姓之卿大過非不諫也雖小過而不聽已可去矣然三仁貴戚不能行之於紂而霍光異姓乃能行之於昌邑此又委任權力之不同不可以執一論也

集說有過則諫不待大也不聽則道不行矣故去○李說諫盡忠誠懇惻之心去明不可則止之義總是輔弼之體○四書脈去則尚有冀君悟而圖復之意非漠然不相關也○翼註同姓之卿其權重其情戚原有宗社之責者故大過則諫不聽則易位蓋以宗社為重君為輕故行權異姓之卿其位尊其情疎原是以義合者故有過便諫不聽便去蓋以道為重位為輕故守經○真西山曰反覆二字最宜深體前世人臣固有見君之過姑一言以塞責者曰吾亦嘗諫之云耳諫而不從非吾

責也。其用心既欲苟全爵位。又欲厭塞公言。故必反覆而諫。諫而不從。則去此人臣之正法。○四書脉、既謂之卿。須有格心工夫。格心不得。又去。須有幹旋調護。心力盡竭。無可奈何。方盡反覆之義。○存疑、易位與去。俱就遭變上說。蓋就義理之所極言也。○集說、先王設卿。有貴戚。又有、異姓者。使朝夕納誨有人。則君不得以自恣。危亡匡定有人。則君更不敢以自肆。知易位。則當知所以保其位者矣。知不合則去。則知所以得其心者矣。孟子非故為是危言以聳齊王。皆理勢所宜。然而不容已者也。○陳新安曰、親者可以行權。（非至甚不得已則不可為）踈者唯當守經。（日用須臾不可）離。○朱子曰、易位言其理當如是耳。世或疑此言有以起簒奪之禍者。孟子不嘗曰有伊尹之志則可。無伊尹之志則簒乎。○大成、大臣之義四句。正還本文。貴戚之卿四句。却互言之。三仁以下。又語其變。（下二段、俱是推論題外餘意。）

四書統宗會元孟子卷之六

告子章句上 凡二十章

熊勿軒曰首章至六章言性七章至十九章言心末章言學

吳因之告子上篇總論曰此篇言性多端一言以蔽曰性即仁義有善無惡固緣情可驗而聖凡一致者也然性本善不可無察識擴充之功故總以人心得養失養之分齊王一暴十寒之喻究竟于舍生取義之真反覆乎宮室妻妾外誘之惑辨析乎養其大體小體之孰輕孰重無非歸之實踐履以全其在我而已孟子一生學問莫大之功全在性善之論蓋性既善則父可使慈子可使孝爲君者可使法堯爲臣者可使法舜然後天地以位人極以立不然則相糜相刃弑父弑君無不至而曰性本惡也奈之何哉又曰告子俱是故意設爲此等議論與孟子抗衡不是問詞講中須理會此意孟子于杞柳章只辨得一爲字湍水章只

辨得一決字○蓋博激節正在決字生議論也○白之謂白章只辨得一生字白馬白人兩章只辨得義外字○

杞柳章全旨○此因即物論性而闢其立論之非以究其貽害之大○說統告子認性本無仁義○故着一以字又着一爲字不知仁義即性○孟子就他爲字生出戕賊字來○見他說得大有破綻○

告子曰性猶杞柳也義猶桮棬也以人性爲仁義猶以杞柳爲桮棬桮音杯棬丘圓反

性者人生所稟之天理也杞柳柜柳桮棬屈木所爲若卮匜之屬告子言人性本無仁義必待矯揉而後成如荀子性惡之說也

起云○告子曰、今之論性者必言仁義矣○夫以仁義爲性所自有○非特不知性○并不知義○自我論之○說統性猶杞柳二句且虛至下二句方可見人性本無仁義意○且其言性、亦即生之謂性也○不可用降衷秉彝等語。王魯齋曰、註釋性字、指性之全體而言。不是解告子所言之性。。李說、曰猶杞柳、言蠢然無有也。曰猶桮棬、言作為而成也。。集成、陳新安謂義上脫一仁字極是。晚村以先单說義、次兼說仁義、便是告子仁内義外根苗、恐未然。盖仁内義外。由孟子屢闢而稍變耳。非始初便分別内外也。。旲因之曰、告子認性為氣。認仁義為理。性在有生之前。仁義在有生之後。把性與仁義分作兩項。故有以人性為仁義之說。病痛全在為字。孟子亦全闢他為字之謬。註中矯揉雖貼為字。然下面戕賊正是矯揉意。此處說出。下詰難處便不激切。還須渾融。蒙引、矯者、矯曲而使之直。揉者、揉直而使之曲。。集說、三猶字要分。上兩猶字言其兩不相干。下猶字言其稍相闗合。。為字重。以字点着。加言人性中蚩蚩蠢蠢。原無仁義。必以人性為之。殫心竭力而始有仁人義士之名。非自然而然。不待為而已成其仁義也。就如杞柳本非桮棬。必待屈曲造作。方有桮棬。非原來有一桮○棬○在○那○杞○柳○上○則以仁義爲性中所自有者○其說誣矣○蓋告子習聞孟子性善之論○特立此說與之相難也○蒙引、謂卮、酒器、匜、盛水漿之器、極是、若桮棬雖分兩物、然是統名○不必鑿定何器○註云之屬、原自員活○荀子有性惡篇○

孟子曰子能順杞柳之性而以爲桮棬乎將戕賊杞柳而後以爲桮棬也如將戕賊杞柳而以爲桮棬則亦將戕賊人以爲仁義與率天下之人而禍仁義者必子之言夫戕音牆與平聲夫音扶

言如此則天下之人皆以仁義爲害性而不肯爲是因子之言而爲仁義之禍也

起云○孟子詰之曰、子論性與仁義而竟以杞柳桮棬喻哉○夫仁義桮棬○有○不○可○相○提○而○並○論○者○即以爲桮棬論○集說告子謬在爲字○孟子○于○爲○字○上○說○出○一○順○字○及○戕○賊○字○見得爲者必戕賊而後能之○在杞柳還說得通。于人性上便說不去矣。○翼註、子能二句、非兩問之辭。乃是言豈能如彼。必將如此也。是。決。詞。○翁恩菴曰、順字從。爲字。反。出。戕賊字從。爲字。正。出。本節爲字。即。上。節。二。爲。字。矯揉造作也如將二句。是。詰。難。見。杞。柳。可。爲。人。性。不。可。以。爲。○輔說、不言戕賊人之性而言戕賊人。人之所以爲人者性也。○吳因之曰、子能四句、主意只是辨人性不待戕賊。謂順杞柳之性以爲桮棬。決是不能。必須戕賊杞柳而後以爲桮棬也。由斯觀之。杞柳不戕賊。必無桮棬。亦將謂人性不戕賊必無仁義。且如愛親敬長。仁義也。孩提必不能愛親。必待矯揉造作。而後愛其親。稍長必不能敬兄。必待矯揉造作而後敬其兄。如惻隱羞惡。仁義也。見孺子入井。必不能惻隱。必待矯揉造作而後有怵惕惻隱。啼跳在前。必不能不受。必待矯揉造作而後不屑受。若果如此。假。饒。做。得。仁。義。來。也。把。吾。本。然。之。性。十。分。變。換。十。分。戕。削。豈。不。是。害。性。到。不。如。不。做。仁。義。的。設。有。

許多斷削苦楚于是相率而不肯為仁義矣戕賊人句、當重、看末二句特因戕賊而究其貽害之大不甚重。說約、禍仁義、玩註是說人因此不肯為仁義便害了仁義是子之言為仁義之禍不是說人以仁義為人性之禍之說而禍仁義者必子之言倒裝文法也。翁意菴曰、通節皆闢其言言字可提起說。朱子曰、杞柳必矯揉而後為桮棬性非矯揉而後為仁義孟子辨告子處皆辨倒使休不曾說盡道理

湍水章全旨。此見性之有善無惡善其本然而惡其使然非皆由于人使也。吳因之曰、看告子立論處全要摹想性無定體意看孟子闢他處全要摹想性有定體意。人無不善句為通章要旨總註極明暢

告子曰性猶湍水也決諸東方則東流決諸西方則西流人性之無分於善不善也猶水之無分於東西也湍他端反

湍波流瀠回之貌也告子因前說而小變之近於楊子善惡混之說

正解、性猶句虛○決諸二句、言湍水○人性二句、正説猶湍水○李説波流瀠回言波流之勢○瀠回旋轉○未有所之也○○湍水、是兩頭斷絶○非流行之水○故旋轉不已○隨人所決耳○東流西流○非水必于是一聽決者之所為○無定向也○人性之中○有善有惡○皆非性所能主○隨人出之○故曰無分○湍水之或東或西○亦不能自主其類相若也○○困勉録、性本定于善○則不待決矣○其不善則必待決也○搏激者○決之謂也○○輔説、告子本以氣為性○此説亦然○故曰因前説○但前説以性為惡○必矯揉而後可為善○而此説則以性為本○無善無惡○但可以為善可以為惡耳○此其為小變也○○朱子曰、告子以善惡皆性之所無而生于習○楊子以善惡皆性之所有而成于脩○亦有小異○故曰近○○善惡混出楊子脩身篇、

孟子曰水信無分於東西無分於上下乎人性之善也猶水之就下也人無有不善水無有不下

言水誠不分東西矣然豈不分上下乎性即天理未有不善者也

水信句是就其言而實之跌重下句呆講不得信誠也猶果也○楊子冠曰孟子亦就水折之水不分東西豈不分上下把上下換東西二字便折倒他○集說上下字只在東西說淺說所以決諸東方則東流者必以東方地勢爲最下也所以決諸西方則西流者必西方地勢爲最下也○抹却不善單說善字便見性有定體善以五常言小註觀性之發而必善則性之本善可知覺多一層○存疑人性之善也二句是就水說上性來人無有不善是破其無分善不善意○集說下二句即足上二句之意但上二句渾論說個善與就下語氣似緩故又以無有不善無有不下以決之非又是一重意且包下節亦有不下而卒無不下之意○無有不是決詞非著其同然亦非更推廣言之蓋人無問聖愚水無論東西必善必下耳語意歸重此二句○蒙引人無有不善據本然之性

言○所謂順之而無不善順字○因下文反字照出○此句且莫用順字○

今夫水搏而躍之可使過顙激而行之可使在山是豈水之性哉其勢則然也人之可使爲不善其性亦猶是也夫音扶搏補各反

搏擊也躍跳也顙額也水之過額在山皆不就下也然其本性未嘗不就下但爲搏擊所使而逆其性耳○此章言性本善故順之而無不善本無惡故反之而後爲惡非本無定體而可以無所不爲也

過文云○水之性無不下矣○而亦有不下者何哉○蒙引既曰人無有不善○而又曰今夫水云云者○以天下自有惡者一脚○須着如此解破○若不說破○無以解人之疑○說統此節不是爲不善人分疏○正見人無有不善○水之過顙在山○由于搏擊來○則水之無有不下也明矣○爲不善而出于使○可見天下即有爲不善之人○決無有不善之性○勢字、從上、使字、勘出○使字、從搏、激字勘出○集說搏躍二字聯看○激行亦然○是說人搏而令之躍○人激而令之行。不是說水之躍。水之行也。○搏激二字、就他決字而甚言之。蓋此節駁他兩決字也。過顙在山。是為不善底影子。○過顙在山、不特東西矣。要知非水之性。性只就下不就上為搏激所使。勢不得不然。本節使字。動可使為不善。如見利可使趨。見害可使避。事感于外。物交于前。能轉移變動他使為不善也。○蒙引、如何說其性、文勢蓋言其性為人所逆。亦猶水之為搏激所使也。○是字、指水之搏激而過顙在山言。末找本然非不善。利欲去而仍然為善之意。則無分善不善之說。真是亂道。○大成、性本善二句。言人無有不善也。本無惡二句。言人之可使為不善也。非本無定體二句。正對告子無分善不善之說也。善由于順天定之也。惡由于反。反逆也非復之之謂人為之也。

生之章全旨。○此因認氣為性而詰其混人物于無辨。眼目全在人物二字。其論人物眼目。又全在同異二字上。蓋生則人物所同。性則人物所

異○豈可以生為性○

告子曰生之謂性

生指人物之所以知覺運動者而言告子論性前後四章語雖不同然其大指不外乎此與近世佛氏所謂作用是性者略相似

存疑生不是人物之知覺運動○乃人物所以知覺運動也○○饒説生、活也○其所以能知覺運動○為是個活底物事○知覺運動何分總言之都是精神○分言之則知覺屬心○運動屬身○○朱子曰、生○之○謂○氣○生○之○理○之○謂○性○○集説告子以人性裡面原無有甚麽○但能知覺運動○這便喚作性○其後來之善不善○乃添設也○不知人物之生○所以知覺運動者○氣也○其○所○以○為○知○覺○運○動○之○則○者○理也○遺理而言氣○非特不知理○凡言氣○亦非矣○只看犬牛與人○理異而氣亦不同○所以見屈于孟子也○然此章言氣○亦就告子辨之耳○○蒙引告子以生字貼性字○欲性字有歸着也○彙解告子本意專以人言。下文孟子乃詰其混人物于無辨也。此節人字可露。物字且分露。朱子曰、告子把生為性。只就氣上說。孟子以理言性。所以見人物之辨。○又曰、作用是性。蓋謂目之視、耳之聽、手之執捉、足之運奔、皆性也、只說得箇形而下者、且如手能執捉、若執刀胡亂殺人、亦可為性乎、金仁山曰、佛氏指人心為性、而不知道心為性、雖主于收攝、作弄精神、顛倒錯亂矣、

孟子曰生之謂性也猶白之謂白與曰然白羽之白也猶白雪之白白雪之白猶白玉之白與曰然與平聲下同

白之謂白猶言凡物之白者同謂之白更無差別也白羽以下孟子再問而告子曰然則是謂凡有生者同是一性矣

吴因之曰兩段詰難。下段即申結上段意。總是欲審其同以為下文辨。析。之地。耳眼目全在一同字。○蔡氏曰、生之謂性二句。是依他立說。蓋

欲堅其辭。令其不得遁而破之也。白羽四句、總申白之謂白句。○集說、猶白之謂白、就白上舍同謂之白、意不可便說同。口氣云生之謂性、是以生便為性矣。猶今遇此物之白者、不推究其白之質、白之理何如、而凡以白者便謂之白、與此是漸漸引到同上。至曰然下、孟子方明說出同謂之白。告子此時亦不得不謂之然矣。如此說、方見層層辨析之意。若白之謂白、便說同謂之白。恐與告子生之謂性之說不闔合。告子以生為性、原非遽謂之同也。未必然之也。○直解、上然字、是告子徒泥其色之同而不思其質之異。○楊子冠曰、下三白、是物之白。上三白、是人言物之白。作稱謂看。方合上之謂字。○蒙引、告子生之謂性、混人物在其中、而不及省人物之不同處。孟子一聞其說、便覺人物自是不同。如此說不得。胸中便有犬之性、一。○一段話說、故先難之曰、生之謂性云云。是依他立說之本旨為辭、故告子為然。繼之曰白羽云云。告子于此若以為不然、則不得謂生之謂性

下孟

○矣若以為然○則犬牛之性猶人之性矣○故註云凡有生者同是一性矣○即下文云云也○不可于此處就依註貼○須要起得下文○○說約註凡物之白二句、亦勿便貼猶白之謂白內○當于下白羽云云貼出為妥○○鄒肇敏曰、兩然字、寫出告子不得于言○勿求于心光景○按上然字○是直信其然○下然字○是不得不然○口氣兩樣○

然則犬之性猶牛之性牛之性猶人之性與

孟子又言若果如此則犬牛與人皆有知覺皆能運動其性皆無以異矣於是告子自知其說之非而不能對也○愚按性者人之所得於天之理也生者人之所得於天之氣也性形而上者也氣形而下者也人物之生莫不有是性亦莫不有是氣然以氣言之則知覺運動人與物若不異也以理言之則仁義禮智之稟豈物之所得而全哉此人之性所以無不善而為萬物之靈也告子不知性之為理而以所謂氣者當

之是以杞柳湍水之喻食色無善無不善之説縱橫繆戾紛紜舛錯而此章之誤乃其本根所以然者蓋徒知知覺運動之蠢然者人與物同而不知仁義禮智之粹然者人與物異也孟子以是折之其義精矣

李説然則二字、緊接上面然字來○一直説下○三性字俱指知覺運動○就他生字説○言子以生之謂性○猶凡白者皆可以言白○則凡知覺運動者皆可以言性○人物將混而無別歟○不知人物之知覺運動雖同○而知覺運動之中○如仁義禮智之禀○此乃生之之理○人之所以靈妙于萬物者○乃為性之本體○生之安足以言性○蒙引、犬之性猶牛之性、只是畧過一步以起下句○觀註曰犬牛與人曰仁義禮智之原、豈物之所得而全哉、皆不暇區別犬牛之不同處可見○然其實萬物之性各自散殊○又在所當知○漢疏、犬金畜也、故其性守、牛土畜也、故其性順、○説統不重分別犬牛○只重犬牛與人○不可無分別○蒙引、此所謂性○雖承告子之言○實反其意歸于孟子

下孟

之所謂性也。看與字、可知明其不然也。○吳因之曰、講末須大發犬牛與人其性各異而不可以生為性意。○陳新安曰、有形以上便是無形之理。性即理也。一理渾然、無有不善。有形以下便是有形之器。氣有形者也。紛紜雜糅、有善有惡。○朱子曰、論萬物之一原、則理同而氣異。從人物有生之初說。觀萬物之異體、則氣猶相近而理絕不同。從人物有生之後說。○蒙引、蠢動也。仁義禮智之粹然者、只在知覺運動之蠢然者上見。故曰形色天性也。雖告子強辯、不得以為與禽獸同矣。○存疑、告子以生為性。故見得人初生時、只是這知覺運動、未必就善、須後來修為方善。故有杞柳之說。又見得人初生時、知覺運動都一般、都未見得善惡。待後來習善則善、習惡則惡。故有湍水無善無不善之說。又見人生則能甘食悅色、死則不能。故有食色之說。故曰此章之誤、乃其本根。朱子曰、此章極其立論之本意而索言之。

食色章全旨○此折告子義外之說。得力在長之者一句。下二節、不過因其強辯而以所晰者通之中間以白辯長從色字來以炙辯長從食字來○困勉錄此章論仁義正所以論性○正解告子論長始終以人言孟子論長始終以心言

告子曰食色性也仁內也非外也義外也非內也

告子以人之知覺運動者爲性故言人之甘食悅色者卽其性故仁愛之心生於內而事物之宜由乎外學者但當用力於仁而不必求合於義也

告子以生爲性而終不肯屈服孟子之論故又有此說食色性也根生之謂性來○輔說人之甘食者知其食之美而甘之也悅色者知其色之美而悅之也知卽知覺也甘與悅卽運動也張南軒曰食色固出于性然莫不有則焉告子舉物而遺其則是物則非性而物欲是性矣○仁內四句根食色性也來然作推開說不泥食色食色特知覺運動之兩端口氣云食

為心所甘○色為我心所悅○由吾心之甘悅推之○則凡吾心之愛當謂之仁○愛心生于內○故仁內也○固非外也○食之所在宜甘○色之所在宜悅○由食色之可甘可悅推之○則凡事物之宜皆謂之義○事物存乎外○故義外也○斷非內也○四句口氣不平○謂仁之在內○所以甚義之必外也○故孟子獨闢其義外○仁○內○俱○帶○言○○蒙引仁者心之德○愛之理○告子只以心之愛為仁○德字理字都無了○此正是以生為性一類○義者心之制○事之宜○告子只以事之宜為義○心之制都無了○蓋事物之義雖在外○而事物之所以得其宜○則不在外也○存疑義外之說固非○其所謂仁○亦其粗者○未必是○困勉錄告子所謂仁○亦即指甘食悅色之類耳○故其始以仁義為皆外○此則以仁為在內○蓋前之所謂仁○乃指吾儒所謂仁○故以為在外○此所謂仁○乃告子所見為仁○專指愛欲而言○并非仁民愛物之愛○故以為在內○其前後之旨一矣○朱子謂告子得孟子說方略認仁為在內○亦不以仁為性之

所有也○須善看○ ○集解、註學者但當用力云云、非告子本意○以食色為性○大旨已差○故言仁義俱就粗處說○原不說到工夫上也○不必入講

孟子曰何以謂仁內義外也曰彼長而我長之非有長於我也猶彼白而我白之從其白於外也故謂之外也長上聲下同

我長之我以彼為長也我白之我以彼為白也

孟子立意重闢義外○將仁內形起○口氣云、仁義吾性所固有本無異致何以謂仁在內○而義獨在外也○ ○義莫大于敬長、故以長為辨、○翼註、我長之、且只說以彼為長○勿露敬字○直至長人之長○方可露敬字○ ○彼長字重頓○方見長之由外○若將我長之重講○便是長由心出○不為外矣○ ○說統、非有長于我、謂非先有長之之心在我也○便有從其長于外意○曰從其白于外、便有非有白于我意○互文也○ ○以白喻長、蓋承前白之謂白而通之○ ○折衷、長白○告子俱主人言○孟子辨之則兼馬說○故謂之

外○只承彼長二句說○言義主于長○長既在外○故以義為外也○逕接長○非逕接白○

白也○按：外指義言○存疑告子只就長上認義○卻不就長之上說○故以為在外○

曰：異於白馬之白也，無以異於白人之白也；不識長馬之長也，無以異於長人之長與？且謂長者義乎？長之者義乎？與平聲，下同。

張氏曰：上「異於」二字疑衍。李氏曰：或有闕文焉。愚按：白馬白人，所謂彼白而我白之也；長馬長人，所謂彼長而我長之也。白馬白人不異，而長馬長人不同，是乃所謂義也。義不在彼之長，而在我長之之心，則義之非外明矣。

蒙引、白馬四句、言汝以白比長○終是比不得○更有一說○汝以長者為義乎○長之者為義乎○據本文○當有兩節意○吳因之曰、白馬二句、甚輕○只起下○翼註、白馬之白、下白字是白色○上白字是稱謂○餘倣此、○困勉

録、白馬四句、是闢其以白喻長之非。蓋白馬白人無異而長馬長人則
必區別于人與馬之際其權度悉由中出便可見義之非外所以以白
喻長為非也闢其以白喻長之非即是闢其外義之非 ○ 說統、四句內、
全要借長馬長人別出長之在我破他非有長于我之說 ○ 集說、此處
義字只在兩無以異上至且謂長者二句方明說長人者必有長之之
心恭敬發于中而後禮文加于外是進一步說諸說于上四句將恭敬
之心重講則且謂二字不清意々重複 ○ 說約、長者二句專以人言不
兼馬說 ○ 翼註、長者只是高年之人長之者、乃有敬長之心按上者字、
指人言下者字就已之心說 ○ 韓求仲曰、兩乎字是較倒語非兩疑語
須實斷義 ○ 困勉錄、言義不必問義之內外而且問子以何者為義知
之非外
何者之為義則其內外不待辨矣 ○ 蒙引、如以長者為義則義可為在
○ 外若以長之者為義則義非外矣 ○ 摘訓、馬之白、人之白、是彼白白馬

白人二白字是我去白之。白馬白人不異、則均謂之從其白于外可也。長馬長人不同、則均謂之非有長于我不可也。安得以長之白之同論乎。且長者非義。長之者爲義。又安得以彼長而我長之爲非有長於我乎。

曰吾弟則愛之秦人之弟則不愛也是以我爲悅者也故謂之內長楚人之長亦長吾之長是以長爲悅者也故謂之外也

言愛主於我故仁在內敬主於長故義在外

起云。告子曰、我亦非以長者爲義也。但義不因長而後有。實因長而轉移。較于仁之愛有不同耳。說統、此再伸義外之辨。必帶仁內說者。特借以我爲悅、形容以長爲悅之、在外耳。謂不必說長人長馬。只就人之中而亦有兩等。我只一槩長之。初無分別。非若愛人者有愛有不愛。我。自。做。得。主。張。吳因之曰、吾弟二句、言愛不得我之愛長楚人二句、言沒不得人之長○此即彼長而我長之意○大成以我為悅悅乎我之心則愛之○不悅乎我之心○則不能强我愛○施愛不同○所主在我○以長為悅凡遇長皆在所悅○未必出于吾心○不論親疎惟長是視重以長為悅段○正解上長字以致敬言○下長字指人言○秦人楚人只言疎遠之人○不必泥○困勉錄白馬四句先說長之之心在內○故說長之者為義便見義之在內○長楚長一段乃說長之之心在外○則雖以長之者為義而義仍在外矣○究其實仍是認長者為義○在內者勢難以為外○故謂之內在外者斷不可為內故謂之外○二句直照首節○故字當剔醒○

曰耆秦人之炙無以異於耆吾炙夫物則亦有然者也然則耆炙亦有外與耆與嗜同夫音扶

言長之耆之皆出於心也林氏曰告子以食色為性故因其所明者而通之○自篇首至此四章告子之辯屢屈而屢變其說以求勝卒不聞

其能自反而有所疑也。此正其所謂不得於言勿求於心者。所以卒於凾萘而不得其正也。

吴因之曰、此即上文長者義乎長之者義乎之説。講中通其所明意。亦不可失。○以炙比長。以秦人之炙吾之炙。比楚人之長吾之長。以耆炙比長也。炙有異而耆同。故曰無以異。○翼註、物字指炙。然字指耆之同。亦字對上長有同然説。炙雖在外。而所以耆之者。必由中出。乃性之自然。非物之使然。故知義亦在內。按、先講長楚人之長亦長吾之長人固有然之意。亦字方有安頓。○摘訓、然則耆炙然字、謂如此也。即指長楚人之長四句説。言汝以長楚人之長亦長吾之長而謂之外。如此則耆秦人之炙無以異于耆吾炙。亦有外歟。按、上下章然則字同解。○集説、耆秦人二句、重在秦人與吾字。就彼之言而言之。見其無以異也。耆字略輕説。耆炙亦有外句。却重在耆字。以見其耆之之出于心而非外也。

○困勉錄末繳義既非外則仁蓋非外仁義非外則性固善而食色不可為性矣因之謂此章是論仁義不是論性尚隔○存疑就長楚人之長與長吾之長亦自有差等可見義之在內處但孟子姑即其所明者而通之且不及此

○蒙引孟子所以諄諄力爭一個義在內是甚意思蓋義外之說自性惡而來義果不在內則性惡不得為善矣

孟季章全旨○通章揔辨義之為內行吾敬一句已盡此旨而因時制宜正行敬之妙用○正解公都子知義根于心未知義妙于時故被季子難倒得孟子庸敬斯須之說遂悟一時字生出冬日夏日之喻見得敬有轉移皆心之因時制宜處義在內而不在外明矣

孟季子問公都子曰何以謂義內也

孟季子疑孟仲子之弟也蓋聞孟子之言而未達故私論之

集說看謂字是從孟子之言疑來下節故謂之內亦須照應此意○趙

註季子亦以為義外也按口氣云人皆以義為在外而夫子獨謂在內是可疑耳

曰行吾敬故謂之內也

所敬之人雖在外然知其當敬而行吾心之敬以敬之則不在外也義主于敬知敬之所自出則知義之在內所敬之人兼齒德之尊者言就敬長一端發明義內之旨蓋由孟子長之者義乎句體貼出來○行字自然非有矯拂勉强之意註知字在行字前斟酌裁度可敬而敬皆由中出全是自己作主豈不是義內○吳因之曰吾字極重後季子兩執己見只要破壞吾字孟子公都子各伸其說只要闡明吾字蓋說個在我則義內說個在人則義外大關鍵在此困勉錄重吾字極是下因時制宜之意雖重亦歸到吾字上蓋謂因時制宜亦是吾也所謂皆由中出也○錢受之曰行吾敬以行為義故在內季子謂敬由人立不得

謂自我行之○孟子言敬雖豆于人○然在其人身上○又隨時而别必須裁度乃可得○豈非是吾所行○季子言敬雖别于隨時○都是其人身上起與我無干○公都子謂飲湯飲水○亦隨時而别○然皆從此心發動○豈謂無干○

鄉人長於伯兄一歲則誰敬曰敬兄酌則誰先曰先酌鄉人所敬在此所長在彼果在外非由內也 長上聲

伯長也酌酌酒也此皆季子問公都子答而季子又言如此則敬長之心果不由中出也

敬先于長○故季子以長立論○○楊子冠曰一歲字、亦有意○以鄉人不長于伯兄○則敬兄無疑○如長以五年十年○則敬鄉人亦無疑○今第長一歲○亦敬兄則鄉人是長者○敬鄉人而只長一歲○則敬自難主矣○又云、敬以親踈為厚薄○自宜略鄉人而敬兄○鄉人之長何論也○酌以年齒為後先○則鄉人自當先酌○伯兄亦可少讓也○○酌則誰先、○是難○詞○兩不相遇○則吾之敬專在于兄唯當酌時有伯兄又有鄉人之長此際便難調停。蒙引雖讓鄉人之酌而敬之在吾兄者仍無損也。所敬二句季子因人起見故將彼此二字破壞吾字謂所敬所長皆因人轉移在吾不得自主把敬字酌字都看是外面虛文即告子吾長楚長之說也。此指伯兄彼指鄉人先酌者長之也故曰所長。果在外蓋認告子義外之言為果是也非由內則以孟子義內之說有未當也。吴因之曰此與下節俱把鄉人伯兄並言然辨難激切處都在鄉人一邊據季子則以敬在伯兄矣而鄉人之敬乃有以移奪之敬因人改易以此見義在外所敬二句及敬叔父則敬二句俱要相連貫下看不可平

公都子不能答以告孟子孟子曰敬叔父乎敬弟乎彼將曰敬叔父曰弟為尸則誰敬彼將曰敬弟子曰惡在其敬叔父也彼將曰在位故也子亦曰在位故也庸敬在兄斯須之敬在鄉人惡平聲

尸祭祀所主以象神雖子弟爲之然敬之當如祖考也在位弟在尸位
鄉人在賓客之位也庸常也斯須暫時也言因時制宜皆由中出也
吳因之曰公都子行吾敬之言雖得其意而至于不能答畢竟是認吾
字不透因勉錄但知敬由于吾不知因時制宜之敬亦由于吾也孟子教以往應之詞全要破先酌
鄉人一句然但答以在位故也恐其不服故倣其伯兄鄉人之例另以
叔父與弟發其在位故也之言然後因而折之○合叅叔父之當敬于
弟比兄之當敬于鄉人之長尤爲分明故孟子復設此難意只一也○
弟雖親不可加于叔父曰敬叔父則執禮之常與敬兄者無異矣鄉人
伯兄尚有親疎之別此則親同而敬當有殊是倣其鄉人伯兄之意而
詰之也叔父雖尊必不可加于尸曰敬弟則通禮之變與先酌鄉人者
無異矣鄉人伯兄或無尊卑之分此則尊極而敬不可泥是因其酌則
諉先之語而詰之也惡在句謂既敬弟則敬叔父之心移之于弟惡在

其爲常敬而不轉移也蓋是進一步以逼其在位之語○翼註上在位指弟在尸位下在位指鄉人在賓客之位按兩故字謂非以卑而喻尊以在尸位故敬之非以踈而加親以在賓位故敬之○吳因之曰上在位故也雖指弟要歸到叔父上去見弟不在尸位叔父之敬豈有時易乎下在位故也雖指鄉人要歸到伯兄上去見鄉人不在賓位伯兄之敬豈有時易乎庸敬斯須隨時斟酌所敬所長非胸中漫無主張向徒因人轉移者也義之在内昭昭矣○集說庸敬二句即跟子亦曰在位故也來乃即叔父與弟之事而歸結到鄉人與伯兄上按是解所敬在此二句見敬以位而移使可識義所在○困勉錄時當庸敬而庸敬時當暫敬而暫敬皆憑心上裁制故由中出四書鏡使中無定主而唯因人轉移則當庸敬何以不敬鄉人當酌何以不先伯兄按斯須亦庸中之斯須也因時制宜是制其當敬不當敬之宜不是制其敬之輕重之宜在孟子口中明說蒙存直解皆然渾之者謬也下季

子之言、正駁因時制宜之意。謂既說因時制宜、便非由中出矣、孟子看制宜二字重、季子看因時二字重、兩邊所認不同

季子聞之曰、敬叔父則敬、敬弟則敬、果在外、非由內也、公都子曰、冬日則飲湯、夏日則飲水、然則飲食亦在外也

此亦上章耆炙之意○范氏曰、二章問答、大指略同、皆反覆譬喻、以曉當世、使明仁義之在內、則知人之性善、而皆可以為堯舜矣

蒙引同一敬叔父則敬、敬弟則敬也、但季子所認、則叔父與弟字重、孟子公都子之說、則敬字重、敬出于吾也、季子之說、是謂吾之敬由叔父與弟而生也、孟子之說、是謂吾之敬施之叔父與弟也○存疑季子提是就長上說、而遺長之一節耳○李說敬叔父四句、即上所敬在此四句之意○集說冬日二句、要看二則字、乃因時而酌之于心之義、當冬日可飲湯也、便自飲湯、非冬日能使我飲湯也、當夏日可飲水也、便自

下孟

飲水非夏日能使我飲水也中有自然之宜而遇外所當然之候斟酌裁處各得其當所謂在內也○湯可常而水不可常亦有庸與斯須之意但二則字在制宜上重○直解、湯與水雖在外而所以斟酌冬夏之宜可飲則飲者由心生也叔父與弟雖在外而所以斟酌常暫之宜可敬則敬者亦由心生也義之在內觀于飲食之宜益明矣豈可謂在外哉○集說飲食二字、活看言飲之食之也上章亦有外與是詰難此節亦在外也是辨折較孟子之言辭直而味盡○湯水之喻亦是因其所明以通之故云耆炙之意但上章承食色言此則無所承耳○徐玄扈曰、長楚之說就同者言外謂因人觸發孟子亦以耆之同者言內鄉人伯兄之說就異者言外謂因人轉移與告子微異公都子亦以飲之異者言內○輔說、若以義為外便于性之本體偏枯了性中五德畫倫安能知人性之本善即不知人性之本善豈能知人皆可以為堯舜哉性無章全旨○此折衷異說○極言人性之蘊○以性善爲主○而以情善決之○動因情以驗性○上才字對情字不過○然盡性工夫又全在才上○擴充○故孟子以盡其才爲盡性○引詩與聖言○所以証上性善情善之說也○

公都子曰告子曰性無善無不善也

此亦生之謂性食色性也之意近世蘇氏胡氏之說蓋如此

起云○公都子曰性之在人○必有一定之理○而人之論性○宜有一定之見○何世之言性者○紛紛其不一也○○李說重無字○言性之本體○乃蠢然而無別者○○無者、謂○渾○淪○空○虛全不可以善惡名也○

或曰性可以爲善可以爲不善是故文武興則民好善幽厲興則民好暴好去聲

此即湍水之說也

李說重可以爲字、言○性○無○定○體○乃活動而可移者○文武二句乃可以爲

目中有此二人之

之証○兩則字甚活言惟習所移非性之所能主者○

或曰有性善有性不善是故以堯爲君而有象以瞽瞍爲父而有舜以紂爲兄之子且以爲君而有微子啓王子比干

韓子性有三品之説蓋如此按此文則微子比干皆紂之叔父而書稱微子爲商王元子疑此或有誤字

李説重有字言性有定體乃後來不可易者以堯四句乃有定之証○陳伯玉曰不曰性有善有不善而曰有性善有性不善者言有等性生而善有等性生而不善也○象是不善之一定者舜微比干是善之一定者本有異禀不可移也○合參三有字是不宜有而有之意君父兄子等亦不虚見情親則易化分尊則易行○紂則尊親兼矣而穢德不能染于微比可見是有性善○蒙引三説俱以明不可專謂性善以得孟子説也○

今曰性善然則彼皆非與與平聲

今曰是對三說。謂性善。他人不言。夫子獨言之也。彼、指三說也。○家訓、公都子見性未透。雖聞孟子性善之說。而不能無搖惑于衆論。故即意三說之非而不敢必其非。即信孟子之是而未能領其是。能無辨乎。非異衆論有是處。而反疑孟子也。講此節全要斟酌。○體註意欲孟子尋個的確根由。以降伏衆論也。

孟子曰乃若其情則可以爲善矣乃所謂善也

乃若發語辭情者性之動也人之情本但可以爲善而不可以爲惡則性之本善可知矣

起云○孟子曰、衆人論性。致疑于善惡之間。而我獨以爲性善。豈無據哉。○輔說乃若與下若夫字相對。先儒訓若爲順、然情自善。不待順之而善也。○困勉錄乃若二字、要見孟子一段確有證據光景不是勉强

下孟

尋一證。湖南講、性是無聲臭的。隨人體認。故有紛紛三說。文武興。幽厲興。堯爲君。瞍爲父。都紛紛。有個證佐。而孟子獨言性善。把甚麽來作證。佐。專就。情上。見得情乃人人皆有。發乎性而未離乎性。于此認性最爲切近。。其字、以人言。不指性。淺說。性蘊于中。無形難知。情發于外。有迹易見。乃若人之情云云。。翼註、情主自然發動者言。方見其善。如乍見入井而惻隱是也。。蒙引、情。是。無。意。發。出。不可說情去爲善。如惻隱之心。豈不是本但可以爲善之心乎。即曰爲善去是才。然可以爲善。卻是情也。以爲、只如謂之相似。與中庸不可以爲道以爲字同。註兩以爲字。俱如此看。可以爲善善字。說。情。乃所謂善。說。性。。以爲、所謂、照上今曰、曰字看。。陳新安曰、因其情之善而可知其性之本善。蓋。遡。其。流。而。知。其。源。也。如水之初流出尚清。則可知其未流之先。清也。必矣。此三句、已。包。惻。隱。之。心。至。我。固。有。之。也。之。意。下。文。乃。盡。發。耳。。蒙引、性既善。則無善無不善之說非矣。性本但可以爲善則所謂可以爲善可以爲不善之說非矣。人性旣皆善則所謂有性善有性不善之說非矣。

若夫爲不善非才之罪也夫音扶

才猶材質人之能也人有是性則有是才性旣善則才亦善人之爲不善乃物欲陷溺而然非其才之罪也

過文云。情善而性善宜無有不善矣。而亦有爲不善者。或者歸咎于才焉。集說上節將性善之理說明。但止說個可以爲善。然或者見一般有爲不善底。如何只說性善。于是並那不善底緣由說出。以見性之無不善也。說統上以情善說性之善。此以才善証性之善。四書鏡天之生人。與之心而統是性情。則必與之以才。而能盡是性。能達是情也。○朱子曰。性之本體。理而已。情則性之動而有爲者也。才則性之具而能爲者也。才之起頭便具于性。不是性之下有情。情之下有才。蓋由性而情。其中能主張運動做事底。○困勉錄以

下孟

義理而兼形體說者。兼形體說者，謂耳目之能聰明，心之能思，手足之能恭重之類，是才。專就形體說者是材。此才與材之別。論才畢竟是氣，但專指其自理而發者，兼知行在內，統說。仁之能愛其親，義之能敬其兄，所謂良能是也。愚意欲兼良知說。人為不善，乃物欲陷溺之罪，非其人之才獨當，而不可以為善也。存疑：此節是恐人以不善歸之才。夫才，性之能也。情，性之動也；才，動而有為者也。才若不善，是性無能也，亦未免為性之累，故又為他如此說。按，二節語脉極緊，作一節看。

惻隱之心，人皆有之；羞惡之心，人皆有之；恭敬之心，人皆有之；是非之心，人皆有之。惻隱之心，仁也；羞惡之心，義也；恭敬之心，禮也；是非之心，智也。仁義禮智，非由外鑠我也，我固有之也，弗思耳矣。故曰：求則得之，舍則失之。或相倍蓰而無算者，不能盡其才者也。惡去聲　舍上聲　蓰音師

恭者敬之發於外者也，敬者恭之主於中者也。鑠，以火銷金之名，自外

以至丙也算數也言四者之心人所固有但人自不思而求之耳所以善惡相去之遠由不思不求而不能擴充以盡其才也前篇言是四者爲仁義禮智之端而此不言端者彼欲其擴而充之此直因用以著其本體故言有不同耳

過文云○然果何以見情善而才亦善耶○惻隱之心人皆有之八句是解其情則可以爲善惻隱之心仁也八句是解乃所謂善自仁義禮智以下通解爲不善非才之罪○輔說仁義禮智性也惻隱至是非性之動而爲情也皆謂之心心統性情者也○達說惻隱之心心之善者也人皆有之餘倣此、故曰乃若其情則可以爲善矣使人無惻隱羞惡恭敬是非安可以言情之善乎○陳北溪曰、恭就貌上說敬就心上說

朱公遷曰、前言辭讓此言恭敬辭讓在恭敬之中○集說皆有、不是說人所同也見不論甚人都是有底下固有、與皆有相應按重人字不重

皆字。○達說即是惻隱之心。可以驗其性之有仁也。曰仁豈有不善乎。
餘倣此。故曰乃所謂善也。使性非仁義禮智。又安可以言性善乎。○蒙
引、曰惻隱、曰羞惡、曰恭敬、曰是非、皆是好字。故曰情可謂善。若曰殘忍
頑鈍驕慢昏昧。則是不好字。是情不善矣。其曰仁也義也禮也智也。宋羽
皇曰、截去端字。即情見性也。亦是至好字。故曰乃所謂性善也。○吳因之曰、仁義禮
智三句、與不能盡其才際相接應。蓋謂之曰我固有者。見我要仁義便
能仁義。我要禮智便能禮智。此處。正是個才。善處。意思若先說固有後
方補出才善。便非本旨。○翼註、鑠字、要體自外至內意。言四者雖因情
始見。非緣情後有。非如火之鑠金。自外而入也。困勉錄、外鑠之說。即如
杞柳之比。湍水之喻。○李說、外鑠與固有相反。二句一正一反。外鑠者。由外以
入于中。矯揉造作。斲喪本真。固有者。由中以流于中。自然而然。萬物皆備。○摘訓、我固有之
也。尚、未、是、任、語。要、起、下、弗、思、句。捌仁義禮智三句、揔帶下說。以起弗思。

弗思上補陷溺于物欲意○存疑弗思句帶個求字求則句帶個思字
此云然者省文也（玩註自明）對說思以心言求以用力言求字較思字又深
然此處現成說只明非才之罪非示人用功之法也○蒙引思求云才
也○便是用其才處○四書脉得謂得其惻隱等之善按失亦失此善舍
字根弗思來○翼註或相倍蓰句承舍則失之去求則得之者之遠言
下句方接得○朱子曰才是能去恁地做底性本好發于情也是好到
得動用去做也只是好不能盡其才是發得略好便自阻隔了不順他
道理做去若盡惻隱之才則必當至于博施濟衆盡羞惡之才則必當
至于一介不取予祿之天下弗顧千駟弗視這是本來自合恁地滔滔
做去止緣人爲私意阻隔有此發動便遏折了○集說豈是他無才只
是不能盡耳然此節不是鞭策人去盡才只是言性善才亦善而已所
以發明性善之說也○達說惟其舍之而失故卒歸于惡而與善相去

之遠。或至倍蓰而無算者。由不思不求。不能因善端之發而擴充之。以造其極而盡其才者也。若本然之善。初無限量。極天下之善無不可爲者。故曰若夫爲不善。非才之罪也。○胡雲峰曰、前篇于四者言端。欲人擴充。此不言端而直因用以著其本體。欲人體認。

詩曰天生蒸民有物有則民之秉夷好是懿德孔子曰爲此詩者其知道乎故有物必有則民之秉夷也故好是懿德好去聲

詩大雅蒸民之篇蒸詩作烝衆也物事也則法也夷詩作彝常也懿美也有物必有法如有耳目則有聰明之德有父子則有慈孝之心是民所秉執之常性也故人之情無不好此懿德者以此觀之則人性之善可見而公都子所問之三說皆不辯而自明矣○程子曰性即理也理則堯舜至于塗人一也才禀於氣氣有清濁禀其清者爲賢禀其濁者爲愚學而知之則氣無清濁皆可至於善而復性之本湯武身之是也

孔子所言下愚不移者則自暴自棄之人也又曰論性不論氣不備論氣不論性不明二之則不是張子曰形而後有氣質之性善反之則天地之性存焉故氣質之性君子有弗性者焉愚按程子此說才字與孟子本文小異蓋孟子專指其發於性者言之故以爲才無不善程子專指其稟於氣者言之則人之才固有昏明强弱之不同矣張子所謂氣質之性是也二說雖殊各有所當然以事理考之程子爲密蓋氣質所稟雖有不善而不害性之本善性雖本善而不可以無省察矯揉之功學者所當深玩也

過文云○然此非我之私言也夫群言淆亂當衷諸古異說紛紜必質諸聖蓋嘗觀詩與孔子之言矣○合參引詩曰孔子曰非泛然援引正與告子曰或曰做個對証揔是証明情善而性善自見○說統提天字即天命謂性之說併性善源頭指出曰烝民便是聖凡無兩樣○翼註

下孟　卷三十

物以形言。則以形中之理言。因情驗性之意。當找在末。○兩有字並列。留孔子串講。物則、以所具所接言。論身之所具。耳目手足是物。聰明恭重是則。論身之所接。則父子君臣是物。慈孝忠敬是則。民之秉彝句。遲過重在懿德。命秉彝懿德。俱指則而言。○詩詞輕點。重發孔子釋詩知道、謂知性情之道。有以道字作率性之道說者非。○達說、于詩詞過下云。物之與則。幾已判于精粗。秉彝好德。心已分于寂感。而詩顧合而言之者。是必有深義于其間矣。孔子讀詩而因契其旨也。云云○集說上故字、發語詞也。于中又加必字也。字及下故字。乃孔子就詩言。而揭其味。必示人更覺明白。神情全在必字故字。不描此二字。便依樣葫蘆。○集說、天與之氣以成形而有物。則必與之理以成性。而有則。未有物。具而則。不具者。矣。此固受中于天地。分之所以一定不移。命之所以常行不息。乃民生所秉之彝也。惟其有秉彝也。故理義之悅。由中以達乎外。達之天下而同有則。各達諸天下而同好也○通乎古今而皆具則亦通乎古今而皆悅也○寧有不好是懿德者乎○為此詩者信乎其知道也○○呂說有物有則、明分兩件○有物必有則、歸併一件○歸于則不歸于物也○則在物之先物之上○但離物則亦不見耶○、蒙引、引詩四句○故好是懿德一句○最重○此句正是其情之可以為善處○緣此就見得人性之善也○即上文之意○吳因之曰謂之好者就其行于惻隱羞惡恭敬是非之中○油然順適略無勉強○真有歡欣暢洽之意○泛以乎契苛語貽之便失旨○一理也○當然而不易曰則○常存而不舍曰彝○得而不失曰德○秉者持守之意○其于吾心不可移奪若秉執然懿者○純粹之詞○說統曰則曰德性之別名○曰好情之別名○曰秉曰懿善之別名○○李說通章只情性才三字○惻隱四者是情○仁義禮智是性○情之能運夫性曰思曰求是才○詩之則字彝字德字是性○好是情○能好是懿德是才○好懿德兼人己而言○末繳云知則為物所必有○則性善○可知矣○知

好德爲民所同然則情善可知矣其有不好是自喪其秉彝之良心也
豈才之罪哉觀情與才之善而性無不善矣我言性善確有據也尚何
疑于三說哉○此節孔子從源頭說下來是即性以言情孟子從始達
說上去亦即情以著性故引爲証○董叔重曰性與氣雖不相離原不
相雜孟子論性獨指其不雜者言之其論情才亦如此要必如程張二
先生說乃爲備耳○語類孟子說性善是論性不論氣也雖說得好終
欠了下面一截無以見其生質之異自荀楊而下該蘇氏胡氏韓氏諸人便止論氣不論性
了○無以見義理之同則舛謬而說理不明其害大矣○天地之性專指理而言氣質之性即此
理墮在氣質之中非別有一性以理與氣雜而言之反之之功如涵養
體認克治充廣復其天地之性故氣質之性君子弗以爲性也○昏明
以知言弱強以行言省察矯揉兼知行言但此矯揉與告子所言相反
彼以本然之性必矯揉而後可爲善此以氣質之性加矯揉而後可變

其不善也

富歲章全旨○此以人心理義之同而見性善也○心字作主○同字重看○反覆發明人之不異于聖○爲世多暴者警○翼註非天之降才爾殊句是主○下同類同耆同聽同美同然○皆自非殊字生出○首節是綱○麰麥二節○即物類之同以見人類之同○龍子至末○即小體之同以見大體之同○因之謂聖人與我同類句是一章綱領不當以降才爾殊爲綱領謬矣○說叢此章是若夫爲不善二句的註疏○

孟子曰富歲子弟多賴凶歲子弟多暴非天之降才爾殊也其所以陷溺其心者然也

富歲豐年也賴藉也豐年衣食饒足故有所賴藉而爲善凶年衣食不足故有以陷溺其心而爲暴

起云○孟子曰人性有善而無惡○常情因物而易遷○說統借富歲凶

歲形容習染移人。容有不善者。非。專。就。豐。凶。論。性。也。子弟二字亦不虛
蓋有少成若性之意。○集說富歲凶歲只引起下二句。非泥定說也。賴
以為善之事甚多。陷溺而為暴之事亦甚多。○蒙引多字有斟酌。富歲
未必盡能為善。凶歲未必盡棄為惡。○翼註多暴且勿說出衣食不足
苗在陷溺其心內用。即多賴處亦勿發透。只以賴字作善字說過。○困
勉錄暴是非僻之心生。不必說到事為而後為暴也。有作暴棄解者非。○集說
非天降才。雖須上二句。主意在多暴一邊。所以二字包得廣。然從凶歲
上借意說更妙。然字指多暴。○殊。謂凶歲子弟之才。異于富歲子弟。有
豐嗇也。○集解。降才非殊。本說性。而以性之良能說者。切為善為不善
作為上說也。不曰降性降情者。是專就發處說。性是心之理。才是性之能。心盛貯這性
才。心溺則性失。不能發之才矣。其心即同然理義之心。人心同然乎理
義。子弟多暴。則不然乎理義矣。蓋由其心之陷溺也。故下文詳說人心

同然以明此意。○其字指多暴之人說。飢寒迫于外。利欲戰于中。其本、然之心如陷于井而不能出。溺于水而不能拔。一般因此放辟邪侈。無所不至。為暴易而為善難也。夫豈才之罪哉。

今夫麰麥播種而耰之其地同樹之時又同浡然而生至於日至之時皆熟矣雖有不同則地有肥磽雨露之養人事之不齊也夫音扶麰音牟耰音憂磽苦交反

麰大麥也耰覆種也日至之時謂當成熟之期也磽瘠薄也

過文云○陷溺而然。是其初本無不同矣。試以物性觀之。○麰訓大麦、則麥為小麥。非一物也。金王而生。火王而死。○徐氏曰布種後以耰摩田。使土之開處復合。曰覆種。○四書脉人都以地同時同熟同明降才之同余謂不然須知麰麦美種。原含生意。其種之美同。故得地得時則其生其熟自同。人性皆善。苟無所陷溺其心。而培其生機。則人人皆可為聖。即麰麦之熟有不同。必有不齊處。人之遠于聖。必是陷溺其心而

下孟

操存之功與聖異也按此主三同之說者不是○地同謂均是種麥之
地勿說地利碍下肥磽時同謂均是種麥之時勿泛言天時日至之
時猶言時日到朱子謂夏至之日勿泥○陳新安曰種麰三者多同雖
其間有所獲多寡之不同者則以地有肥瘠之分雨露有有無之異人
事有勤怠之不齊故耳以譬降才同而養其心與陷溺其心有不同也
○集說養字內兼有餘不足說○困勉錄地有肥磽三句三平看每句
皆有不齊意然不必以第三句不齊二字總承也蒙引謂此節揔明同
類相似之意不必依陳新安說蓋所謂養其心與陷溺其心之不同意
皆在言外通一章看直至章末可繳此意看來似拘不必從○存疑地
有肥磽三句譬陷溺其心意繳云在麰麥豈有不同哉○說統究竟說
不同處正發明他同處

故凡同類者舉相似也何獨至於人而疑之聖人與我同類者

二五　與芯軒

聖人亦人耳其性之善無不同也

過文云○由趙麥觀之○體註故凡字承上推開説○同類謂凋趙麥之類○相似即上地同樹藝同之意○集説不曰甚同而曰相似即所謂同一氣質而亦不能無清濁高下之分○然即有清濁高下○却同是一氣質也○同類統體説○相似兼細微曲折説○翼註同類以形言相似以性言○聖人與我同是人類○就形説而含性意○不言相似而相似之意在言外○疑者疑其不相似而有為善為暴之異也○説統吾人不肯合下承當只此疑根作阻○孟子曰何獨至于人而疑之○喝出本來面目○何處更著聖凡二相○本文説聖人與我同意○實重我與聖人同也○蒙引與我同類明是説性善之同不離氣質言○若氣質安得盡同困勉録性無不善依註露出不妨○但只宜輕發耳○

故龍子曰不知足而為屨我知其不為蕢也屨之相似天下之足同也蕢音

蕢草器也不知人足之大小而爲之屨雖未必適中然必似足形不至成蕢也

過文云○惟人類之同○翼註故字、承上聖人與我同類來○引龍子○不○重○足○同○上○引起下文口耳目之同○蓋欲即形以見心也○觀末節只結口耳目可見○按此不與下三節四平看○不知而爲疑其與足相遠也○不爲蕢○謂大以成大○小以成小○必適于用○不至去足之遠○爲盛土之蕢也○

○楊子冠曰、屨不爲蕢○屨之相似也○不知足而能然者○天下之足同也○屨相似二句、是孟子解龍子之言○

口之於味有同耆也易牙先得我口之所耆者也如使口之於味也其性與人殊若犬馬之與我不同類也則天下何耆皆從易牙之於味也至於味天下期於易牙是天下之口相似也耆與嗜同下同

易牙古之知味者言易牙所謂之味則天下皆以爲美也
過文云○然而天下之同者正多矣○徐巖泉曰孟子言心足矣却從
口耳目說起○只爲當時人尚未信故從淺近處指點○同者言人雖有
異○嗜味則同也○下皆言同耆之意○陳新安曰易牙齊桓公臣能辨淄
澠二水味此先得我口之所耆已爲下文先得我心之所同然者張本
矣○集說所謂之味合乎口之所同然特人不能謂而彼能謂之耳○故
曰先得體註要重我與易牙同意○達說如使易牙之口之于味也○則
下其字我字有着落○合參如使口之四句是反言以見其同宜一氣○
讀下○性是食性犬馬不同甚言其殊也○集說天下謂天下之人正言其
同○何耆皆從易牙之于味猶云何故所嗜都依着易牙所謂之味以爲
美也○口之于味于字指所耆言易牙之于味于字指所謂之味言章内
至于字要看上言至于人者從物說到人上至于味至于聲至于子都

者從人身上說到同也下至于心又從心身上說到人心也期約也亦必也兼既得則喜未得則望二意大成此一節爲下二節之例故特詳下兩個亦然即此至于味以上數十字

惟耳亦然至於聲天下期於師曠是天下之耳相似也

師曠能審音者也言師曠所和之音則天下皆以爲美也過文云然豈獨口爲然哉首句先頓然字亦字方有着落他處惟字訓獨此處俱作是字解聲統五音而言

惟目亦然至於子都天下莫不知其姣也不知子都之姣者無目者也姣古卯反

子都古之美人也姣好也過文云又豈獨耳爲然哉大成此與上二節差異味聲必俟人調之而知之則開眼便見不俟人調之而後以爲美也上言易牙師曠知聲

味之至。以喻聖人。是聖人影子此言子都乃色之至美以喻義理。此是別解、然亦有理、

〇子都、即鄭大夫公孫閼、音遏嘗與潁考叔爭車、有寵于莊公、後與于雍糾之亂、遂屬公、屬公復國、遂見殺、詩扶蘇之篇、有不見子都、乃見狂且之句。〇楊子雲曰、不知二句、言有目者必知其姣。反言以明其同意。

故曰口之於味也有同耆焉耳之於聲也有同聽焉目之於色也有同美焉至於心獨無所同然乎心之所同然者何也謂理也義也聖人先得我心之所同然耳故理義之悅我心猶芻豢之悅我口

然猶可也草食曰芻牛羊是也穀食曰豢犬豕是也程子曰在物爲理處物爲義體用之謂也孟子言人心無不悅理義者但聖人則先知先覺乎此耳非有以異於人也程子又曰理義之悅我心猶芻豢之悅我口此語親切有味須實體察得理義之悅心眞猶芻豢之悅口始得

過文云〇惟其舉相似、如此。〇故曰六句、非古語、亦非推原承上覆言

點醒同字起心之同是過遞語○楊子冠曰至于心一句最婉曲盖謂口耳目之類為心所役使者却同而心為衆形之主宰反獨無同然乎獨無二字須體貼○陳伯玉曰前說何獨至于人而疑之聖人與我同類者此說至于心獨無所同然乎聖人先得我心之所同然耳二獨字二同字際相呼應○翼註所字含理義在内○朱子曰然是然否之然人心同以為然者義理也理是此物上便有此理如父子之親君臣義之義現成者也是於此物上自家處置合如此如處父子以親處君臣以義所裁制者也王守溪曰理雖寓于物而實統于心乃吾心同然之體也義雖處乎物而實裁之心乃吾心同然之用也須根心字發揮含着性善意○集說謂字要看如云便說是這個之意理義自在人心而自不知其同然故以何也及謂字教人自認耳何也要說得直截不是婉辭○蔣楚珍曰三句是提呼不是註釋○翼註先字對陷溺之後言非是聖人先得此理義而人後得之

也○降才原無先後也○此指有生之初言 ○四書脈、要別一先字○衆人陷溺○須觸此理纔見其然○便屬後得○聖人不爲物溺○未觸以先○原無不然○即先得也○但聖○人只○先得○非獨得○醒出聖凡同然意○不重○聖人先○得上○正與聖人同類相應 ○心所同然者○即生知安行之聖人○不過先得○則聖人非有加于我○我非有減于聖人也○先得、貼知之至○行之盡二意○ ○故字根上句○來○只喚起本句○教人曉得所同然者○這等真切○不是推進一層語○ ○有此人則有此心○有此心則有此理○義○係嚴泉曰、心遇理義自然悅○不待使心到理義上○此即指惻隱羞惡之類 口遇芻豢自然悅○不待使心到芻豢上○天機之妙不待安排○故不曰心之悅理義○而曰理義之悅我心○馬君常曰、曰我心悅理義○則屬人○功曰理義悅我心○則屬天性○便見性善 ○悅心兼人已說○

淺說己之所行○合乎理義歟○則心無愧怍而泰然得所安○人之所行合乎理義歟○則心無厭射而欣慕之無已○其契之之深○悅之之篤○真猶芻

豢之悅我口也。（芻豢悅口，就已到口；而順適可意處說。）○困勉錄，重兩我字，蓋理義悅心在聖人固如此，在我心亦如此，是即所謂同然也。（悅字即然字，人之心與聖人同，故其悅乎理義者亦同。）不必在言外見同然意。○語類，孟子為眾人說，當就人心同處粗淺看。看得細了，卻無受用。（與顏子欲罷不能有淺深之別。）又云，上理義指在心者言，下理義兼心與事說。○直解，結云，舉天下之人無不心悅理義，此理義所以為同然之心，而聖人所以與我同類也。彼為暴者，良由陷溺其心，而自喪其同然之美耳，豈才之罪也哉。○吳因之曰，以心明性，以心之同然理義明性善。此孟子論性最精切處。（此與上章以情徵性同。）

牛山章全旨○此為放其良心者，而言心之不可失養也。○翼註，首二節即山木以喻人心失養之害，三節言得失係于養不養，末引言人心之難養以見其當養也。○饒說，緊要在三存字，首說存乎人者，是此心本然存，次說夜氣不足以存，是眾人不能存此心，終說操則存，是教人用

加○以○存○此○心

孟子曰牛山之木嘗美矣以其郊於大國也斧斤伐之可以爲美乎是其日夜之所息雨露之所潤非無萌蘖之生焉牛羊又從而牧之是以若彼濯濯也人見其濯濯也以爲未嘗有材焉此豈山之性也哉（蘖五割反）

牛山齊之東南山也邑外謂之郊言牛山之木前此固嘗美矣今爲大國之郊伐之者衆故失其美耳息生長也日夜之所息謂氣化流行未嘗間斷故日夜之間凡物皆有所生長也萌芽也蘖芽之旁出者也濯濯光潔之貌材材木也言山木雖伐猶有萌蘖而牛羊又從而害之是以至於光潔而無草木也

起云○孟子曰、凡人初之所全○貴于後之能保○即以山木論○胡雲峰曰、以山木喻人心○兩段皆分六節看○第一節、是說牛山之木本來自美○喻人仁義之良心○本來未嘗無○第二節、以斧斤之伐○喻良心之放○第三節、萌蘖之生也。喻好惡與人相近幾希。言既伐之後。其發至微。此心之存甚不多。如萌蘖之生甚不多也。第四節、謂萌蘖之生。本自不多。而牛羊又牧之。喻夜氣所存者。本自不多。而旦晝之不善又梏之也。第五節、謂向有萌蘖之生。今則濯濯無復存矣。喻良心向有與人相近。今則去禽獸不遠矣。第六節、謂人但見濯濯。而不見其初未嘗不美。喻人但見近于禽獸。而不見其存乎人者。未嘗無仁義之心也。材與才不同。才字就義理上說。材字就用上說。○體註、嘗字要玩。就含今有不然意。按此句是贊美之中。寓嘆惜。單寫一邊不得。○梁無知曰、郊于大國句宜着眼。正斧斤牛羊所自來也。按此句語氣不住。直至為美乎方止。斧斤伐、含旦旦意。郊近則伐之者易。國大則伐之者多。○陳伯玉曰、為字要認、言本來美的。原不假為。失美之後。雖欲為美。亦不得已。○日夜並重。與下節單兩一夜字不同。○饒說、總息便生。故息又訓生。翼註息以氣化言。潤以天濯言○ ○李說雨露所潤不與日夜所息平對○潤即潤其所息者○ ○萌櫱全由息潤所生○此時若培植無害○不美者尚有可美之一日○不料牛羊又牧之○而踐踏噬食○盡去其萌櫱也○重在○牛○羊○之○牧○不可與斧斤之伐平看○ ○是以二字指點所由濯濯之故○ ○陳新安曰山以生物為性○猶天地以生物為心○謂為無材○豈山之本性哉○此○全○是○引○起○以○喻○下○節○ ○困勉錄通節大意○未伐而保之○已伐而復之○兩層並重○下節同 ○仇說首節興起○次節末單結人心○宜用側重之筆○但山木人心兩兩相形○若全略喻意○則不見比類詠歎神情○

雖存乎人者豈無仁義之心哉其所以放其良心者亦猶斧斤之於木也旦旦而伐之可以為美乎其日夜之所息平旦之氣其好惡與人相近也者幾希則其旦晝之所為有梏亡之矣梏之反覆則其夜氣不足以存夜氣不足以存則其違禽獸不遠矣人見其禽獸也而以為未嘗有才焉者

是豈人之情也哉好惡並去聲

良心者本然之善心即所謂仁義之心也平旦之氣謂未與物接之時清明之氣也好惡與人相近言得人心之所同然也幾希不多也梏械也反覆展轉也言人之良心雖已放失然其日夜之間亦必有所生長故平旦未與物接其氣清明之際良心猶必有發見者但其發見至微而旦晝所爲之不善又已隨而梏亡之如山木既伐猶有萌蘗而牛羊又牧之也晝之所爲既有以害其夜之所息夜之所息又不能勝其晝之所爲是以展轉相害至於夜氣之生日以寖薄而不足以存其仁義之良心則平旦之氣亦不能清而所好惡遂與人遠矣

過文云○然不特山木有美○而被斧斤牛羊之害○至于失其美也○○存疑雖字與下文相呼應○言雖人皆有良心○然人自放之耳○文勢趕到可以爲美乎止○蒙引把雖字添個然字、截屬上文山木、恐未是○困勉録說統謂雖字照下禽獸非承山木曰豈無仁義是就既失後追論未失之前如此則人字就不好人說矣不必從○所以二字包得廣存疑耳目口鼻之欲皆所以放其良心也旦晝所爲之不善总只是這個○旦旦猶日日也與下平旦旦晝旦字不同旦早間晝通日也旦旦而伐雙關說口說山木意切人心可以爲美言其心不能純然是仁義也○陳新安曰物欲者伐良心之斧斤也○翼註日夜所息只重夜字由日而夜動者俱向于靜由夜而平旦靜者方向于動故其氣清而未濁明而未昏○存疑日夜所息日裡也生夜裡也生但夜來生底多故接說平旦之氣下文只說夜氣良心定于有生之初如何生得物欲外劫而心爲之喪物欲外退而義理復明便似復生也○日至夜是昨日物欲既退夜至平旦是本日物欲未接二句串看所息底是良心如何說平旦之氣氣自是氣然與理不相離氣清則理發見○翼註好在仁義惡在不仁不義與

人（人是好人）相近是自覺非人見無其形而有其理也存疑、好惡、情也與人相近、情之得其正也呂說、平旦二句、非幸之危之也前既是放失之餘旋即是旦晝梏亡隨其後所為與人相近幾希者一瞬耳陳伯玉曰、這是好底機關下則其二字極際言纔有此心隨手便梏亡了朱子曰、梏、（械裡匣也）如被禁械在那裏不容走作亡、如將自家物失去了梏亡之人、謂梏亡其夜氣、非也謂梏亡其良心也反覆非顛倒之謂有互換更迭之意存疑、註晝之所為二句、即是旦晝之所為二句夜之所息二句、足上意這四句、不是解梏之反覆梏之反覆只是梏之又梏今日梏之明日梏之日日梏之（專指旦晝言）蒙引、初間日夜有所息及梏之反覆則惟有夜之所息矣夜氣所存即夜之所息不足以存則旦氣遂不能清而所謂幾希者忽滅矣好人所惡惡人所好是人見其禽獸也呂說、不足以存、言不足以存仁義之良心非云夜氣不存也氣一而已夜來氣清平旦未與物接清氣猶在曰旦氣日間物擾氣爲之昏到夜心靜而氣復清曰夜氣○朱子曰便如一井水終日攪動便渾了至夜稍靜便有清水出所謂夜氣不足以存者如攪動得太甚只是旦晝不是夜間也攪則雖有止息時此水亦不能清矣○存疑此心不擾于物欲則其氣清明而理因之昭著是氣足以存良心也此心擾于物欲則其氣昏亂而理因之汩沒是氣不足以存良心也○吳因之曰夜氣不足以存與日夜之所息三句相反○存字要說得細○蓋當良心放失之後猶有日夜所息是良心既絕而復續既往而復來有既已而復存意故云存至于梏之反覆昨夜所息而今日梏之今夜所息而明日梏之則併夜間亦無所生息直是絕不復續往不復來已不復存矣故曰不足以存就其無所生息處便是不足以存非那屬○說統違禽獸不遠對與人相近看蓋禽獸有知無良人無良心其所存者亦只是知覺運動故與禽獸不遠○正解人見字有味曰人見

者。自已不見。故不知覺也。○冀註、仁義是性。好惡是情。能好惡是才。○存疑、才者性之能。人之能善皆才也。好惡近禽獸。則不能為善。似乎無才。故曰未嘗有才。不知人之情本善。好惡人之情也。近禽獸。則其情惡而不善矣。是豈人之情哉。人之情本善。人之才則能為善。因人之為不善疑于無才。故即人之情本善者以明之。人之情本善。則人之不為善。由旦晝之梏亡。非未嘗有才也明矣。○情字要根性字來。陳新安曰、此豈人性之發而為情之本然者哉。此所謂情與才。與前章同。皆發于性者也。○陳伯玉曰、木是無情之物。故本山之生理而以其材言性。心是有靈之物。故本人之感物而以其才言情。○說約、兩節首二句與末二句。俱際相呼應。

故苟得其養。無物不長。苟失其養。無物不消。長上聲

山木人心。其理一也

過文云。由此觀之，山木伐而猶有萌蘖之生，良心放而猶有幾希之復。可見人心之與物理，其生息之機，皆未嘗亡。顧所以養之者何如耳。故字承上兩節來。○陳伯玉曰：看二其字，見一物自有一物之養。養這一物，須得所以養之方。不得所以養之方，便失了。此節養字從既壞後說來，與上節有情。○翼註：養字兼未失而保之、既失而復之。物字，所包者廣，山木人心在內。辭則並說，意則重在人心。只虛虛渾說。○四書脈：長不在維詩之久，消不待漸磨之久，只一念自為轉移耳。○陳新安曰：斧斤伐，牛羊牧，山木之失養而消也。放其良心，所為梏亡，人心之失養而消也。所以養其心者，不外乎下文之操存而已。此結上二段，以起下文所引孔子語之意。

孔子曰：「操則存，舍則亡；出入無時，莫知其鄉。」惟心之謂與？舍音捨 與平聲

孔子言心操之則在此，舍之則失去，其出入無定時，亦無定處如此。孟

子引之以明心之神明不測得失之易而保守之難不可頃刻失其養學者當無時而不用其力使神清氣定常如平旦之時則此心常存無、適而非仁義矣程子曰心豈有出入亦以操舍而言耳操之之道敬以直內而已○愚聞之師曰人理義之心未嘗無惟持守之即在爾若於旦晝之間不至梏亡則夜氣愈清夜氣清則平旦未與物接之時湛然虛明氣象自可見矣孟子發此夜氣之說於學者極有力宜熟玩而深省之也

過文云○養有得失而消長因之則心之當養明矣而心非可頃刻失養也不觀孔子之言乎○朱子曰孔子只是狀人之心是個難把捉底物事況言人心如此非指已放者而言亦不必於此論心之本體也心是個活物須操守不要放舍亡不是無只走作逐物去了見得心不操則舍不出則入無閑處可以安頓惟心之謂與直指而總結之又云、孟

子大意只在操則存兩句上心一放時便是斧斤之伐牛羊之牧一收斂在此便是日夜之息雨露之潤是要人于旦晝時不為事物所汩人心能操則常存豈特夜半平旦操存者應事接物之間事事中理便是不中理便是舍亡○存疑出入二句只在操則存二句上存入也亡出也只繫于操舍無有定時入則在內出則在外只繫于操舍無有定處○則字甚活倏忽轉移之意出入二句串看存者有時而出也九州之外六合之內莫知其出之鄉亡者有時而入也幾微之介倏忽之間莫知其入之鄉○翼註上四句懸空說末句方可露心字按謂字兼危微二意○陳伯玉曰引孔子之言只是言心得失易而保守難見得不可不養非是○贊心之妙然只狀人之心孔子口中未及操存不舍之法也○蒙引神明不測兼得失言惟得失之易故保守之難也○註不可頃刻失養句雖在孔子言外却是正義須補足學者以下推廣孟子言外餘意繳足上文收結一章之旨

下孟

○陳新安曰、敬以直内。兼動静言。本文無此意。程子揭要義以補孟子之意也。

無或章全旨○此見齊王之不智。由踈君子、而親小人耶。兩節一意。次節言見賢之時少、末節言即見賢之時、而聽信揔不專也。正意在吾見亦罕三句。反覆譬喻。要得跌醒。旁擊爲妙。

孟子曰無或乎王之不智也

或與惑同疑怪也王疑指齊王

吳因之曰、人心虚靈。莫不有智。惟王不智。宜若可怪。然據王所爲。自有所以壅塞蔽錮之者。何怪其然。故曰無或云云、此章雖自議論。陰寓諷諭微旨。欲齊王親賢遠佞。以歸于智。故此句就有諫動、激發之意。○翼註、無或乎、是言有故而然意。○吕説、王之不智。在道理上説。如仁義與利。行王政之與好勇貨色。伐國救民之與火熱水深。説時未嘗不足用

爲善○而卒不能改從○故道理到底不明白○不足與有爲○非徒謂王不知

已而爲不智也○○智字是明達事理○屬作用○與末節在資禀說者稍異○

雖有天下易生之物也一日暴之十日寒之未有能生者也吾見亦罕矣

吾退而寒之者至矣吾如有萌焉何哉易去聲暴步卜反見音現

暴溫之也我見王之時少猶一日暴之也我退則諂諛雜進之日多是

十日寒之也雖有萌蘖之生我亦安能如之何哉

過文云○蓋君德莫大于智○顧在養之者何如耳○○物指植物觀下萌

字可見雖字是極其易者而言○○楊子冠曰雖有四句一氣說○一日二

句串看○吾見三句正是一暴十寒○如有萌何哉正是未能生意○○蒙引

暴之陽氣之發舒也○故生○寒之陰氣之閉固也○故不生○○說統以陽明

喻君子○以陰濁喻小人○故曰一暴十寒○○過下吾見句云物且有然而

況王心乎○夫王之善端開發者○以有吾在也○○吾見之時○忠言讜論足

下孟

開導其聰明。然後罕知。吾甫退而或以刑名法術。或以富强功利。或以聲色狗馬。就如重陰沍寒。遏塞其善端發見之機。曰寒之者至。言不招自來。且不一而足也。一之暴安能敵夫十之寒乎。○吳因之曰：雖有萌蘖之生。奈讒諂衆多。無由獮君德于成就。縱有維持之力何所用。縱有贊襄之術何所施。安能如之何哉。若直說君德難成。便非口氣。○翼註：有萌生于一暴。終無如何生于十寒。

今夫弈之爲數，小數也；不專心致志，則不得也。弈秋，通國之善弈者也。使弈秋誨二人弈，其一人專心致志，惟弈秋之爲聽。一人雖聽之，一心以爲有鴻鵠將至，思援弓繳而射之，雖與之俱學，弗若之矣。爲是其智弗若與？曰：非然也。夫音扶。繳音灼。射食亦反。爲是之爲去聲。若與之與平聲。

弈，圍棊也。數，技也。致，極也。弈秋，善弈者名秋也。繳，以繩繫矢而射也。○

程子爲講官，言於上曰：「人主一日之間，接賢士大夫之時多，親宦官宮妾之時少則可以涵養氣質而熏陶德性時不能用識者恨之范氏曰人君之心惟在所養君子養之以善則智小人養之以惡則愚然賢人易踈小人易親是以寡不能勝衆正不能勝邪自古國家治日常少而亂日常多蓋以此也

通文云○夫王之不智固由吾見之罕也使當吾見之時而誠心聽信焉一正不足勝衆邪無奈其未嘗真有受言之益也不更觀之奕乎○奕不在六藝之中故數也故爲小然其中有縱横變化奇正攻取故必專心致志始得其神妙○饒説心以所主者言志以所向者言專心是心之所主專在此致志是極其心之所向直到那田地○四書脉喻意重學奕不重誨奕上○奕秋孟子自况○蒙引使是設使非實事也○四書脉專心心專于奕而不他也致志者求至奕秋而後已○玩雖字以爲不聽而實聽也以爲能聽猶不聽也○一心在鴻鵠便無心在奕無

以爲有。則時々有知不至以爲將至。則在々至矣。思援弓思繳射。是就
他空虛無著中。畫出一個不專心致志的光景。○弗若、是不如專心致
志者。精巧于弈。○蒙引、上段不智、直就王說、此是承上一心有鴻鵠將
至者說來。語末乃見王之不智處。○此智字、就資禀上說。非然、謂非智
之弗若彼也。乃是心弗若其專。志弗若其致也。結云、王心有鴻鵠也。豈
特進見之罕。如有萌焉何哉。而何疑于王之不智乎。○說約、大旨上節
已盡。但如有萌何、于絕望中。有屬望意。不敢信王智之不若人也。有萌便非智之不若人故又著此節。似諷。似規。似譏。似誘。寓意在言外。若實講王。非題
趣。單講王。後入弈。非題。相既說弈。又補王。非題。神。且悻々。答王聽之不
聰。非題。旨。○韓求仲曰、不專心致志、是。不智的。根由。全在此四字上著
精神。雖與俱學以上。是順。遞。口氣。末二句是翻騰。口氣。○蒙引、氣質與
德性不同。氣質、剛柔緩急之氣。涵養之使其中和不偏。德性、謂仁義禮

智之性。薰陶之使與聖賢同歸也。○輔說後世作事無本。知求治而不知正君。知改過而不知養德。若程氏范氏之說。是乃所謂正君養德之道。必如是然後君德成而治有本。庶幾三代可復。不然雖欲言治。亦苟而已。

魚我章全旨 ○此爲失其本心者發。反覆提醒。欲人自識其本心。以全義也。○翼註以義字作主。末句本心。謂羞惡之心。即義之端也。○四書脈。本心二字極重。上六節言人有本心。末二節傷人失本心。舍生取義乃人之本心。本心不昧。則此身且非我有。何況身外物乎。勘得生死富貴關破。便爲勿喪之資。

孟子曰魚我所欲也熊掌亦我所欲也二者不可得兼舍魚而取熊掌者也生亦我所欲也義亦我所欲也二者不可得兼舍生而取義者也舍上聲

魚與熊掌皆美味而熊掌尤美也

起云○孟子見世人徇利忘義因就生死之際指其良心不昧者言之
曰天與人以身即有主宰此身者奈何役役焉而不之省也○魚與熊
掌只借來引起不得呆看○四書鏡四個所欲且勿露熊掌尤美義尤
重意此意還在下文（但本節末句見）○三亦字層層出落欲之必思得之得之
必思兼之不可得兼上是勢有所限下是勢值其窮○翼註生與義如
何不得兼就遇變難處言（不專在君父之難即簞豆生死亦在內）欲全生則害義欲全義
則捐生如何兼得既不可兼則有舍取吾度人心自然之願欲必舍生
而取義○說統舍生取義不是勉人之詞蓋人心自然如此所謂本然
之良心也○折衷此只泛論人心且慢說決擇輕重及所以然處下節
方言之○舍生非必死舍生則必死故下兼死言

生亦我所欲所欲有甚於生者故不爲苟得也死亦我所惡所惡有甚於
死者故患有所不辟也（惡辟皆去聲下同）

釋所以舍生取義之意得得生也欲生惡死者雖衆人利害之常情而欲惡有甚於生死者乃秉彝義理之良心是以欲生而不爲苟得惡死而有所不避也

過文云○其所以必舍生取義者。此何故哉。○吴因之曰論秉彝義理。必因生死推出者。蓋生死人所極重。且敵義理不過。則良心人所固有。益彰彰矣。欲惡有甚于生死。是他合下知來。便有此秉彝之心。欲義則甚于生。惡不義則甚于死。所謂心之同然者理也義也。蓋指本然欲惡言。故後曰本心。○困勉錄兩甚字指義不義。明點無妨。○折衷上言舍生即爲死。言所欲便見所惡。故兩釋之。○朱子曰義在于生。則舍死而取生。義在于死。則舍生而取死。○李說得義則雖死猶生。凛然大節。植萬古之綱常。生不爲苟得。失義則雖生猶死。赧然面顏。昧人間之廉恥。患有所不辟。集說兩故字是說舍生取義之故。○輔說利害之常情。私欲也。秉彝之良心。天理也。

就欲惡二者分別出天理人欲最明切。註秉彝良心即義字乃所欲所惡的根原心字直至賢者節方出此及下二節且虛含勿露。蒙引、註衆人統賢者在其中下文衆人則對賢字說矣

如使人之所欲莫甚於生則凡可以得生者何不用也使人之所惡莫甚於死者則凡可以辟患者何不爲也

設使人無秉彝之良心而但有利害之私情則凡可以偷生免死者皆將不顧禮義而爲之矣

過文云。夫利害切于生死不難舍生而就死者則以義之所繫爲甚也。困勉錄此反言以見良心之必有不是反言以見良心之不可無。輔說偷、謂偷竊免、謂苟免兩字說盡私情之意象惟其不然則知秉彝之良心乃吾所固有而利害之私情乃因物而旋生耳。楊子冠曰、何不用言一味去偷生豈肯爲義舍生何不爲言一意去求免死豈肯爲義就死。此

及下節即次節之意而反覆言之以決其必有秉彝之良心耳全在何不由是轉換見意註設使人無句與由其必有句照應最緊要宜玩

由是則生而有不用也由是則可以辟患而有不爲也

由其必有秉彝之良心是以其能舍生取義如此

過文云○其終不爲者則以有是也○輔說由是之是蓋指秉彝之良心而言也姚承菴曰見降衷本來如此後說失其本心正與此應擲上節反言此節正承二字一頓惟有是故見義爲可欲而偷生之事有所不用不義爲可惡而辟患之事有所不爲○集說此與第二節似複然上是說所以舍生取義之意此說惟其存此等心是以有此等事看前註所以二字及此註是以能三字便見虛實

是故所欲有甚於生者所惡有甚於死者非獨賢者有是心也人皆有之賢者能勿喪耳喪去聲

羞惡之心人皆有之但衆人汩於利欲而忘之惟賢者能存之而不喪耳

通文云○人情莫不好生惡死而能舍生取義也如是○說統、是故二字結上、起下重人皆有之句然賢者勿喪亦非帶言惟賢者但能勿喪見彼不能勿喪者非本無也○上三句、輕、遞是心即本心心字至此方見○說約、賢者勿喪與前聖人先得語意一般要見其同不是要見其異○能字、兼知之明守之固言○輔說、秉彝之心指全體而言羞惡之心則于全體中指其所謂義者言之非有二心○存疑以上雖有四節不過一意反覆說人有羞惡之心耳故遂結斷人皆有云云○

一簞食一豆羹得之則生弗得則死嘑爾而與之行道之人弗受蹴爾而與之乞人不屑也食音嗣嘑呼故反蹴子六反

豆木器也嘑咄啐之貌行道之人路中凡人也蹴踐踏也乞人丐乞之

人也不屑不以爲潔也言雖欲食之急而猶惡無禮有寧死而不食者是其羞惡之本心欲惡有甚於生死者人皆有之也

過文云○何以驗人皆有是心哉○存疑此是即義心之激發處以明之○與言人皆有不忍之心○明以孺子入井之事一般○集説簞豆非言其小○看得之則生二句○正言所關之大○嘑者大聲疾呼不加禮貌也、蹴者置物于地踐之使食也、與之與此簞豆嘑蹴雖非禮義然猶其小者耳○翼註不受不屑之心不可指定行人乞人説雖行乞且激于義而不苟取况非行乞乎○正借以驗人皆有之心耳○吴因之曰真心當危迫則現當晏安則汩故特舉行乞最不肖一項喚醒世人○沈無間曰此不受的人與下受萬鍾的作一人看○與鄉爲今爲正合○輔説言羞惡而註併及夫欲者羞惡則固爲惡矣及反之而不羞惡焉者則是所欲也○註禮字正呼下節禮義字○陳新安曰指此不食一節證人皆有羞

惡之心○以實上文人能舍生取義之意○

萬鍾則不辨禮義而受之萬鍾於我何加焉爲宮室之美妻妾之奉所識窮乏者得我與爲去聲與平聲

萬鍾於我何加言於我身無所增益也所識窮乏者得我謂所知識之窮乏者感我之惠也上言人皆有羞惡之心此言衆人所以喪之由此三者蓋理義之心雖曰固有而物欲之蔽亦人所易昏也

過文云○夫簞豆生死所係于我有益而且不受者惡無禮也明于義也○摘訓祿至萬鍾乃辭受大節所在非若微物可以輕易而受者矣○說統生死主于決斷故單言義辭受主于遜讓故兼言禮○集說不辨而受只主不可受者說不是兩可之間而不辨也○翼註于我何加言得失無係于生死不作性分之上不容一物看妻妾之奉是奉養妻妾非以萬鍾娶妻妾○成玉弦曰所識窮乏者得我亦是好念頭但爲

此而不辨禮義。則是徇名喪實。故與宮室妻妾作一例看。○盧未人曰。萬鍾對簞豆看輕重不同。何加對生死看緩急不同。物重則不當輕受。事緩則不必苟受。乃禮義不辨而受之。此必有所為矣。○困勉錄。與字作斷詞。不必作疑詞。○楊子冠曰。下三句。是推受萬鍾之故。以見良心由此而喪也。不辨字極重。○陳新安曰。姑舉三者。餘可類推。○存疑。萬鍾不辨禮義而受。照行道不受乞人不屑說。于我何加。照得之則生不得則死說。為宮室之美三句。是說喪其良心由。此三者既曰于我何加。卻乃為此三者。可見無謂。故下有是亦不可以已之論。○說統。即嘑蹴不受。見有是良心。即萬鍾之受。見失是良心。所以然者。卒然之感。其天易露。晏安之際。其欲易昏也。○大成。註理義之心四句。即下節失其本心意。此處且勿露。

鄉為身死而不受。今為宮室之美為之。鄉為身死而不受。今為妻妾之奉

為之鄉為身死而不受今為所識窮乏者得我而為之是亦不可以已乎此之謂失其本心鄉為並去聲為之之為並如字

言三者身外之物其得失比生死為甚輕鄉為身死猶不肯受嘑蹴之食今乃為此三者而受無禮義之萬鍾是豈不可以止乎本心謂羞惡之心○此章言羞惡之心人所固有或能決死生於危迫之際而不免計豐約於宴安之時是以君子不可頃刻而不省察於斯焉

過文云○夫一人也一心也何相懸至此耶○合叅三不受為之是舉上兩條來平稱以激發之○鄉字今亭不必泥○體註六句只就上文慨嘆有令人莫辯之意是字指萬鍾已是止而不受也此之謂是悲嘆口氣不是取証失字如見非無欲惡之本心特自失之耳與前喪字相應○不疑簞豆生死所係是不可已者既已之可已者獨不可已乎說到此處真激發人○陳新安曰人之不能為君子多是不得已而

爲之。今此三者，豈不可以已而乃冒爲之乎？失其本心。與賢者勿喪相反。賢者克去私欲，能勿喪其良心；衆人汩于私欲，至于失其本心也。○陳伯玉曰：心只是一個，加本字。應前由是二字。○正解、揔註羞惡之心二句，是釋前五節之意；或能決生死二句，是釋後三節之意；是以君子句，則揔說通章立言大旨也。○蒙引：牛山章是存養之功，此章是取舍之分。○紹聞編：論語以富貴貧賤判取舍之大分，此章以生死判取舍之大分。兩處俱以人之所欲惡別出天理人欲。○困勉錄：此章以上皆是言仁義人所固有，而人自失之；下章以後，皆是言仁義之切于人，而人不可不求。

仁人章全旨

○此見仁義人所固有而不可自失也。首節言仁義甚切于人。中二節嘆人自失其良心。末節言既失之，當盡學問之道以求之。○翼註：以心字作主。前兼言仁義，仁固人心，義亦根心，故後但言求放心而義自在其中。

孟子曰仁人心也義人路也

仁者心之德程子所謂心如穀種仁則其生之性是也然但謂之仁則人不知其切於已故反而名之曰人心則可以見其爲此身酬酢萬變之主而不可須臾失矣義者行事之宜謂之人路則可以見其爲出入往來必由之道而不可須臾舍矣

起云○孟子曰今天下皆學問中人之知仁義之切于人哉○夫道莫大于仁義○而仁義非與人不相關也○○朱子曰、仁是無形底○孟子恐人難理會○說道只人心便是○不是○把○仁來○形容○人○心○乃是○把○人○心○來○指示○人○以○仁○也○○集說仁是人心中之生理○不曰生理而曰人心○盖具此生理○云叫成個心○這仁豈不是人之心○生來甚切于人○任此身酬酢萬變○這是個主而不可離底○生之性便是愛之理然此章不必入此話說

○存疑、仁是心所具之理○

此心又出一步不是心也。曰人心者反而名之也。自其所具者歸于具之者。故曰反。（從心說到仁是順說。從仁說到人心却是反說。）夫心之切于人人皆知之。仁切于己。人未知也。反而名之人心者。欲人知仁即心。切于己也。然以心所具之理言。則仁自仁。心自心。二者固有分矣。以心之所以為心而言。則心即仁。仁即心。而實未嘗有所分也。○陳潛室曰、道若大路。取其明白易知。義為人路。取其往來必由。○集說謂之路者。吾心自有天然之裁制。是非可否。俱從此出去。若無義。則彼此混淆。輕重無制。不論甚事。都行不去。故曰路。（實說為人之路。非譬喻。）○胡雲峰曰、路在外。出入往來必由乎我。事之宜在外。所以行事而酌其宜者在乎心。于此見得仁字自包得義字。故下文求放心。但言仁而不及義也。○翼註、義人路。將此惻隱之心行而宜之。何等坦平。豈不是路。外此皆荊棘坑塹。非人着足之地矣。兩人字最見仁義切乎人身意。○朱子曰、仁人心。就心上言。義人路。就事

下孟

上訖○

舍其路而弗由放其心而不知求哀哉舍上聲

哀哉二字最宜詳味令人惕然有深省處

過文云○仁為人心○則人當操存而不放○義為人路○則人當率由而不舍○○胡雲峰曰、兩其字、即上兩人字○○不由者、冥行徑趨○不求者、徇欲昧性○是失其所以為人之理○即不可謂之人矣○此其可哀也○○困勉錄、兩句平說○不必側重放心與首節一例○舍其路句亦有知字在內○此數知字淺○如大學知所先後之知○○陳新安曰、上先仁而後義○由體而及用也○此先路而後心○由用而歸之體也○

人有雞犬放則知求之有放心而不知求

程子曰心至重雞犬至輕雞犬放則知求之心放則不知求豈愛其至輕而忘其至重哉弗思而已矣愚謂上兼言仁義而此下專論求放心

者能求放心則不違於仁而義在其中矣

近文云。夫義本于仁而仁具于心。在人爲甚切也。奈何自有之而自放之耶。○說統、知不知兩邊相形。特借雞犬、以爲提醒。○集說雞犬是借言。不是譬喻。只甚言放心之不可不求耳。○朱子曰、雞犬放有未必可求者。惟是心纔求則便在。未有求而不可得者。知其爲放而求之。則不放矣。又云、存得此心便是仁。此心放了。理會甚仁。今人之心。靜時昏昧。動時擾亂。便是放了。放心不獨是走作昏睡去了方是。○集解放全由于不知。知正求的機括。故特揭以示人。○集說程註弗思而已、極好。心自是重于雞犬者。一思則自得之。○輔說能求其心則心存。心存則無違非天理之流行。而應事接物。必能合時措之宜。故曰義在其中。蓋有體必有用也。按此須透下節意勿露。

學問之道無他求其放心而已矣

學問之事固非一端然其道則在於求其放心而已蓋能如是則志氣清明義理昭著而可以上達不然則昏昧放逸雖曰從事於學而終不能有所發明矣故程子曰聖賢千言萬語只是欲人將已放之心約之使反復入身來自能尋向上去下學而上達也此乃孟子開示切要之言程子又發明之曲盡其指學者宜服膺而勿失也

過文云○放心不求此其人未嘗學問也所以學問之人而不知求是未知學問之道也○集說不是說學問有個要法不是說學問要先求放心亦不是說但求放心不必用學問無他云者乃以求放心爲學問之把柄也（一處學問一處是求放心一生學問一生是求放心）曰學問之道者見得古聖賢所教人學問底道理亦只爲此不可說倒了却像求放心之道無他學問而已矣○朱子曰不是學問之道只有求放心一事乃是學問之道皆所以求放心如聖賢一言一語都是道理○黃勉齋曰學問之道非止一

端。如講習討論。玩索涵養。擴充克治。皆是。其所以如此者非有他也。不過求吾所失之仁而已。此乃學問之道也。章内心字。皆指仁而言。若空說求放心。便是陸學收攝精神本領矣。○呂說無他而已矣、歸、本之、詞。非極頭之詞。○翼註、放是無形之放。蓋天理是心之本體。離了本體便是放。猶俗云走作。不是放在身外。求亦不是向外尋求。迷則千里。覺則現在。極言之一念少差。即謂之放。終食不違。乃深于求。兼靜存。動察言。常主省察者誤。○四書脉、求放心之功有三。未放而守之。此存。養之。學。問。將放而防之。此慎。獨之。學。問。既放而挽之。此善。反之。學。問。○仇說、舍學問而求心。舍求心而學問。異學空虛。俗學支離。皆不得其道者也。○困勉錄、此章總見仁義切于人之意。本即是此意。蓋學問之道。所以求仁義也。然謂之求仁義。則猶未見其切于人也。謂之求放心。則其切于人明矣。故不曰求其仁義而曰求其放心。口氣若曰仁義在人。本不待學問而自有也。自人失其

下孟

仁義。而學問于是乎急矣。而人往往怠于學問也。亦思學問何為者乎。

蓋仁義者人之心。而學問（兼知行）所以求此心也。急乎不急乎。。蒙引、或

疑註蓋能如是一段、有先求放心之意、非也。蓋學問以求放心為要。下

學也。義理昭著。則說向上達。求放心則是下學之事。非謂求放心而後

可學問也。呂說此段、蓋言學問求放心之效耳。氣質清明。涵養之效。義

理昭著。致知之效。。朱子曰、不是將已縱出底依舊收拾轉來。只是知

求則心便在。便是反復入心來。。胡雲峰曰、約之使（云云）、是此心不可

為流蕩忘反之心。自能尋向（云云）、蓋必由下學而後上達。則此心又不

可為空虛無用之心也。

今有章全旨。此因人不知求心而比。類。以。儆。惕。之。上節借言。引起下節。

孟子曰、今有無名之指屈而不信。非疾痛害事也。如有能信之者。則不遠

秦楚之路。為指之不若人也。（信與伸同　為去聲）

無名指手之第四指也

此云○孟子曰、夫人一身○孰是可甘于屈而讓人乎哉○○姚承菴曰、人心本信于萬物之上○今却屈于物欲而不能信○故借指之屈信爲喻○○凡指有名、大云拇指、次云食指、三云將指、末云小指、而第四指獨無名、非人所際要者○然即以無名爲名矣○○並舉則同伸○獨舉則卷曲而不自伸○陳伯玉曰、此不可說指之通害○若通害何以云不若人哉○○直解、于身非有疾痛之苦○于事未爲舉動之害○○如有句、是設詞○非真有能醫治之人○此信字是活字○○翼註、不遠秦楚、謂不以秦楚爲遠○因孟子在齊魯言、而不是自秦之楚○自楚之秦○○則字甚際○言一刻不容緩也○末句、是推其所以求信之意○○楊子冠曰、無名之指、對心看屈而不信○對心之汨于欲看○求伸其指者不遠秦楚之路○對求伸其心不出方寸之間看○

指不若人則知惡之心不若人則不知惡此之謂不知類也惡去聲

不知類言其不知輕重之等也

過文云○夫一指之甚輕耳○若人可也○不若人可也○○從他求伸上見

其知惡○二句輕〻遞○○集說、心不若人、謂物欲陷溺而失其同然之理○如

人心有仁而彼則忍○人心有義而彼則貪是也○按、人字、指、聖、賢、不、屈、于、

物、欲者○不知惡、以、徇、欲、忘、理、自、矜、得、計、言○○吳因之曰、此節勿乎實講○

須體會諫動人心意○言指甚輕○心甚重○明〻白〻○他竟不曉得○倒置舛

錯○非識所謂不知類而為天下之至愚極暗者哉○凡徵省天下處皆當

盡活○

拱把章全旨○此示身之當養而提醒其思也○

孟子曰拱把之桐梓人苟欲生之皆知所以養之者至於身而不知所以

養之者豈愛身不若桐梓哉弗思甚也

拱兩手、所圍也把一手所握也桐梓二木名

起云○孟子曰、吾身與外物輕重固自有等也奈何人之昧〻乎○拱把三句、輕〻小〻引起拱把是言其小反照身之大看生字內含愛字言欲其暢茂條達為有用之成材養桐梓在培植灌溉皆知者無論智愚知所養也至于身句極重○張南軒曰、愛其身必思所以養之古之人理義以養其心以至動作起居聲音笑貌之間莫不有養之之法所以尊德性道問學以成其身也于桐梓知所養則自拱把至合抱可以馴致于身知所養則自士而為賢為聖亦循〻可進矣弗思則視其身曾一草木之不若也○集說不知所以養內有內蔽于物欲外軼于規矩使此身淪于卑污苟賤之意○翼註、所以二字重看若以聲色嗜味之類養之反以戕之便是不知所以養身○楊子冠曰、其不養也疑于不愛其養桐梓而不養身也疑于愛身不若桐梓然世豈有愛身不若桐梓者哉特心有所昏而不覺思耳○陳新安曰、苟一思之則思吾之一身三綱五常繫焉四端萬善備焉必思所以養之養之之道養心以養其內謹動容之類以養其外使吾身為根心見面盎背之身非徒養其口體血氣之身已也此章身字内包以外包動容周旋而言○集說弗思甚言其不思量之極非弗思身之甚于桐梓也韓求仲曰不止做其不思正提醒之使用其思也○翼註思字勿深發身與桐梓輕重甚明只是人不曾想到耳○說統此章喚醒人處全在愛字人雖甚愚未有不以身為愛者然往往置身物欲攻取之塲雖曰愛之其實害之矣孟子從愛字別出養字又從養字別出兩所以字見養乃所以成其愛也昧其所以養何以成其為愛哉人若思量到此決不肯置其身于物欲故又以弗思二字指點他○吴因之曰若論其極豈惟小害大賤害貴為邪思老文長生溺于養也釋之無生叛于養也溺于養者私其身不知此身亦非我所得私也叛于養者贅疣其身不知大治天地未嘗以我為贅

疣也。則亦未講于慎思而已矣。

人之章全旨。此見養身者當知所重而不可以小害大也。通章重所以考其善不善三句。下皆發明此意。翼註、首二節言養之善否決于己下深戒不善養者。而益見其當自審也。

孟子曰人之於身也兼所愛兼所愛則兼所養也無尺寸之膚不愛焉則無尺寸之膚不養也所以考其善不善者豈有他哉於己取之而已矣

人於一身固當兼養然欲考其所養之善否者惟在反之於身以審其輕重而已矣

起云。孟子曰、人固以養身為貴。尤以善養為難。說統、人之于身也五句、槩論人情。身字包口腹心志在內。然只渾含未可明露。愛以心言不忍傷殘也。養以事言維持調護也。兼字便含漫養無別。無尺寸二句申兼愛兼養意。尺寸甚言其小也。養以成愛重養一邊。李說養其所當重而兼及其輕者善養也○養其輕而至遺其重者不善養也○陳伯玉曰人只昏惘不自照察○所以下一考字○要人提醒此本念耳○翼註所以考之者、豈必外身而他求哉○己身之中○輕重自别○只就自己身上反看一看○則輕重審而善不善昭然○于己取之、是○示○以○稽○考○不○眩○的○方○法○非謂近取而有餘也○明其考之之法不是言其考之之易○取字有審量之意○乃擇取之取也○○陳新安曰輕重、即下文所謂貴賤大小是也○○直解、使非反之于己而審其輕重之倫○有不失其養之宜者哉○○此節層層脫卸○俱是統冒○着一實筆不得○

體有貴賤有小大無以小害大無以賤害貴養其小者爲小人養其大者爲大人

賤而小者口腹也貴而大者心志也

過文云○何以見人當取之于己○考其善不善耶○○存疑○此節正○是○于

已取之之意○吴因之曰體有貴賤二句見體原有不同不是可槩養的言體之在人非曰皆貴而可養也蓋有貴而亦有賤矣非曰皆大而可養也蓋有大而亦有小矣○說統貴賤大小註雖以口腹心志言還是虛說○口腹至末方見心志章內不露分稱獨尊爲貴○聽其役使爲賤○以位置言權無不統爲大○各分一官爲小○以閫係言無以小二句見當審其輕重○尚未說到養字養其小二句正見其養之善不善處○大便貴小便賤只言養大小而貴賤在中○淺說養其小者○是重其所輕而所養者不善矣○養其大者○是重其所重而所養者善矣○又云小體是養則人心愈危○道心愈微○陷溺于卑污苟賤之中而與禽獸草木同浮沉也○得不爲小人乎○惟大體是養則道心爲主○人心聽命○復入于高明正大之域○真可以參天地而贊化育也○得不爲大人乎○

今有場師舍其梧檟養其樲棘則爲賤場師焉舍上聲檟音賈樲音貳

場師治場圃者梧桐也檟梓也皆美材也樲棘小棗非美材也

過文云○奈何今之不善養而爲小人者多也○試以物論○此及下節皆以小失大之喻○一是遠取諸物○一是近取諸身○明說養其小者爲小人○然此意未露留在飲食之人一節方出這二節只是興起○

養其一指而失其肩背而不知也則爲狼疾人也

狼善顧疾則不能故以爲失肩背之喻

過文云○更以身論○說統一指肩背乃就小體中又分大小以喻不是實語○狼疾走但知顧前而不能顧後非是一處有病通身皆不能顧之謂○姚承菴曰賤場師狼疾人都着則爲二字見養小者爲小人○由己擇取之不審○以上四爲字都作稱謂解○

飲食之人則人賤之矣爲其養小以失大也爲去聲

飲食之人專養口腹者也

過文云○觀養木與養指之弊可見人之于身○當養其大者矣○人之

名目隨人而定志于聖賢爲聖賢之人志于道德爲道德之人志于功名爲功名之人若困于飢渴專事貪饕終其身不過爲飲食之人賤之者以其不顧禮義廉恥自處于賤之地故人從而賤之也此人字指聖賢一流末句推所由賤之故以字要看因養其小以致失大而不免賤場師狼疾人之譏正所謂養其小者爲小人也說統此及下節反覆叫應上言養小者必失大下言不害大雖養小亦可然都是假設之辭見養小者之必失大也

飲食之人無有失也則口腹豈適爲尺寸之膚哉

此言若使專養口腹而能不失其大體則口腹之養軀命所關不但爲尺寸之膚而已但養小之人無不失其大者故口腹雖所當養而終不可以小害大賤害貴也

過文云而謂小者其可養耶翼註設言若使養小而不失大則小

體之重何以養而取賤耶不但為尺寸之膚只是言所係之重決言養
小者之必失大耳〇張覲文曰非放寬飲食之人正喫緊喚醒飲食之
人耳〇張元岵曰句句是無失句句是有失〇無有失是飲其所當飲
食其所當食也〇適但也不但為尺寸之膚言口腹乃軀命所關不是
沒要緊這尺寸而已前言尺寸見其輕此言尺寸見其重然只渾言尺
寸可也有以口腹分配者鑿〇李說意重在養小者未有不失其大節末
急繳此所以為害大所以為小人而養身者當審善不善之分也不然誰
謂一身不當兼所愛哉〇此章以養心志為重養口體為輕非謂養心
志者不養口體也但不縱人欲以專養口體至于滅天理以失其心志
耳〇直解養心志者辨禮義而已能辨禮義則嘑蹴不受萬鍾不取確然
有一定之見而生死不能移利害不能易矣
鈞是章全旨〇此言人品辨于所從重從其大體為大人句先立乎其大

是工夫下手處思之一字則又指出大關鍵思正所以先立之也下節
發明上節不可平看說統要人從形氣中認出主宰來則能參能贊
的人即此能視能聽的人莫大品格其主張端的在自己心上

公都子問曰鈞是人也或為大人或為小人何也孟子曰從其大體為大
人從其小體為小人

鈞同也從隨也大體心也小體耳目之類也
此云鈞是人也宜其成就同也或為二句究其人品之異章內為字俱
作謂字解非着力字李說從大體即下先立而小不能奪從小體即
下物交則引但且空講慢露出耳目心（即耳目從心心從 耳目意亦慢露）從與上章養
字不同養以用功言從由養來以成功言集說從大體者奉之為主
奉其主張而行事無不由是則內外動靜之間皆禮義所流行故為大人所世
尊敬從小體只是任之而已任其驅逐凡聲色貨利便于耳目之類者但憑他

作主也○自然爲下流之歸故曰小人世所鄙賤

曰鈞是人也或從其大體或從其小體何也曰耳目之官不思而蔽於物物交物則引之而已矣心之官則思思則得之不思則不得也此天之所與我者先立乎其大者則其小者不能奪也此爲大人而已矣

官之爲言司也耳司聽目司視各有所職而不能思是以蔽於外物既不能思而蔽於外物則亦一物而已又以外物交於此物其引之而去不難矣心則能思而以思爲職凡事物之來心得其職則得其理而物不能蔽失其職則不得其理而物來蔽之此三者皆天之所以與我者而心爲大若能有以立之則事無不思而耳目之欲不能奪之矣此所以爲大人也然此天之此舊本多作此而趙註亦以比方釋之今本既多作此而註亦作此乃未詳孰是但作比字於義爲短故且從今本云

○范浚心箴曰茫茫堪輿俯仰無垠人於其間渺然有身是身之微太

倉稊米參爲三才曰惟心耳往古來今孰無此心心爲形役乃獸乃禽惟口耳目手足動靜投閒抵隙爲厥心病一心之微衆欲攻之其與存者嗚呼幾希君子存誠克念克敬天君泰然百體從令

此云鈞是人也宜其趨向同也或從二句究其所從之異○存疑耳目之官二段是解大小體耳目不思而蔽于物所以爲小體心之官三句所以爲大體先立乎其大者則心得其職事至能思耳目之欲皆聽其主宰而不能奪此所以從乎大體也不能先立乎其大則心失其職事不能思耳目能奪之淫聲美色惟其所欲心不能主而反從乎小體矣先立乎其大一句正答或從其大體二句意不思是耳目自不能思視聽之理非心不爲之思亦非人不肯思蔽于物者謂無論姦聲淫色耳目只管視聽三物字不同上二物字是聲色之物下物字是耳目耳目謂之物者以其不能思祇有是形耳引之是引耳使聽引目使視所

謂蔽于物不是引心使去交訓遇聲色與耳目相遇一交便引則字甚緊而已矣者言無不爲之引也○心之官一句是泛論其職空說下兩句觧此一句見其爲大體耳○淺說思則得之說得廣註中凡事物之來不專指聲色言物不能蔽蔽字就心言非蔽耳目也○得不得指一切應事之理言而當視當聽之理亦在其中○吳因之曰思則得二句不是言其所關之大言惟其所主張也正反上蔽于物意○翼註自耳目之官至不得也二段只就耳目與心上閑閑說不着人言不思不是人不肯去思思不是人用力去思乃是耳目與心小大之本體原是如此○呂說此字兼心思耳目天揔以付人從大從小卻聽人自擇說統此天之所與我者揔承上說要見天方賦予之初原是以心爲耳目之主耳目不得不從心本一定不易者故能先立其大即小者自不能奪只閑閑舉個現成的說○朱子曰心能思所以爲大體君子固當于

思處用工能不妄思是能先立其大謂之立者是要卓然豎起此心使自立所謂敬以直内是也。翼註立有植立不仆之意謂之先立須在聲色未交之時（思以却物見其先立）與方交之始（思以御物見其先立）先有主張然不是務持把捉只是養得心體靜定而天理自强不息存疑孔子之所謂操存孟子之所謂求其放心皆立之之道也。仇說立之工夫兼存誠主敬靜存動察言。徐自溟曰只是將此心念念操持時時提醒使能思之體常足為應用之主按此便是先立固非在靜坐時先立定此心然後視聽然不待物已交總用心去思也。翼註奪是奪心不但淫聲邪色即如目看詩書心無正解然是目奪其心推類可見。不能奪非却視聽也目涉聲色之途而此中邪正分明當視聽則視聽不當視聽則不視聽耳目自有裁制何能搖奪得心來。說統到小者不能奪固是妙其能思之用然只是還其無思之體。翼註末句頂上二句言此所謂從其大體者，安得不爲大人乎。理無不全，德無不備，與天地相似，與聖賢同歸，故曰大人。○是因之曰，此章言耳目一些主張也沒有，唯心做得主，天之所與，本有大小如此，故人能先立其大，主張耳目，便稱大人了。

天爵章全旨　此爲棄天爵而徒慕人爵者發。欲人轉人爵之慕而爲天爵之脩也。首節言爵有天人之分。下二節言古今人之不相及。語氣重天爵邊。○說統：學術之淳漓，事功之真假，世運之升降，皆出于此。曰惑之甚，曰終亦必亡，都是點醒世人語。

孟子曰：有天爵者，有人爵者。仁義忠信，樂善不倦，此天爵也。公卿大夫，此人爵也。樂音洛

天爵者，德義可尊，自然之貴也。

起云。孟子曰：人情孰不以爵爲可貴乎。然而猶是爵也，考其由來，則

不同焉。韓求仲曰，二有字可思，令人尋思天人分界處。鍾乾所曰，天爵之說孟子創之，實得自維皇寵錫語意來。淺說有自然之貴，非人所得而予奪，而謂之天爵者；有人為之貴，乃人所得而予奪，而謂之人爵者。心之德愛之理曰仁，心之制事之宜曰義，皆兼體用而言。仁義發于心而無之不盡曰忠，仁義見于事而無之不實曰信。凡此仁義忠信皆善也。陳新安曰，樂善，即樂此仁義忠信不倦者，樂之至也，無一息之間斷。說統，樂是自然之情，勿涉工夫，蓋秉彝懿德之好。凡此皆天生帶來的，非人所得而貴賤者，故總之曰天爵。公卿大夫謂朝廷設官分職有此名目，不必拘九命四命三命之說，亦不必如班爵章無私為德曰公，知進退而道上達曰卿，智足帥人曰大夫之說也。困勉錄說人爵全要見人得而予奪之意，人爵之御世大分不可廢之說不重。淺說不出于己而出于人，不出于自然而出于使然，非人爵乎。

古之人脩其天爵而人爵從之

脩其天爵以爲吾分之所當然者耳　人爵從之蓋不待求之而自至也過文云○夫天爵爲吾所固有非若人爵由于外至則天爵之當脩也明矣知之其惟古人乎○翼註不重古人借古以惕今也○脩之者盡仁義忠信之理造于樂善不倦之地然其脩謂性分之當然非有所爲而爲也○說統從字全不費力因此天爵而自然得之若形動而影從也要知古人全無一念想到人爵上○人爵從之兼事理而言蓋朝廷公卿大夫之位必加諸仁義忠信樂善之人其有不從上之遺賢而理固可信也○困勉錄末補云唯其如是是以人爵既得而其脩天爵者自若也而人爵亦永享而弗失矣方與下節對

今之人脩其天爵以要人爵既得人爵而棄其天爵則惑之甚者也終亦必亡而已矣要音邀

要求也。脩天爵以要人爵。其心固已惑矣。得人爵而棄天爵。則其惑又甚焉。終必幷其所得之人爵而亡之也。

過文云。何今之不然耶。知人爵必由天爵而得。遂假此為干進之階。其脩也全是有所為而為。外面襲取仁義忠信樂善之事。已與古人之脩不同。蓋祇以要求人爵也。集說公卿大夫到手。則利祿薰心。智術褫用。不仁不義不忠不信。嫉善如仇。而趨不善如鶩矣。更何有于天爵乎。棄者置之不用也。既字中志得意滿。棄字內狗情滅性。直解假天爵以要人爵。是不知天爵之為尊。其要之心即棄之心其心固已惑矣。得人爵而棄天爵。并不知人爵之當保。則惑之甚者也。極平巧却極懞懂。馬君常曰。總棄天爵。則所為不在天理上。有損于君。下無補于民。能保祿位者幾人。故曰終亦必亡。不仁義不忠信之人。無久居公卿大夫之位者。其有不亡。下之僥倖。亦萬。事。理。而言。吳因之曰。惑之甚句重看末句。

帶言。〇陳大士曰、若今人所為。兩無所工者焉。亦兩無所據者焉。末世猶有尚德之風。借其途而後合。小人非有變行之事。自其初而已然。但不思向日所以得之之因。竟忘上人所以予之之意。而一旦狠御聲名俱裂。視古之人竟何如哉。〇仇說大旨為要人爵者發。不是為高蹈一流人起見。時文每于人爵句以貧賤驕人者翻入、殊非。

欲貴章全旨〇此為求在人之貴而不知求在己之貴者發。首節欲人思良貴。次節言人貴之不足貴。末節言良貴之真可貴。欲人求諸己而不求諸人也。

孟子曰欲貴者人之同心也人人有貴於己者弗思耳

貴於己者謂天爵也

起云〇孟子曰、人生世上。孰是其甘于卑賤乎。〇湖南講、欲貴、即欲人爵的貴。按、主欲人之、貴與下貴于己相照。有主願慕尊榮虛說。不着人爵者公通。同心謂人之心同欲貴也。已字重。有字宜玩。得之于天。本之于性。貴于己。就是良貴。照下仁義講。翼註弗思耳非慨人之不思。正喚人去思。要得徹省之意。李説弗思耳三字最提醒。人言人本自有貴于己者。只一向趨慕外邊去。將自己的貴都忘却了。

人之所貴者，非良貴也。趙孟之所貴，趙孟能賤之。

人之所貴，謂人以爵位加己而後貴也。良者本然之善也。趙孟，晉卿也。能以爵祿與人而使之貴，則亦能奪之而使之賤矣。若良貴，則人安得而賤之哉

過文云。唯弗思。故不求貴于己。而唯求貴于人。翼註人之所貴。與下人之膏粱人之文繡。此二人字。俱指操爵人之柄者言。如趙孟之類。仍依名而立。恃勢而尊。其貴不等于天然所有者。故曰非良貴。下趙孟二句。正明其非良。所貴能賤。不必出自兩人。惟趙孟之所得專。非吾力

之所能必貴云乎哉趙孟只作樣子不必泥

詩云既醉以酒既飽以德言飽乎仁義也所以不願人之膏粱之味也令聞廣譽施於身所以不願人之文繡也聞去聲

詩大雅既醉之篇飽充足也願欲也膏肥肉粱美穀令善也聞亦譽也

文繡衣之美者也仁義充足而聞譽彰著皆所謂良貴也○尹氏曰言在我者重則外物輕

過文云今之欲人之貴者不過欲其膏粱我文繡我耳烏知在己之貴為甚足貴也乎試徵之詩○困勉錄此節是言良貴之可貴不主得良貴者言尹註乃言外意也淺說于次節補說良貴過此節則云能得夫己之所貴者又豈肯慕夫人之所貴者乎不可從家訓此節揔見良貴在人常有常足非若人貴之聽人貴賤者蓋深為不思者醒也○存疑詩既飽以德是主恩惠言此作德行之德斷章取義也仁義忠信

樂善不倦。此飽乎仁義也。○呂說引詩只取飽字大意。德即仁義也。仁義之積中爲飽。其彰著于外爲聞譽。○聞譽本仁義說來。聞者自我而著聞于外。本諸仁義曰令聞。譽者自外而稱譽于我。播諸遐邇曰廣譽。是兩項又是一串。施者言由中而達外。並見其有貴于己者在。○方文伯曰。兩人之字正對上貴于己字看。○膏粱文繡即貴中之兩事。以例其餘。仁義既飽。則無味之中。至味出焉。聞譽既施。則不文之內。大文存焉。所以不願。○願字從欲而生。不願由思而得。○吳因之曰。不願膏粱文繡。正形容飽仁義令聞廣譽之爲可貴。非渺小富貴凌壓勢利之意。蒙引。不願。謂無所慕于彼也。非謂厭薄不願就也。○四書脉。在我者取不厭。用不亂。淡泊固足明志。而紛華亦非奪心。不必膏繡亦不必不膏繡。孔之曲肱。舜之袗衣。同一不願而已。○翼註。聞譽仁義所自有。不指聲譽說。即遯世不知。亦不害其爲文聞譽。○陳伯玉曰。不說仁義如何

下孟　　卷三十

可貴只就世情中斷出而個不顧以見意正是令人可思處

仁之章全旨○此爲有志於仁而未力者發大意謂爲仁不力非惟無益而且有害非仁之咎也○集說勉人力仁卻將怠于仁的心病說出見得人自有仁○人自可爲仁而勝不仁其不然者初則爲仁之不力而誘于私不能勝其私終則並不爲仁而究入于不仁也通章只作一人看

孟子曰仁之勝不仁也猶水勝火今之爲仁者猶以一杯水救一車薪之火也不熄則謂之水不勝火此又與於不仁之甚者也

與猶助也仁之能勝不仁必然之理也但爲之不力則無以勝不仁而人遂以爲眞不能勝是我之所爲有以深助於不仁者也

起云○孟子曰人心之內止有一仁其所謂不仁皆是外感者也○徐巖泉曰仁是心之本體不仁是從物感上生來仁是主不仁是賓仁勝不仁本是常理姚承菴曰人若全體此仁自無不仁不消說勝字說仁

勝不仁。亦就理欲爭勝者言。○陳伯玉曰。仁能勝不仁。要察識擴充始得。若一念一事之仁。是無根之理也。無根之理。豈能勝有根之欲。一杯之水。性旣微也。喻幾希之仁車薪之火。情之熾也。喻昌熾之不仁○集說。爲仁者三字內。便含爲之不力意。爲仁只論得力不得力。與不仁較不得多寡。一念之正。自足勝萬念之邪。止存乎其力耳。彼爲仁不力。滿腔中都是私欲填塞。其所謂爲仁。亦只虛慕其名。而一嘗試爲之。非真爲仁也。故以爲猶一杯云云○不熄是實事。非假設之詞。○困勉錄。謂之水不勝火。是他人謂之如此。非自諉之辭。自諉意當在亦終必亡句內。玩註自見。又云。翼註謂猶字直貫至不勝火。細玩須在也字一頓。不熄句帶下此又句說。蓋此節自不勝火以上。是言其無害。不熄以下。是言其反有害。不熄句。特蒙上猶字而言之。非一直貫下也。○存疑。人皆謂仁不能勝不仁。都去爲不仁。不肯爲仁矣。豈不是有助于彼。○說統。與于不仁句、要說得重。把別人的不仁。都歸到他名下。無非深罪之也。亦終必亡、即指今之為仁者說。○蒙引註人字不同上節人字對我字。非下節所謂此人也。

亦終必亡而已矣

言此人之心亦且自怠於為仁終必幷與其所為而亡之○趙氏曰言為仁不至而不反諸己也

通文云○此、人、也、豈、惟、助、人之、不、仁。有、害、于、人、哉。○直解、就是自己也

信之不專。為之不加。將併其幾希之仁。寖消寖微而終至于亡矣。○集說、註所為、便是為之不力之為。為之不加。猶曰為之也。迨至自以為不勝。連這點為底意思也。自推諉怠惰起來。故必亡也。亦終二字、應此又二字。○困勉錄、陳新安謂此章為戰國諸侯說、未必然也。至以終必亡為滅亡尤謬。

五穀章全旨○此爲爲仁而未成者發借五穀引起歸重末句○說統只重熟仁非是取荑稗爲仁不熟乃至不如荑稗蓋甚言仁之當熟以成其爲美也

孟子曰五穀者種之美者也苟爲不熟不如荑稗夫仁亦在乎熟之而已矣荑音蹄稗蒲賣反夫音扶

荑稗草之似穀者其實亦可食然不能如五穀之美也但五穀不熟則反不如荑稗之熟猶爲仁而不熟則反不如爲他道之有成是以爲仁必貴乎熟而不可徒恃其種之美又不可以仁之難熟而甘爲他道之有成也○尹氏曰日新而不已則熟

起云○孟子曰天下孰是有美而可自恃乎試即五穀論○沈無回曰孟子不以他物言仁而獨舉五穀蓋于美種中有獨見其眞正者在也學者亦必須先辨種而後可以論熟○天所生以養人人所資以爲養

美字就養上說。由種而耘而穫至于能秀能實可為粒食之資方成其美。蒙引、苟為二句、見美種之不及熟為可恨而非有慕于荑稗也。不如荑稗、則美者失其美。五穀之不可不熟也如此。仁為本心之良兼統萬善至精至粹其德為甚美也。集說、夫仁仁字、指己能用力于仁者兩熟字不同。上熟字以已熟言下熟字加一之字是用工夫以熟之。翼註、心如穀種必以存養為栽培以克復為耘耨至天機暢茂德性堅凝方始是熟。鄧定宇曰、仁到熟處動與仁游靜與仁俱時時皆仁處處皆仁方始是熟。馬君常曰、一暴十寒則以間歇而不熟進銳退速則以急遽而不熟優游度日則以怠緩而不熟守氣助長則以強制而不熟反是則熟矣。徐自溟曰、不徒曰熟而曰熟之責在人之用工求熟非是舉其已熟之成功而與他道較美惡也。胡雲峰曰、熟無所容加熟之在乎用力熟字單舉是成功字面熟之聯讀是用功名目。陳新安曰、而已矣者、熟之之說。盡夫為仁之功。外此無他也。苟能于孔門求仁之方。循而進之。日新不已。由勉而利而安。心與仁一。則熟之功效氣象可言矣。○亦字、從五穀在乎熟之來。○陳潛室曰、他道如百工衆技。百家諸子皆是。○註兼兩層。重不自恃上。仁之難熟云云是餘意。尹註日新不已四字。補足熟之之工夫。○饒伯甘曰、度世心切。天爵良貴以歆之。杯水荑稗以懼之。

羿之章全旨。○此即藝以明道。見教學俱難廢法之意。不必側重一邊。○說統、此為馳心高遠。厭常舍法者發。

孟子曰、羿之教人射必志於彀。學者亦必志於彀。彀古候反

羿善射者也。志猶期也。彀弓滿也。滿而後發射之法也。學謂學射。

一起云。○孟子曰、天下事。未有無法而可以有成者。○羿亦善射者之通稱。不必泥有窮后羿。

大匠誨人必以規矩學者亦必以規矩

大匠工師也規矩匠之法也○此章言事必有法然後可成師舍是則無以教弟子舍是則無以學曲藝且然況聖人之道乎

翼註羿與大匠○尚不能廢法教誨○則法之難廢可知○志字以字有別○志即內志正之志○引弓滿彀○凝神不分○乃可命中○故曰志以、用也○規矩無一定之則○大小方員○唯所用之○故曰以○○說統通章要看○四箇必字○○陳新安曰、兩學者一謂學射○一謂學匠○○輔說射者志于彀○而真積力久○則善中矣○工者守乎規矩○而真積力久○則能巧矣○教者與受教者○舍彀而言中○舍規矩而言巧○皆誣也○○淺說知行者造道之法也○虞廷之精一○孔門之博約○大學之格致誠正○古今之為師為弟子者○其能舍是以為教與學乎○按○正意在言外○○葛屺瞻曰正意不曾說破○然前章論性論心論仁○而以此結之○當是教人求仁與心性者○必遵個方法○乃可坐進此道耳。附楊維斗曰、必志于彀、爲半塗而廢者說法。必以規矩、爲創述異端者說法。

告子章句下 凡十六章

能勿軒曰、一章言食色輕而禮重、二章孝弟、三章事親、四章義利之辨、五章辭受、六章十四章出處、七章王霸君臣、八章九章言戰國富强之禍、十章田制、十一章十三章爲政、十二章言信、十五章處貧賤、十六章言教法、

任人章全旨。此見理欲之辨、論其大分、不當較其一偏、不能對以上是任人以食色之重較禮之輕、故不見禮重、不揣其本以下是孟子以禮之重與食色之重兩重對較、而禮爲尤重耳。翼註、據一偏則常屈於變、而禮之重者反輕、食色之輕者反重、論大分則不但常非變所能敵、即變之中而常自在、食色縱一時非輕、而終不重于禮、禮誠萬世爲重

而終不輕于食色。孟子非徒闢任人。蓋嚴理欲之大防也。。謝象三曰、任人有意輕禮。離禮以言食色。本告子食色性也之旨來。屋廬子有意重禮。外食色以言禮。泥定不食嘑蹴娶則必告之旨來。孟子置禮不道。即就所為食色以破之。而禮重不言自見矣。

任人有問屋廬子曰禮與食孰重曰禮重任平聲

任國名屋廬子名連孟子弟子也

趙氏曰、任薛同姓之國、在齊楚之間、。李說、問禮與食孰重、此、禮、即、飲、食中、之、禮。非舉禮之全與食一節較也。如云人莫不飲食也。而食之中有禮在。此孰為重也。故後面紾兄之臂。亦、即飲食中失禮之甚者言。色做此、。直解、食雖切于養生。必賴禮以節其流。不至貪饕。無禮則必失之縱。是禮重于食也。

色與禮孰重

任人復問也

曰禮重曰以禮食則飢而死不以禮食則得食必以禮乎親迎則不得妻不親迎則得妻必親迎乎迎去聲

直解。色雖人之所好。又賴禮以别其嫌。不至淫泆。無禮則必至于淫。是禮重于色也。○屋廬子只論其常。任人故將變處設難。見得飢死不得妻爲大則禮有不拘。安必以禮爲重。兩乎字。全要駁倒禮重的口角。不是疑問之辭。○說統。以禮食者。如主人親饋則客祭。不親饋則不祭。君子苟無禮。雖美不食是也。親迎者。如夏氏迎于庭。商人迎于室。周人迎于戶。是也。○不以禮食。如嗟來嘑蹴之類。不親迎。是貧不能具禮。非以凶荒殺禮也。○主意重在不以禮食不親迎上。

屋廬子不能對明日之鄒以告孟子孟子曰於答是也何有於如字

何有不難也

下孟

楊子冠曰、屋廬子析禮未精。但知輕重之大分。而不知任人一偏之較。遂爲所屈。了然于心未能了然于口故不能對然終不以禮爲輕也。故告孟子以求明云。。之鄒來告、見其有疑不蓄。勤學好問之意。。家訓、泥其常而未達乎變。故爲任人所難。其告孟子。非疑任人之爲是也。蓋欲求明禮重之說以闢任人也。孟子借紾兄臂破他飢而死之說。借摟處子破他不得妻之說。也是任變時說。方得令任人心服。。說約、于答何有、正謂往應一節。下三節先就其言而斷之。按、何有以理、言。蓋得其理。不難于答。非謂揆情度勢。可以口舌取勝也。

不揣其本而齊其末。方寸之木可使高於岑樓揣初委反

本謂下末謂上方寸之木至卑喻食色岑樓樓之高銳似山者至高喻禮若不取其下之平而升寸木於岑樓之上則寸木反高岑樓反卑矣過文云。夫禮重于食色者。較其大分也。信如任人之論。則高卑輕重。

將不得其平矣。凡物必本末平而後高卑之位可定。○蔡氏曰此節是就任人之意而喻之。言有意偏重。輕重可使倒置。喻較其一偏。則食色反重于禮也。○李說揣以手摩度其底之平。岑山之高銳處。○岑樓自高。寸木自不能高于岑樓。而有不揣本齊末者可使之也。可使二字着眼。

金重於羽者豈謂一鉤金與一輿羽之謂哉

鉤帶鉤也金本重而帶鉤小故輕喻禮有輕於食色者羽本輕而一輿多故重喻食色有重於禮者

過文云○若較其大分。則輕重自有定衡也。○蔡氏曰此節是反任人之意而喻之。言輕重之本然。原不可以偏較。喻禮本重于食色。但不可以一偏較也。○蒙引此金字。五金之總名。○金與羽較。金自重于羽。然金重于羽之說。者字便含謂字意 金非一鉤。羽非一輿。若一鉤金一輿羽之謂則金反不重。羽反重矣。豈謂是哉。上節就任人之意。在孟子是反言。以高卑言。此節反任人之意。在孟子是正言。以輕重言。總言其不可偏較也。但輕字渾之。方不侵下輕重字。○豈謂字、哉字、是喚醒語氣。○說約、此兩節興起下節正意不可預出。正意在取食之重節。按此只就寸木岑樓鉤金輿羽上言。硬填禮與食色等語者非。○二節平看。作相承說者、不必從。

取食之重者與禮之輕者而比之，奚翅食重。取色之重者與禮之輕者而比之，奚翅色重。翅與啻同，古字通用。施智反

禮食親迎禮之輕者也。飢而死以滅其性。不得妻而廢人倫。食色之重者也。奚翅猶言何但。言其相去懸絕。不但有輕重之差而已

過文云。○若任人之論則偏甚矣。○此節方直就任人之言而窮之。輕重、即指上禮食親迎兩段。不、是推開說。○集說、食色之重者。是食色上言其重者。禮之輕者。亦是就禮中言其輕者。非是說取食色之重于禮

者。禮之輕于食色者也。禮與食色。其中各有輕重。到奚翅食重色重句。方說到與禮相較處。○蒙引。禮食親迎。禮本不輕。但以對滅性廢倫。則爲輕耳。○楊子冠曰。任人兩言必以禮乎。隱然見食色皆可廢禮。孟子言果如任人所說。食爲軀命所關。色爲大倫所係。必不可少。則禮直是可廢。奚翅差重而已。○此即上兩節之意。而明言之。以斥其非。下節則伸屋廬子之說。○淺說。此正所謂寸木可高岑樓。鈎金反輕輿羽者。○末繳云。然豈論之得其平。而安可以是論禮也哉。

往應之曰。紾兄之臂而奪之食。則得食。不紾則不得食。則將紾之乎。踰東家牆而摟其處子。則得妻。不摟則不得妻。則將摟之乎。紾音軫。摟音婁。

紾戾也。摟牽也。處子處女也。此二者禮與食色皆其重者。而以之相較。則禮爲尤重也。○此章言義理事物。其輕重固有大分。然於其中又各自有輕重之別。聖賢於此錯綜斟酌。毫髮不差。固不肯枉尺而直尋。亦

未嘗膠柱而調瑟所以斷之一視於理之當然而已矣
過文云。若各隨其輕重而彼此並舉之。則。自。見。禮。為重矣、。蒙引、任
人只曉得死與不得妻為重。不曾思到紾兄臂摟處子之犯大節處。故
孟子出一頭與之平秤。就見禮終是重。謂不必以禮之重者與食色之
輕者較。便即兩下並重者一齊
較起。則禮自
是重于食色。　。李說、不以禮食。未到紾兄臂之甚。不親迎。未到摟處子
之甚。此見得飢死雖重。而兄之臂猶不可紾。故。寧。可。無。食。必。不。可。犯。禮。
以。紾。之。不得妻雖重。而摟處子大惡猶不可犯。故。寧。可。無。妻。必。不。可。犯。
禮。以。摟。人。之。處。如。則。禮。之。本。重。于。食。色。也。明。矣。此則本末皆齊。而寸木
卒不高于岑樓。輕重遼均。而金卒不輕于羽。其大分有較然者。執此以
往。彼將莫肆其辨矣。而有何難答哉。。說約、此章言輕重、如稱物相似、
任人是一頭重輕者。孟子之說、則兩頭俱重。取舍了然矣。不紾則不得
食、雖亦至于飢死。然。兄。臂。必。不。可。紾。也。不摟則不得妻、雖亦至于無後。

然。處。子。必。不。可。摟。也。不。是。偶。然。不。得。食。與。暫。時。不。娶。故曰兩頭俱重。不。要。反。把。食。色。一。面。說。輕。了。。小註錯綜、分經緯、斟酌量淺深也、。陳新安曰聖賢固不肯枉尺直尋以喻夫禮之經。輕重不越大分亦未嘗膠柱調瑟以昧時措之權。所重固在禮有時殺以就食色。困勉錄、揔註雖似抑揚重用權邊。其實正意。是要明禮之重于食色。勿悞認。

曹交章全旨。此見堯。舜。可。爲。而。不。必。外。求。意。前五節、示以爲堯舜之道。後二節示以當自得師。爲字通章之要。求。所。以。爲。之。也。指出孝弟。是。實。落。下。手。工。夫。

曹交問曰人皆可以爲堯舜有諸孟子曰然

趙氏曰曹交曹君之弟也人皆可以爲堯舜疑古語或孟子所嘗言也

朱子曰孟子道人皆可以爲堯舜。何曾道便是堯舜。更不假脩爲耶。。

陳伯玉曰可以爲堯舜、重在爲字。下亦爲之弗爲耳所不爲與後二求字。俱是此爲字生出。○四書脈有諸不是問有此言否。還是問堯舜可爲否也。○翼註然不徒然其有是言直是決可以爲意。○邢疏曹交問意重在皆字。孟子答意重在爲字。

交聞文王十尺湯九尺今交九尺四寸以長白食粟而已如何則可

曹交問也食粟而已言無他材能也

湯文固能爲堯舜者。僅以十尺九尺。在形體上論則淺陋矣。較文則尺有所短。較湯則寸有所長。介乎湯文之間。亦有爲堯舜之形體。蓋自喜之詞。○存疑食粟而已言不能爲堯舜。如何則可言如何則可爲堯舜也。○蒙引交意便以不勝爲患。是自歸于稟質之弗强。而不自責其學力之未加矣。

曰奚有於是亦爲之而已矣有人於此力不能勝一匹雛則爲無力人矣今曰舉百鈞則爲有力人矣然則舉烏獲之任是亦爲烏獲而已矣夫人

豈以不勝爲患哉弗爲耳（勝平聲）

匹字本作鳴鴨也從省作匹禮記說匹爲鶩是也烏獲古之有力人也

能舉移千鈞

起云○曰子欲爲堯舜而僅以是形體論耶○集說奚有于是猶云那有在這上邊說底意思○是字指形體　爲字是着力字言聖人須是着力去爲也○存疑言所以爲堯舜者不在于形體而在于作爲也有人于此以下則申其意○不勝匹雛舉百鈞俱假設之辭非實事爲堯舜亦不在加因其論形體而以力例之不可泥○蒙引所以爲有力人在于能舉百鈞所以爲無力人在于不勝匹雛則所以爲烏獲者亦在于能舉烏獲之任是皆不在于形體也此上盡是譬喻至夫人二句正言人皆可堯舜矣○或者兼以舉烏獲之任說者泥而鑿矣○集說今曰舉百鈞即昔之不勝匹雛之人○（作一人看）重○兩○則字○（有倏忽轉移意）見方爲無力人○便可爲有

力人。全在自已力量上說。○過下云、是人之所以為無力有力者亦視其所舉之任何如耳。古之有力而冀任莫能舉者。莫如烏獲矣。○翼註．力不同科。如何人人能烏獲。此意只要破其形體之拘。言只論其人。能舉烏獲之任。便是烏獲。不必形體似烏獲也。○則為是亦為三為字輕。作謂字解亦可．與前後為字不同。○存疑、然則二句含能為堯舜之所為是亦堯舜意。故接之云夫人云云以終其意。○不勝為患、是患其才質庸下。不足以勝其任也。○直解、志安卑近。無克念之誠。功狃因循。無勇往之加。可為不為。斯乃聖狂之攸判耳。誠一為之。何不勝之足患哉。○翼註、弗為從就聖道說。是自暴自棄。而不為。畏難其下節不為專說敬長。是驕盈。躁率。而不為。忽易其○存疑、此節言。為堯舜。在乎作為。徐行節示以堯。舜。之道。不難。為子服節則教。以為之也。○秦武王好多力之士、烏獲之徒歸焉、皆至大官、秦王于洛陽、命舉周鼎、烏獲兩目血濺、折肱而卒、

徐行後長者謂之弟疾行先長者謂之不弟夫徐行者豈人所不能哉所不爲也堯舜之道孝弟而已矣後去聲長上聲先去聲夫音扶

陳氏曰孝弟者人之良知良能自然之性也堯舜人倫之至亦率是性而已豈能加毫末於是哉楊氏曰堯舜之道大矣而所以爲之乃在夫行止疾徐之閒非有甚高難行之事也百姓葢日用而不知耳

過文云○且堯舜固不難爲也試即以行論○只一舉步而知敬長之禮便叫做弟有傲長之心便叫做不弟徐行非高遠難行之事惟其忽略慢易非人不能乃不肯爲耳徐行弟也而孝可知矣○翼註道字不另講下孝弟即是道也觀而已矣字可見○實合註此是約堯舜之道以見其易爲不可謂道由堯舜而推之不可說到功業上當在堯舜二字略斷言堯舜雖至聖其道不過是孝弟而已矣方渾融存疑孝弟之理通于上下舉其近徐行後長此孝弟也極其遠則堯之親睦九族

[illegible]

平章百姓舜之瞽瞍底豫而天下定此孝弟也此是實理實事蒙引
孟子要說爲堯舜之容易處或賅于堯舜人倫之至及堯舜之道大矣
之詞則反惑矣輔說陳氏就孝弟上說而極于堯舜之聖楊氏就堯
舜上說而本于孝弟之近二說相發明發明其所以容易耳

子服堯之服誦堯之言行堯之行是堯而已矣子服桀之服誦桀之言行
桀之行是桀而已矣之行二行並去聲

言爲善爲惡皆在我而已詳曹交之問淺陋麤率必其進見之時禮貌
衣冠言動之間多不循禮故孟子告之如此兩節云
過文云堯舜之道初不難爲在子爲之何如耳說統服堯三句全
要在原頭上看原頭差件件差原頭差件件差是原頭孝弟便翼註服言行不
必跡合只合于孝弟良心便是集說行字只作一身舉動看在堯
路上是法服法言法行在桀路上是詭異之服邪僻之言暴虐之行兼

孝弟便是堯。不孝不弟便是桀。能為堯。必能為舜。說堯該得舜 出乎堯。必入于桀。所謂為之皆在我而已。○胡雲峰曰、堯桀之辨。只在理欲之間。故一日之間。或朝堯暮桀。一念之間。或作堯作桀。出此入彼。間不容髮。何可不慎。○陳新安曰上告以徐行疾行。此告以衣服言行。皆是就其病之切處藏教之。

曰交得見於鄒君可以假館願留而受業於門 見音現

假館而後受業又可見其求道之不篤

蒙引、見于鄒君而曰得。假館而曰可以。受業而曰願留。其辭皆近倨而鄙陋。不但假館而後受業。為見其求道之不篤也。有挾貴求安之意。○輔說、亦是富貴者之習。未知居無求安之味在。○願留受業、蓋求講明所以為堯舜者。

曰夫道若大路然豈難知哉人病不求耳子歸而求之有餘師 夫音扶

言道不難知若歸而求之事親敬長之間則性分之內萬理皆備隨處發見無不可師不必留此而受業也○曹交事長之禮既不至求道之心又不篤故孟子教之以孝弟而不容其受業蓋孔子餘力學文之意亦不屑之教誨也

過文云○曰假館受業子以道未易知而欲師我求道也是不知夫道也○道具于性分之內著于日用之常合內外說如慈孝友恭此理昭然智愚所共曉蓋此指衆人與知者而言非精微之蘊也○存疑道須放開說不止孝弟孝弟乃其大端蓋上約堯舜之德而歸之孝弟此示以人道之全使人求盡之以知至堯舜也○翼註大路明白現前故下云豈難知哉純以知言不可以大路喻共由○體註下二句方以行言○蒙引人病不求者或蔽于私或役于氣自暴也自棄也歸字對留受業于鄒說或以為反而求之心求之心非也○求是為之實力○彙解求字指孝弟說謂

求之孝弟○而性分之理自發見也○有餘師只在良心發見上○如遇親便當盡愛遇長便當盡敬○一點○良○心○便是○師○也○觸○處○皆○師○便有○餘○也○此正指點爲堯舜精實處○○達說體吾所謂孝弟之道○孝弟既盡○衆善自生○隨吾身之所往○皆是道之所發見○依○道○而○行○即○此○是○師○無○往○非○道○則○亦○無○往○非○師○矣○○李說用之不盡○推之不窮○豈不有餘○○蒙引曹交事長之禮既不至于前數節見得求道之心又不篤于後二節見得○

小弁章全旨○此論小○弁○怨○所○宜○怨○而○非○小○人○之○詩○前二節因問設喻見小弁之詩之爲仁○後二節因疑比類見小弁之詩之爲孝○總是以○怨○成○仁○不○容○不○怨○猶○舜○之○慕○也○故末引舜作證○○說統以仁孝二字作主○高子在怨上疑爲小人○孟子在怨上見爲仁孝○凱風是借來比○只重小○弁○○呂說是○論○詩○不○是○論○平○王○論小弁之詩○其理當怨○不是說平王能怨○亦不是說有此小弁之怨平王便可稱孝也○

公孫丑問曰高子曰小弁小人之詩也孟子曰何以言之曰怨弁音盤

高子齊人也小弁小雅篇名周幽王娶申后生太子宜臼又得褒姒生伯服而黜申后廢宜臼於是宜臼之傅爲作此詩以敘其哀痛迫切之情也

高子意以詩三百篇大抵仁人孝子之所爲作也。惟小弁乃是小人之詩。小人對仁人孝子看。集說小人在詩義上說因其辭。可以知其人也。以猶據也。言何所據而謂之小人也。翼註怨是丑述高子之意如此。後凱風句是丑自出己意言之。淺說詩之意貴乎溫厚和平。況小弁之詩。又處父子之間乎。讀其詩。但見哀痛迫切。怨而已矣。怨非君子之道此所以謂小人也。蒙引怨只是哀怨。不必直謂怨親。亦不可泥說自怨而非怨親。哀痛迫切。是怨字正解。不必渾謂會下意而言者非

曰固哉高叟之爲詩也有人於此越人關弓而射之則己談笑而道之無

他疏之也其兄關弓而射之則已垂涕泣而道之無他戚之也小弁之怨親親也親親仁也固矣夫高叟之爲詩也關與彎同射食亦反夫音扶

固謂執滯不通也爲猶治也越蠻夷國名道語也親親之心仁之發也起云○曰凡説詩者○當會其意而不可泥其詞○翼註詩雖主于温厚○然亦有當怨者必執彼以例此○是執一不通矣○故曰固○○爲訓治謂講解也○○過下云以小弁之詩爲怨○則誠然○因其怨而遂謂之小人○則不可○○蒙引越人與其兄射之之字正指有人于此之人○都是射此人○已字另是一人○○翼註越人二段作四個人看而已字作旁觀者説○兩道之是理諭勢禁使止其事也○重其兄一邊○○無他是推其所以談笑垂涕泣之○故疏戚以實字作活字用○越人本疏○而殺人者死○越人自去承當于已無與○故言不甚切○因其疏而疏之也○之字指越人○兄本至戚而妄欲殺人○必陷于罪○在已何能坐視○故痛切爲言○因其戚而戚之也之

字指其兄。淺說：小弁處父子之變，不啻其兄之關弓殺人，則哀痛迫切，冀親心之感悟。正涕泣而道之之意，乃親親之情也。親親，謂親愛其親也。他那怨處都是與親相親處。親親以情言，仁以性言。玩註則仁為親親之根源。翼註乃一事之仁，非全體之仁。●說統：親親要與涕泣而道相關，此非徒自傷，猶欲感悟其君父也。若使父母廢我，我就一手拓開，畧無怨慮，是以談笑而當涕泣之變矣。不亦忍心害理乎。天下未有小人而仁者。仁。豈小人也乎，而槩以為不當怨，何其執一不通也。集說只就本文歸結固字，以見小弁之詩非小人。陳新安：人倫大變，宗社傾覆繫焉之說，是過大郭的話，此處且勿露。大成：言小弁之怨本乎人情之不容已，正怨之得體也。

曰：凱風何以不怨

凱風，邶風篇名。衛有七子之母不能安其室，七子作此以自責也

凱風之過其母。猶小弁之過其父。總是天倫之變。故引以爲例。○說統

且非疑凱風不怨也。蓋即其不怨者以形小弁之不當怨耳。○呂說何

以是不觧之詞。然非不觧凱風之不怨。正不觧小弁之當怨也。○蒙引

凱風只可說自責。不可說怨。恨身怨命便是怨。不謂怨親也。

曰凱風親之過小者也小弁親之過大者也親之過大而不怨是愈疏也

親之過小而怨是不可磯也愈疏不孝也不可磯亦不孝也磯音機

磯水激石也不可磯言微激之而遽怒也

起云。曰、人子之情。本無厚薄。而父母之過。則有大小。○失節之過。辱在一身。故小。信讒之過。禍及宗社。故大。○朱子曰、親之過大。則傷天地之太和。戾父子之至愛。若此而不怨焉。則是坐視其親之陷于大惡。恝然不少動其心。而父子之情益薄矣。此之謂愈疏。親之過小。則特以一時之私心。而少有虧于父子之天性。若此而遽怨焉。則是水中不可容

一激石。一有激石。則呼號而遽怒矣。此之謂不可磯。○說約、愈疏者、謂見棄于父。已疏矣。又恝然無所愁怨。是疏而愈疏也。○翼註、磯是借字。非喻也。不可、猶云不容也。水微激于石而遽怒。子微激于毋而遽怒。故曰是不可磯。○蒙引、水激石、謂水所見激之石。實石激水而致怒也。非石怒。乃水怒也。石喻母。水喻子。俗疑當云激水石、水之行處有石。淺灘急水行流處不去。遂激起而呼號矣。是此石乃激水之石也。○淺說、愈疏則無愛親之心。是不孝也。此小弁所以怨也。不可磯則無怨親之心。亦不孝也。此凱風之所以不怨也。是其怨與不怨。各有攸當。可以例論哉。

孔子曰舜其至孝矣五十而慕

言舜猶怨慕小弁之怨不爲不孝也○趙氏曰生之膝下一體而分喘息呼吸氣通於親當親而疏怨慕號天是以小弁之怨未足爲愆也過文云○小弁不容不怨矣。而其怨、正孝子之用心也。不觀孔子之言乎○體註、引舜之慕只借來作怨字誣佐慕即在怨中見怨之不妨于慕耳非以舜比乎王○折衷、慕字作不得于親而怨慕說其實三十登庸瞍已允若此云五十者蓋借解也且怨亦不同舜之怨怨已而慕乎親小弁之怨怨已而亦怨親姑引為証而見小弁之怨不失為孝耳其不同處無論也○困勉錄瞍欲殺子作大過看○呂說怨不僅行吟坐歎了却也驪山之前驪山之後有幾何感格消弭挽回功用都在怨字中出虞舜只以怨而致允若孟子所以引之作結也○有云小弁之詩怨而太子未嘗怨怨則可以不遷怨則可以復國故乎王之孝可議而小弁之詩不可議也深一層看尤妙

宋牼章全旨○此因進說而嚴示義利之防通章重先生之號不可句下二節利與仁義相形正發明所以不可之意

宋牼將之楚孟子遇於石丘 牼口莖反

宋姓牼名石丘地名

書法在將字遇字○若竟之楚而孟子不遇○則利風必熾○人不知有仁義矣○此時似有天意在○○李說不期而會曰遇○正抑功利啟仁義之一機○不可謂非良遇○

曰先生將何之

趙氏曰學士年長者故謂之先生

困勉錄宋牼是有志用世之人○與平常遊說者不同○其所之亦有關係○故孟子問之○

曰吾聞秦楚構兵我將見楚王說而罷之楚王不悅我將見秦王說而罷之二王我將有所遇焉說音稅

時宋牼方欲見楚王恐其不悅則將見秦王也遇合也按莊子書有宋鈃者禁攻寢兵救世之戰上說下教強聒不舍疏云齊宣王時人以事

考之疑即此人也

趙云○曰、百姓之苦○莫甚于戰爭○兩國相競○莫強于秦楚○李說吾聞五句、叙其所之之故○四書脉、搆兵處、且○慢說○兵○連○禍○結○怨侵下不利意○○說者、說以罷兵息民之論○罷之、罷其兵○使無相攻也○○翼註二王有遇、是說不遇于楚○必遇于秦○不可倒說○○四書脉遇、合也、以言聽計從說○按作得位行道者非○

曰軻也請無問其詳願聞其指說之將何如曰我將言其不利也曰先生之志則大矣先生之號則不可

徐氏曰能於戰國擾攘之中而以罷兵息民爲說其志可謂大矣然以利爲名則不可也

道途邂逅○不暇細問詳悉○而大指可以約舉○指、猶言主意也○說之將何如、言將以何者爲說之指也○○不利、正是說之指○以兵連禍結民困財盡言。說統、志大謂其志在安民。與從人之志在為楚、橫人之志在為秦者不同。故孟子因其志而思以正其號。事存主于心曰指、稱說于外曰號。號、名目也。合參、說以不利、彼必求所以利。是以利罷者必以利興、故名號不可。

先生以利說秦楚之王、秦楚之王悅於利以罷三軍之師、是三軍之士樂罷而悅於利也。為人臣者懷利以事其君、為人子者懷利以事其父、為人弟者懷利以事其兄、是君臣父子兄弟終去仁義、懷利以相接、然而不亡者未之有也（樂音洛、下同）

過文云。何以見利之不可也。蓋利之所在、即害之所伏耳。以利說者、謂構兵則不利、息兵則利。在兵戈擾攘上揀那便宜的做、非財利之利。賽合註、秦楚之王悅于利以下、正所謂不可也。翼註、師、即士也。勿分將師卒徒（統將較卒伍在內）。三軍得免鋒鏑死亡、亦樂罷而悅于不戰之利也利端一倡舉國之人皆欣欣然爭騖于利矣臣子弟不拘定三軍而三軍之士亦在其中懷字根悅字來乃拳拳不失之意最重折衷懷利以事謂各以利為心而有所為而為非實心以事之也不是把利去事他正解君臣句要補出君之待臣父之待子兄之待弟方與相字貼切翼註上只言下之事上而下乃兼言相接者感應一理也陳伯玉曰懷利相接處際要在去仁義上說得去字醒然後懷字十分精神人人懷利以相接則相接處皆是相構處豈必兩國構兵哉本國中皆秦楚也懷字正是論心術人心中下此種子一時不見久之必竟發出毒來故曰終去仁義終字極妙見利則爭失利則怨親愛之心既忘篡弒之禍自起而國有不至于滅亡乎則皆自言利誤之也真西山曰戰國交兵之禍烈矣宋牼一言罷之豈非生民之福而仁人之所甚願哉顧利端一開君臣父子兄弟皆見利而動其禍又有甚于

交兵者。是以不得不嚴其防也。

先生以仁義說秦楚之王，秦楚之王悅於仁義而罷三軍之師，是三軍之士樂罷而悅於仁義也。為人臣者懷仁義以事其君，為人子者懷仁義以事其父，為人弟者懷仁義以事其兄，是君臣父子兄弟去利懷仁義以相接也。然而不王者未之有也，何必曰利。王去聲

此章言休兵息民為事則一，然其心有義利之殊，而其效有興亡之異，學者所當深察而明辨之也。

過文云。利既不可為名，則當以何者說之？亦有仁義而已矣。○存疑：以仁義說，是就構兵上說，其非仁義不是構兵外另說他去做仁義也。所謂殃民、非仁、遺利、非義是也。仁義在構兵之中，不是在構兵之外。○陳伯玉曰：以罷三軍之師，以字何等勉強，利根未拔故也。而罷三軍之師，而字何等自然，仁義所自孚也。○三軍得蒙休養生息，亦樂罷而悅於仁義之道也。仁

義一倡舉國之人皆趍趍然爭趨于仁義矣。懷仁義以事是懷個仁義之心去事不是把仁義去事也蓋其所以事者只見得道理當如此初不為一己富貴之圖便是懷仁義同此子臣弟同此事君父兄向之懷利者轉而懷仁義何等忠孝敬段段與上相反然與上相形為妙。家訓、利說秦楚利字以息兵言懷利利字寬說是一點私心有為而為之意仁義說秦楚仁義字以不殃民不踰制言懷仁義仁義字寬說是一點公心無為而為之意所分只在公私。呂說于利有絲毫去不盡終是仁義懷之不真特加去利二字煞有精義只相接處便是仁義之原王道之極兩字與上雖同其情狀迥別。增一也字何等贊美蒙引、如此則君有正臣父有孝子兄有賢弟四境同一尊君親上之誠愛親敬兄之願人心既振國勢自張焉有不王者乎。賽合註末句結上王與亡兩條。一言之間關係匪輕號為可不慎哉。說統、世宗兵連禍結只起于計利一念若但說之以不利彼必求其所以利兵隨罷而隨搆矣故把仁義點醒他人若無自私一念則殃民黷武之事雖利不爲何搆兵之足云○張南軒曰謀國以義理不以利害此理欲所以分治忽所由係也說之以利使其能從亦利心耳罷兵雖息一時之患而徇利實傷萬世之憂

孟子章全旨○此見孟子得報施之宜一見一不見是大綱領其所以然者全在居守爲相上不見儲子句截上是記事孟子因居守爲相而有見與不見之異下是記孟子見與不見正因居守爲相之殊但孟子隱含屋廬子明說全章要看得此四字重○說統處守爲相是伏案不成享是斷案不得之鄒得之平陸是結案○問答俱重在儲子一邊

說約此章以逐漸次第說出故佳若凌駕扭合一口道破何味

孟子居鄒季任爲任處守以幣交受之而不報處於平陸儲子爲相以幣

交受之而不報任平聲相去聲下同

趙氏曰季任任君之弟任君朝會於鄰國季任爲之居守其國也儲子齊相也不報者來見則當報之但以幣交則不必報也

蒙引、居處二字少有別、居意常。對周流而言處意暫。偶然之辭蓋鄒是父母之國。平陸其所寓也。○曰居鄒曰爲任處守。便見道遠責重不得之鄒曰處平陸。曰爲相。便見道邇責輕得之平陸。此是序事中書法。却未道破。○朝會鄰國、想當然之詞。朝會是兩事。○幣者禮物之摠名。○蒙引、不報不往答拜也。是報其意。非報其物。○翼註、不報雖同而所以不報之意則異。

他日由鄒之任見季子由平陸之齊不見儲子屋廬子喜曰連得閒矣

屋廬子知孟子之處此必有義理故喜得其閒隙而問之

四書脉、季任與儲子初不自來只以幣交未爲非禮故孟子均受既受後。處守者猶可不來。為相者不來則其誠不至了。故他日一見一不見。見即報。不見即不報。○由鄒之任、為見季子而去也。是竭誠由平陸之齊、非為不見儲子而去也。是便道。一見一不見。隱然示人以間要得從旁猜度議論。陪襯生情。呆叙無味。○説統得間。喜其有隙可間也。謂此中決有個義理不可認做捉破綻。

問曰夫子之任見季子之齊不見儲子為其為相與為其之為去聲下同與平聲

言儲子但爲齊相不若季子攝守君位故輕之邪

同一幣交。則宜同一往見。乃有見有不見。得無相位之卑。不若攝守君位之尊。夫子之不見其為是歟。○説統為相之問。渠亦曉得孟子意不在此。特設詞以相探耳。非是以俗心窺師。○鄧退菴曰與字活看言世人或為此而夫子必不為此。其字指儲子言。

曰非也書曰享多儀儀不及物曰不享惟不役志於享

書周書洛誥之篇享奉上也儀禮也物幣也役用也言雖享而禮意不及其幣則是不享矣以其不用志於享故也

非也言非以其爲相輕之而不見也○蒙引書所謂享、指諸侯享天子○孟子引之則謂享賢者事也○儀、禮意也○即下志字多、厚也○不可因多字遂謂是禮文○○多儀言禮意之真篤也○禮文有餘而禮意未足○則儀與物不相稱○是謂不及○○曰不享、非謂我不享之也○言雖享如不享一般○曰字、是明指其失○顯責其過也○○不役志句、是書自解○曰不享之故○蓋享以志爲主○禮文既具而無實意以將之○則享徒屬虛文○故雖享而曰不享也○書之自解○重在役志字○

爲其不成享也

孟子釋書意如此

存疑、此又是孟子解書曰不享意○蓋不役志于享而儀不及其物○則不成個享禮了。所以曰不享。蒙引要見是發未發之意莫與上文不享一般看。要深一步。正是解那意。按口氣云、禮有本有文。方成個享禮。既不役志于享。則所謂享者特其名耳。實則不成享也。書之曰不享者為此故也。孟子所解重在成字。其字指用享之人。有欲明指儲子、以此句與為其為相兩為其相應者、皆註不可從。

屋廬子悅或問之屋廬子曰季子不得之鄒儲子得之平陸

徐氏曰季子為君居守不得往他國以見孟子則以幣交而禮意已備儲子為齊相可以至齊之境內而不來見則雖以幣交而禮意不及其物也

悅字與前喜字相應。見果然有此義理也。或問者、問其同一幣交何以有成享不成享之別。非問其悅之故也。○集說、不得之鄒二句、責之輕重與地之遠、近意者有。然。責。任。上。重。此。地之遠近帶、言之。按末須找足成亭不成亭意。○因勉錄二句道出自家所悅的解悟來。○輔說、不得之卻而不來。則是制于禮者也。得之乎陸而不至。則是簡于禮者也。制于禮者。欲為禮而不可。諒其役志于亭謂之成亭簡于禮者。可為而不欲。窺其不役志于亭謂之不成亭君子之所為。一視其禮意之輕重而行吾義而已。

淳于章全旨。此見孟子成其為仁而非無益人國。仕齊無功由王之不用耳。蓋疑所疑者迹。孟子所自信者心。與理也。以仁字為骨。以心理迹為眼。以用不用為關鍵。賢字從仁字出。不平重。○說約、此章三問三答。首疑去為不仁。答言不論去就。但無私合理。同歸于仁。次疑不去未必有名實。答言賢者于人國。必有益。但不用耳。終疑無名實不可為賢。答言賢者固不可識也。孔子見幾明決。故去國之故。不肯明言。直俟孟子始發明之。然則孟子之去齊。亦必有不欲明言者。疑固未之知耳。○吳因之曰、通章大意。孟子只言已實是仁的。然卒無名實之加者。以在我有。能。為之。才。在。上。無。用。我之。人。也。詞氣都借古人以自見。蓋有難顯言耳。

淳于髡曰先名實者為人也後名實者自為也夫子在三卿之中名實未加於上下而去之仁者固如此乎先為皆去聲

名聲譽也實事功也言以名實為先而為之者是有志於救民者也以名實為後而不為者是欲獨善其身者也名實未加於上下言上未能正其君下未能濟其民也

起云。髡因孟子仕齊無功而去。遂譏之曰。士人于世。只有出處兩端。說統名實即功名二字。名生于實者也。相聯看。先後作緩急解。兩者，字以人言。為人自為。推原其所以先後之故。句內要伏。仁字。志在救民。是。萬物。一體之。仁。心存獨善。是。聖賢無愧之仁。天地間只有此兩種人物。蒙引爲人可兼正君救民。而註獨言救民。大抵必正君而能救民也○直解夫子位居三卿之中、是已出而用世○非復自爲之時矣○乃上不能正君○下不能澤民○名實未加于上下○忽然致事而去○又不能終其○爲○人○之志○人己兩無所成○進退兩無所據○仁者固如此乎○大國三卿、只言孟子曾爲卿便了○中字不必泥○存疑出便是出○處便是處○各成其事○方是仁○若既出了○未能成事○又去之○既不成處又不成出○兩無所成○這便不得爲仁○不必偏主爲人一邊○髡意在孟子之去○仁只就愛人○自愛粗說○在孟子口中方講得細○

孟子曰居下位不以賢事不肖者伯夷也五就湯五就桀者伊尹也不惡汙君不辭小官者柳下惠也三子者不同道其趨一也一者何也曰仁也君子亦仁而已矣何必同 惡趨並去聲

仁者無私心而合天理之謂楊氏曰伊尹之就湯以三聘之勤也其就桀也湯進之也湯豈有伐桀之意哉其進伊尹以事桀也欲其悔過遷

善而已伊尹既就湯則以湯之心爲心矣及其終也人歸之天命之不得已而伐之耳若湯初求伊尹即有伐桀之心而伊尹遂相之以伐桀是以取天下爲心也以取天下爲心豈聖人之心哉

起云○孟子曰子欲論仁○奈何拘以去就之迹哉○試觀古人○○蒙引此下位、不指有官者○謂士庶也○○居北海以待清、所謂不以賢事不肖也○○尹之就桀○湯進之也○非舍湯而去也○且就湯之五○因就桀之五而見○是尹一于就○非有去亦有就○○大成、惠事汙君爲小官○又有遺佚阨窮之時、乃處于去就之間者○○道以去就之迹○已顯著者○言趨以去就之心○所專注者○言夷一于去○迹○在○自○爲○尹一于就○迹○在○爲○人○惠介于去就迹○在○爲○人○自○爲○之○間故不同道○○仁無○心○與○理○言夷之去非○沽○名○天下無道○隱○身○獨善○尹之就非○貪○祿○以道覺民○冀其改過○惠之或去或就非○辱○身○必以直道事人○不以三公易介○是○其○心○皆○無○私○其○事○皆○合○理○也○○

君子承上三子而惟開言之○孟子隱然自謂也○字從三子說來○直解君子處世可就則就○固非有意于爲人而以名實爲先○可去則去○亦非有意于自爲○而以名實爲後○總以求其心之安○理之合○仁而已矣○存疑○何必同○言迹之或去或就○不必論也○只欲其迹之同○同于去者○恐有同室之鬭而不知救○同于就者○恐有鄉鄰之鬭而不知閉戶○其迹雖若相同○而去仁遠矣○家訓○仁字同字俱根人已先後意講○此二節既在同上論仁○孟子在不同上辨其同○歸于仁○

曰魯繆公之時公儀子爲政子柳子思爲臣魯之削也滋甚若是乎賢者之無益於國也

公儀子名休爲魯相子柳泄柳也削地見侵奪也既識孟子雖不去亦未必能有爲也

起云○曰處世之迹○不求盡同○而濟世之功○實未可必○蒙引○爲政者

相國之任爲臣則凡布列庶位者皆是○公儀思郲要憕高見非尋常之輩爲政爲臣要鄭重見得委任之專三賢在國宜乎各展其才共協其加使魯日强大乃無以扶危定傾而反見侵逼削也滋甚謂魯之禍患更甚于三賢未爲政爲臣之時也○四書脉若是乎賢者二句不專指公儀子等言暗寓譏孟子意○公儀休魯博士也以高第爲魯相奉法循理無所變更百官自正常出織帛妻拔園葵曰吾已受禄又奪園夫織女利乎

曰虞不用百里奚而亡秦穆公用之而霸不用賢則亡削何可得與與平聲

百里奚事見前篇

起云○曰賢人去留國之存亡繫焉而可謂其無益哉試以百里奚論○說統百里奚非愚于虞而智于秦只用與不用耳用上重用不不用賢二句推開說○陳新安曰亡則何止于削故曰削何可得魯之不亡尚有

三賢在也○否則如虞之亡○求削而不可得矣○說統魯終不免于削○則以用賢之未專也○節末○要找出○不和○用意○翼註引百里奚是以淺形深○如云奚不過一霸佐而有關興亡如此○況不爲奚者乎○言外見齊若用我而不去○必然有益于齊○此二節見識無功○辨其有益于國○

曰昔者王豹處於淇而河西善謳緜駒處於高唐而齊右善歌華周杞梁之妻善哭其夫而變國俗有諸內必形諸外爲其事而無其功者髡未嘗覩之也是故無賢者也有則髡必識之華去聲

王豹衛人善謳淇水名緜駒齊人善歌高唐齊西邑華周杞梁二人皆齊臣戰死於莒其妻哭之哀國俗化之皆善哭髡以此譏孟子仕齊無功未足爲賢也

起云○曰凡爲賢者必有事功○使果有益人國○髡豈以常人相視乎○四書脉引王豹諸人則又謂賢者在人國即不用亦當有表見其自負

下孟

識賢。終以事功論而不原其心也。○小註謳、聲有曲折也。歌、長言也。○河西之謳。倡始于豹。齊右之歌。開先于駒。俗之善哭。實由于梁周之妻。哭泣之節。斯豈有用之者而移風易俗乎。乃足以動人若是。謳歌之末。哭泣之節。亦可謂賢者矣。○吳氏程曰華周無妻哭之事不過帶說。○二人從齊莊公襲莒、與莒戰而死。○有諸內四句、承上王豹諸人、而推、開、言之、不、粘、不、脫。○翼註內指抱負言。外以功業言。為其事、即須有諸內。無其功即反形諸外。四句一、正一、反。作、兩、層看。○淺說、凡有才猷蘊諸內。必有功業著于外也。如或內足以為其事而外略不見其功者。髡未嘗覩之也。○賽合註、是故句。暗指今日齊國言。有則上能致君。下能澤民。而名實之顯著。自可見也。故必識之。○髡自恃識之過人能知賢者。明譏孟子之不得為賢也。

曰孔子為魯司寇不用從而祭燔肉不至不稅冕而行不知者以為為肉

也其知者以爲爲無禮也乃孔子則欲以微罪行不欲爲苟去君子之所
爲衆人固不識也稅音脫爲肉爲無之爲去聲
按史記孔子爲魯司寇攝行相事齊人聞而懼於是以女樂遺魯君季
桓子與魯君往觀之怠於政事子路曰夫子可以行矣孔子曰魯今且
郊如致膰於大夫則吾猶可以止桓子卒受齊女樂郊又不致膰俎于
大夫孔子遂行孟子言以爲爲肉者固不足道以爲爲無禮則亦未爲
深知孔子者蓋聖人於父母之國不欲顯其君相之失又不欲爲無故
而苟去故不以女樂去而以膰肉行其見幾明決而用意忠厚固非衆
人所能識也然則孟子之所爲豈髡之所能識哉○尹氏曰淳于髡未
嘗知仁亦未嘗識賢也宜乎其言若是
起云○曰子以事功爲賢者易知不知賢者固未易測也在用之何如
耳盡即孔子之事觀之○體註爲魯司寇暱影在三卿不用至稅冕而

行暗。影名。實未。加而。去。。正解、不用、只是女樂之受。其道不行。非擯斥
之也。不用下、須補出心決于去、而未、即去意。。家訓、從而祭、當受女樂
時。隨後即有郊祭之事。非孔子往從祭也。是非行旅之服不稅冕而行。
言去之急也。。行之之時。議論紛然起矣。知不知、就魯人言。肉、膰肉也。
禮、致膰之禮也。。四書脈、人但知為肉為無禮。而不知其為不用也。知與
不知俱未。。存疑、以微罪行、不欲苟去、是二意。俱就膰肉上見。蓋膰肉
識聖心也。
小事。聖人乃以是去。不為無罪。是在。聖人。有微罪也。然雖小事。在魯君
亦不是。亦有可去處。是其去。亦有。故也。蒙引曰、上句微罪字重。其失在
己也。下句不苟去字重。其失在人也。微罪、從前作君相說、惟蒙引作孔
子說最好。。蒙引、或謂微罪屬孔子、註何云不欲顯君相之失、不知孔
子不以微罪自居。則其失在君相矣。語意正合。但細故亦故也。非全無
可去之故。故又曰不欲為無故而苟去。按、微罪屬君相、無論其失終顯。

且與孟子不甚關。合。若云孔子為君任過。便見我之名實未加。原是有
些微罪。然寧可受此微罪以去。但去是為不用之故。亦非無故苟去。較
諸說作君相之微罪。更覺有情。○集說、欲以不欲二句。是兩意。言欲如
此。又不欲如彼也。按此二句、特明託膰之意。不甚重。○蒙引、見幾明決、
自受女樂時已決于去矣。用意忠厚、則且遲遲托以膰肉不至而去也。
君子之所為二句、依上文君子亦仁句例。推開隱隱自謂註聖人于父母之國
至非衆人所能識也、都附在大文不欲為苟去二句。而起下文二句意。
○家訓、所為為字。不在事為上說。其所為或欲為人。或欲為己。或欲轉
移于人已之間。而同歸于仁。集說兼心。與事。說。即用明決忠厚兩意。○
翼註、君子之所為。信心不拘迹。故衆人不識。亦粘出處上說。○固字、是
自然之意。不識兼知與不知言。言外見已之去齊。亦有隱諱曲全處。與
孔子去魯。同一心事。髡亦衆人耳。安能識之也。正破有則必識之句。然不可一味

下孟

鄙薄作激烈語。四書脉通節重魯不用上孔子以不用其心之仁人不能識影自己去齊以王不用非凡所能識其仁也。說統不用二字極有味蓋孔子之去由魯君不用可見孟子無功而去亦由齊王之不用耳豈是爲其事而無其功大凡君子到心迹難明處其委曲至意正要人捉摸不着知也得不知也得人己兩全是乃仁也。若必欲自暴其迹則毀人自全君子不忍故曰君子之云云。其妙用正在不識中所全甚大。

五霸章全旨。此孟子維王法之意首節虛論下三節詳其罪之實見世變愈趨而愈下也。體註通章以王字立案五霸已無王然猶假爲尊王之舉今諸侯求其假尊王而不得今大夫甚且導諸侯以僭王玩兩今字重責今諸侯大夫而責今大夫意尤重林註可玩

孟子曰五霸者三王之罪人也今之諸侯五霸之罪人也今之大夫今之

諸侯之罪人也

趙氏曰五霸齊桓晉文秦穆宋襄楚莊也三王夏禹商湯周文武也丁氏曰夏昆吾商大彭豕韋周齊桓晉文謂之五霸

起云○孟子曰世道之日下也○王降而霸矣○霸降而至于今○君臣之間尤不可言矣○家訓三王提起○下將五霸諸侯逓言其罪○且虛說罪霸意輕○罪今意重○五霸尊王定國○似謂有功于三王○豈知三王復興○在所不赦也○今之諸侯○競長爭雄○似欲追踪于五霸○豈知五霸復興○在所難寬也○今之大夫○富國强兵○自謂有功于諸侯○豈知諸侯覺悟○不可一日容于朝廷也○今之大夫上補云豈獨其君之罪哉一句○方是側重大夫一邊○○說統罪在無王處見之○此處且未露○

天子適諸侯曰巡狩諸侯朝於天子曰述職春省耕而補不足秋省斂而助不給入其疆土地辟田野治養老尊賢俊傑在位則有慶慶以地入其

下孟

疆土地荒蕪遺老失賢掊克在位則有讓一不朝則貶其爵再不朝則削其地三不朝則六師移之是故天子討而不伐諸侯伐而不討五霸者摟諸侯以伐諸侯者也故曰五霸者三王之罪人也朝音潮辟與闢同治去聲

慶賞也益其地以賞之也掊克聚斂也讓責也移之者誅其人而變置之也討者出命以討其罪而使方伯連帥帥諸侯以伐之也伐者奉天子之命聲其罪而伐之也摟牽也五霸牽諸侯以伐諸侯不用天子之命也自入其疆至則有讓言巡狩之事自一不朝至六師移之言述職之事

過文云○何以見五霸為三王之罪人○試以王制言之○巡狩之期○夏五載○商六祀○周十有二年○此備舉三王○不比雪宮章可專以周制立論○述職之期○夏則四載○商周五年○曰巡狩○曰述職○即可以巡所守述所職等論入講○亦不比雪宮章空說○省耕省斂○天子諸侯之所同也○天子在其

畿內諸侯在其國中。因言王制而併及之。輕帶過。○張南軒曰。天子入諸侯之國。首察其土田。次詢其賢才。蓋為國之道。莫先于農桑。莫要于人才也。○存疑。土地辟。是無不田之地。謂墾墾也田野治。是無不耕之田。指熟地言。○蒙引。養老者。無凍餒之老也。尊賢者。知重有德也。俊傑在位者。收用人才而不取掊克之徒也。此專指布列庶位以脩百職者。不與尊賢相混。○方文伯曰。建國有定制。疑無餘地。而曰慶以地。想亦因六師所移。或可減彼以與此也。○荒蕪者。不辟不治也。兼田野在內。○蒙引。遺老失賢。掊克在位。王者亦訪察不然。初入其疆。亦難辨其掊克與俊傑也。不言所讓者何事。以上有慶以地而意自可推。或止罰以懲之。不削地。亦未可知。○彭季山曰。貶爵公降為侯之類而後削地。百里削為七十之類削地而後誅移。變置者更立其君非滅其國也雖是責他。猶有從容俟其改過之心。見王者以德服人處。○天子六軍。故曰六師。○正解。入疆至六師移之三段。非以此實上面處

下孟

狩述職○蓋又悉舉巡狩述職之事○其法度如此○總見賞罰征討之事○一統○于天子○而諸侯不敢干也○固無擅諸侯以伐諸侯之事以是故二字通承上而以下獨言征伐者○即此一節之違于王法○以見五霸之無王○而上文所舉先王之法○皆在所違中矣○舉重以見輕也○○蒙引、討者、端拱穆清之上○但出令以討罪人也○不親伐以損威重○伐者、奉一人之命○舉三軍之師○往取罪以復于上也○不擅討以侵大權若摟諸侯以伐諸侯○則何所出令○何所承命○但以形勢驅率○鄰國而為之辭○以就其私而已○又云、必摟以伐、正假仁處也○以其不奉天子之命○亦須合諸侯之議○併諸侯之加○而以為出于公也○實違其法○猶竊其法○雖竊其法○而壞其法也○○五霸摟伐所謂挾天子以令諸侯○名雖為伐○實同于討○以臣僭君○得罪三王○故曰罪人○○方伯連帥是一人○平時為一方諸侯之長○曰方伯○有事則統諸國之師而為之帥曰連帥○

五霸桓公爲盛葵丘之會諸侯束牲載書而不歃血初命曰誅不孝無易樹子無以妾爲妻再命曰尊賢育才以彰有德三命曰敬老慈幼無忘賓旅四命曰士無世官官事無攝取士必得無專殺大夫五命曰無曲防無遏糴無有封而不告曰凡我同盟之人既盟之後言歸于好今之諸侯皆犯此五禁故曰今之諸侯五霸之罪人也歃所洽反糴音狄好去聲

按春秋傳僖公九年葵丘之會陳牲而不殺讀書加於牲上壹明天子之禁樹立也已立世子不得擅易初命三事所以脩身正家之要也賓賓客也旅行旅也皆當有以待之不可忽忘也士世祿而不世官恐其未必賢也官事無攝當廣求賢才以充之不可以闕人廢事也取士必得必得其人也無專殺大夫有罪則請命于天子而後殺之也無曲防不得曲爲隄防壅泉激水以專小利病鄰國也無遏糴鄰國凶荒不得閉糴也無有封而不告者不得專封國邑而不告天子也

過文云○何以見今之諸侯為五霸之罪人○試以霸圖言之○呂說、若
曰五霸桓公為強○則抹殺其功○若曰五霸桓公為暋○則掩却其罪○一盛
字功首罪魁俱在內○孟子取葵丘之會○只取其五命尚合義理耳○不是
賛其功之盛○亦不賛其盛于諸侯○五霸莫盛于桓公○桓公之會○莫盛
于葵丘○層次如此○○蒙引、葵丘之會諸侯為一句○非諸侯束牲載書而
不歃血也○謂桓公也○束牲者、束縛之于壇上○讀書加于牲上○蓋讀其書
而加于不殺牲體之上也○○凡盟、掘地為方坎、殺牲坎上、（事畢埋之）割取左
耳、盛以珠盤、盟主執之、又取血盛以玉敦、在會者各塗口旁、謂之歃血、
言背此盟者如牲之見血死也、此時桓公自○恃威○信○足以服人○故牲雖
具○不取血以歃○載書、即載五命之書也○正見他盛處○○說統、五命所載
書詞○皆是天子之禁○桓特申明之耳○○翼註、初命齊家○之事○（由身以及家也）再
命貴德之事○（由家以及朝廷也）三命寧邇○柔遠○施惠○之事○（由朝廷以及其國也）四命天○命○

天。討。取。臣。之。事。內以脩政事而又恭行天討也。五命睦鄰尊王境外之事。外以應諸侯而又奉行天命也。○輔說。不孝是惡之大者。故居首。不設戒辭直言誅者甚其罪也。世子必告于天子而後立。既立則豈可擅自易之。剟引上為天子所命下為國人所戴故不易也。然萬一有罪。亦不容不易。○以妾為妻是亂嫡妾之分。敗邦家之禍。故不可。○賢才皆有德者。尊以隆禮崇重言。育即忠信重祿以任使栽成等事言。尊之育之。使人共知有德之可貴而勉進于德。是所以彰之也。不然則淹沒矣。○老幼是國人。使之衣帛食肉。不飢不寒。便是敬慈。卿大夫聘問為賓。士庶人往來者為旅。是遠人。無忘者。隆禮之周䘏之。中庸送往迎來嘉善矜不能是也。○世官則匪材濫冒。致妨賢路。若果有材。不拘此例。此是已用之士。省官則百司職事。必至隳廢。故無攝。○困勉錄。必得其人。謂不拘世類。不限品格。若有取士之名。無取士之實。則純盜虛聲者進矣。剟此是未用之士。○大夫非必命于天子。然皆爲天子之臣。而專殺雖當其罪。亦濫刑矣。請命後殺。政統于一人也。○防以障水。不可廢也。曲防則旱以壅泉。使之不出。潦以激水。使之必去。皆專小利于己而爲鄰國旱潦之病也。蒙引以壅激兼旱潦言、頗費解。且泉與水不必泥。○糴以濟困。亦以紓滯。遏則非救患分災之義。○集說封而不告。全是無君。非謂諸侯自可封。但要告也。按封國爲諸侯。封邑爲大夫。○是兩項。○此曰字。是述五命之後。以己意告誡一番。○困勉録、凡我同盟等句。不是王降而霸意。乃是霸中有王意。玩我同盟三字。何等藹然。豈容說壞。按有謂桓公爲後日執詞摟伐地者。非。○蒙引、言蓋語詞。歸于好、不得違五命之禁也。新安作無構怨、不切。○申明五禁。句。句是奉王命。句。句要得挾天子以令諸侯意。○正解、雖獨舉桓公亦要補其餘霸者。皆師此而爲之。不敢犯此五禁。方合着五霸之罪人意。五霸雖是假仁。然猶知奉天子之禁令。使同盟不敢紊亂王章。今之諸侯。却明明故犯此法。是。連。五霸。假。仁。之。法。度。都。壞。了。故曰罪人。○僖公九年夏、公會宰周公齊侯宋子衛侯鄭伯許男曹伯于葵丘、九月盟、○陳伯玉曰、王者之權。莫大于征伐。霸者之威。莫大于會盟。故孟子兩遍鋪張其事。以。立。罪。案。

長君之惡其罪小逢君之惡其罪大今之大夫皆逢君之惡故曰今之大夫今之諸侯之罪人也長上聲

君有過不能諫又順之者長君之惡也君之過未萌而先意導之者逢君之惡也○林氏曰邵子有言治春秋者不先治五霸之功罪則事無統理而不得聖人之心春秋之間有功者未有大於五霸有過者亦未有大於五霸故五霸者功之首罪之魁也孟子此章之義其亦若此也與然五霸得罪於三王今之諸侯得罪於五霸皆出於異世故得以逃其罪至於今之大夫宜得罪於今之諸侯則同時矣而諸侯非惟莫之

罪也乃反以爲良臣而厚禮之不以爲罪而反以爲功何其謬哉
過文云 ○ 何以見今之大夫爲諸侯之罪。人。試以臣罪言之。 ○ 說統、惡
即指犯五禁言。長惡豈是小罪。所以甚逢惡之罪也。翼註所逢君者不
出富强貨色之類。 ○ 張南軒曰、君有過。承順而長之。固爲罪矣。逢君惡
者。逆探君意而成之。罪尤大也。其詭秘姦譎爲甚。而戕賊蠹害尤深。蓋
君萌不善之念。其始必有未安于心。未敢遽達也。已迎而安之。則其發。
也。必。果。君以爲己意未形于事。而彼能先之。則。其愛。也。必。篤。故長君惡
于外者。其罪易見。害猶淺。逢君惡于內者。其慝難知。害不可言也。 ○ 輔
說、長君惡者。無能而巽懦。阿諛之人也。逢君惡者。有才而傾險。陰邪之
人也。 ○ 蒙引、逢君之惡。賊其君者也。安得不爲諸侯之罪人。
魯欲章全旨 ○ 此推本王制以止伐齊之役。而因責以事君之義。重。在。違。
制。上。殃。民。帶。詔 ○ 翼註前八節是論魯事。末一節是譏愼子。

魯欲使愼子爲將軍

愼子魯臣

欲者、是意將然而未然之詞○使爲將軍、盖伐齊以取南陽也○此雖魯君之意○亦愼子有以引之○

孟子曰不教民而用之謂之殃民殃民者不容於堯舜之世

教民者教之禮義使知入事父兄出事長上也用之使之戰也

翼註、教民、註只重禮義者○戰國時○兵法之教固所有也○○合璧、既無親上死長之心○必無勇往直前之氣○用之以戰○陷于死地○殃民即不仁也○○者字、以人言○堯舜愛民爲心○見此貪圖事功○不顧民命之人○法所必誅○言其爲堯舜罪人○所以斥之也○

一戰勝齊遂有南陽然且不可

是時魯蓋欲使愼子伐齊取南陽也故孟子言就使愼子善戰有功如

此且猶不可

焦漪園曰天下事論利害猶須論是非上節是以利害論齊不可伐此節是以是非論齊不可伐串意二節一曰一戰曰遂有此是假設之詞其不可之故下文始發明之一字遂字甚言不至殃民也然且不可且虛說勿露違制意蓋據理而言其背義趨利違道成功為不可也玩然且字言外有殃民未必勝意

愼子勃然不悅曰此則滑釐所不識也滑音骨

滑釐愼子名

翼註此則字單承不可邊來未必勝有南陽則勞師費財為不可固所識也成莫大奇功猶以為不可必如何始可有所不識也句句要得勃然的語氣

曰吾明告子天子之地方千里不千里不足以待諸侯諸侯之地方百里

不百里不足以守宗廟之典籍

待諸侯謂待其朝覲聘問之禮宗廟典籍祭祀會同之常制也

起云○曰、我以戰勝爲不可者○蓋論法制、不論事功也○明告子、告以不可之故也○以下俱是發明然且不可之意○至徒取節、方略繳殃民一句○說統、此舉先王建國之初制○雖併說天子、重在諸侯上○集說千里百里○先王定制○俱有深義○教人足用以爲國○不勞兼併吞噬而後足也○足字宜玩　天子段引起○天子尚然○況諸侯乎○淺說苟不千里○則其朝覲聘問也○何以盛燕享之儀○何以隆錫予之典○而不足以待諸侯矣○苟不百里○則其祭祀會同也○何以供犧牲粢盛○何以辨庭實贄幣○而不足以守宗廟之典籍矣○○兩不足字、謂地之所入○不足供所費也○賽合註、典、常法也○籍、冊籍也○諸侯祭祀會同之常制○受之天子○載之方策藏之宗廟○故曰宗廟典籍○非以宗廟爲祭祀、而帶言會同也○輔說觀此則

知先王之制封國大小各有意義豈私意可得而損益之哉

周公之封於魯爲方百里也地非不足而儉於百里太公之封於齊也亦爲方百里也地非不足也而儉於百里

二公有大勳勞於天下而其封國不過百里儉止而不過之意也

過文云○百里之制既定凡屬侯封不容少亦不容過矣盡即齊魯之始封觀之○說統本始封來說見魯不可益齊不可損意○集解述王制以起下違制意獨舉周公太公正從以魯伐齊起見耳○方字照常說蒙引作止字解則侵儉字之義矣不可從○非不足謂豈無閒田曠土可以益封而止于百里謂足以守齊魯宗廟之典籍矣○呂說儉非儉陋儉嗇註云止而不過最善摹寫足字之義○論親賢功孰如二公即他國少些加封二公亦無不可而止百里者以有定制不容越也可見無端而思益土之非

今魯方百里者五子以爲有王者作則魯在所損乎在所益乎

魯地之大皆并吞小國而得之有王者作則必在所損矣

過文云○先王以百里定封○先君以百里開封○定制宜遵也○焦漪園曰以一人而擅五國之封○以諸侯而當天子之半○是已有之地土○且在所損○况可益以未有之南陽乎○論田氏之齊○亦非復太公之舊○孟子方欲責魯○不暇論齊耳○子以爲三句、是詰詞○有王者起○而復封國之舊規○則此五百里○祖制何憑○道理何據○必在所損○又何事求多于五百里之外乎○

徒取諸彼以與此然且仁者不爲况於殺人以求之乎

徒空也言不殺人而取之也

過文云○魯既在所損○則當有以與人○不得取諸人也○徒取句、亦是假設之詞○前曰一戰○猶俟于戰也○此曰徒取○并不事于戰也○徒訓空、謂

四書經[illegible]會元

不煩一士。不費斗糧之類。彼指齊。此指魯。所取所與者。即南陽也。仁者

不爲。在。違。制。上。論。以理非所當得也。○家訓殺人句、只帶殃民意說、非

以此句申明殃民即也。○集說看一求字。其果能取而與之。尚未可決

也。正終然且不可之意。未補云、此、吾、之、所、以、爲、不、可、也。

九二

卷六東

君子之事君也務引其君以當道志於仁而已

當道謂事合於理志仁謂心在於仁

一過文云○夫越制與殃民非道也。亦非仁也。豈盡君之過哉。事君者與

有責焉。○淺說、大凡君子之事君也。務引其君以當道。使之事事合理

而非理者不可見諸行。務引其君以志仁。使之念念合理。而非理者不

可萌諸心而已矣。彼其驅不教之民以圖分外之地。其心可謂不仁。而

事。亦。可謂過。當。矣。豈君子之所以引其君乎。○依註而平爲直截。然照

大文則該串看。此如君子以文會友章例。說統引其君三字貫至而已。作一句讀。道

者仁之發○仁者道之存○分言之爲二○合言之則一○總是一心作用處○引有多○加誘掖○之○意然必至于仁而後已者○蓋人君舉動○多有外迫公議○而勉焉以從正者○其念未純○畢竟旋入于邪而不覺○故忠臣愛君○必防微杜漸○無使一念混淆○方絶歇手○而已字、正與務字、相叫應○翼註、當向也○道屬○事○志仁屬○心○然不可平說○乃是淺深文法○必志仁始爲真當道○○務者務要如此之意○此節雖泛說○要關切慎○予踰制殃民○以事言之皆非道○以心言之則非仁○分貼不得○有以踰制爲非道○殃民爲非仁者謬○

今之章全旨○此提醒人君○而發見君之用人○不可認賊爲良而自取危亡之禍也○○陳新安曰孟子此論○若迂且激○既而六國吞○暴秦亡○豈不深中大驗○

孟子曰今之事君者曰我能爲君辟土地充府庫今之所謂良臣古之所謂民賊也君不鄉道不志於仁而求富之是富桀也爲去聲辟與闢同鄉與向同下皆同

辟開墾也

起云○孟子曰、古之所以稱良臣者○能引君以當道志仁○宜爲君所用也○○陳伯玉曰、我能爲君等語○是各逞技能之詞○以爲取天下之秘密○全在于此○○説統、盡地力則有財○辟與充是一串事○按||然有充而不盡由于辟者○○蒙引、辟土地、是盡地力○不是開拓境土○若開拓境土○當屬戰必克矣○○以其能富國謂之良○以其盡民財○故爲賊也○○不鄉道、不志仁、君便是桀矣○挑桀字在前○末句方順○此非道非仁○以橫征厚斂言○求字、有千般尅制積聚以饜君欲之意○而富字、是、活、字○○君不鄉道以下○正見其爲民賊○○淺說、富桀則君惡日甚○而民不堪命矣○非民賊而何○○四書脉、要看民字○國家富强○都從民起○民生一蹙○要那富强何用○

我能爲君約與國戰必克今之所謂良臣古之所謂民賊也君不鄉道不志於仁而求爲之强戰是輔桀也

約要結也與國和好相與之國也

說統合與國之加則可以決勝約與戰是一串事按亦有戰而不全憑與國者○以其能强兵謂之良以其殘民命故為賊也○此非道非仁以好大喜功言求字有不惜暴師露衆以逞君心之意○淺說輔桀則君惡日滋而民不聊生矣非民賊而何

由今之道無變今之俗雖與之天下不能一朝居也

言必爭奪而至於危亡也

過文云○夫今之用此臣者以能國富兵强可取天下也○說統所謂道即富强是也習以成風為俗○蒙引由字與變字主君言以此二句為良臣今之道今之俗也○雖與之天下二句是反跌語言無論不能得天下雖有人與之不必勞民傷財以取極是快事而民心不歸邦本不固豪傑並起而爭亦不能一朝居明富强之無利于國也一朝甚言

下孟

其速此因民賊害之之故全在民賊上決其必亡。乃今之君不以為賊而以為良。用之欲何為哉。祗自成為桀耳。

大曰　與志卑

白圭章全旨。此見先王中正之法。不可輕變也。○困勉録、首節白圭欲輕稅。孟子揔言輕稅之不可。細分之第二節言子道惟貉可行。第三節借陶以明中國不可行。夫貉節言貉之所以可行。申明第二節意。今居中國二節、言中國之所以不可行。申明第三節意。末節言常法之不可易。○輔說什一中正之制也。故以為堯舜之道。三代雖因時損益。有所不同。然一本于中正。則無以異也。白圭創為輕賦之說。故孟子力闢其不可。觀其始則取事之易辨者以開其智。中則歷陳不可之實以破其說。末則舉堯舜之道不可輕重者。使之有所歸着。可謂委曲詳盡矣。

白圭曰吾欲二十而取一何如

白圭名丹周人也欲更稅法二十分而取其一分林氏曰按史記白圭

能薄飲食忍嗜欲與童僕同苦樂樂觀時變人棄我取人取我與以此居積致富其爲此論蓋欲以其術施之國家也

存疑、白圭儉嗇以致富○其欲二十取一○註謂欲以其術施之國家者○蓋欲儉薄以足用○不多取民以足用也○○憤當時之暴斂而欲輕稅○意亦美矣○但非中正之法○

孟子曰子之道貉道也貉音貊

貉北方夷狄之國名也

道字、即指其術而言○ ○什一而税、古先聖王之所治世也○今子之術○但可行之于貉耳○

萬室之國一人陶則可乎曰不可器不足用也

孟子設喻以詰圭而圭亦知其不可也

四書脉以萬室之國喻中國之用○以一人之陶喻二十取一○ 正意渾渾

下孟

不露。爲下節作引子。○不可言不可以一人陶也。器不足用、正見不可之意。

曰夫貉五穀不生惟黍生之無城郭宮室宗廟祭祀之禮無諸侯幣帛饔飧無百官有司故二十取一而足也夫音扶

北方地寒不生五穀黍早熟故生之饔飧以飲食饋客之禮也

說統五穀不生二句、是所出之少。不可以多取。無城郭三句、是所費之少。不必多取。○家訓惟黍生之、輕看。無城郭至有司、重看。○吴因之曰、無城郭三句、疊舉多項。只看百用俱廢意。○蒙引、無城郭、則無營築之費。無宮室、則無構造之費。無宗廟祭祀之禮、則無犧牲粢盛酒醴之費。無諸侯幣帛饔飧、則無朝會饋賜宴勞之費。無百官有司、則無食祿之費。○摘訓諸侯幣帛饔飧、作三項看。無諸侯及幣帛饔飧也。然幣帛饔飧皆用之于諸侯者。但不可云無諸侯之幣帛饔飧。○幣是統名、綾絹銀錢帛只是一端、絹綾饔飧即燕享之禮、非朝饔夕飧之謂。百官是大者。有司是小者。○末句单項省費來。惟其足用。故不必多取也。

今居中國去人倫無君子如之何其可也

無君臣祭祀交際之禮是去人倫無百官有司是無君子

困勉錄此及下節。只說其必有。不可省之費。而輕稅之不可。自見于言外。○集說、居中國。中國三字重看。中國禮義之區。其城郭宮室以下等事皆紀綱法度所在。有之則治。無之則亂。非若一隅之地。可以苟且之治治也。不然、聖人豈不知寡取為善。而必為什一之制哉。勢有所不可也。○人倫該城郭二句。君子該百官句。去與無、跟輕。稅來。蓋欲輕賦稅。必須省支費。既省支費。勢必人倫君子。去之無之而後可也。這是如何使得底。

陶以寡且不可以爲國況無君子乎

下孟

因其辭以折之

蔡氏曰、此申明如之何其可之意前以陶對稅法言此以陶對君子言國無人不治是中國不可無君子而稅法不可輕明矣君子是維持此人倫者言君子該得人倫○不可為國、以用器者多而供給之寡也國無君子則綱常何以維植政教何以推行又豈可以為國且、字與、況字：相呼應○徐徵孫曰、君子既不可無則所以供君子之用者其可缺哉

欲輕之於堯舜之道者大貉小貉也欲重之於堯舜之道者大桀小桀也什一而稅堯舜之道也多則桀寡則貉今欲輕重之則是小貉小桀而已

過文云○什一而稅堯舜之中道推之天下而皆準傳之百世而無弊也○賽合註、論輕賦帶桀言者借重以明輕人知重稅之為桀道而不知輕稅之為貉道其失均也○集說、堯舜中正之道不得意為輕重欲

輕重之。分明為貉為桀也。雖或事有不同大抵其類也。翼註、桀邊伴說、不重。大小只是一樣意。 孟子主意只是言其不足用必如貉之去人倫無君子。故税不可輕也。若謂無故議减。勢必議增、輕賦正重賦之漸、此是餘意。非正旨。

丹之章全旨。此見治水當以禹為法。重水之道也。句禹得其道。能除天下之灾。丹失其道。甚為鄰國之害也。 吴因之曰、通章是兩截。前一截重順逆字。後一截重利害字。把禹與圭。對較其得失利害。此孟子最着精神處。

白圭曰丹之治水也愈於禹

趙氏曰當時諸侯有小水白圭為之築隄壅而注之他國

蒙引、白圭所以自負于過禹者。蓋其隄防一築。而國遂不被其害。無四乘之勞。八年之久。故即然其妄甚矣。 集解、註築隄壅注、即下以鄰國

下孟

為壑。意。勿露。

孟子曰子過矣禹之治水水之道也

順水之性也

兩過矣。俱謂子之言過矣。非謂其治水之失計也。○楊子冠曰道猶路也。禹之治水。順水之性。行所無事。只依水道而治之耳。按且渾淪講。留下四海句地。

是故禹以四海為壑今吾子以鄰國為壑

壑受水處也

是故二字。際承水之道來。○焦漪園曰。禹以四海為壑。固是順其赴海之性。然海固無人之境也。此禹之所以為仁也。九州攸同萬世永賴以鄰國為壑。則鄰國獨非民乎。○兩以字不同。禹所以疏瀹決排。得其道而為民利。丹所以築隄壅注。失其道而為民害。丹自誇過禹。全在築隄壅注。孟子指出鄭國爲壑。正破其築隄壅水之術。

水逆行，謂之洚水。洚水者，洪水也，仁人之所惡也。吾子過矣。惡，去聲。

、水逆行者，下流壅塞，故水逆流。今乃壅水以害人，則與洪水之災無異矣。

困勉錄：水逆行至所惡也，俱泛說。不指白圭。白圭壅水害人，與洪水無異。補在所惡也下。○翼註：重逆字。下三句，甚言逆之爲害也。○洪水句，實指堯時禹所治之水說。○吳因之曰：不重仁人用惡，只重洪水害人。須伯聚曰：仁人泛言，不必指禹。○丹之所治，且不免于仁人之惡，而乃誇其愈禹，豈非言之過與。○蒙引：吾子過矣，不必說爲禹罪人，只謂其言之過。

君子章全旨 ○此表君子有守之學。反言決其能亮，示人不可不亮也。

孟子曰：君子不亮，惡乎執？惡，平聲。

下孟　卷三十

亮信也與諒同惡乎執言凡事苟且無所執持也

起云○孟子曰、天下事不可無所執也然必理上看得分明而實心不疑斯于事無依違而有執是所貴乎亮矣○存疑、亮是有必為之志正而固也○不特于理上知得真且于知上守得定非徒訓信、即論語有必君子之貞論語除友諒諒字、俱作不好字此作好字面看言則無物為之志于事方拿定要做有個執持若不亮則做也得不做也得行則無恒且行且却乍作乍輟事不可立行不可成何所執持○亮主心言是平日素定工夫心所以主乎其事知明守固故亮即能執非利害變故所能奪也○陳伯王曰、君子而亮則心有定見定力而應事皆有主張不然、則二三亂其中紛紜乘其外得失相尋依違莫必矣何以成天下之務哉執有員融不滯者在非執一也○集說非執事亦非執亮執較亮字略在後較事字稍在前○錢紹文曰、不亮而廢執者害猶淺誤執者害更深此如商鞅之偏于才王安石之偏于學也不亮而安于無執者禍猶小托于不必執者禍更大此如元祐之調停。胡廣之模稜。以及馮道之無恥也。○困勉錄亮雖訓信。然信有不欺之意有堅固之意。人而無信之信。兼此二意。此章只是堅固。蒙引所謂大同小異也。曰惡乎執。則其不能行可知。曰其何以行。所謂惡乎執。亦在其中。故蒙引以輔氏為太分析。輔說此以守言。彼以行言。

魯欲章全旨 ○此見相臣和以才。而以度。通章重其為人也一句。孟子喜正子為政以此。其許優于天下。亦以此。末二節一正一反。申明好善所以優于天下之意。不並重。亦推開說。不貼正子身上。

魯欲使樂正子為政。孟子曰。吾聞之。喜而不寐。

喜其道之得行

楊子冠曰。為政。是一國之政。皆聽其設施也。不寐者喜之深也。○集說。正子之道。孟子之道也。即千聖以來相傳之道也。于此得行。則世運人心反亂為治之一大機會也。喜而不寐之意蓋如此。○楊維斗曰。喜字

從聞字出○聞字從欲字出○若既使爲政○又非喜之所得言矣○

公孫丑曰樂正子強乎曰否有知慮乎曰否多聞識乎曰否知去聲

此三者皆當世之所尚而樂正子之所短故丑疑而歷問之

丑明知正子所短在此○欲究喜而不寐之故○故先舉而歷問之○○賽合

註、強者是有力量于政能擔當○知慮者是有計較于政能圖謀○多聞識者多識前言往行于政能通達○皆以才言○○困勉錄、知慮有生于聰明者○有得于閱歷者○

○翼註、曰否、非孟子病正子之短于此○且不限定正子所無乃專爲下文形容正子所長也○

然則奚爲喜而不寐

丑問也

丑意三者既非所長○則無以稱職○方爲他憂懼之不暇○喜而不寐、此是何意○蓋直舉所疑而質之○

曰其爲人也好善好去聲下同

陳伯王曰、樂正子善人也○善與善相投○遇人之善○則必好焉○好善須在其自爲人處見之○○存疑、不是好人之强知多識○亦不是好善言善行○二項亦該在內○是好人之有善○人之有技若己有○人之彦聖其心好也○

好善足乎

丑問也

丑意魯大國○執政重任○好善一節○遂足以治之而勝其責乎○蓋疑有未足也○

曰好善優於天下而况魯國乎

優有餘裕也言雖治天下尚有餘力也

翼註、好善切○相○度○上○說○即休々有容意○善字廣○不止强識多聞○亦該在內○

趙氏曰、善取于己則有盡○善取于人則無窮○此其所以治天下○猶有餘

下孟

力也。○正解。此句指好善之量如是。全要描寫虛受之量。非指正子。優字只本好善處看。如只論其理不涉事上。便不犯輕千里句。所以優之實。下節方明言之。○以天下之善。理天下之事。則才不必自己出。功不必自我成。天下之大。治之有餘矣。而況區區魯國。尚慮好善之未足以治乎。○四書脉。足與優不同。飽滿爲足。優則溢于外矣。

夫苟好善。則四海之內。皆將輕千里而來告之以善。夫音扶。下同。

輕易也。言不以千里爲難也。

過文云。吾謂好善優于天下者謂何。蓋善者天下之公理。好善者天下之公心。○家訓。苟字不可忽。言好善之心極其真懇。而毫無滿假也。○說統。好善之人。虛心順理。善不必出于己。人有善亦不疑其勝己。未得則樂于求之。既得則樂于用之。四海之人。孰不樂告以善也。告者盡四海之善。則知識勇略。無一不在其中。○陳伯玉曰。精神全在夫苟好善四字。以前好善皆虚話。至此方實説。○則字繫風聲所播意氣所招。不期而至也。○翼註四海言其廣千里言其遠。遠在廣内。蓋即四海以該一國。○困勉録翼註謂來告以善主聽言不主用人。亦太拘。兼説不妨。玩蒙引可見。蒙引告之以善由是以天下之善而理天下之事豈不誠綽綽然有餘裕哉而況魯國。○來告以善。則可擴所未至。匡所未逮。不自恃其强知多聞。而天下之强知多聞者皆樂效其長。豈不是優于天下。

夫苟不好善則人將曰訑訑予既已知之矣訑訑之聲音顔色距人於千里之外士止於千里之外則讒諂面諛之人至矣與讒諂面諛之人居國欲治可得乎訑音移 治去聲

訑訑自足其智不嗜善言之貌君子小人迭爲消長直諒多聞之士遠則讒諂面諛之人至理勢然也○此章言爲政不在於用一己之長而貴於有以來天下之善

淺說、夫苟不好善、則人將曰。彼之為人也。訑訑然自謂天下之事。我皆已知之矣。往告以善。必不見好也。〇人將曰、距人兩人字。皆言善人予字、則指不好善之人。〇說、統人將曰三字、是從旁擬議之、詞。〇訑訑、全與休休者相反。〇困勉錄、翼註謂訑訑是顏色、予既已知之是聲音、還意予既已知之、有見于聲音者。有見于顏色者。訑訑摠形容予既已知之之貌。勿分貼為是。〇賽合註、距字極妙。不是我去距人。見其狀貌自遠去而不就也。按、亦有聞其風聲。相戒不至。雖旌善之令。遍告四方。而傲然自聖之態。終自距也。故不特曰距、而曰距于千里之外。〇讒是間賢。諂是媚上。是一項。蓋毀人之不善。無非尊奉其善也。面諛是順旨。是一項。蓋其所稱說者。無非一味阿譽也。蓋訑訑者自恃才智。全道天下都不如己。讒諂面諛之人。近。窺見他此意。而趨奉之。耳不必作三項看。〇至者、不求自至。且雜然並至。居者、日親日近。習而不覺。由是所聞非

善言○所行非善事○禍亂將作○求國之治○不可得也○安望其能治天下乎○

○此節言不好善之弊○亦以見好善優于天下之意○

陳子章全旨○此見君子所仕之不苟○首列去就之目○下詳其實以見君子之所以仕也○○翼註、初仕行道○次仕重道○又次仕愛道○以道○字○作○主○

陳子曰古之君子何如則仕孟子曰所就三所去三

其目在下

趙註、陳子、即陳臻、○楊子冠曰、考仕于古○亦疑孟子之難于仕○此句就色有去意○故孟子合去就而論之○使見所以仕也○○折衷、以仕之初而言○故曰就仕○違其初志則行矣○故不曰不仕而曰去○所去三、因、所、就三、來○故下三節言去○皆有就而後有去也○句平○家訓、君○子○行○道○之○心○固○切○而○重○道○之○心○亦○不輕○唯欲行道○則不忍以道自私○苟可以就則就了○而不輙去○惟欲重道○又不肯以道徇人○苟可以去又去了○擇其可就而就之。總。是。抱。一。道。為。去。就。而。不。失。其。仕。之。正。也。按困勉錄謂此章是明君子以道為去就。非不為已甚委曲行道之說。與萬章交際章異。諸說皆偏。從家訓為正。

迎之致敬以有禮言將行其言也則就之禮貌未衰言弗行也則去之

所謂見行可之仕若孔子於季桓子是也受女樂而不朝則去之矣

迎、接見也。非郊迎出迎之迎。敬禮俱兼情文言。蓋有致敬而無禮者。不及知者居故兼言之。此將以為行其言之地耳。○蒙引、將行其言句極。重。言。行。則。道。行。矣。故、君子、為道而就。○上言字屬君。似于迎之句讀來為順。然將行猶未行也。何必預為許他。仍屬君子之言較妥。○言弗行則與君子行道之本心違矣。雖有禮貌。特羈縻之耳。則惟有去而已。

其次雖未行其言也迎之致敬以有禮則就之禮貌衰則去之

所謂際可之仕若孔子於衛靈公是也故與公遊於囿公仰視蜚鴈而

後去之

摘訓、其次其下乃因所遇不同而言如云此外另有一樣非以此別人品之優劣。致敬有禮不失尊賢之意道或有可行之機就之未為屈節辱身也禮貌既衰斷無行道之機不去必至于辱矣此亦以道為去就者也

其下朝不食夕不食飢餓不能出門戶君聞之曰吾大者不能行其道又不能從其言也使飢餓於我土地吾恥之周之亦可受也免死而已矣

所謂公養之仕也君之於民固有周之之義況此又有悔過之言所以可受然未至於飢餓不能出門戶則猶不受也其曰免死而已則其所受亦有節矣

朝不食三句、疊〻言之、甚言其君之失禮非為君子敘窮困也一、句、深一、句。蒙孙行其道如彼以堯舜湯武之事望我吾行之是也致君澤民之道

下孟　三十

從其言。只是因事納誨。有所諫諍之類。與上將行其言言字不同。彼即是行其道也。觀本文大者及又字最分明。○恥之、恥其待賢之失禮也。在我土地。不惟道與言之不行。并使其飢餓之不免。是誰之咎。一恥字、便是悔過。○楊子冠曰、亦可受、兼二意。君有周民之義。又有悔過之言。而吾心困極乃可受也。○淺說、此雖不見其為仕。但受其所周。是亦就也。說統、養其身以有待。是亦所以徇道也。故亦云就。○蒙引、末一段只言就。若不如是則不就。而去在其中矣。然只是暫時之受。終須去耳。免死句不是去、去意自在言外。○免死而已、言受之有限。不求贏餘。明不多受也。集註恐貪利苟得者以是藉口。向全不顧義。流于欲而不知。故言此以防警之。所受有節。意不重。○朱子曰、其上以言之行不行為去就。其次以禮貌衰未衰為去就。又其次至于不得已而受其賜。則豈君子之本心哉。蓋當是時。舉天下莫能行吾言矣。則有能接我以禮貌而周我之窮困者。

豈不善于彼哉○故君子以爲猶可就也○然孟子通上下言之○若君子自處○則在所擇矣○註偶舉孔子事作証○不必泥○

舜發章全旨○此見處困而亨○人世常理○當于憂患中○求生○不當于安樂中○徒死也○合參首二節言聖賢之亨于困○三節言中人之成于亨○四節言國家之保于困○末節提結其成敗之理○吳因之曰、通章不重天心仁愛聖賢全重○困之乃○所以成之○以見困窮非不幸○令上智下愚皆有所警醒○

孟子曰舜發於畎畝之中傅說舉於版築之閒膠鬲舉於魚鹽之中管夷吾舉於士孫叔敖舉於海百里奚舉於市 說音悅

舜耕歷山三十登庸說築傅巖武丁舉之膠鬲遭亂鬻販魚鹽文王舉之管仲囚於士官桓公舉以相國孫叔敖隱處海濱楚莊王舉之爲令尹百里奚事見前篇

起云○孟子曰、人當困境每徒嘆于無聊夫困豈遂窮人哉試就古人
觀之○○說統、此只舉舜說諸人以見例總是困非不幸之意○發者、奮起
由己○舉者、甄拔由人○此君相之別○○舜是聖○傅說膠鬲是賢○夷吾三人
是豪傑○傅說膠鬲是王臣○夷吾三人是霸佐○發舉之後○績著當時○聲稱
後世而原其始無一不自困阨中来也○此即叙而不議要得未發未舉
時冷落不堪處總是天意故下際承天說○發于畎畝句作由畎畝而
發餘做此○傅巖在北海之州、虞虢之界、有澗水環道、常使胥靡刑人
築護之、說貧不能自給、乃代胥靡築之以供食、武丁夢帝賚良弼、以形
畫其形象
旁求于天下、說築傅巖之野、惟肖、爰立作相、說一名大祝、得之、傅
巖曰傅說○士、獄官、夷吾自魯桎梏而囚、及至堂阜、桓公脫之○孫叔
敖、蔿賈之子、隱于民間、不仕、虞丘子辭相位而薦之、三月施教、導民和
睦、世俗盛美、政緩禁止、

故天將降大任於是人也必先苦其心志勞其筋骨餓其體膚空乏其身行拂亂其所爲所以動心忍性曾益其所不能曾與增同

降大任使之任大事也若舜以下是也空窮也乏絕也拂戾也言使之所爲不遂多背戾也動心忍性謂竦動其心堅忍其性也然所謂性亦指氣稟食色而言耳程子曰若要熟也須從這裏過

過文云○凡此者、皆天意也○故字、緊承上節大任、即上君相○發與舉便是降大任○是人就舜說諸人推開說○困勉錄、上節已有天字在内○發不遷發舉不遷舉便是天不必至此節然後推本于天○家訓謂此節原○聖○賢○之○成○就○由○于○困○窮○之○故○最○是○將字與必字相呼○必先與所以相照○俱根天說○此在大任將降未降之時○有此一番磨鍊人處○苦者、内不得舒也○對樂字看○勞者、外不得息也○對逸字看○餓者、飲食不充也○對溫飽看○空乏者、財用不足也○對富厚看○拂亂者、違逆紛雜也○對順適看○蒙引、不言餓其腑臟而云體膚者、人受餓則體膚消削、其歸固在體膚也○絕無之謂空有而已無之謂忘其身另作、一項通承、上三句說者非○存疑為是作為有經營運用意行是據現成底行去以所為者見之行也只是一串事有終始之分總是所為不遂○湖南講、行拂亂所為、如管夷吾不早事小白而先事子糾豈不是錯處○淺說如此者、正欲其窮則反本勞則能思有以竦動其仁義禮智之心堅忍其氣稟食色之性而德乎是乎益純矣閱歷世故備嘗世味有以知其所未能知為其所未能為而才乎是乎益周矣○家訓、動心二句、正困之之主意聖賢心性豈是汩没才能豈是短少但天意責任甚重故其玉成也亦甚重雖其心已動其性已忍其能本增而常若未動未忍未增故竦動堅忍充溢之計無所不至二句全重所以字按此二字總承上加五句○輔說、竦動其心則心活不為欲所役堅忍其性則性定不為氣所動陳新安曰、動心。是。充。廣。道。心。忍性、是節。制。人。心。一。是擴天理。一是遏人欲。○蒙引動心忍性、成其德也。增益不能、成其才也。或謂只動心忍性、便是增益不能、則欠了才一腳、未過也。此節提言雖上智之人、于天下之事一一經涉過方得。若身處順境、則無由經涉天下許多事務曲折、而所就亦少矣。故引程子云云。○似此才全德備之人、出當大任、豈不超出尋常哉。天之困之、乃厚之也。末補承大任意。

人恒過、然後能改；困於心、衡於慮、而後作；徵於色、發於聲、而後喻。衡與横同

恒、常也、猶言大率也。横、不順也。作、奮起也。徵、驗也。喻、曉也。此又言中人之性、常必有過、然後能改。蓋不能謹於平日、故必事勢窮蹙、以至困於心、横於慮、然後能奮發而興起。不能燭於幾微、故必事理暴著、以至驗於人之色、發於人之聲、然後能警悟而通曉也。

過文云○然非特上智之士、由困以成也。則試觀中人○賽合註、首二

句盡。下正言其實也。要在中人上形容。蓋上智之人、不待過而後改。下愚之人。雖有過不能改。心與慮屬己。困衡、是過覺于己。作則謹平日之所不能謹。聲與色屬人。徵發、是過彰于人。喻則覺平日之所不能覺。作屬。行喻屬。知困心衡慮。徵色發聲。正是過。處作與喻。正是改處。○家訓、恒非常常有過。言人雖未必皆緣過而改。而緣過後改者恒多也。○不能謹于平日、者怠惰之人。每事懶散。直至臨時檢點。困于心、是憂鬱不能自舒。衡于慮、是思索不能自通。衡慮、比、困、心、更苦。困衡之時。自知有過。作者、精神奮發起來。而平日怠惰之失。庶幾能改矣。不能燭于幾微者。昏昧之人。每事忽略。直至事情顯露。徵于色、是受人之慍怒。發于聲、是被人之訕詈。發聲、較、徵、色、更甚。徵發之時。其過已形于外。方知有過。喻者、心思通曉得來。而昏昧之失。庶幾能改矣。（同是中人。略分高下。）○存疑、到作後凡事皆能謹之平日。不至困心橫慮矣。喻後凡事皆能燭之幾微。不

至徵色發聲矣○徐自須白能作能喻亦可以聖○可以賢而可以大任

說統中人之過○亦若天或開之○其作其喻亦若天或開之○洪覺山曰動心忍性是自進步○困心衡慮徵色發聲是跌腳而後轉步

入則無法家拂士出則無敵國外患者國恒亡拂與弼同

此言國亦然也法家法度之世臣也拂士輔弼之賢士也

過文云○且不特于人為然也○即國亦有然者○說統出入只當內外字看○集說世臣從家字看出○曰法度之家亦在直言敢諫國所倚重之人說○蒙引法家是世臣○人君所嚴憚者○拂士是方仕者○左右輔弼之士○因事納誨比法家略次○有尊卑親疎之辨○敵國是相敵之國○如秦楚構兵○晉楚交爭○外患是為患于外○如晉欒盈在楚楚巫臣在吳之類兩者俱無○非心上無之也○則親諫佞而懷晏安心志日荒政事日壞○禍亂隨之矣○故國常至于亡○

然後知生於憂患而死於安樂也樂音洛

以上文觀之則知人之生全出於憂患而死亡由於安樂矣○尹氏曰言困窮拂鬱能堅人之志而熟人之仁以安樂失之者多矣

過文云○合而觀之○說統此節雖結上文味然後知三字乃是自上文看出而別立言耳非收拾上文也要得警悟心意○陳新安曰憂患未必便生然憂患則警戒而其慮深有生全之道安樂未必便死然安樂則必怠肆而其志荒有死亡之道○集說玩二字有所以處此底道理在不是靠着憂患便生遇着安樂便死總是教人處憂患者莫要自棄處安樂者莫要自恣也○張南軒曰生言生之道死言死之道也繼體之君公侯之裔生處安樂無憂患可歷則如之何必也念安樂之可畏思天命之無常戒謹恐懼不敢有其安樂是乃困心衡慮之方生之道也死于安樂非安樂能死之以溺于安樂而自死之焉耳其在君

予〇則雖處憂患而生理未嘗不遂〇在小人雖處憂患而死亾恐不免〇窮斯濫是也〇

教亦章全旨〇此望人曲體立教之心〇說統〇不止表明君子有無窮之教〇乃要人曲體君子不教之教方有進益處〇

孟子曰教亦多術矣予不屑之教誨也者是亦教誨之而已矣

多術言非一端屑潔也不以其人爲潔而拒絶之所謂不屑之教誨也其人若能感此退自脩省則是亦我教誨之也〇尹氏曰言或抑或揚或與或不與各因其材而篤之無非教也

起云〇孟子曰自人之不克進善爰有教以引之〇而教正非一端〇賽合註首句虚〇言君子之教有多術〇下正言其術之多〇多術字從心來有箇經畫區處在內不屑教便是教誨〇非多術而何〇予字即作孟子自謂不妨〇不以其人爲潔而我無所語〇彼無所聞〇非教誨也〇然其中却有

好意思在困勉錄不屑之教誨只是謂不屑教之也之字可作于字
用若便作不屑之教以不屑爲教誨說就犯末句意了陳新安曰不
屑教非忍而絕之實將激而進之是亦多術中教誨之一術也孔子于
孺悲孟子于滕更皆是是亦教誨之就當下不屑時說蓋此即只重
教不重受教者家訓註其人若能感此二句正就教之心言按此便是
我欲其感悟故爲教誨原非待彼能感悟而後爲教誨也時說謂此二
句落下一層非講亦教誨正面者誤集說大抵不屑之教非離經畔
道之人則剛愎自用之士不是才質卑下者

孟子疏記一卷

清　陳鱣撰

清稿本

孟子疏記

海寧陳鱣撰

序説騶人也宋本作鄒人也注同

五畝之宅音畝莫后反宋本莫后反諸本俱作畝莫候反注畝成

齊桓晉文注桓公纂疏作威公

仲尼之徒注若
孫五霸宋本作
五伯

將以釁鐘纂疏纂箋集疏作舋鐘釁音核下

纂義通有釁許刃反四字

其如是孰能禦之宋本諸本作若是

無恒產注恒產恒心纂疏集疏作常產常心罷

罔集疏作惘罷

王欲行之注説見下文纂疏集疏通作説見

五畝之宅章見前篇纂疏集疏内府本作子篇章

王曰吾惛注惛
與昏同宋本作
惽東作惛
注作惛與惽同
與南宋本注合

疾首蹙頞作
蹙頞

常生之道 集注扁内府本作養生
百姓聞王鐘鼓之聲 宋本作鍾鼓 下同
則王庶下 宋本無有樂故字三字 楊氏曰上缺四字
集疏扁 有圈
天降下民 注 小畏 集疏作少畏
晏子對曰 音狩 舒救反 宋本無 作施救
今也不然 注 二千五百人為師 宋本作千二百五十人為師
樂酒無厭 注 厭平聲 宋本無 遂 樂音洛三字
明堂 注 太山 宋本疏 宋本無 集注扁 作泰山
文王之治岐也 宋本作治歧 注 邠 其幼 宋本疏
宋本箋 俱恤其幼 後同
好貨 注 人民 宋本疏 誤本作民人

行者有裹糧也 宋作裹糧 與毖 作裹 論辨以為 有

吉公亶父人宋本
作轉動注同
与南宋石經合
孟子疏文合

章內小溝注溝水瀆也纂疏注疏本作水瀆也聖人

纂疏注本內府本作聖賢

武王是也注以服事殷宋本及纂疏注疏本作事商

今燕虐其民注齊可為政纂疏通作可以為政

凶年饑歲宋本作飢歲

君行仁政注郵民宋本亦作恤民

我將為爾之注詳見下篇纂疏注疏本作下章

當路於齊注相桓公纂疏作威公

武同子兄而注楊氏曰上集疏子圖一匡天下纂疏作一正

文王何可當注凡七世宋本作九世

思以一毫纂疏通作一豪

則塞乎天地之間宋本及各本作塞于注卻甚通作知其

矢人惟恐不傷人宋本作唯恐下同

嘉節之也宋本無也字與南宋本注合

何謂知言注皆出于心宋本及足利本疏語本作皆本

然則吾何注廿根本爲自足利本疏在其篇作本根

泰山之於丘垤宋本足利本內府本及疏語作太山

以力假仁者霸注若威權巷文足利本疏作威權

以力服人者注者也足利本疏語本無者字

凡有四端注程子曰上足利本疏語本亦同注上有四字集篇作五行

矢人豈不仁於函人哉下足利本疏無函字含二字

大舜有大焉注舍己從人足利本疏集篇徐集疏作舍己

當其在薛也注薛居州金纂爲君子宋本及足利本疏語本作薛居

他日見齊王注欲以風諫王也足利本疏作所以　注不使王知其見助

無使王親宋本及足利本疏語本無親字

且古之君子注要之善改過之心集篇作之美四五之

文。謬而為。之鄙
宋本無而字
與南宋本注合
旹之為市者宋
本作而之如。和。如
與南宋本注應
文選注引合

前章之後内府本及箋疏本作罷。於

致而後歸注故來也宋本作歸也

子如是其本虛注臥而不庭集疏作不聽

予三宿而出晝宋本作而後出晝

夫出晝注楊氏曰士一集疏足圍

成覸注後亦他誤也集疏作他求

然友之鄒注解摩也宋本誤作磨摩也

謂然友曰注偃伏也箋疏集疏偏作作也

夏后氏五十注亦當如似此宋本作如此

龍子曰注盡其壞也内府本集疏作壞也

其命維新宋本作惟新

井地不均宋本及集疏通作不鈞

方里而井注當時已乃箋疏誤本作當世

南宋石經本作小民

有小人之事宋本作如民

后稷教民注天敘有典宋本及纂疏諸本作五典

大哉注猶言不相關宋本作猶曰

蓋上世注泚泚然汗出之貌宋本少一泚字

昔者趙簡子注皆中而力集編集疏作貫的

士之失位也注四眉永及宋本內府本及纂疏諸本作武永

趙注云不惟令執旨子之說

南面而征北狄怨宋本作北夷

有攸不爲臣注時與今書文纂疏集編作特與（宋諸本作不惟臣注亦作有攸不惟臣）

春秋云曰宋本作作太叔黃國

當堯之時注胡貢胡工反內府本纂疏諸本作胡貢胡工二反

孔子懼注懼與庸禮宋本及纂疏諸本作厚典

此率獸而食人也宋本作率禽獸與攷文補遺合

能言距楊墨者注人人得而誅之攻（宋本作攻本作誅）宋本纂疏諸本作討之

以毋則不食 注 惟人為大家本作無人 按叢義本作人字

今有仁心 注 以麪為犧牲 家本及諸本作以麵

聖人既竭 注 所禦之磨契家本無之字

城郭不完 注 自昜惟仁者家本無惟字

今惡死亡 注 此承上文家本作上章

行有不得者 注 則反自治家本無其字

人有恆言 注 此亦承上章而發言以家疏語本無發字

為政不難 注 說齊桓公家疏作威公

不仁者 注 利其菑者家疏作而利其菑者

今天下之君 注 皆並走趨內府本及家疏通作皆走趨

自暴者 注 知仁義家疏語本作知禮義

事在易而求諸難家疏集疏通作之難則天下作而幾

○舜者事親之道
而瞽瞍底豫
宋本作厎豫○
下句同

○好勇鬬○很○宋本
作鬭○很○
○王使人瞷夫子宋本
作瞯○夫○子下有瞯
[illegible]

居下位注不誠乎身矣纂箋集編作其身○

伯夷辟紂注辟○春茲訖○靜○宋本及諸本無春茲二字

二老者注其意瞻○與○也○念○宋本無其意二字

事孰為大注亦不足以為孝矣集編作猶不足以為孝也

人不足與適也注行政之失集編作行事心[illegible]正宋本作[illegible]正

夫君畏注罪人也纂箋疏作畏人乎

舜盡事親注內府本及纂箋諸本有底○之○爾○反○加○○○

今也為臣注孟子告齊王集疏作告齊宣王

人之所以異注所受之正也[illegible]纂箋諸本作理也○○

其事注桓文纂箋疏作威文游夏下集編有之徒二字

所惡於智者注本欲利順纂箋及纂箋諸本作順○利○[illegible]本作[illegible]

舜往于田注不得其親集編作於親

帝使其子注又言宋本作史記言

舜飭書者與注書舒之見宋本內府本及通志作書紓

敢問或曰注不告吾孰愛集編作罪我

盛德之士注岸反丑反反下篇義有蔽如字三字

舜之不臣堯注乃不得而臣之集疏作乃為

祇載注父不得而子之集疏無而字

泰誓曰天視宋本作大誓

至于禹而德衰注至于嚴處內府本及纂疏集編作處也

丹朱注內府本及纂疏疏本作之相之相去聲相去之相如字

唐虞禪注夏后殷周繼纂疏集編通作商周

天子曰此民注天理所當然宋本無所字

於衛主顏讎由注義之所斷制宋本作制斷

孔子不悅注桓司馬宋本疏注本疏集本疏注本篇俱作魋司馬

司城貞子俱作正子

百里奚虞人也注而去之秦宋本疏注本篇無去字

伯夷聖之清者也宋本聖下俱有人字

集大成注無之遺宋本作遺無

大國地方百里注三等二千乘宋本疏諸本作三千乘二百乘人百（作三百乘）

晉文公之於亥唐注范氏上內府及宋本醇諸本有[illegible]

八十人作九百七十人

用下敬上注必稱之也宋本疏無之也字

詩無以辭注言辭宋本及宋本疏諸本作言詞

然則孔子之仕注而不以國方宋本疏諸本無而字

為貧者注故貧所居宋本疏集本篇作[illegible]廢

閩監毛本底字
作加○底

辭尊注夜行所擊木也宋本疏注本作行○夜

委吏注當丁浪反宋本要通作都浪反所注宋本要居宋疏
作所以

君餽之注自此不復往者後自此二字未必能用下集疏本○字

以友天下注而不可以害者內府本及宋本集注本作則不○

季子聞之而注者義之文宋本疏宋本通作之義

性善章注三品之說出於集解作明也

惻隱之心注要其譽下內府本及宋本箋通有錄式灼反四字

天生蒸民注程子專指宋本內府本作秉○彝○

富歲子弟注皆其所積藉內府本及宋本疏注本作陷○藉○

牛山注從而害之集疏作隨而

雖存乎人者注好惡與人相近下內府本及宋本箋通有猜子智反四字

如足于穀考文作如志于穀考文亦如志于穀

孝悌而已矣考文作孝弟

良心猶如考文疏通作如由

操則存注仁呈我多宋本及集編考疏通作仁呈我也

萬鍾注蓋禮義之心宋本內府本作理義

人有雞犬放注君人謂上集編有圍

學問之道注切要之言宋本及考文疏集編俱作要切

人之於身也注人於一身考文箋作人之

則其小者不能奪也考文疏集編通釋綜注但作比字

算案疏集編集疏作比方

亦從如已注所為為已之宋本作小仁而已之

徐行注長上長者下考文箋通有弟常悌三字

子服注云行二行注云內府本及考文疏詩本無二行二字

凱風何以不怨注七子作此集編作作詩

獨孤曰慕子子字
本作驚子子讀

先民實大注恤民大也宋本及纂疏誤本無大字

居下位注而伐之乎集編作伐之聖人之心廣本纂疏作之甚

孔子為魯司寇注季桓子纂疏作魯桓子下有條同亦未

當誤貫也宋本及纂疏誤本作而未通無也字

天子適諸侯注至則有讓宋本及纂疏集疏作有責

長君之惡注大夫宜得罪纂疏作且得罪集編作其得罪

何其謬哉纂疏集疏通作謬哉

多欲使愷子注愷子集疏作順子

檢適之騶致注季桓子纂疏作威子後凡桓字俱同

不恥不若人注或向上纂疏誤本作向

待文王注上智之資纂疏誤本作之才

於言注謂有仁之實而為衆所稱道者也通無誤字宋本無者字

彊○宋本亦作強恕

見且猶不得亟宋本作函不○

○無不知愛其親也宋本及纂疏集疏通作親者○

人之有德慧注德異也集疏作災害

本邪本若人在或而上宋本作周禮井田之國

○乃天下英才注為何此哉宋本內府本及纂疏注疏本作如何○

○而以無饑矣宋本及纂疏集疏集編作足以○

不煖不飽纂疏作不暖

食之以時注則財用足也矣宋本及注疏本作足也○

民非水火注宜其無愛之集編作宜自

孔子登東山注為眾之表下集疏有也字

欲兼愛注所爭毫毛耳纂疏作毫末

子莫執中注魯之賢人也纂疏注疏本作賢者二者之間

集編作之也

挪下而從之意也集編作論也

南面而征北狄
四字宋本作北夷

四為存注八尺曰仞宋本及岳本疏集疏通作尋仞

伊尹曰予不狎于不順注太甲篇文宋本太甲上有商書二字

恭敬者注將猶奉也篚篚疏作筐篚也承筐宋本作承箱

無畏寡字也注當云通無當字云誤本有當字剩空云

今之為關也注或取大半而宋本及岳本疏通作太半

好名之人注是以能讓宋本作能遜

曰壹心情之深宋本內府本麻殢與南宋石經及趙注本合 謂聯陽

山徑注山路也宋本及諸本作山蹊

是異是哉注而議集本作而論

是為傷歸也注改行為善也集本作從善也

四肢之於安佚也宋本作四枝

仁之於父子也注養則相親集疏集本作姜例

來者不拒宋本作不距

二之中注擴充而至于神宋本及纂疏注本作充之

○人能充無穿窬之心纂疏注本作穿踰

生未可以言注人所忽易集編作易忽

君子之守注守約宋本作約守

動容周旋注細微曲折宋本無細微二字

其志嘐嘐然注嘐嘐志大言也纂疏纂箋注本作則小而

過我門注鄉原非有識者宋本作鄉人

由孔子而來注異思按上内府本及纂疏注本俱無圍

四書集注刻本與晦庵本

四書古語録證一卷

清 孫國仁撰

清《砭愚堂叢書》本（稿本）

四書古語錄證

通州孫國仁李

論語

孔子曰才難不其然乎泰伯

今解孔曰人才難得豈不然乎今注才難蓋古語而孔子然之也

按漢書王嘉傳孔子曰材難不其然與師古曰論語載孔子之言也材難謂貢賢材者難得也與讀曰歟北史文苑傳序孔子曰才難不其然也文選潘岳西征賦才難不其然乎李善注論語子曰均吕爲孔子之言不云古語

善人爲邦百年亦可以勝殘去殺矣誠哉是言也子路

今解孔曰古言此言孔子信之今注蓋古言是言而夫子稱之

桉史記孝文本紀贊曰善人之治國百年亦可㠯勝殘去殺誠哉是言上文孔子言必世然後仁詳宋文气蓋竝㠯爲孔子之言史記今解于誠哉是言句无注漢書刑法志孔子曰如言王者必世而後仁善人爲國百年可㠯勝殘去殺矣師古曰論語載孔子之言後漢書郎顗傳善人爲國三年迺立章懷注引論語善人爲邦百年可㠯勝殘去

殺不引誠哉是言句則亦不㠯爲古言

人之言曰爲君難爲臣不易子路

今解未詳今注當時有此言也

桉書大禹謨后克艱厥后臣克艱厥臣孔傳能知爲君難爲臣不易則此人言當述禹謨義

人之言曰予無樂乎爲君唯其言而莫予違也子路

今解今注人之言竝未詳

桉韓非子說難篇晉平公与羣臣飲飲酣喟然嘆曰莫樂爲人君唯其言而莫之違師曠侍坐于前援琴撞之曰啞

是非人君者之言也蒙謂是言出之人君則爲无道若出

之時人當亦感激而發非爲從諫之君語也

南人有言曰人而無恒不可以作巫醫善夫子路

亼解孔曰南人南國之人鄭曰言巫醫不能治無恒之人亼

注南人南國之人恒常久也巫所以交鬼神醫所以寄死生

故雖賤役而尤不可以無常孔子稱其言而善之

桉礼記緇衣篇子曰南人有言曰人而無恒不可以爲卜

筮古之遺言歟孔疏南人殷掌卜之人有遺餘之言近人

戴氏望卽本孔疏注論語此文益㠯南人卽殷掌卜之人

也戴云其書有南龜卽是遺餘之言今攷漢蓺文志南龜
書二十八卷列卜筮家故知爲掌卜之人且吕地理各書
證之殷都在魯南故曰南人金樓子立言篇吕無恒之人
不可卜筮爲論語言則知今論語作巫醫与作卜筮弌例
楚狂接輿歌而過孔子曰一節 微子
亼解孔曰接輿楚人佯狂而來歌欲以感切孔子亼注接輿
楚人佯狂避世夫子時將適楚故接輿歌而過其車前也
桉莊子人閒世篇孔子適楚楚狂接輿遊其門曰鳳兮鳳
兮何如德之衰也來世不可待往世不可追也天下有道

通州孫氏

聖人成焉天下无道聖人生焉方今之時僅免刑焉福輕乎羽莫之知載禍重乎地莫之知避已乎已乎臨人以德殆乎殆乎畫地而趨迷陽迷陽无傷吾行吾行郤曲无傷吾足山木自寇也膏火自煎也桂可食故伐之漆可用故割之人皆知有用之用而莫知无用之用也今攷皇甫謐高士傳陸通字接輿楚人也孔子適楚楚狂接輿遊其門曰鳳兮鳳兮云云与莊子同惟吾行郤曲佗郤曲郤曲竝視論語此文增多且有异文亦不云歌此當是記者記論語時删削整齊見其文體侶歌故云楚狂接輿歌也

大學

湯之盤銘曰苟日新日日新又日新

礼記鄭注盤銘刻戒于盤也今注盤沐浴之盤也銘名其器以自警之辭也

桉大戴礼武王十七銘中有盥盤銘盧辯注云或曰自新取戒或曰游溺爲鑒其云自新者与湯銘辭合則此湯盤當爲盥盤无疑歐陽詢藝文類聚引礼記曰湯之盤銘德日新又日新陸贄奏議今請數對羣臣兼許令論事狀記曰德日新日日新又日新宋史田錫傳錫上御屏風序引

湯之盤銘曰德日新日日新又日新原銘當本作德礼記

大學篇承上帝典曰克明峻德故省德字易作苟言誠能

日新其德自朱子分此下爲傳之二章而古義亡矣

故諺有之曰人莫知其子之惡莫知其苗之碩

礼記鄭注諺曰未詳公注諺俗語也

桉尸子廣澤篇語曰莫知其子之惡也汪氏繼培注云礼

記大學篇故諺有之曰人莫知其子之惡是尸子所引語

曰當即諺語之語

楚書曰楚國無以爲寶惟善以爲寶

礼記鄭注楚書楚昭王時書也言以善人爲寶時謂觀射父昭奚恤也今注楚書楚語

桉書旅獒篇不寶遠物又曰所寶惟賢孔氏正義引楚語云王孫圉聘于晉定公饗之趙簡子鳴玉以相問于王孫圉曰楚之白珩猶在乎對曰然簡子曰其爲寶也幾何矣曰未嘗爲寶楚之所寶者曰觀射父及左史倚相此楚國之寶也若夫白珩先王之所玩何寶之焉是謂寶賢也而孔氏于礼記大學篇此文下正義亦引楚語楚昭王使王孫圉聘於晉云云則知此二語与書旅獒文異義同也正

義又引新序昭奚恤事但知伸鄭而不知已爲鄭所誤攷

國策昭奚恤乃楚宣王時人在昭王後百有餘年安得与

觀射父竝舉要之此二語今不見國語中楚語想是楚人

之語或本于書旅獒也

中庸

仲尼曰君子中庸小人反中庸

礼記鄭注庸常也用中爲常道也反中庸者所行非中庸肰

亦自以爲中庸也孔氏正義曰此一節是子思引仲尼之言

今注唯君子爲能體之小人反是

案孝經開宗明義章仲尼居邢疏引劉瓛述張禹之義曰爲仲者中也尼者和也言孔子靑中和之德故曰仲尼殷仲文又云夫子深敬孝道故稱表德之字中庸此引仲尼之言曰中庸首章專論中和故于此亦稱表德之字也

孟子

文王之囿方七十里有諸孟子對曰於傳有之梁惠王下

趙注於傳文靑是言今注傳謂古書

案詩靈臺篇王在靈囿孔疏云其文王之囿則七十里故孟子云齊宣王問于孟子曰文王之囿方七十里靑諸孟

子對曰書傳青之故孟子孫疑亦云孟子荅之㠯爲書傳之文青言也是知傳卽古書之傳文据三輔黃圖靈囿在長安西四十二里王伯厚㠯文王之囿方七十里注于下王氏葢㠯文王此囿卽靈囿也李善文選羽獵賦注引孟子此文无于傳二字或亦省厺之耳

夏諺曰吾王不遊吾何以休吾王不豫吾何以助一遊一豫爲諸侯度 梁惠王下

趙注晏子道夏禹之世民之諺語也今注夏諺夏時之俗語也

按晏子春秋内篇問下有景公出游問于晏子事与孟子多异文其引夏諺曰吾君不游我曷以休吾君不豫我曷以助一游一豫爲諸侯度羣書治要夏諺作夏語故知此爲夏時之諺語也薛綜文選東京賦注引晏子曰吾王不遊吾曷以休吾王不豫吾曷以助則又直以爲晏子之語誤矣左氏昭二年傳季氏有嘉樹韓宣子譽之服虔注譽遊也宣子遊其樹下夏諺曰一遊一譽爲諸侯度則當本有夏諺曰句

其詩曰畜君何尤梁惠王下

趙注其詩樂詩也○注其詩徵招角招之詩也
桉王氏應麟詩攷作徵招角招之詩辭盖本○注竹書紀年舜元年己未作大韶之樂其詩當即大韶之樂章惜今无可攷觀虞書帝庸作歌曰股肱喜哉元首起哉通鑑舜彈五弦之琴歌南風之詩詩曰南風之薰兮可以解吾民之愠兮南風之時兮可以阜吾民之財兮如此則喜起即畜君之詩解愠即何尤之謂也

齊人有言曰雖有智慧不如乘勢雖有鎡基不如待時公孫丑上

趙注齊人諺言也○注齊人有言未詳

按馬總意林録孟子雖有智慧不如乘勢雖有鎡基不如待時齊人諺管晏据此則齊人此言墉有所謂非尋常諺言也漢書樊酈滕灌等傳賛引語曰雖有鎡基不如逢時班氏引俗鎡与孟子音義鎡或作兹同其作語曰不醫齊人或亦出自古語齊人乃述之有此言也孔氏禮記月令正義引孟子齊人曰雖有鎡錤鄭氏周禮薙氏注又作兹其文异而音義竝同

且志曰喪祭從先祖滕文公上

趙注志記也周禮小史掌邦國之志曰喪祭之事各從其先

祖之法今注志記也引志之言而釋其意

按阮氏校勘記云此与左傳且諺曰匪宅是卜惟鄰是卜

文體式例肰孟子書此与篇下兩引志言安見獨吕此与

且諺式例阮說佀未精塙自王氏夫之佀四書稗疏云且

志者古書名雜編古今疋俗共稱之成說吕彙記之謂之

且志者言不擇而姑且志之輯錄之吕聽人引證也王說

近无塙据更不足信今攷孫奭疏此疑云父兄百官言之復

引記有曰喪祭之事各從其先祖之法据此知志即古記

礼之書如儀礼本是二戴記故亦可稱礼記如十七篇中

青士喪禮士虞禮兩篇所言喪祭之事尤詳此志謂爲記
當即本儀禮

放勳曰勞之來之匡之直之輔之翼之使自得之又從而振德
之滕文公上

趙注放勳堯號也公注放勳本史臣贊堯之辭孟子因㠯爲
堯號也

按書堯典曰若稽古帝堯曰放勳史記五帝紀即據㠯爲
堯號孟子書此及萬章上放勛乃殂落亦㠯放勛爲堯名

王氏書疑曰舜之命契也曰敬敷五教在寬語意未盡疑

青闕文孟子嘗舉此章又青數語曰勞之來之云云孟子既曰命契之辭朱子仌注亦曰命契之辭且孟子非泛引之云既提其名謂之放勳曰吕繫于命契五教之下則自出于堯典矣今攷堯典无此文而路史陶唐紀青云拼契司徒教吕人倫于日勞之徠之匡之直之輔之翼之讀曰爲日知舊趙注本曰伔日亦不誤陸氏音義日音馹或伔曰誤也

且志曰枉尺而直尋滕文公下

趙注志記也枉尺直尋欲使孟子屈巳伸道仌注志曰未詳

桉文子上義篇屈寸而申尺小枉而大直聖人爲之尸子

引孔子曰詘寸而信尺小枉而大直吾爲之也攷文子東周初人尸佼爲商鞅師穀梁傳嘗引其言則竝在孟子前陳代所引之志或卽此等書

傳曰孔子三月無君則皇皇如也 滕文公下

趙注傳曰未詳今注亦未詳

桉文選歸去來辭胡爲遑遑欲何之李善注引孟子曰傳云孔子三月無君則遑遑如也李亦未指明傳出何書今攷梁惠王篇于傳有之今注傳謂古書則此傳曰當亦古書之言蒙謂聖經而外厥有賢傳此語或出孔子弟子如

曾子子思子等書孟子時猶及見之今則佚不可攷矣

有孺子歌曰滄浪之水清兮可以濯我纓滄浪之水濁兮可以濯我足離婁上

趙注孺子童子也今注孺子歌未詳

桉楚辭漁父亦有此歌洪興祖補注引此節文釋之晁氏補之變離騷序曰孟子見魯平公与屈原諫懷王時益並矣而原實後于孟子孟子載孺子之歌原辭与同此益沿孟子事晁說是也今攷文子上德篇混混之水濁可吕濯吾足乎泠泠之水清可吕濯吾纓乎文亦相侣但非孺子

歌辭

仲尼亟稱于水曰水哉水哉離婁下

趙注問仲尼何取于水而稱之也○注亟數也水哉水哉歎美之辭

按荀子宥坐篇孔子觀于東流之水子貢問于孔子曰君子之所以見大水必觀焉者是何孔子荅之以德義道勇法正及察與善化志之説徐子所述水哉水哉之稱當即本此

人有言伊尹以割烹要湯萬章上

通州孫氏

趙注人言伊尹負鼎俎而干湯公注按史記伊尹欲行道以致君而无由乃爲有莘氏之媵臣負鼎俎以滋味說湯致于王道蓋戰國時有爲此說者

按莊子庚桑楚篇湯以胞人籠伊尹秦穆公以五羊之皮籠百里奚此兩事並見孟子書萬章問或曰百里奚自鬻于秦養牲者五羊之皮食牛以要秦穆公孟子斥以不然萬章于此引人言伊尹以割烹要湯孟子亦斥以不然蓋均不以人言爲可信也翟氏灝攷异据呂覽至味篇伊說湯以至味極論水火調劑之事周舉天下魚肉之美菜果

之美和之美飯之美水之美者而云非天子不得具其說
无如此詳其云果之美者箕山之東有盧橘應劭史記注
引之飯之美者元山之禾南海之秏許慎說文引之所稱
書目俱不曰呂覽曰伊尹攷班固藝文志有伊尹二十七
篇列于小說家呂氏聚斂羣書此乃剟自伊尹說中而其
時枉己辱身之徒津津樂道至輾轉傳聞于孟子之門又
烏可不辨論哉愚故追索其根株呂覽抉之曰是說也但
本伊尹說也蒙謂程說亦不盡可信果之美飯之美二條
引見它書出伊尹餘說亦不概見先云呂氏聚斂羣書安

通州孫氏

見餘說不採自別籍或尋自傳聞者如果盡出伊尹書豈青秦時呂不韋見之而萬章生戰國時反不見其書而託于人之言耶要之此說散見宅書甚多紛紜不一見墨子尚賢篇史記世紀及小學家諸書未易枚舉故萬章㠯人言括之也

語云盛德之士君不得而臣父不得而子萬章上

趙注語者諺語也今注語者古語也

按皇甫謐高士傳于曾參云天子不得而臣諸侯不得而友語意亦相侶且曾子誠可謂盛德之士也蒙疑高士傳二語或即採自曾子書而稍變其文且易公盛德之士句

肰則咸丘蒙所引語云仝注謂古語其亦本于曾子欤

人有言至於禹而德衰不傳於賢而傳於子　萬章上

趙注人有言未詳仝注楊氏曰此語孟子必有所受肰不可攷矣

桉新序節士篇禹問伯成子高曰昔者堯治天下吾子立爲諸侯堯授舜吾子猶存焉及吾在位子辭諸侯而耕何故子高曰昔堯之治天下舉天下而傳之它人至无欲也擇賢而与之至公也舜亦猶然今君之所懷者私也百姓知之貪爭之端自此始矣德自此衰刑自此繁矣吾不忍

見㠯是野處也韓非子外儲說潘壽對燕王曰禹愛益而任天下于益已而㠯啟人爲吏及老而㠯啟爲不足任天下故傳天下于益而勢重盡在啓也已而啟与友黨攻益而奪之天下是禹名傳天下于益而實令啟自取之也此禹之不及堯舜明矣翟氏灝攷异引此上两書云萬章所謂人言益此等言也而又据汲冢書云益干啟位而啟殺之當時爲此言者不獨一潘壽矣至乎萬章㠯人言括之也

硯思堂叢書

家藏本